本课题研究得到以下项目支持：

2016年度教育部人文社会科学重点研究基地重大项目
北京大学中国古代史研究中心"中国中古史籍与史料的整理与研究"
（项目编号16JJD770004）

中古官修史体制的运作与演进

聂溦萌 著

Operation and Development of the Official Historiography System in Early Medieval China
Nie Weimeng

上海古籍出版社

中古中国知识·信仰·制度研究书系
编辑委员会

主　编

余　欣

编　委

（以姓氏拼音为序）

邓　菲（复旦大学文史研究院）

冯培红（浙江大学历史学系）

姜　鹏（复旦大学历史学系）

马孟龙（复旦大学历史学系）

仇鹿鸣（复旦大学历史学系）

任小波（复旦大学历史地理研究中心）

孙英刚（浙江大学历史学系）

唐　雯（复旦大学中文系）

温海清（复旦大学历史学系）

徐　冲（复旦大学历史学系）

游自勇（首都师范大学历史学院）

余　蔚（复旦大学历史学系）

余　欣（复旦大学历史学系）

张金耀（复旦大学中文系）

张小艳（复旦大学出土文献与古文字研究中心）

朱　溢（复旦大学文史研究院）

朱玉麒（北京大学中国古代史研究中心）

书 系 缘 起

余 欣

在学术出版过度繁荣的当下,各种"大典"、"巨制"俯拾皆是,"标志性成果"风起云涌,我们推出这套丛刊,究竟意义何在? 我不断扪心自问。

我总想起,当初激励我投身"不古不今之学"的唐代大史学家刘知幾的一段话。子玄撰成《史通》后,惧其不传于世,喟曰:"夫以《史通》方诸《太玄》,今之君山,即徐、朱等数君是也。后来张、陆,则未之知耳。嗟乎! 倘使平子不出,公纪不生,将恐此书与粪土同捐,烟烬俱灭,后之识者,无得而观。此予所以抚卷涟洏,泪尽而继之以血也。"是知古人不轻言著述,凡有所作,必殚精竭虑,巧构精思,冀藏之名山,垂为后世之轨则。非我辈后生,斐然狂狷,读书未遍,率尔操觚可比。

我又记起,在京都大学人文科学研究所访学之时,高田时雄教授跟我讲过一则轶事:第一任所长狩野直喜先生认为,初学者理当埋头读书,而不应急于发表成果。因此,当时有一条不成文的规矩,新进研究者三年内不许写论文。我深深地为这个故事所蕴含的学问之真精神所感动。在量化原则下,今之学者沦为计件民工,每日为炮制"速朽之作",完成指标而苦斗。若有人天真地提起"千秋事业"之说,恐怕会沦为同行笑柄。然而,我们真的要沿着这条道路一直走下去吗? 我常常寻思,一个真正的学者,起点和终极到底在何方? 也许有人会讲,既是"无涯之旅",则无所谓起止。那么,立场呢? 学者治学的基本立场在哪里? 古人曰"文章千古事",今人云"在学术上应该发扬比慢的精神",我们是否仍可作为信念而坚守? 在"美丽人生"与"追求学术之彻底性"之间,我们应该如何抉择？

这些纠结，想必也是我的这些志同道合的学侣们的忧思。于是我们向往建立一个乌托邦，期盼在这个"艰难时世"努力生存的同时，有一泓荒漠甘泉，可以给我们枯槁的心灵带来慰藉；有一方文明的沃土，可以让思想的莘草惬意地生长；有一片无垠的天地，可以让我们信马由缰。由此，有了"中古中国共同研究班"的成立。

所谓的研究班，只是一个没有建制的民间同仁团体，却代表了我们的学术理想。两年前，一群研究中古时代历史、语言、文学与艺术的年轻人聚集在一起，商讨在学术日益泡沫化的今天，我们如何安身立命，是否能为中国学术做点什么。随后研究班悄然成立，致力于在互相砥砺中提升自我学术境界，并探索共同研究模式在中国学术生态中生发的可能性。研究班是一个开放的学术共同体，而不是党同伐异的山头。核心成员来自复旦历史系、文史研究院、汉唐文献工作室、出土文献与古文字研究中心、中文系等五个单位，共十二位学者。此外，还有许多研究生、访问学者、校外和海外研究者，作为"观察员"和通讯成员加入。每两周组织一次workshop，主要安排为新作发表与讨论、史料会读、学术信息交流与评论，至今已连续举行36次。如切如磋，如琢如磨的氛围，让我们怡然自得，乐以忘忧。理解当今学术生态下"青椒"处境的贤达，想必不难体会，这样完全依赖学问自身魅力而运作的"非营利性社团"，坚持到今日，是多么的不易！

我们的活动，逐渐引起相关院系和学校的关注，对我们深表"同情的了解"，施予各种援手，鼓励我们将实验继续下去，并从"211三期"和"985三期"项目中拨给专项经费予以资助，希望能将我们的苦心孤诣，呈现在世人面前。因之，我受命策划这套丛书，作为见证梦想与现实张力之间的"试金石"。虽然不免有些俗套，我们仍想借此对所有给予包容和支持的人们，尤其是章清教授、金光耀教授、邹振环教授、杨志刚教授、葛兆光教授和陈尚君教授，表达由衷感激之情。

书系以"中古中国知识·信仰·制度"为名，收录研究班主要成员的作品，表明了我们共同研究旨趣之所在。第一辑付梓的，除了我自己的那本不过是往日杂稿的拼盘,其余大都是博士论文经数年打磨而写定的心力交"萃"之佳作。第二辑将要刊行的,则是研究班成立后历次往复匡谬正俗之结晶。尽管立意和方法不尽相同,但都代表了新一代学人对"基底性命题"的求索与回应。古人有云:"登山始见天高,临壑方觉地厚。不闻先圣之道,无以知学者之大。"况乃天道幽邃,安可斐然。同道乐学,博采经纬(研究班集体会读之《天地瑞祥志》,中多祯祥灾异、纬候星占之言),思接千载(诸君治学范围,上启秦汉,下探宋元,绵历千年),今略有所成,裒为一编。虽不敢"期以述者以自命",然吾深信,绝不至于"粪土同捐,烟烬俱灭"。

在一次讲演中,我曾吟咏艾略特(Thomas Stearns Eliot)的《烧毁的诺顿》(*Burnt Norton*,中译参汤永宽译本,略有改动),以表达对人类历史之深邃与荒诞的敬畏和感动。现在,我想再度征引这首诗,作为对我们研究班的祝福,也作为这篇缘起的"论曰":

Time present and time past	现在的时间和过去的时间
Are both perhaps present in time future,	也许都存在于未来的时间,
And time future contained in time past.	而未来的时间又包容于过去的时间。
If all time is eternally present	假若全部时间永远存在
All time is unredeemable.	全部时间就再也都无法挽回。
What might have been is an abstraction	过去可能存在的是一种抽象
Remaining a perpetual possibility	只是在一个猜测的世界中
Only in a world of speculation.	保持着一种恒久的可能性。
What might have been and what has been	过去可能存在和已经存在的
Point to one end, which is always present.	都指向一个始终存在的终点。
Footfalls echo in the memory	足音在记忆中回响
Down the passage which we did not take	沿着那条我们未曾走过的甬道
Towards the door we never opened	飘向那重我们从未开启的门
Into the rose-garden. My words echo	进入玫瑰园。我的话就这样

Thus, in your mind.
      But to what purpose
Disturbing the dust on a bowl of rose-leaves
I do not know.
     Other echoes
Inhabit the garden. Shall we follow?

在你的心中回响。
    但是为了什么
更在一钵玫瑰花瓣上搅起尘埃
我却不知道。
    还有一些回声
栖身在花园里。我们要不要去追寻？

2011 年 12 月 19 日

目 录

书系缘起 ·· 余 欣 1

引 言 ·· 1

第一章 问题的提出：中古正史"纪""传"概观 ················· 5
一、《史记》的学术与体裁渊源 ···································· 5
二、《汉书》的列传格局 ·· 9
三、诸曹魏史书的列传格局 ··· 12
四、正史列传编次的演进 ··· 16
五、从"本纪"到"帝纪" ·· 19
六、帝纪写作体例的变化与定型 ································· 24
七、新的问题与本书思路 ··· 28

第二章 "列国传"的体例、史源、编纂方式 ················· 32
一、"列国传"前史：行记、簿记与《汉书·西域传》 ··· 33
二、走向"列国传"：曹魏史中的四夷传记 ················· 40
三、《汉书·西域传》传统与官修史体制的矛盾 ········· 43
四、"使图类"文献带给编纂过程的变化 ···················· 45
五、新编纂过程的制度化 ··· 48
结语 ·· 51

第三章 "孝义类传"所见官僚制对正史的双重影响 …… 54
    一、孝义的模式化情节的出现……………………………… 55
    二、孝义模式化叙事的官僚制根源………………………… 64
    三、"文书风格"传记与"孝""义"界限的改变 ……………… 67
    余论………………………………………………………… 74

第四章 列传编纂的政务运作基础：对相关制度与文本的考察
    ……………………………………………………………… 76
    一、南北朝的行状实例……………………………………… 78
    二、行状的政务环境：议谥的运作流程及各部门角色………… 83
    三、行状的制作：行政体系中围绕"人"的档案的形成 ……… 90
    四、《庾子山集》所见北周碑志传…………………………… 96
    五、北朝后期的志传对比…………………………………… 104
    六、南朝的碑志传…………………………………………… 109
    代结语：与丧葬事务相关的两种修撰……………………… 119
    附录：南北朝碑志传的文本对比…………………………… 126

第五章 "宜准丘明"：东晋编年体修史考……………… 186
    一、东晋史官的成立（附史料辨析二则）………………… 187
    二、干宝修史的改创………………………………………… 193
    三、东晋的编年史序列……………………………………… 197
    余论：编年体修史的意义…………………………………… 202

第六章 延续与反转：东晋编年史的归宿………………… 205
    一、沈约、徐爰表文所见刘宋国史中的晋末史……………… 206
    二、纪传体晋史的编纂与东晋编年史的淹没………………… 212

三、唐修《晋书》东晋部分史源蠡测：以列传编排方式为
　　线索 ··· 217
四、由编年文献改编的晋末、刘宋官修史 ······················· 222

第七章　释"宋齐书带叙法"：南朝纪传史中的编年体痕迹 ······ 236
一、《宋书》带叙法 ·· 236
二、带叙法的界定：合传、附出与带叙 ····························· 240
三、带叙法的编年体渊源及其意义 ··································· 243

第八章　魏书前史：十六国修史杂考 ································ 248
一、汉赵的两阶段修史（附成汉之史） ····························· 249
二、以编年体修史的前燕、后赵、前凉 ····························· 255
三、前秦史的编纂 ·· 260
四、十六国后期及北魏前期的修史 ··································· 265
余论 ·· 269
附考：《隋书·经籍志》霸史类的小注国别问题 ··················· 271

第九章　北魏国史与魏收《魏书》 ··································· 275
一、"区分书体"：北魏纪传体国史的初创 ························· 276
二、"徒有卷目"：崔光所修国史 ······································ 279
三、孝文帝以来的起居注与国史 ······································ 281
四、魏收《魏书》对国史列传的改编 ································ 285
小结 ·· 291

结语：官修史体制与官方编纂 ·· 293

附录一　吐鲁番出土晋史残卷再考 …………………………… 302

附录二　裴松之的存在感——官修前代史的传统是怎样形
　　　　成的 …………………………………………………… 338

参考文献 …………………………………………………………… 350

索　引 ……………………………………………………………… 366

引　言

在完成博士论文到修改这部书稿的几年中,我对于怎样界定自己的研究对象常感到游移。进入魏晋南北朝史专业,最基本的史料是前四史、《晋书》、二史八书。既然一开始就要读,博士选题时索性把它们作为研究课题。用一个词概括这些书,一般会想到"正史",当初的毕业论文也以"正史"为正标题。

"正史"是什么,《四库全书总目》"正史类"序云:

> 正史之名,见于《隋志》,至宋而定著十有七。明刊监版,合宋辽金元四史为二十有一。皇上钦定《明史》,又诏增《旧唐书》为二十有三。近蒐罗四库,薛居正《旧五代史》得裒集成编,钦禀睿裁,与欧阳修书并列,共为二十有四。今并从官本校录。凡未经宸断者,则悉不滥登,盖正史体尊,义与经配,非悬诸令典,莫敢私增,所由与稗官野记异也。[①]

这里做出了"正史体尊,义与经配","与稗官野记异也"的限定,但在数量众多的史书中何以确定这几部史书"体尊",如何理解"正史"的本质,这并不能算提供了答案。这里的"正史"是自宋代定为"十七史"、以后又递增至"二十四史"的一套固定史书组合,时至今日,还有《清史稿》《新元史》等亦可跻身其列。"正史"或"二十四史"的说法有强烈的著作指

[①] (清)永瑢等著《四库全书总目》卷四五,北京:中华书局影印浙刻本,1965年,第397页中栏。

向,使用时通常暗含阅读者、利用者的立场。但若从研究史书的立场看,这种归类是后人赋予某些史书的,并不严格反映它们本身的性质。

体裁是反映史书自身性质的一种标志性维度,从体裁来说,"正史"大体可与"纪传史"挂钩。《四库总目》说"正史之名见于《隋志》",《隋志》对正史的界定就以体裁标准为主。《隋志》史部正史类小序开篇概述三代史官,但这一传统至秦断绝;随后历数《史记》《汉书》《东观汉记》《三国志》的成书,并称"自是世有著述,皆拟班、马,以为正史,作者尤广";最后介绍了《史》《汉》的师法传习。① 根据这段总结,大抵能认为"正史"有"皆拟班马"的认同。再联系《隋志》把古史类描述为"依《春秋》之体"的史书,且引述学者"以为《春秋》则古史记之正法"的观点,② 则正史与古史的界限主要在于体裁,也就是今天常说的纪传体与编年体。

站在研究者的角度,可以关注所谓"正史"的一系列史书在体裁上展现出的变化,进而关注汉唐间纪传体史书的发展变化,这是本书研究的切入点。纪传体或纪传史是很复杂的研究对象,对其内部的细分,最为人熟知的是"通史"与"断代史"之别:《史记》已经是"通史"的巅峰,自《汉书》以后"断代史"则成为主流。不过断代史内部也远非一成不变,而除了通与断,各种纪传史的差异与联系还体现在很多不同方面,如何认识纪传史体裁的发展变化,很容易有横看成岭侧成峰的迷惑。在体裁维度中感受到的复杂变化,可以通过跳出这一维度尝试加以梳理和解读。史书呈现的体裁是很多更深层因素作用的结果,是什么在推动体裁的变化? 我的关注点不在于史学思想、史学技法、史家意图等方面,而在变化背后的制度化因素,这样又将研究对象引向了"官修史"。

官修与私撰相对,是史学史研究的重要视角,私撰繁兴历来被认为是魏晋南北朝时期史学的一大特征。本书并不是在作品的意义上关注"官修"或"私撰",而是关注一种官方的常规化的编纂体制,也就是本书标题中使用的"官修史体制",它是塑造纪传史总体编纂环境的一种重要力

---

① 《隋书》卷三三《经籍志》,北京:中华书局,1973年,第956—957页。
② 《隋书》卷三三《经籍志》,第959页。

量,也对纪传体体裁的总体变化产生影响。在这一时期,中央机构的官修史体制逐渐将政务运作、文书与历史编纂的关联性变得制度化、惯常化,其运转、发展极具延续性,并带给后世长远影响。中央机构内一整套由制度保障的资料收集、整理、编纂机制及相关职官设置,是唐以前有关"官修"的一个对象明确的课题。

相比之下,对于唐代以前的史书作品,定义它们是否"官修"颇为困难。一部史书中既有受到官方制度运作影响之处,又有体现撰写者个人意志之处,应是常态。一方面,一部著作可以经历多手编纂,未必每次编纂都同样是官修或私撰;另一方面,中古时代官修史体制尚未完善,且学者与官员的身份常常重叠,更会导致官与私的交织。到唐代以后,官修史体制成熟,在制度与实践上存在了明确的官修史或官方编纂范畴,在那以外自然可称为私撰。而汉魏南北朝时期这种鲜明的界限尚未形成,对这一时期的史著划分官私带有后人回顾前史的思维惯性。实际上,这些史著既然以王朝为记录对象,几乎都与官修史体制有或密或疏的联系,不如将官或私的标签暂时放下,将其中为数不多流传至今的作品统统纳入分析视野,通过分析不同时期作品的体例、取材、编纂方式等,进而探究作为它们时代环境的官修史体制的成长发展。①

在书稿将要完成的时候,我意识到比官修史体制更大的"制度化"是文献整理与编纂的规律、通则,官修史体制无疑也是在这些规律和惯例之上构筑的楼阁。因此在结语部分尽量写出目前尚不成熟的想法,希望引起更多思考。

书中第九章最早发表,并改入博士论文;第八章写作和发表在博士毕业以后;第一至三、五至七章内容博士论文已经涉及,后来又经过大幅修

---

① 本书使用"官修"或"官修史"一词时,倾向于指制度整体,既包括静态建置,更包括动态的运作流程及其实践。而修史运作实践的结果即相应史书,也是有必要讨论的对象。上文提出警惕定义唐以前史书是否官修,是强调不可因视某书为官修史而认定它具有成熟期以后的官修史的全部特性,也不可认为研究官修史制度无须关注私撰之史。但汉唐历代的确有官修的本朝史书,它们由职掌修史的机构及官员奉诏修撰,在官修环境下完成,修成后奏上,既是能够划清界限的史书群,也是有意义的讨论对象,因此有必要给出一个整体界定。为了避免再使用"官修史"这个词语,本书一般以"国史"指代这类史著。

改补充,在过去几年里作为单篇论文发表。为了收入本书而回顾这些内容时,深感所论不乏仓促单薄之处,几年来对很多问题的认识也发生变化,新稿旧文间有不协,不得不对这些论文尽量修订,希望书稿能呈现我在现阶段对中古官修史体制比较完整、协调的认识体系。现在对于已发表的旧文颇有覆水难收之感,但作为学术规范还是将相关信息罗列如下:

第一章:《国史的拓展——对纪传体史书纪与传演进的比较探讨》,《国学研究》第37卷,北京大学出版社,2016年6月。

第二章:《"列国传"模式与纪传体官修史体制的成立》,《唐研究》第24卷,北京大学出版社,2019年3月。

第三章:《官僚制对正史的双重影响:以正史孝义传为例》,《唐研究》第25卷,北京大学出版社,2020年3月。

第五、六章:《编年史与晋宋官修史运作》,《中国史研究》2020年第1期;《晋唐间的晋史编纂——由唐修〈晋书〉的回溯》,《中华文史论丛》2016年第2期。

第七章:《南朝纪传体官修史中的编年体痕迹——从〈廿二史札记〉"宋齐书带叙法"条说起》,《版本目录学研究》第7辑,北京大学出版社,2016年12月。

第八章:《十六国霸史与十六国时期的官修史运作》,《西北民族论丛》第13辑,社科文献出版社,2016年6月。

第九章:《从国史到〈魏书〉:列传编纂的时代变迁》,《中华文史论丛》2014年第1期。

另外,第四章第一、二、七节内容博士论文也稍有涉及,这次修改书稿时也做了大幅修改扩充。

关于中古"官修史体制"的发展,缺少系统的史料记载,最直观的证据是现存中古史书自身体现出的变化。以下将先用一章勾勒中古纪传史的前后变化,揭示汉代以来王朝史与官修史体制面对的课题,再说明本书的论述思路与章节安排。

第一章　问题的提出：中古正史"纪""传"概观

《史记》《汉书》是纪传体史书的代表，一般称前者为纪传体通史，后者为纪传体断代史。在通和断之外，两书还有更多方面的差异，而后来的纪传史基本沿着《汉书》的方向发展。有必要思考《史》《汉》的差异是否有更深刻的根源，纪传体史书的体裁变化是一种怎样的过程。

《史记》的学术渊源、义例章法、史料取材等，自古以来受到学者重视，有着丰厚的积累。本章将首先吸取这些成果，简略讨论《史记》首创纪传体的背景，及《史记》本纪与列传的义法。由于写作背景的差异，《史记》的义法不能被后世史书完全复制，自《汉书》以后，纪传体史书总体的篇章编排及史文的具体体例都在发生变化，并逐渐稳定为新的形态。本章主要对传与纪两部分在《史记》之后的变化分别进行考察，以思考纪传体史书发展的一些线索。

一、《史记》的学术与体裁渊源

理解纪传体这一体裁，首先有必要理解《史记》何以出现。人们耳熟能详的是《史记》开创纪传体先河，而向前回溯，《史记》之体亦有所自，那就是先秦时代的学术与典籍。章学诚把《史记》与它以前的经子之书及它以后的纪传体史书进行对比，说：

> 就形貌而言，迁书远异左氏，而班史近同迁书，盖左氏体直，自为编年之祖，而马、班曲备，皆为纪传之祖也。推精微而言，则迁书之去左氏也近，而班史之去迁书也远；盖迁书体圆用神，多得《尚书》之遗；班氏体方用智，多得官礼之意也。①

尽管《史记》在表面形态上与《汉书》以下纪传体史书相似，但章学诚强调其神韵仍然近于先秦经书，而与后来史书大为不同。《史记》兼具继承与开创的双面性，是其所处的学术转向时代造就的。当春秋战国的百家争鸣之后，学术界出现了整理统一战国思想和著述的风向，在体裁方面促成了"杂家"或"类书体"的兴起。②《史记》也是一种复合型体裁，其十二本纪、十表、八书、三十世家、七十列传适应了总结复杂的先秦文献的要求。《史记》各篇因袭旧文，在太史公自己的话里已有提示，如表序云"于是以《五帝系谍》《尚书》集世纪黄帝以来讫共和为《世表》"，"余于是因《秦记》，踵《春秋》之后"，世家内云"余读世家言"等等。③仅仅读《史记》，就可以发现太史公所读之书与他设置的纪表书世家列传五体颇有相近者，五体之先秦渊源成为历代长盛不衰的话题，近人程金造的总结颇具代表性：

> 古有《禹本纪》之书，太史公故仿之以为十二本纪。古有谱牒之书，太史公故仿之以为十表。……八书为类次之叙述。太史公衍《尚书》文体而名之曰书。……太史公故仿古世家之体，以为三十世家之篇。……古有记人之传，太史公仿之以为七十列传。……盖前世之书，为数千百，体例众多。太史公择其可取者，用以成《史记》五体之制。然而五体之制，本各自为书。④

---

① （清）章学诚著，叶瑛校注《文史通义校注》卷一《书教》，北京：中华书局，1985年，第49—50页。
② ［日］内藤湖南著，马彪译《中国史学史》，上海古籍出版社，2008年，第76—77页。
③ 《史记》卷一三《三代世表》序，北京：中华书局，1959年，第488页；卷一五《六国年表》序，第687页；卷三七《卫康叔世家》，第1605页。
④ 程金造《史记体例溯源》，收入《史记研究集成》第十一卷，北京：华文出版社，2005年，第273页。亦可参张大可《史记文献研究》第四章，收入《史记研究集成》第十一卷，第74—82页。

先秦古书传于后世者寥寥,很多文献名实如何,聚讼纷纭,难以确证,何况先秦也是一个漫长的时代,其文献源流、体裁本在变动之中。程氏将《史记》五体与特定的某类古书一一对应可能过于理想化,但可以认为《史记》含括了先秦几种主要的文献形式。

《史记》上承先秦文献的学术背景是此后的其他纪传体史书所不具备的,因此《史记》的编纂体例相较此后的纪传体史书也有独特之处。[①]民国学者刘咸炘著《太史公书知意》,认为:

> 史之一篇,首尾浑成,与子之一篇无异,非如后史之排履历、填格式也。后世不知圆神之意,刊本妄为提行分段,而大体遂亡。……史法圆神,一事为一篇,而名之曰传,初不计其中所载人之多少,亦不分孰主孰宾。传乃纬体之称,非某传乃某人所据有,如墓志、行状也。所谓连附合分,皆后人臆分耳。……提行以明段落,固是善法,而后世因提行而视为某人传,某为前序,某为后论,则大谬也。叙、议相杂,书、表同伦,本皆一篇,本无序、论之名。[②]

刘咸炘的观点是对章学诚的继承发展,同时也建立在清人《史记》研究的丰硕成果之上。这里明确提出《史记》以"一事为一篇,而名之曰传","传乃纬体之称,非某传乃某人所据有",并对比了《史记》与后世史书的不同。"传乃纬体之称"是指《史记》的本纪、列传之间具有类似经文、传文的关系,列传"一事为一篇"而作为本纪的补充,所谓"事"大概可以理解为历史事件或者体现时代特性的历史现象。要之,以先秦学术与文献为依托的《史记》还没有形成后世那样以人物为列传单位的意识。

但明清以前,根据后代对纪传史体例的理解而质疑《史记》篇章编排

[①] 关于《史记》列传的意义与结构,可参阅杨燕起《史记的体例》,原载《史记的学术成就》,北京师范大学出版社,1996年,转载于《史记研究集成》第十一卷,第357—379页。
[②] 刘咸炘《太史公书知意》,收入黄曙辉编校《刘咸炘学术论集·史学编》,桂林:广西师范大学出版社,2007年,第21—22页。

者也很多。甚至清人赵翼也认为《史记》的编次没有任何深意，只是作者撰写完成的先后顺序。① 但是，如果站在《史记》出现的时代并回望它所总结的先秦文献，就会产生对《史记》的同情之理解，这些质疑就不能成立。例如，《史记》列传的编排总体是依照时间顺序与"事"的主题，在《李将军列传》与《卫将军骠骑列传》之间出现《匈奴列传》，《司马相如列传》列于《西南夷列传》之后，都没有违背上述规律，② 而四夷列传要置于列传整体之末的观念则是《汉书》以后才出现的。又如，由于《史记》各传深意在于述"事"，因此《史记》在写法上也常常表现为以"事"牵连数人形成一传，如《张丞相列传》《廉颇蔺相如列传》《魏其武安侯列传》，其叙述结构都不是标题显示的独立人物传记的组合。③ 又如，《屈原贾生列传》《刺客列传》《扁鹊仓公列传》等收录的人物在时间上差距很大，但这些列传在"事"的标准上是一贯的，时段拉长是为了穷其原委。④ 又如，

---

① （清）赵翼著，王树民校证《廿二史札记校证》卷一"《史记》编次"条："《史记》列传次序，盖成一篇即编入一篇，不待撰成全书后，重为排比。"北京：中华书局，1984年，第6页。
② 这两部分列传编次的解读，集中见于泷川资言在《史记会注考证》卷六一《伯夷列传》的案语，亦见于《史记会注考证》相应各传篇题之下。参见［日］泷川资言会注考证《史记会注考证》卷六一《伯夷列传》，北京：新世界出版社，2008年，第3227页；卷一〇九《李将军列传》，第4472页；卷一一〇《匈奴列传》，第4494页；卷一一七《司马相如列传》，第4699—4700页。
③ ［日］泷川资言会注考证《史记会注考证》卷八一《廉颇蔺相如列传》传目下注引卢文弨云："《史》《汉》数人合传，自成一篇文字，虽间有可分析者，实不尽然。即如《史记·廉蔺列传》，首叙廉颇事，无几即入蔺相如事独多，而后及二人之交欢，又间以赵奢，末复以颇之事终之，此必不可分也。《汉书·张周赵任申屠传》，皆为御史大夫者，始叙张苍，次周昌、赵尧、任敖，其后苍复为御史大夫，迁丞相，则详叙其终，末乃终之以申屠嘉，此一本《史记》之旧。"第3766页；卷九六《张丞相列传》传目下注引陈仁锡曰："《张丞相传》，以御史大夫一官联络诸人。"第4155—4156页；卷一〇七《魏其武安侯列传》传目下注引查慎行曰："《史记·魏其武安侯传》末附灌将军，离而为三人，合则为一传，中间彼是互见。"第4425—4426页。
④ ［日］泷川资言会注考证《史记会注考证》卷八四《屈原贾生列传》泷川按云："此传以屈原为主，故置诸《鲁仲连》《吕不韦》间。"第3834页。（清）章学诚著，叶瑛校注《文史通义校注》卷一《书教下》云："《屈贾列传》所以恶绛、灌之逸，其叙屈之文，非为屈氏表忠，乃吊贾之赋也。"第50页。《史记会注考证》卷八六《刺客列传》泷川按云："此传叙五刺客，以理论之，宜次《游侠传》前。今置之《吕不韦》《李斯》间者，以荆轲入秦，尤极壮烈惨毒，六国之事，亦结其局也，故赞亦主言荆轲。"第4332页；卷一〇五《扁鹊仓公列传》泷川按云："此传以仓公为主，其序扁鹊，示其方之所由也，故次第在《田叔》之后、《吴濞》之前，犹《刺客传》以荆轲为主也。"第4332页。

《货殖列传》《龟策列传》等因为不以人物为题而受到批评，其实更突显了列传以"事"为本的内涵。①

刘咸炘批评那些质疑《史记》编次的人是"眼光囿于后史整齐之法，于此祖书反不明了"。②后来的纪传体史书虽然继承了《史记》的复合式结构，但也有逐渐的变化调试，就列传而言，所谓"后史整齐之法"可以概括为一套人物界限明确、编次格局分明整齐、传记内容较为同质化的编写规范。人物界限分明，是指从《史记》的以事为篇转变为后来纪传体史书列传的以人为单位，这在《汉书》时已经确立。人是比事更整齐的叙述单位，把这些单位按照一定的规则分合排列，会形成一套整齐的列传格局。最后，最具体层面上的传记内容与体例也在逐渐变化，但相关情况十分复杂，虽然有大致的发展趋向，但直到唐初也很难说达成定型。总的来看列传编写的这三个方面，第一方面的演变及定型过程较为明了，第三方面的变化则十分复杂漫长。因此，以下主要围绕中间层面的编排问题对纪传体史书列传的变化过程进行讨论。

二、《汉书》的列传格局

《史记》之后，纪传史的列传总体编排方式有两方面变化。一是类传和四夷传记被集中并被边缘化，即对应不同主题的人物以及四夷列国被一齐安排在列传之末；二是占据主要篇幅的一般列传则根据传主的政治地位编排，这包括官位的高下、文武、清浊、善恶等多方面标准。前一变化过程进展较快：《汉书》首次将不以个人姓名名篇的"类传"统一置于一般列传之后，继之以四夷传记及有僭越性质的《外戚》《元后》《王莽传》，可谓从形式上迈出了整齐列传格局的第一步，此后的纪传体史书也都继

---

① （清）章学诚著，叶瑛校注《文史通义校注》卷一《书教下》云："《仓公》录其医案，《货殖》兼书物产，《龟策》但言卜筮，亦有因事命篇之意，初不沾沾为一人具始末也。"第50页。
② 刘咸炘《太史公书知意》，收入黄曙辉编校《刘咸炘学术论集·史学编》，第17页。

承了这样的基本列传格局。但后一方面,即一般列传的编次原则的变化,则经历了较长时间,本文考察亦集中于此。

尽管《汉书》将类传与一般列传做了初步区分,但区别主要限于篇名和位置,二者的编排原则还没有明显差异,一般列传中也存在丰富的主题,而不完全以政治地位编排。在《汉书》第一篇列传《陈胜项籍传》的传目之下,颜师古注讨论了《汉书》列传编排的标准:

> 服虔曰:"传次其时之先后耳,不以贤智功之大小也。"师古曰:"虽次时之先后,亦以事类相从。如江充、息夫躬与蒯通同传,贾山与路温舒同传,严助与贾捐之同传之类是也。"①

颜师古提到的以"事类相从"而打破了"时之先后"的《汉书》列传分别是卷四五《蒯伍江息夫传》、卷五一《贾邹枚路传》、卷六四《严朱吾丘主父徐严终王贾传》。《蒯伍江息夫传》所载乃"利口覆邦家"之人,②但活动时间则各不相同:蒯通游说于楚汉相争时,"亨郦食其,败田横,骄韩信";③伍被为淮南王安之客,为其谋反划策;江充告发赵国太子丹,又离间武帝与戾太子,终致戾太子之祸;息夫躬向哀帝告发东平王云,又数造谗诈以谋爵禄。这卷列传的特点是用大量笔墨记录游说之辞。卷五一《贾邹枚路传》所载贾山、邹阳、枚乘、路温舒诸人,"并以上书显名",④"能持义谏诤",⑤传内长篇引录了他们的上奏。在时间上,前三人活动于文景时期,路温舒则是昭宣间人。卷六四《严朱吾丘主父徐严终王贾传》收录十人皆策士。自严助至终军诸人皆在武帝时上书言时务,多是围绕征伐胡越的讨论,王褒、贾捐之是以对策为宣帝、元帝所赏。各人传记主要是

---

① 《汉书》卷三一《陈胜项籍传》,北京:中华书局,1962年,第1785页。
② 本卷赞语以"仲尼'恶利口之覆邦家'"起笔,《汉书》卷四五《蒯伍江息夫传》,第2189页。
③ 本卷赞语云"蒯通一说而丧三俊",颜师古注引应劭有上述之语。《汉书》卷四五《蒯伍江息夫传》,第2189页。
④ 刘咸炘《汉书知意》引"茅坤曰",收入黄曙辉编校《刘咸炘学术论集·史学编》,第203页。
⑤ 刘咸炘《汉书知意》,收入黄曙辉编校《刘咸炘学术论集·史学编》,第203页。

引录上奏或对策,卷末赞语云:"究观淮南、捐之、主父、严安之义,深切著明,故备论其语。"①

除了颜师古举出的上述三卷,《汉书》中还有一些列传也具有类似特点。卷六七《杨胡朱梅云传》赞语云"昔仲尼称不得中行,则思狂狷",②是对此卷杨王孙、胡建、朱云、梅福、云敞五人的总结,刘咸炘称此卷为"班之《独行传》也"。③卷七二《王贡两龚鲍传》,已经被研究王朝史书写中"隐逸列传"的学者所注意,徐冲总结:"此传以西汉后期的王吉、贡禹、龚舍、龚胜、鲍宣为叙述重点,同时也简单述及了从汉初四皓到汉末新莽时期的若干'清节之士'。"④卷七五《眭两夏侯京翼李传》赞语云:"汉兴推阴阳言灾异者,孝武时有董仲舒、夏侯始昌,昭宣则眭孟、夏侯胜,元成则京房、翼奉、刘向、谷永,哀平则李寻、田终术。此其纳说时君著明者也。察其所言,仿佛一端。假经设谊,依托象类,或不免乎'亿则屡中'。"⑤这里提到的以阴阳灾异"纳说时君著明者"中,董仲舒自为一传,与武帝时期重要人物同列;谷永阿谀王莽,也与王莽时期人物同列;刘向为楚王刘交之后,附于卷三六《楚元王交传》下;田终术无传;其余诸人则不论年代,全部置于此传中。

以上所举的这些列传,都以某些特定的主题且超越了时代限制来记载人物。《汉书》本来是续《史记》之作,因此在列传编排上受《史记》影响很大,上述诸传虽不是直接因袭《史记》编排,但也蕴含《史记》的精神,通过不同主题体现出史家对历史的认识与归纳。⑥后来的纪传体史列传编排方式的发展,是特色主题一步步退缩,最后变成局限于列传末尾的

---

① 《汉书》卷六四《严朱吾丘主父徐严终王贾传》,第2838页。
② 《汉书》卷六七《杨胡朱梅云传》,第2928页。
③ 刘咸炘《汉书知意》,收入黄曙辉编校《刘咸炘学术论集·史学编》,第211页。
④ 徐冲《中古时代的历史书写与皇帝权力起源》,上海古籍出版社,2017年,第175页。
⑤ 《汉书》卷七五《眭两夏侯京翼李传》,第3194—3195页。
⑥ 本章大体比较诸史列传编排受德行事类(即"主题")或官位身份的影响之轻重,在这个角度上说《史》《汉》比较接近。而《史》《汉》列传主题的具体取向,曲柄睿认为也存在区别,《汉书》合传"继承了《史记》开创的以人叙传,因'功名'合传的传统,也参考了刘向、扬雄的依据儒家道德标准对人物分类的要求"。曲柄睿《刘向、扬雄对〈汉书〉合传的影响》,《史学理论与史学史学刊》第12卷,北京:社会科学文献出版社,2014年。

数卷类传之中,而列传编排总体上由政治地位支配,史书整体呈现为单一的政治史线索。与《汉书》的编纂有密切关系、[1]时代上也紧随《汉书》的是东汉官修史《东观汉记》,但该书没能完整留存,今天流行的纪传体东汉史是成书于南朝前期的范晔《后汉书》,因此下面暂且跳过东汉史,先讨论曹魏史的列传编纂情况。

三、诸曹魏史书的列传格局

东汉、三国、两晋各代最流行的历史著作,都是后世史家学者在当朝国史和其他各种历史资料基础上完成的,这些史书经历了长时段、多手改编,呈现出混杂的状态,给考察相应时期的史书编纂情况造成了困难。但曹魏史的考察条件还是比东汉、两晋史有利得多。一方面,《三国志》成书较早,不像范晔《后汉书》或唐修《晋书》那样与诸家旧史呈现出无法忽视的时代差异。另一方面,较早的两种曹魏史王沈《魏书》和鱼豢《魏略》虽然已经亡佚,[2]但在裴注中保留了大量佚文,而且裴注引用这两种史书的方式也能暗示它们与《三国志》本书的渊源关系。因此,可以对几部曹魏史进行细致考察,了解曹魏、西晋时的官方与私人史家如何编次列传。下面先从情况最为明确的陈寿《三国志·魏书》的列传编次开始讨论。

在《三国志·魏书》中也存在着不以政治地位而以其他主题收录人物的列传。《三国志》卷一一《魏书·袁张凉国田王邴管传》卷末评曰:"袁涣、邴原、张范躬履清蹈,进退以道,盖是贡禹、两龚之匹。凉茂、国渊亦其次也。张承名行亚范,可谓能弟矣。田畴抗节,王修忠贞,足以矫俗;管宁渊雅高尚,确然不拔;张臶、胡昭闭门守静,不营当世:故并录焉。"[3]

---

[1] 《东观汉记》也是由班固开始撰写的,参见《后汉书》卷四〇上《班固列传》,北京:中华书局,1965年,第1334页。
[2] 另外文献中还有鱼豢《典略》,它与《魏略》的关系尚不明确。
[3] 《三国志》卷一一《魏书·袁张凉国田王邴管传》,北京:中华书局,1971年,第366页。

陈寿称此卷人物是"贡禹、两龚之匹",则此卷可谓承上文举出的《汉书·王贡两龚鲍传》而来,徐冲认为此卷"虽无'隐逸传'之名,却得'隐逸列传'之实"。①

但是在《三国志·魏书》的列传编次中,政治因素的影响有显著提升。一方面是在数量上,绝大多数列传以政治地位编排,与《汉书》的整体情况有很大不同。另一方面,一些卷末的"评"语中直接出现了官名,即明确表达那些人物是由于共同担任过某种级别或类型的官职而被收入该卷,如卷一三(钟繇、华歆、王朗)"评"语称"三司",②卷一五(刘馥、司马朗、梁习、张既、温恢、贾逵)"评"语称"刺史",③卷一六(任峻、苏则、杜畿、郑浑、仓慈)称"名守",④卷一七(张辽、乐进、于禁、张郃、徐晃)称"良将",⑤卷二二(桓阶、陈群、陈矫、徐宣、卫臻、卢毓)称"八座尚书",⑥卷二四(韩暨、崔林、高柔、孙礼、王观)称"公辅",⑦卷二七(徐邈、胡质、王昶、王基)称"掌统方任"。⑧《三国志》各卷"评"语是对每卷的总结,《汉书》中这类总结不在各卷之末,而是合为《叙传》下篇。与《三国志》"评"相比,《汉书·叙传下》的总结除了对《萧何曹参传》称"汉之宗臣,是谓相国"外,⑨再无提及官名官位的情况;而即便《萧何曹参传》的总结,也是在强调两人事迹相连,功业相当,并

---

① 徐冲《中古时代的历史书写与皇帝权力起源》,第237—239页。
② 《三国志》卷一三《魏书·钟繇华歆王朗传》,第422页。
③ 《三国志》卷一五《魏书·刘司马梁张温贾传》,第487页。《三国志集解》引钱仪吉曰:"此卷皆名刺史,下卷则名守也。"(清)卢弼集解,钱剑夫整理《三国志集解》卷一五,上海古籍出版社,2009年,第1403页。刘咸炘称:"此卷皆刺史有功者也。"刘咸炘《三国志知意》,收入黄曙辉编校《刘咸炘学术论集·史学编》,第341页。
④ 《三国志》卷一六《魏书·任苏杜郑仓传》,第515页。刘咸炘云:"任峻典农供食,余皆郡守之有善政能安民殖土者。"刘咸炘《三国志知意》,收入黄曙辉编校《刘咸炘学术论集·史学编》,第341页。
⑤ 《三国志》卷一七《魏书·张乐于张徐传》,第531页。又本卷《于禁传》中云:"是时,禁与张辽、乐进、张郃、徐晃俱为名将。"第523页。
⑥ 《三国志》卷二二《魏书·桓二陈徐卫卢传》,第653页。刘咸炘云:"诸人皆为尚书典选举,故合传。'陈徐卫卢',特举其久者耳。"刘咸炘《三国志知意》,收入黄曙辉编校《刘咸炘学术论集·史学编》,第343页。
⑦ 《三国志》卷二四《魏书·韩崔高孙王传》,第694页。
⑧ 《三国志》卷二七《魏书·徐胡二王传》,第756页。
⑨ 《汉书》卷一〇〇下《叙传下》,第4248页。

非强调相国这一官职地位。也就是说,《汉书》的一些传记虽然有官位的规律,但从作者对各传编次的阐发来看,主观上并非为强调官位,《三国志》的"评"语则明确表达出这一标准,体现出官位对列传编次影响的提升。

综合以上对陈寿《三国志·魏书》的讨论,可以确认其中存在特定主题和政治地位的两种列传编排标准,而以后者为主。[①]这种混杂的状态大概是由于陈寿《三国志·魏书》是根据几种曹魏史以及其他史料编纂,不同史书的文本源于不同的编纂思路,其间不相协之处很难被完全抹消。以主题编排列传是鱼豢《魏略》的特征。裴注留下了不少《魏略》篇目设置的信息,如:

> 《魏略·纯固传》以脂习、王脩、庞淯、文聘、成公英、郭宪、单固七人为一传。
> 《魏略》以〔董〕遇及贾洪、邯郸淳、薛夏、隗禧、苏林、乐详等七人为《儒宗》。
> 《魏略·勇侠传》载孙宾硕、祝公道、杨阿若、鲍出等四人。
> 《魏略》以〔常〕林及吉茂、沐并、时苗四人为《清介传》。[②]

以上四条裴注完整地记载了《魏略》相应卷次的篇名与收录人物。除了这四种篇名,裴注还提到过《佞幸篇》《游说传》《苛吏传》《西戎传》,[③]

---

① 探讨《三国志》列传编排的研究还有〔日〕矢野主税《列伝の性格—魏志と宋書の場合》,《長崎大学教育学部社会科学論叢》第23号,1974年3月,第1—26页;曲柄睿《〈三国志〉列传编纂的内在理路》,《魏晋南北朝隋唐史资料》第36辑,上海古籍出版社,2017年;曲柄睿《〈三国志·魏书〉史论与人物合传》,《史学史研究》2018年第4期。
② 以上四条裴注文字,分见:《三国志》卷一一《魏书·王脩传》,第349页;卷一三《魏书·王肃传》,第420页;卷一八《魏书·阎温传》,第551页;卷二三《魏书·常林传》,第660页。
③ 《三国志》卷三《魏书·明帝纪》,第100—101页;卷四《魏书·高贵乡公纪》,第141页;卷一五《魏书·梁习传》,第471页;卷三〇《乌丸鲜卑东夷传》,第858—863页。

萧子显《梁书·止足传序》提到"鱼豢《魏略·知足传》"。①这些篇题有些与《史记》《汉书》相似,也有不少不见于一般纪传体史书类传。《魏略》的成书过程未见记载,不过《史通》屡言其为"私撰",②它的这种颇具特色的编排方式不仅是对《史记》传统中某一方面的放大发挥,也可视为汉末以来人物品题之风影响史传编纂之一例。《魏略》列传的丰富主题与《三国志·魏书》的情况形成明显对照,③可以推想,《三国志》以政治地位为主的列传编排方式主要继承自另一部曹魏史——王沈《魏书》。

王沈《魏书》直承曹魏国史而来。关于它的最终成书,《史通·古今正史》云"其后王沈独就其业,勒成《魏书》四十四卷",④而《晋书·王沈传》则称"与荀颉、阮籍共撰《魏书》"。⑤牛润珍指出正元后不久荀颉预讨毌丘俭,阮籍出为东平相,因此两处记载未必相悖。⑥无论如何,王沈于正元年间典著作,此书无疑继承曹魏各期国史。⑦从裴注对王、鱼两书的使用来看,也倾向于判断《三国志》首先以王沈《魏书》为蓝本,而与《魏略》差异较大。一是上文提到的裴注保留了鱼豢《魏略》的不少篇目设置信息,甚至整篇抄录《魏略》,补充正文欠缺的人物事迹时最常依据的也是《魏略》。这暗示《魏略》收录的人物、编排方式都与《三国志》有较大差异。相比之下,裴注对王沈《魏书》的引用与《三国志》正文更加贴合,

---

① 《梁书》卷五二《止足传》,北京:中华书局,1973年,第757页。
② 《史通·古今正史》云:"魏时京兆鱼豢私撰《魏略》,事止明帝。"《史官建置》亦云:"汉魏之陆贾、鱼豢,晋宋之张璠、范晔,虽身非史职,而私撰国书。"(唐)刘知幾著,(清)浦起龙释《史通通释》卷一二,上海古籍出版社,2009年,第322页;卷一一,第301页。
③ 参见钱大昕《廿二史考异》卷一五,(清)钱大昕著,方诗铭、周殿杰点校《廿二史考异》,上海古籍出版社,2004年,第283—284页,及[日]津田資久《『魏略』の基礎的研究》中的《〈魏略〉想定编目一览表》,北海道大学東洋史談話会《史朋》第31号,1998年12月,第20—28页。
④ (唐)刘知幾著,(清)浦起龙释《史通通释》卷一二,第321页。
⑤ 《晋书》卷三九《王沈传》,北京:中华书局,1974年,第1143页。
⑥ 牛润珍《汉至唐初史官制度的演变》,石家庄:河北教育出版社,1999年,第91—92页。
⑦ 王沈《魏书》的完成时间史书没有记载,但据《晋书·王沈传》,王沈卒于魏晋禅代的第二年,《晋书》卷三九《王沈传》,第1145页。则此书应是在曹魏时完成的。

多是具体情节的补充。①那么,《三国志·魏书》的列传编排方式主要因袭王沈《魏书》,也不足为奇。

《三国志》在不少传记末尾会简略提及其他人物,其中一些可能就是在王沈《魏书》的传记之后参考《魏略》及其他杂传、杂史等添加的。例如卷一八《二李臧文吕许典二庞阎传》出现"前八人皆战将,末二人因义烈而类叙之"②的现象,显然是融合了两种列传编次标准。另外,前述《三国志》中一些卷末评语直接提到官位,也很可能是因袭自王沈《魏书》。后文对帝纪的探讨还会涉及陈寿《三国志·魏书》对王沈《魏书》的改编,总体来看,陈寿的编纂立场更倾向于司马迁的传统,而与当时官修史的新发展有些不同。在列传编排的方面,王沈《魏书》的政治因素也应强于陈寿《三国志》,体现在曹魏官修环境中产生的一些变化。

四、正史列传编次的演进

上文讨论了《史记》《汉书》和几部三国史的列传编次,其间尚有东汉国史《东观汉记》有待讨论,然因资料缺乏,难于措手。这里来看一看成书较晚的范晔《后汉书》列传的编次情况。赵翼评价其书编次云:"如《循吏》《酷吏》《宦者》《儒林》《文苑》《独行》《方术》《逸民》《外戚》等传,既各以类相从矣,其他列传自应以时代之先后分别编次,乃范《书》又有不拘时代,而各就其人之生平以类相从者。"③李慈铭也说:"蔚宗作传,虽略

---

① 满田刚比对《三国志》前十卷的正文与注文,也认为《三国志》最主要的史源依据是王沈《魏书》。不过他判断为"依据"的关系,往往只是文本记同或相关,以此推论具体记载条目的史源依据,难以确凿。不妨从整体上认识王沈《魏书》佚文与《三国志》正文更为贴合的现象,已可说明二书关系之密切。参见[日]满田刚《〈三国志〉魏書の典拠について(卷一〜卷十)》,《創価大学人文論集》14,2002年,第237—265页。
② 刘咸炘《三国志知意》,收入黄曙辉编校《刘咸炘学术论集·史学编》,第342页。
③ (清)赵翼著,王树民校证《廿二史札记校证》,第80页。按,《后汉书》无《外戚传》,《逸民传》后为《列女传》。

依时代，而仍以类叙，故往往先后杂糅，自非史法。"①《后汉书》有专门的类传，而在一般列传中也掺杂了不少打破时代先后、以类相从的传记，这样的编排不符合清人的一般认识，上引赵翼、李慈铭对此皆持批评态度。刘咸炘反对这种出自后来标准的评价，赞赏早期正史灵活的编次方法，他在《后汉书知意》相应各卷的条目下对这些列传的以类相从之义有深入阐发。②但与此同时，《后汉书》中也有一些以官位（或政治地位）为标准编成的列传，如卷一五至卷二四的云台二十八将诸传，卷二六的《伏侯宋蔡冯赵牟韦列传》"皆光武、明帝时之名公"，卷四三《朱乐何列传》"皆为尚书而以直称"，卷四四《邓张徐张胡列传》"皆庸庸保位之三公"等等。③这样来看，范晔《后汉书》的列传编排，兼顾了官位和其他主题，与陈寿《三国志》的状态大体一致。

此外，唐修《晋书》的西晋部分也属于这种兼有的状态，不过与范晔《后汉书》的倾向相反，是多数列传依据政治地位编排。较为不同者，如卷五一为皇甫谧、挚虞、束晳、王接四人，《挚虞传》中有"才学通博，著述不倦"④一语，对此四人实皆适用。但皇甫谧隐居不仕，挚虞却官至九卿，束晳逢八王之乱、王接早卒，两人官位未达，可见同卷诸人官位完全不能相称。卷四八为向雄、段灼、阎缵三人，传中备载三人表奏，且以官位而言，段灼、阎缵仅为太守，如果不是因为上书直言，或许不会有入传的机会。卷四九为阮籍、嵇康、向秀、刘伶、谢鲲、胡毋辅之、毕卓、王尼、羊曼、光逸，大概以竹林七贤为中心。但七贤主要是文化风操上的认同，而非来自政治，这一卷中各人对西晋政权的态度及所达官位各不相同。

以上讨论了二十四史序列中《晋书》以前各史列传编次的情况，再稍作梳理。最初的《史记》诸列传既不严格以人区分，也没有等地之别。

---

① （清）李慈铭《后汉书札记》卷二，《越缦堂读史札记全编》，北京图书馆出版社，2003年，第330页。
② 参见刘咸炘《后汉书知意》卷二五《卓鲁魏刘列传》、卷二七《宣张二王杜郭吴承郑赵列传》、卷三〇《苏杨郎襄列传》、卷三五《张曹郑列传》等条，收入黄曙辉编校《刘咸炘学术论集·史学编》，第268—269、270—271、272、273—274页。
③ 刘咸炘《后汉书知意》，第269、276、276页。
④ 《晋书》卷五一《挚虞传》，第1419页。

《汉书》确立了基本的列传布局,即先是占主要篇幅的一般列传,然后是不以人物命名的类传,最后是四夷传和僭伪列传。但《汉书》的很多传记内容直接继承自《史记》,列传中存在着颇为丰富的主题。《三国志·魏书》中的列传主要以政治地位编排,相比《汉书》,政治因素的影响明显加强,这是由东汉一代官修史体系的发展、曹魏时期官修史的有效运作所带来的。同时,作为私人撰著的《三国志》还是存在官位和类叙两种列传编次标准,后者来自《史记》传统的影响,与东汉曹魏官修史的发展方向不同,却是陈寿着意加强的。另外,《后汉书》虽记载东汉史,但成书年代很晚,它的一般列传的编排原则呈现混杂状态,既有按特别主题编排者,也有按政治地位编排者,可能是不同时期列传编纂状态叠加所致。类似的,唐修《晋书》也由于最终成书时代晚而呈现混杂的非典型状态。

就二十四史的范围来看,列传编次原则的定型化约在南朝前期。沈约《宋书》的列传大略可见是以时期、政治地位编排,[1] 唐初所修五史,列传的政治因素也十分鲜明。这几部史书皆属官修,不仅它们自身的编纂是官方行为,它们所主要依据的史著的编纂亦依托于官修史体制,而不像唐修《晋书》是以私家撰著为蓝本的"非典型"官修史。而上文提到与曹魏国史密切相关的王沈《魏书》的列传编纂原则也比《三国志》更加纯粹,因此应该认识到,上述几种呈现"兼顾"状态的正史,是混合了官修史体制下的编次思路与《史记》传统下的编次思路。因此,这种"过渡"不是在一条发展线索内的编次思路的逐渐变化,而是两种编次思路所形成的文本的影响力此消彼长。自东汉曹魏以来官修史著的列传编排中,政治地位的因素成为主导,但到南朝宋齐以前,官修史著都无法完全自立于后世,总要再经后代史家个人的改编,这一过程多少中和了官修史体制对列传编次的改变,也说明这时的官修史体制本身还不够成熟。

---

[1] 另外,矢野主税指出沈约《宋书》的传记编排中存在清浊、门阀的因素([日]矢野主税《列伝の性格—魏志と宋書の場合》),不过这些标准本来也是当时政治的重要标准,官与族大致相协。

五、从"本纪"到"帝纪"

上文探讨了列传的编次方式在《史记》之后发生的变化,与之类似,《史记》的本纪与后世史书帝纪的意义及编次方式也有差异,本节即探讨这方面的变化。

《史记》本纪十二篇,只有少数像后来史书那样以帝王为题。《夏》《殷》《周》《秦本纪》四篇以朝代命名,但文中的具体记载对象是上古帝王与国君,《项羽》《吕太后本纪》则完全是为帝王之外的人物立本纪。司马贞《史记索隐》针对《秦本纪》《项羽本纪》与《吕太后本纪》,分别批评道:

> 秦虽嬴政之祖,本西戎附庸之君,岂以诸侯之邦而与五帝三王同称本纪?斯必不可,可降为《秦世家》。
>
> 项羽崛起争雄,一朝假号西楚,竟未践天子之位,而身首别离。斯亦不可称本纪,宜降为世家。
>
> 吕太后本以女主临朝,自孝惠崩后立少帝,而始称制,正合附《惠纪》而论之。不然,或别为《吕后本纪》,岂得全没孝惠而独称《吕后本纪》?合依班氏,分为二纪焉。①

司马贞主张秦始皇以前的诸秦君、项羽以及吕太后都不应列入本纪,因为他们都没有正式做过天子或皇帝。在另一段对"本纪"的阐释中,他直接将本纪称为"帝王书"。② 清人张照在殿本《史记·项羽本纪》的《考证》中批评司马贞的观点说:

---

① 以上三条《索隐》,分见:[日]泷川资言会注考证《史记会注考证》卷五《秦本纪》,第325页;卷七《项羽本纪》,第527页;卷九《吕太后本纪》,第695页。
② 《史记》卷一《五帝本纪》,《索隐》曰:"纪者,记也。本其事而记之,故曰本纪。又纪,理也,丝缕有纪。而帝王书称纪者,言为后代纲纪也。"第1页。

后世史官以君为本纪,臣为列传,固亦无可议者,但是宗马迁之史法而小变之,固不得转据后以议前也。《索隐》之说谬矣。[1]

司马贞的"帝王书"标准,是后人史学观念中对纪传体史书之纪的标准,但不是《史记》的本意。《秦本纪》等三篇本纪的存在自有逻辑,张照云:

马迁之前,固无所为本纪也。但马迁之意,并非以本纪为天子之服物采章,若黄屋左纛然,非天子不可用也。特以天下之权之所在,则其人系天下之本,即谓之本纪。若《秦本纪》,言秦未得天下之先,天下之势已在秦也;《吕后本纪》,吕后固亦未若武氏之篡也,而天下之势,固在吕后,则亦曰本纪也。[2]

张照认为《史记》的本纪并非天子专属物,纪传之别不是一种礼仪等级上的区分。本纪所载是"天下之权之所在",列于本纪的人物"系天下之本"。张照的这段议论是针对《项羽本纪》而发,同时也谈到了《秦本纪》和《吕太后本纪》的情况。与张照观点相似的还有清人冯景:

作史之大纲在明统。周有天下,秦灭之,而统在秦;秦有天下,楚项羽灭之,而统在楚;楚灭,而天下之统乃归汉耳。羽入咸阳,杀子婴,燔秦宫室,于是分裂天下而封王侯,政由己出,号为霸王,位虽不终,然代秦而号令天下,则既五年矣。此五年之统,非羽谁属哉!天下不可一日而无君,君天下不可一日而无统。当是时,羽灭秦,立沛公为汉王,是汉为楚所立也。汉之为汉,君天下而一统者,且四百年,然卒遵羽是封之名以为有天下之号而不敢易,犹谓汉不承统于楚,得乎?则项羽宜登本纪,宜列于汉高之前,统在则然,亦作史之例则然。[3]

---

[1] 转引自[日]泷川资言会注考证《史记会注考证》卷七《项羽本纪》,第528页。
[2] 转引自[日]泷川资言会注考证《史记会注考证》卷七《项羽本纪》,第528页。
[3] (清)冯景《解春集诗文钞》,《文钞》卷七"书《项羽本纪》后"条,清乾隆卢氏抱经堂丛书本,叶二左、三右。

冯景认为，项羽灭秦后虽然只是自称"霸王"，但分封天下，政由己出，事实上是天下之"统"所在。《史记》的本纪在于记载"统"，天下不可一日无"统"，这是项羽要列入本纪的原因。泷川资言在《项羽本纪》的《会注考证》中引用了张照与冯景之说，并按云"张、冯说是"。[①] 同时，他又在《吕太后本纪》中加按语云："史公舍惠帝而纪吕后，犹舍楚怀而纪项羽，盖以政令之所出也。"[②] 张照说的"权"，冯景说的"统"，泷川说的"政令之所出"，内涵大致相同，这是一种超越了王、皇帝等固定称号的概念，实际上是一种对历史的认识。换言之，这样的本纪所记载的不是特定政权认定的帝王，而是反映史家对历史进程的总体把握。[③]

《史记》的本纪与后世的帝纪有着上述根本差异，那么《史记》的本纪是如何演变为后世帝王专属的帝纪呢？特别值得注意的是班彪对《史记》的一段议论：

> 司马迁序帝王则曰本纪，公侯传国则曰世家，卿士特起则曰列传，又进项羽、陈涉而黜淮南、衡山，细意委曲，条例不经。[④]

此论见于《后汉书·班彪传》。文末云"今此后篇，慎核其事，整齐其文，不为世家，唯纪传而已"，可知这篇议论本是班彪所续《史记》（亦即《汉书》前身）的序言。那么，文中对《史记》的理解与评论就不是仅仅发表议论而已，也应是其续作编纂的出发点。班彪在上引前半句中明确将本纪、世家、列传分别与帝王、公侯、卿士三个政治等级相对应。在将政治等级的纲领赋予《史记》的同时，班彪也注意到《史记》对项羽、陈涉、淮南王、衡山王等人记载的设置，称之为"细意委曲，条例不经"。

---

① ［日］泷川资言会注考证《史记会注考证》卷七《项羽本纪》，第529页。
② ［日］泷川资言会注考证《史记会注考证》卷九《吕太后本纪》，第696页。
③ 关于《史记》本纪的立意，可参阅杨燕起《史记的体例》，转载于《史记研究集成》第十一卷《史记文献与编纂学研究》，第299—310页。
④ 《后汉书》卷四〇上《班彪列传上》，第1327页。

班彪对纪、世家、列传的看法在《汉书》中得到了实践。《史记》有争议的本纪中，涉及汉代的是《项羽本纪》和《吕太后本纪》两篇。《汉书》将《项羽本纪》改为列传，与陈胜合为一篇。《史记·项羽本纪》的写法本来就类似列传，①《汉书》的改作看来更合时宜。对《吕后本纪》，《汉书》将其改称为《高后纪》，掩去了吕后姓氏而从高祖刘邦为称。同时，《汉书》又补写了《惠帝纪》列于《高后纪》以前，二者时代相当。这样的改变不完全彻底，残留的《高后纪》作为一篇为皇后设置的本纪，依然遭受后人批评，②不过相比《史记》的状态，已是大有改观。

《汉书》在魏晋南北朝时期的影响很大，甚至超越《史记》。魏晋时人对本纪、世家、列传的观点，现在似乎不存，但现存少量南朝人的相关议论都延续班彪的观念。《史记正义》引裴松之《史目》云："天子称本纪，诸侯曰世家。"③南朝中期《文心雕龙》则称《史记》"本纪以述皇王，列传以总侯伯，八书以铺政体，十表以谱年爵"，④还大肆批判班固《汉书》列吕后于帝纪。隋唐以后，这类观点渐为常见，前引司马贞对《史记》的评论即是一例。

从史书作品上看，成书于西晋初的《三国志》尽管是为三个鼎立的国家同时作史，但唯独以曹魏诸帝为纪；形成于南北朝时期的几部正史，除范晔《后汉书》外也都遵循以帝王为本纪的原则。较为特殊的是范晔《后汉书》中有《皇后纪》，似乎一反魏晋以下的风气而将《史记》《汉书》列吕后入本纪的做法进一步扩大。不过范晔《后汉书》的《皇后纪》有很早的来源，不是反映南朝时代观念的典型例证。钱大昕《廿二史考异》云：

---

① 《史通·列传》评论《史记·项羽本纪》云"推其序事，皆作传言，求谓之纪，不可得也"。（唐）刘知幾著，（清）浦起龙释《史通通释》卷二，第42页。
② 如（南朝梁）刘勰著，（清）黄叔琳注，李详补注，杨明照校注拾遗《增订文心雕龙校注》卷四《史传》："及孝惠委机，吕后摄政，班史立纪，违经失实。"北京：中华书局，2012年，第205页。
③ 《史记》卷一《五帝本纪》，第1页。
④ 杨明照校注拾遗《增订文心雕龙校注》卷四《史传》，第205页。

世讥范蔚宗创为《皇后纪》,非也。《晋书》称华峤作《汉后书》九十七卷,有帝纪十二卷、皇后纪二卷。峤以皇后配天作合,前史作《外戚传》以继末编,非其义也,故改"皇后纪",次帝纪之下。然则皇后之纪,乃峤自出新意,蔚宗特因之不改尔。①

钱大昕注意到《晋书·华峤传》关于华峤作《汉后书》的记载,指出《皇后纪》乃华峤"自出新意",范晔的《后汉书》只是因袭华峤。②华峤不满于《东观记》之烦秽而改作东汉史,虽然书成后受到西晋朝廷的重视,但其编纂还是保持了私人撰著的自主性,③因此更具史学上的追求,而不拘泥于官修环境带来的政治等级观念。在这一点上,华峤《汉后书》与同时期的《三国志》取向相仿。

南朝的范晔在华峤之书的基础上改撰新东汉史,对《皇后纪》因袭未改,与其说是南朝时还有为皇后立纪之风,毋宁说是范晔《后汉书》的记录对象时代与成书时代差距过大,经过历代多手改编,造成其书具有多重时代性。就目前所见,华峤为皇后立纪的做法只是被同样撰写后汉史的范晔继承,而时代属性更为单纯的南北朝及唐初的诸部正史都只以皇帝入帝纪,是与该时期的史学评论对帝纪、列传的定义相一致的。

综上所论,《汉书》明显改革了《史记》较为灵活、更体现历史认识的本纪定义,《东观汉记》《三国志》都恪守以皇帝为纪的标准。只有华峤私人所撰《汉后书》为皇后立纪,但从同一时期与之后的时期来看,以皇帝为纪的标准仍然是绝对主流。可以说,纪为帝王专属、按照帝王传位的顺序进行编纂的帝纪的总体原则,在东汉时已经作为纪传体史书编纂的通

---

① (清)钱大昕著,方诗铭、周殿杰点校《廿二史考异》卷一〇,第195页。《晋书》卷四四《华峤传》,第1264页。
② 徐冲对华峤《书》及《东观汉记》中的《外戚传》有详细考证,参见徐冲《中古时代的历史书写与皇帝权力起源》,第129—132页。
③ 华峤死后,其两子先后被召入著作以完成书中十典的部分,或使撰述带有一定官方背景,但书中《皇后纪》的创立是在华峤生前。《晋书》卷四四《华峤传》,第1264—1265页。

行原则得以确立,而到南朝初年的范晔《后汉书》以后,更成为关于帝纪的不二观念。

六、帝纪写作体例的变化与定型

上节讨论了本纪编排原则的变化过程,其定型远早于列传。不仅如此,本纪文本的编写体例也很早就趋于固定,与魏晋南北朝时期正史列传文本的缤纷错杂形成鲜明对照。为了便于叙述,这里先列出定型化的帝纪编写体例的大致特征:

1. 帝纪总体而言呈三段式结构:即位以前、在位期间、结尾总述。头尾两个部分的叙述方式与列传没有明显差别,标志性的帝纪体例主要是针对中间的帝王在位期间而言,以下称之为帝纪的主体部分。

2. 帝纪主体部分作为记录国家大事的载体,不表现皇帝个人,诸如诏令或行幸征伐所至等语境中的皇帝,实与国家无异。

3. 主体部分叙事皆系于年月日之下。每年以正月开始,每季首明示春夏秋冬。记日以干支,而不采用"后数日"一类的相对式表达。少数日期不详的事件,在月或岁末以"是月"或"是岁"表示。

4. 主体部分记录事件类型多样,包括皇帝行幸、典礼、人事变动、政令、兴造、战争、朝贡、灾异等等。所有事件严格按照时间顺序编排,且叙述简要,呈碎片化。

帝纪最显著的特征是编年系日,但这一点在《史记》中尚未完全确定。《史记》开篇的《五帝本纪》《夏本纪》《殷本纪》及《周本纪》前半部分,都只是大体按时间顺序叙述;从《周本纪》的西周共和开始才能称得上字面意义的"编年";至《秦本纪》始见系事于月,《秦始皇本纪》的系月趋于普遍。秦以后的六篇本纪中,《孝武本纪》内容与《封禅书》

重复，很可能是后人补作，[①]可以不论。此外，《项羽》《高祖》《吕后》三篇的体例更接近一般列传的写法，只有《孝文》与《孝景本纪》可说是编年体，其中所载各事的系时既有止于月的，也有精确至日的，其他体例也与后代帝纪主体部分基本符合。也就是说，《史记》的十二篇本纪中仅有位列第十和十一的《孝文》与《孝景本纪》略见后世编年帝纪的体例。[②]

《汉书》的帝纪虽然承《史记》而来，但从《汉书》的改动中能够看到其作者规范帝纪编写体例的意图。《史记·高祖本纪》的情况基本被《汉书·高帝纪》延续。《汉书·高帝纪》即便在刘邦即帝位之后，依然有置酒洛阳南宫、问张良封功臣事、和太公、萧何治未央宫、不宿柏人、代国相陈豨反、置酒沛宫等等诸多描述细节的段落，[③]系时方面也以月为主，很少及日。这很可能是因为关于刘邦时期，原本就缺少符合帝纪体例要求的编年记日的原始材料，以至于《汉书》只能沿用《史记》内容。对于《史记·吕后本纪》，《汉书》将其改为《高后纪》，又在其上补作《惠帝纪》，且《惠帝纪》的体例颇近于编年帝纪标准。《汉书·武帝纪》的体例也基本符合后世编年帝纪的体例，不过《史记·孝武本纪》原篇面貌不知如何，因此无法确知《汉书·武帝纪》的来历。总的来看，《汉书》仅在高祖时期缺少合乎规范的编年体帝纪，另外惠帝时期同时存在编年的《惠帝纪》和继承前史的《高后纪》，其余帝纪，包括班固父子新撰的宣帝以

---

① 张晏、司马贞等认为此篇是褚少孙取《封禅书》补入，但钱大昕、崔适等皆认为是褚所补亦亡，又由后人取《封禅书》充之，当代学者亦赞同此说。参见［日］泷川资言会注考证《史记会注考证》卷一二《孝武本纪》引《集解》及《索隐》，第799—800页；（清）钱大昕著，方诗铭、周殿杰点校《廿二史考异》卷一，第11页；（清）崔适《史记探源》卷三，北京：中华书局，1986年，第66—67页；张大可《史记文献研究》，北京：民族出版社，1999年，第171—188页。
② 《汉书》颜师古注引张晏谓《史记》原文亡失十篇，包括《孝景本纪》。《汉书》卷六二《司马迁传》，第2724—2725页。但明清及当代学者多认为张晏所列篇目不可尽信，其中《孝景本纪》应为原文。刘咸炘《太史公书知意》，收入黄曙辉编校《刘咸炘学术论集·史学编》，第46页；张大可《史记文献研究》，第171—188页。
③ 依次见《汉书》卷一下《高帝纪下》"帝置酒"至"群臣说服"，第56页；"上居南宫"至"吾属亡患矣"，第61页；"上归栎阳"至"赐黄金五百斤"，第62页；"萧何治未央宫"至"上说"，第63页；"还过赵"至"去弗宿"，第65页；"代国相陈豨反"至"豨将多降"，第68页；"上还过沛"至"乃并复丰比沛"，第74页。

下的诸帝纪,则都基本符合编年帝纪的体例。①

不过《汉书》帝纪的结尾部分与后世还有差异。后世帝纪在记载皇帝去世后,还会在正文中总述其生平,《汉书》帝纪正文没有这类总述,但有些篇章的赞语中有类似内容。《汉书》各篇帝纪的赞语大致可分为两种情况:宣帝以前基本是描述相应时代,延续自《史记》相应篇目的"太史公曰";②元帝以后,除概述时局外还有更多笔墨用于描述皇帝个人,属《汉书》的创制。卷九至一一的《元帝》《成帝》《哀帝纪》赞语分别描述各帝云:

> 臣外祖兄弟为元帝侍中,语臣曰元帝多材艺,善史书。鼓琴瑟,吹洞箫,自度曲,被歌声,分刌节度,穷极幼眇。少而好儒,及即位,征用儒生,委之以政,贡、薛、韦、匡迭为宰相。而上牵制文义,优游不断,孝宣之业衰焉。然宽弘尽下,出于恭俭,号令温雅,有古之风烈。

> 臣之姑充后宫为婕妤,父子昆弟侍帷幄,数为臣言成帝善修容仪,升车正立,不内顾,不疾言,不亲指,临朝渊默,尊严若神,可谓穆穆天子之容者矣!博览古今,容受直辞。公卿称职,奏议可述。遭世承平,上下和睦。然湛于酒色,赵氏乱内,外家擅朝,言之可为于邑。

> 孝哀自为藩王及充太子之宫,文辞博敏,幼有令闻。睹孝成世禄去王室,权柄外移,是故临朝娄诛大臣,欲强主威,以则武、宣。雅性不好声色,时览卞射武戏。即位痿痹,末年浸剧,飨国不永,哀哉!③

---

① 关于这些帝纪还有一个值得注意的细节。《史记·孝文本纪》屡屡称"上曰"或"皇帝曰",《汉书·文帝纪》则改为与后世帝纪体例相同的"诏曰"。对于这些诏书,也以《汉书》所录更为详细,凌稚隆比较《史记·孝文本纪》和《汉书·文帝纪》,称"《汉书》大要袭此,惟诏书称详",转引自[日]泷川资言会注考证《史记会注考证》卷一〇《孝文本纪》,第733页。
② 《汉书》赞语本于《史记》"太史公曰"。"太史公曰"的内容较为多样,或补正文所无之事,或说明其取材依据,或发表议论等。参见逯耀东《史传论赞与"太史公曰"》,收入《抑郁与超越:司马迁与汉武帝时代》,北京:生活·读书·新知三联书店,2008年,第265—293页。
③ 以上三条分见:《汉书》卷九《元帝纪》,第298—299页;卷一〇《成帝纪》,第330页;卷一一《哀帝纪》,第345页。

只有卷一二《平帝纪》赞语不及平帝个人，但平帝年少，只是王莽的傀儡。上引各赞语段落都提示出，元帝以后与班固父子时代相近，他们对相关情况得以耳闻目见，进而记入史书。同时，之所以这类内容是记载于赞语中，也应与这部分帝纪正文体例的变化有关。因为正文只编年记录国家大事，不再有列传式的描述，皇帝个人无法得到展现，便在赞语中加以补充。

帝纪结尾部分在《汉书》以后的变化是总述皇帝个人的这类内容从赞语移入正文末尾。东汉史书的情况缺乏材料难以确定，但至少曹魏史王沈《魏书》应已如此。《三国志》的《武帝》《文帝》《明帝纪》正文之末，裴注都引录了一段来自王沈《魏书》的叙述武帝、文帝及明帝德行事迹的文字。[①]这些叙述都是总括一生，语气连贯，很难被系于某具体时间之下，应是来自相应帝纪的末尾。同时这些叙述应不是像《汉书》那样出于论赞，因为裴注对于史书论赞会引作"某某曰"，如卷一八、卷二三、卷三〇注补《魏略》各传，后又有"鱼豢曰"或"鱼豢议曰"，[②]就是将《魏略》正文与传末论赞分别处理。而裴注引录王沈《魏书》的这些内容都仅称"《魏书》曰"，说明这些内容应属《魏书》正文。总之，王沈《魏书》中至少武帝、文帝、明帝三帝纪的正文结尾是对皇帝个人的总述，与后世编年帝纪相同。如上所言，结尾部分的形态与帝纪正文主体部分的形态也有关，王沈《魏书》帝纪的主体部分虽然亡佚，但陈寿《三国志·魏书》的这三篇帝纪主体部分较为规范，也能一定程度反映王沈《魏书》的形态，并

---

① 《三国志》卷一《魏书·武帝纪》文末裴注引《魏书》"太祖自海内"至"四箧而已"，第54页；卷二《魏书·文帝纪》文末裴注引《魏书》"帝初在东宫"至"以为帝王仪表者如此"，第88—89页；卷三《魏书·明帝纪》文末裴注引《魏书》"帝容止可观"至"意无厌倦"，第115页。

② 《三国志》卷一八《魏书·阎温传》末裴注云："《魏略·勇侠传》载孙宾硕、祝公道、杨阿若、鲍出等四人。宾硕虽汉人，而鱼豢编之《魏书》，盖以其人接魏，事义相类故也，论其行节，皆庞、阎之流。其祝公道一人，已见《贾逵传》。今列宾硕等三人于后。"下补三人之传，又引"鱼豢曰"云云。第551—554页。同书卷二三《魏书·裴潜传》末裴注云："《魏略》列传以徐福、严幹、李义、张既、游楚、梁习、赵俨、裴潜、韩宣、黄朗十人共卷，其既、习、俨、潜四人自有传，徐福事在《诸葛亮传》，游楚事在《张既传》。余韩等四人载之于后。"此下补四人之传，又引"鱼豢曰"云云。第674—676页。同书卷三〇《魏书·乌丸鲜卑东夷传》末引《魏略·西戎传》，又引"鱼豢议曰"云云。第858—865页。

且裴注在这三篇中经常利用王沈《魏书》补录魏帝(包括曹操)诏令,这也是后世编年帝纪的重要特点。综合这些方面来看,王沈《魏书》的帝纪很可能已经与此后定型化的编年帝纪体例相同。

但是,陈寿《三国志·魏书》的上述三篇帝纪则没有在正文中总述皇帝个人德行事迹,[①]而是在卷末简短的"评"语中对天下大势与皇帝个人做出总评,延续了《史记》《汉书》的做法。可见,虽然王沈《魏书》的帝纪写法已经发生改变,但《三国志》依然在追随《史记》传统,并对王沈《魏书》进行改造。

综上所述,《汉书》在《史记》的基础上对帝纪体例进行了较大调整,使各纪基本上有了统一规范(除《高帝纪》和《高后纪》情况特殊)。这些帝纪正文都是围绕一国大事,不体现皇帝个人,而在西汉后期的几篇帝纪中出现了在赞语中对皇帝进行总述的情况。《汉书》帝纪的开头、主体部分在此后基本得到延续,皇帝生平总述后来不再被作为赞语,而是置于正文结尾处。总的来看,应该说帝纪正文体例的主要变动——即三段式结构的出现以及主体部分体例的变化,在曹魏以前已基本完成。作为东汉国史的《东观汉记》的情况还不明确,但从情理推测,其帝纪也应是从《汉书》至曹魏官修史的发展过程中的一环,那么它的体例应大致合于后世编年帝纪,而范晔《后汉书》各篇帝纪都符合本节开始所列的编年帝纪规范,可以印证这种推测。无论如何,即便把帝纪正文体例稳定化的下限定于魏晋之际的王沈《魏书》,与列传的情况相比,也早得多了。

七、新的问题与本书思路

本章围绕纪与传两个部分考察了《史记》以来纪传体史书的体裁变化过程。《史记》"本纪"、"列传"意涵与后史之不同,外在体现于篇目编

[①] 只有《文帝纪》在文帝死后简短记载了文帝的著述及他发起编纂的《皇览》,但这样的具体记载与"评"语中的总述也有所区别。《三国志》卷二《魏书·文帝纪》,第88页。

排、正文体例的差异上。纪的编排原则在《史》《汉》间有明显转变,《汉书》有意使纪成为皇帝专属,但由于它本来是续《史记》之作,没有完全推翻《史记》为吕后立纪的做法。《汉书》以后,仅为皇帝立纪就基本成为定例。列传编排原则的变化比帝纪漫长得多。《汉书》在整体上划分了一般列传、类传、四夷传和僭逆传的格局,但一般列传的编次依据还很灵活。《三国志》的一般列传主要根据政治地位编排,但也兼有其他主题,到南北朝以后,列传编次更鲜明地依据时期、政治身份。简单地说,同样是总体的编次原则,帝纪在《汉书》时就基本完成转型,列传的转变则一直拖延到南北朝时期。在正文内容体例的演变进程上,帝纪和列传也是一先一后,帝纪到东汉时已较稳定,而列传的情况在魏晋南北朝时期一直颇为复杂,无法在此详细讨论。

为什么帝纪在汉魏时就已顺利转型,列传的经历却颇坎坷?所谓转型,准确地说是新、旧两种形态的竞争、叠加。新的形态由官方修撰主导,在东汉曹魏出现,影响着这种始于《史记》的撰述传统。汉唐之间的很多史家以官修史书为其撰史蓝本,但在改编新作时会趋向《史记》传统。因此问题实际上是,为什么官方主导的新形态对于帝纪而言易于受到认可,而在列传部分却受到《史记》传统的更多阻力?根源还是在于官修史书与《史记》不同的写作环境:不同的资料源、编纂方法(文本处理上的)、编纂机制(组织与运作上的)。

《史记·周本纪》共和以后的部分及《秦本纪》《秦始皇本纪》大体源自旧秦国的国史和秦始皇以来的官方记录。[1]先秦其他国家也采用这种编年大事记的形式记录历史。班彪云:

> 唐虞三代,《诗》《书》所及,世有史官,以司典籍,暨于诸侯,国自有史,故《孟子》曰:"楚之《梼杌》,晋之《乘》,鲁之《春秋》,其

---

[1] 参见赵生群对《史记·六国年表》序言的解读。赵生群《〈史记〉取材于诸侯史记》,《〈史记〉文献学丛稿》,南京:江苏古籍出版社,2000年,第133—147页。又参见刘咸炘《太史公书知意》,收入黄曙辉编校《刘咸炘学术论集·史学编》,第36页。

事一也。"①

《史记》汉文景二帝纪沿此发展，记事更为丰富、时间更为精确，奠定了后世的帝纪。其实在《史记》注重思想统一，运用材料灵活的编纂方式下，其本纪不乏其他来源和形式，但后人的改造提纯使帝纪成为先秦诸国编年史的延续。这是最传统的官方历史记录形式之一，其体裁本身相对成熟，又早与行政运作体制相适应。因此汉以后官修史的帝纪部分虽然还有细节上的精细化，但不涉及根本，也能较快得到私人史家与读者的认可，达成稳定。

前文提到战国以来出现学术综合、总结的潮流，为后世史家所祖述的《史记》《左传》都是这一潮流的产物。②运用多种材料，并使用一套更为复杂的规则对其加以整合，其风气始于三代之末，并成为中古史学发展的一个重要任务。如何把这种新的学术或著述方式纳入官僚制运作体系，就是中古国家面对的课题。

纪传体中，除了纪的编纂有先秦国史的传统，表志传对官方体制来说比较陌生。《史记》七十列传关心的话题极为丰富，取资和编纂饱含史家匠心，正所谓"体圆用神"。而中古官修史体制是整个国家运作体制的一部分，它不仅需要史官的德与才，更追求建立一套完善的制度和流程，以保障从原始材料的收集、积累到史书的编纂和改订的一系列运作并形成传世的官修史书。可以看到，《汉书》以后对于列传编纂的调整，也是尽可能为之寻找相应的官方文档资料，但一时还有很多难以周备之处。列传

---

① 《后汉书》卷四〇上《班彪传》，第1325页。西晋时汲冢出土的《竹书纪年》亦是先秦诸国史记之一例。《史记》诸世家中的《赵世家》也被认为是以赵国史记为基础，参见金德建《司马迁所见书考》，上海人民出版社，1963年，第417—419页；[日]藤田胜久著，曹峰、[日]广濑薰雄译《〈史记〉战国史料研究》，上海古籍出版社，2008年，第270—306页；[日]吉本道雅《史记原始：戦国期》，《立命館文学》547，1996年9月，第279—283页。
② 关于《左传》史源的多样性，参见李零《简帛古书与学术源流》，北京：生活·读书·新知三联书店，2004年，第276—277页。又参见田天对李惠仪的《左传》研究的概述和她对《左传》史源与编纂的提示，田天《如何解读过去——评李惠仪〈《左传》的书写与解读〉》，《中华文史论丛》2018年第4期；[美]李惠仪《〈左传〉的书写与解读》，南京：江苏人民出版社，2016年。

的转型比帝纪困难，即由于此。

本书第二至四章关注官修史体制如何保障纪传史的取材，其基本规律是将政务运作产生的文书档案收集、整理，以供纪传史相应部分的编纂，可以称为政务—修撰联动机制。史书的面貌、体裁与其史源息息相关，要将史源尽量限定在政务运作框架内，势必对修成的史书面貌有所影响，史学传统与体制运作之间也需经过协调适应。第二、三章围绕纪传史中的列国传和孝义传，揭示这种相互协调并最终形成政务—修撰联动机制的过程。第四章考察列传主体部分。因为涉及的传记文本体量过于庞大，而且能够反映历时发展过程的证据链缺环比较严重，所以本章偏重于揭示相关政务—修撰联动机制成型后的状态，主要明确在这个机制中史源所依托的政务运作环境，及史家如何利用、改编这些资料。

联动机制把某类史源与纪传史的特定板块对应起来，有利于史书的顺利修撰。不过纪传史的成书过程不是纪表志传分而治之，每一板块的原始材料直接蜕变为该板块成稿，实际上，丰富的资料在编纂过程中会被交织处理。如何完成这样复杂的资料处理任务，也是中古官修史体制需要解决的课题。因此，虽然以修撰纪传史为最终目标，但官修史体制的运转还需要其他体裁配合。唐代的官修史修撰有起居注及时政记、日历、历朝实录、数朝国史等几个主要步骤，通过这样的反复编纂和体裁转换，综合型的恢宏史著得以完成。唐代这样复杂的官修史运作过程应非一夕可就，它如何在魏晋南北朝时期孕育萌生，值得进一步探究。本书第五至八章讨论东晋十六国南朝的修史，主要着眼于其中编年体与纪传体的转化；第九章讨论北魏的修史，由于北魏是魏晋南北朝延续时间最长的政权，其修史中涉及的体裁转换和改编问题更加丰富有趣。

第二章 "列国传"的体例、史源、编纂方式

"史"字本是掌书记者之称,后来又被指历史记载,这个字义的演化显示出修史与政务运作的深刻渊源。上古史书如"晋之乘,楚之梼杌,鲁之春秋",都是各诸侯国的官方记载,体裁是相对简要的编年记事。汉魏南北朝时期,逐步形成了编定纪传体史书的官修史运作体制,其形成过程一面勾连纪传体史书的体例变化,一面勾连官僚机构职能的发展。本章以纪传史中的"列国传"为例,考察其体例特征、史料来源、编纂方式在汉唐之间的变化,管窥官修史体制的形成。

《史记》诸列传有以外夷族名或国名命名者,但编次位置和内容体例都未清晰地与其他列传相别。从班固《汉书》开始,在列传之内出现了统一列于后部的四夷传记单元。综观中古正史中的四夷传记,有两种体例趋向。一种是拥有翔实的史事记载,通常一卷中仅能容纳一、二族群或国家,尤以北方草原民族为代表,如匈奴、鲜卑、突厥等;另一种趋向则是在一卷之中有如"万国博览",以西域、南海国家最为典型,本章称之为"列国传"。后者曾在"西域传"视野下被系统地研究,余太山指出,汉魏南北朝时期正史西域传记述的范畴是西域;记述单位是国家;各国编次在南北朝以前是依据交通线,南北朝以后除《魏书》外皆无明显规律。[1]此外,也有一些史书是以其他外夷的传记回应《汉书·西域传》传统,因此本章的考

---

[1] 参见余太山《两汉魏晋南北朝正史西域传研究》上册,北京:商务印书馆,2013年,第1—5、122—136页。

察范围不仅限于西域传。值得注意的是,除了余氏已经指出的各史西域传在叙述次序上有前后差异外,以国为单位的叙述结构也并非最初就已存在。"列国传"体例的变化,与背后编纂机制的发展密切关联。下面就从对《汉书·西域传》的检讨开始,揭示中古正史"列国传"的发展过程。

一、"列国传"前史:行记、簿记与《汉书·西域传》[①]

在《汉书·西域传》以前,《史记》亦有《大宛列传》记载西域历史,不过它的体例近于通常的人物列传,在《汉书》中被改作《张骞李广利传》。而《汉书》中的《西域传》则是另起炉灶,只有个别段落摘自《史记·大宛列传》。《汉书·西域传》罗列大量国家,重视对诸国自然、人文情况的记录而不专记事件,开创出一种明显不同于人物传的体例,对后来正史有深远影响。不过它与后来正史"列国传"也有一些不同。

《汉书·西域传》开篇讲述西域"南北有大山,中央有河"的地理形势,这样的地形决定了"自玉门、阳关出西域有两道"。在小序里概述的南北两道路线,又详见于正文各国记载之间:

> 出阳关,自近者始,曰婼羌。
> 西北至鄯善,乃当道云。
> 鄯善当汉道冲,西通且末七百二十里。
> 〔且末〕西通精绝二千里。
> 〔小宛〕辟南不当道。
> 〔精绝〕西通扜弥四百六十里。
> 〔戎卢〕辟南不当道。

[①] 《汉书》卷九六上《西域传上》,北京:中华书局,1962年,第3871—3900页;同书卷九六下《西域传下》,第3901—3932页。以下统称《汉书·西域传》。本小节中引用此传不再出注。

〔扜弥〕西通于阗三百九十里。

〔于阗〕西通皮山三百八十里。

〔皮山〕西南当罽宾、乌弋山离道,西北通莎车三百八十里。

〔乌弋山离〕行可百余日,乃至条支。……自条支乘水西行,可百余日,近日所入云。……自玉门、阳关出南道,历鄯善而南行,至乌弋山离,南道极矣。转北而东得安息。

安息东则大月氏。

〔疏勒〕西当大月氏、大宛、康居道也。

〔姑墨〕东通龟兹六百七十里。

〔温宿〕东通姑墨二百七十里。

〔龟兹〕东至都护治所乌垒城三百五十里。

〔渠犁〕东通尉犁六百五十里。

以上摘出的文字以"通某地若干里"、"当某道"的句式直接表现了沿交通线前进的过程,前后相续,大体由南道西出,历经中亚由北道折回。它们与小序对南北两道的总述一同构成贯穿全篇的线索,也使本篇没有截然的国别分界。

为什么《汉书·西域传》会呈现出这种结构?有必要全面了解它的史源与编纂方式。分析此传内容,除承袭自《史记·大宛列传》者外,[①]还可以区分出三类史源:一是使者或行人的报告,二是有关西域统治的簿籍文书,三是与汉庭相关的史事记载。以下依次讨论。

张骞出使西域归来,曾向武帝汇报西域诸国情况,他的汇报已被《史记·大宛列传》引用。此后出使西域蔚然成风,根据司马迁的记载,当时"从吏卒皆争上书言外国奇怪利害,求使",伴随着汉军事、政治力量西拓,"西北外国使更来更去"。[②]在这种情况下,汉庭自然会获得大量出使汇

---

① 《史记·大宛列传》中关于张骞与乌孙王昆莫的交涉、汉宗女和亲乌孙、李广利伐宛的记载,在《汉书·西域传》中分别插入诸国之下;而《史记·大宛列传》两段对诸国风俗的集中叙述在《汉书·西域传》中被散入各国相应处。
② 《史记》卷一二三《大宛列传》,北京:中华书局,1959年,第3171—3174页。

报,从而有了《大宛列传》"宛左右……俗嗜酒、马嗜苜蓿"、"大宛以西至安息,国虽颇异言,然大同俗,相知言"等记载。这类汇报内容、体裁当近于后世"行记",叙述沿途各地见闻,重点是皇帝关心的"奇怪利害",即珍奇物产、山川地形、风俗政治等情况。[1]《汉书·西域传》利用的使者报告比《史记》更多,串联全篇的交通路线也由此而来,不过不能确定是出自一份最翔实的报告,还是据多份报告拼合而成。

《汉书·西域传》还依据了官方簿籍。此传末云:

> 最凡国五十。自译长、城长、君、监、吏、大禄、百长、千长、都尉、且渠、当户、将、相至侯、王,皆佩汉印绶,凡三百七十六人。而康居、大月氏、安息、罽宾、乌弋之属,皆以绝远不在数中,其来贡献则相与报,不督录总领也。

汉代官方簿籍末尾通常合计各项数据,并惯用"最(冣)凡"一词,《西域传》末与之相似。传序又云:

> 自宣、元后,单于称藩臣,西域服从,其土地山川、王侯户数、道里远近,翔实矣。

如果把"王侯"替换为郡守令长,"土地山川、王侯户数、道里远近"也正是汉晋时期郡县上计簿的基本内容,[2]而且本传正文相应记载与尹湾汉简、

---

[1] 两汉的出使报告或行记,除《史记·大宛列传》中简短引用的张骞的报告外似乎没有流传。南北朝时期有两份值得重视的资料,一是杨衒之在《洛阳伽蓝记》卷五拼合了惠生《行纪》《道荣传》《宋云家纪》,(北魏)杨衒之著,范祥雍校注《洛阳伽蓝记校注》,上海古籍出版社,1978年,第251—342页。另一份是见于类书、《水经注》等引用的段国《沙州记》片段,今有清人张澍辑本,(南朝宋)段国著,张澍辑《沙州记》,《丛书集成初编》,北京:商务印书馆,1936年,第3181册。《说郛》亦收此书,内容较张澍辑本为少。

[2] 参见连云港市博物馆等编《尹湾汉墓简牍》,北京:中华书局,1997年;[日]纸屋正和著,朱海滨译《汉代郡县制的展开》第八章《尹湾汉墓简牍和上计、考课制度》,上海:复旦大学出版社,2016年,第275—313页;湖南省文物考古研究所、郴州市文物处《湖南郴州苏仙桥遗址发掘简报》,《湖南考古辑刊》第8辑,长沙:岳麓书社,2009年;[日]永田拓治《上计制度与"耆旧传"、"先贤传"的编纂》,《武汉大学学报》2012年第4期;林昌丈《汉魏六朝"郡记"考论——从"郡守问土"说起》,《厦门大学学报》2018年第1期。

郴州晋简的形式也很相似。由此推测,《汉书·西域传》应是依据了由西域统治机构制成的上计簿籍或在其基础上由中央机构再编的簿籍。需要注意的是,来自官方簿籍的"道里远近"不同于前文所说来自出使报告的交通路线。前者是每国下所记距长安里数或四至里数,这类内容不仅见于郴州晋简,也常见于隋唐以后据官方档案修成的地志,其重点并非强调方向性的路线,而是相对位置。

如前所述,《汉书·西域传》有以国家为单位的影子,这是受到官方簿籍条列诸国体例的影响,这种影响在《西域传》不同部分表现的程度不同。《西域传》记载的所有地区都有来自官方簿籍的内容,[①]但交通线叙述不及北道自渠犂以东的焉耆盆地和东部天山诸国,其中焉耆以东的东部天山诸国连风俗物产也完全失载。[②]史源类型的差别与西汉在西域的扩张历程恰好相应:西域南道最早被西汉控制,宣元以后匈奴瓦解,西汉在车师前王庭设戊己校尉,才控制东部天山诸国,在西域的势力达到最盛。[③]因此,全盛时期的官方簿籍比其余几类史源包括了更多国家,《西域传》的这些部分也延续官方簿籍的特征,明显呈现出以国家为单位,但不能认为这是《西域传》的总体结构特征。

除了来自使者报告和官簿的内容,《汉书·西域传》还有对历史事件的记载,在序言里也简述了武帝以来汉势力在西域发展的历史。这些事件绝大部分与汉相关,[④]本来是作为汉朝历史的一部分而被记录、保

---

① 此传葱岭内外几乎所有国家下都有簿籍资料。除诸国外,县(悬)度、大夏五翕侯和康居五小王下各记所治、去阳关及去都护里数,也当出自西域都护府簿记。
② 余太山已注意到《汉书·西域传》于葱岭以东诸国风俗记载甚少。余太山《两汉魏晋南北朝正史西域传研究》上册,第2页。
③ 昭帝末、宣帝初,匈奴天灾人祸不断,又在元凤三年(前78)和本始二、三年(前72、前71)连遭大败,国家衰落(参见《汉书》卷九四上《匈奴传上》,第3783—3787页),使得汉在西域的势力得以伸展。这期间汉与西域往复争夺车师地区,以汉"尽徙车师国民令居渠犂,遂以车师故地与匈奴"告终(《汉书》卷九六下《西域传下》,第3922—3924页)。宣帝神爵(前61—前58)时的匈奴内部分裂,日逐王降汉,汉得以都护南北两道;"至元帝时,复置戊己校尉,屯田车师前王庭",从此进入西汉控制西域的全盛时期,并一直维持到西汉末年(《汉书》卷九六上《西域传上》,第3873—3874页)。
④ 也有少数各国自身史事的记载,时间上都不晚于汉武帝,推测是来自武帝时出使者的汇报。

存。《汉书·西域传》将这些历史记载插入各国之间，但也不完全拘泥于国家的界限。例如作为汉开西域早期事件的浞野侯赵破奴攻楼兰姑师，仅见于鄯善国下，而不见于车师之后；王莽天凤（14—19）年间焉耆反叛，王骏、李崇兵败，最终西域断绝的一段史事，虽然涉及了很多国家，但并不包括车师（汉在此前已失车师），却也置于车师之后。这样的安排不是关照事件与国家的匹配，而是关照了汉从争取到失去西域的总体时间顺序——最早发生的事件位于最前，最晚发生的事件位于最后。在渠犁即轮台屯田之下，也因为记载了昭帝时轮台屯田与龟兹的紧张关系，进而述及龟兹在宣帝以后的态度转变。

通过以上分析可以知道，《汉书·西域传》依据了几种不同来源、不同体裁的资料，贯穿全篇的是源于行记的交通线记录。编纂者根据原始资料本来的情况有很多灵活处理，并不刻意抹平它们的特色以追求整齐。

《汉书·西域传》的这种编纂方式也被《东观汉记》继承，并影响到此后东汉史对西域的记述。今天能够看到的范晔《后汉书·西域传》与《汉书·西域传》在体例结构上非常相似，[①]刘咸炘评论范晔《后汉书·西域传》说：

> 通篇节节相衔，以原文道路为脉络，而填述其事，不必与《前书》相当，而适以补其阙，正其讹。[②]

"节节相衔，以原文道路为脉络，而填述其事"的体例与上文对《汉书·西域传》的观察相符。不过对"前书"亦即《汉书》"补其阙，正其讹"的，首先应是《东观汉记》。

[①] 《后汉书》卷八八《西域传》，北京：中华书局，1965年，第2909—2938页。本节引此传一般不再出注。
[②] 刘咸炘《后汉书知意》，《刘咸炘学术论集·史学编》，桂林：广西师范大学出版社，2007年，第302页。所引文之前尚有"全用班勇所记，勇记本依行道"两句，所言不确，已如前述。

关于范书《西域传》与《东观汉记》的关系，可以通过对比袁宏《后汉纪》、鱼豢《魏略》的相关记载推知。① 三书详略不同，但都保留了关于大秦国的记载。余太山已经指出范晔《后汉书》与《魏略》对大秦的记载十分接近，② 若以袁宏《纪》与范晔《书》相较，更是如出一辙，可知三书都是延续《东观汉记》的记载。此外，范晔《书》与袁宏《纪》中相当于传序的内容基本一致，而且与《汉书·西域传》序言也很接近。范晔、袁宏的传序只有两条为《汉书》所无，而且都与东汉有关：一是说明此传依据甘英、班勇所记（详下），二是说明西域军事地理的总体形势以车师、伊吾最为重要。③ 可以推测《东观汉记》的《西域传序》也基本沿用《汉书》，又添补以上两项内容。袁宏《纪》中因袭《汉书》的内容集中在前，两段关于东汉的说明附后，或许是东观史臣草草添补《汉书·西域传》序言的原始状态，范晔的段落排序则更有条理。总览全文，范晔的《西域传》篇幅最长，应与《东观汉记》最接近，袁宏删略较多，鱼豢《魏略》又增添一些曹魏的情况，但它们的叙述都以交通线前后贯穿，可以印证《东观汉记》原本的叙述结构的确延续《汉书·西域传》。

关于东汉史臣如何获得西域资料，袁宏《后汉纪》云：

> 和帝永元中，西域都护班超遣掾甘英临大海而还，具言葱岭西诸国地形风俗，而班勇亦见记其事，或与前史〔异〕，然近

---

① 见（东晋）袁宏《后汉纪》卷一五《殇帝纪》延平元年"西域都护任尚请救"条，北京：中华书局，2002年，第299—303页；《三国志》卷三〇《魏书·乌丸鲜卑东夷传》裴注引《魏略·西戎传》，北京：中华书局，1971年，第858—863页。本节引此传一般不再出注。
② 余太山《两汉魏晋南北朝正史西域传研究》上册，第32—34页。
③ 袁宏《后汉纪》作："自敦煌西出玉门、阳关，涉鄯善，通伊吾五千里，自伊吾通车师前部高昌壁，北通后部五百里，是匈奴、西域之门也。伊吾地宜五谷、桑麻、蒲萄。其北有柳中，皆膏腴之地。故与匈奴争车师、伊吾（虚）之地，以制西域。"范晔《后汉书》作："自敦煌西出玉门、阳关，涉鄯善，北通伊吾千余里，自伊吾北通车师前部高昌壁千二百里，自高昌壁北通后部金满城五百里。此其西域之门户也，故戊己校尉更互屯焉。伊吾地宜五谷、桑麻、蒲萄。其北又有柳中，皆膏腴之地。故汉常与匈奴争车师、伊吾，以制西域焉。"

以审矣。

范晔《后汉书》云：

> 班固记诸国风土人俗，皆已详备《前书》。今撰建武以后其事异于先者，以为《西域传》，皆安帝末班勇所记云。

袁宏《纪》提到两种史源，一是使者甘英对葱岭以西诸国地形风俗的记录，二是班勇所记，范晔《书》虽然在序言部分仅及其二，但正文中也载有甘英首次到达条支西海之滨，"具问其土风俗"之事。因此，东观史臣作《西域传》，除了继承《汉书》外，至少还依据了甘英、班勇两人的记录。余太山认为范晔《后汉书·西域传》中有不少晚于班勇经营西域之事，与范晔"皆安帝末班勇所记"之说不合，[1]不过将此句与上句的"班固记诸国风土人俗，皆已详备《前书》"一并理解，可以认为"皆安帝末班勇所记"的"建武以后其事异于先者"是承上文仅指"风土人俗"。参照《后汉书·西域传》正文，其中记录风土人俗最为集中的地区，一是葱岭以外而《汉书》中未详之国，二是车师诸国及邻近的焉耆，前者信息显然应来自甘英，后者则似乎正来自班勇。因为班勇自延光二年（123）为西域长史，以柳中为中心经营西域，重点即平定车师六国及焉耆。[2]

综上所述，《东观汉记》之《西域传》的叙述结构延续《汉书》，其背后是两者的取材来源、编纂方式也基本一致。在两汉书《西域传》的编纂过程中，史源有较强的主导作用，而不像后来史书那样以预先设定的体裁为主导。史源与体裁先后关系的转变，亦即从"根据史源素材编纂史传"转变为"根据史传体裁制作素材"，正是官修史体制发展的关键，前者需要史家的匠心，后者需要体制的保障。

---

[1] 余太山《两汉魏晋南北朝正史西域传研究》上册，第29—30页。
[2] 参见《后汉书》卷四七《班勇传》，第1587—1590页。

二、走向"列国传":曹魏史中的四夷传记

《三国志》中的四夷传记全部设在《魏书》,且仅一卷,名为《乌丸鲜卑东夷传》,①而"乌丸鲜卑"与"东夷"前各有序,因此实际上可分为两篇。两序结构基本对称,表明了作者如此分篇的用意——它们分别代表了四夷之于中国的两种意义。《乌丸鲜卑传序》开篇即云"书载'蛮夷猾夏',诗称'狁孔炽',久矣其为中国患也",秦汉有匈奴之患,匈奴衰落,继之以乌丸鲜卑,因此《乌丸鲜卑传》代表夷夏关系中夷狄"为中国患"的一面,呼应了前史的《匈奴传》。《东夷传》则具有与汉代之西域相当的意义,代表一个时代中国人对世界认知的极限。②其序开篇云:"《书》称'东渐于海,西被于流沙'。"《尚书·禹贡》载禹别九州、五服,末云"东渐于海,西被于流沙,朔南暨声教,讫于四海,禹锡玄圭,告厥成功"。《东夷传序》首引《禹贡》此句,展现了对殊俗遐远的关心。序言接着追溯了汉通西域的历史,点出"然后西域之事具存,故史官得详载焉",所指即《汉书·西域传》。序言又继续讲到曹魏以来与四夷国家的联系,尤其是征讨东夷,使中国人视野中的"天下"向东拓展。要言之,《东夷传序》在追溯自身源流时并没有提及此前史书中关于东夷的记载,而是在勤远略、致殊方的意义上比附了《汉书·西域传》。

《三国志·东夷传》的主要资料来源是东征军的报告。同书《毌丘俭传》载:"六年(正始六年,245),复征之(案,指高丽),宫遂奔买沟。俭遣玄菟太守王颀追之,过沃沮千有余里,至肃慎氏南界,刻石纪功,刊丸都之山,铭不耐之城。诸所诛纳八千余口,论功受赏,侯者百余人。"③《东夷传》序言称魏军追奔,东尽大海,"长老说有异面之人,近日之所出",其事于传

---

① 《三国志》卷三〇《魏书·乌丸鲜卑东夷传》,第831—863页。本节引此传一般不再出注。
② 关于《三国志》何以不记载西域的讨论很多,可参马晓娟《略如汉氏故事——〈三国志〉的西域撰述》,《史学史研究》2014年第2期。
③ 《三国志》卷二八《魏书·毌丘俭传》,第762页。

内又有详细记载：

> 王颀别遣追讨宫，①尽其东界。问其耆老"海东复有人不"，耆老言国人尝乘船捕鱼，遭风见吹数十日，东得一岛，上有人，言语不相晓，其俗常以七月取童女沉海。又言有一国亦在海中，纯女无男。又说得一布衣，从海中浮出，其身如中人衣，其两袖长三丈。又得一破船，随波出在海岸边，有一人项中复有面，生得之，与语不相通，不食而死。其域皆在沃沮东大海中。

这立刻令人想起《汉书·西域传》中一段类似的话："安息长老传闻条支有弱水、西王母，亦未尝见也。自条支乘水西行，可百余日，近日所入云。"②西汉使者一路西行，带回西方"近日所入"之处的传闻。东汉时的甘英向西走得更远，因此东汉史书记录下对世界西境的新认识。③曹魏则转而向东寻求近日所出之处，据《东夷传序》，东征军"穷追极远"，"东临大海"，"遂周观诸国，采其法俗，小大区别，各有名号，可得详纪"，可知除海东传闻是由东征军询问汇报外，东方夷狄诸国的法俗名号等皆由东征军记录汇报。④

这些报告理当被记入曹魏国史和王沈《魏书》，而后被陈寿《三国志》采用。王沈《魏书》的东夷部分已经亡佚，不过乌丸与鲜卑部分见于裴注引录，可以作为了解《三国志·东夷传》与王沈《魏书》关系的参考。陈寿在《乌丸鲜卑传序》之末云："乌丸、鲜卑即古所谓东胡也。其

---

① "王颀别遣"似为"别遣王颀"之误，上引《三国志·毌丘俭传》可证，《资治通鉴》魏邵陵厉公正始七年亦同《毌丘俭传》。《资治通鉴》卷七五，北京：中华书局，1956年，第2366页。
② 《汉书》卷九六上《西域传上》，第3888页。
③ 如范晔《后汉书》卷八八《西域传》在说明《汉书》所记"与今书异矣"后，又解释道："前世汉使皆自乌弋以还，莫有至条支者也。"第2920页。则"今书"之所以有异，是由于使者达到了前世所未至的条支，而这位使者就是甘英，"今书"自然也应是《东观汉记》。《魏略》则径云"今在"云云，见《三国志》卷三〇《乌丸鲜卑东夷传》注引，第860页，这很可能是直接据《东观汉记》而来。
④ 刘范弟《〈三国志〉四夷传偏缺原因试探》一文也据此认为："陈寿《三国志·东夷传》之材料，当主要来源于王颀的报告。"不过并非直接利用。《长沙水电师院社会科学学报》1994年第3期。

习俗、前事,撰《汉记》者已录而载之矣。故但举汉末魏初以来,以备四夷之变云。"①这里说的"《汉记》"应指《东观汉记》,②陈寿在此明确表示不重复收录《东观汉记》已有的内容。检视此篇正文,确实如序中所言,只记录乌丸鲜卑在曹魏的历史事件。裴注所引王沈《魏书》的内容是乌丸鲜卑的风俗及它们在汉代的史事,与范晔《后汉书》相校,风俗部分文本极为相似,史事则裴注所引《魏书》较略。由此可知,陈寿特别强调"撰《汉记》者已录而载之"、"但举汉末魏初以来",背景是王沈《魏书》对乌丸鲜卑的记载有大量重复《东观汉记》的内容,陈寿要将它们刊除。

《东夷传》的情形又是如何呢?如上所云,曹魏征高丽后才"周观诸国,采其法俗,小大区别,各有名号,可得详纪",陈寿序云"故撰次其国,列其同异,以接前史之所未备焉",也说明前史亦即两汉正史没有这些内容。如此,陈寿也就没有理由对王沈《魏书》的这一部分做大规模删节。裴注在《东夷传》部分仅据《魏略》补充数条,而完全不曾引用王沈《魏书》。考虑到裴注之于正文有补足的关系,或可认为陈寿《东夷传》对王沈《魏书》没有明显删节,因此裴注也无可补充。

在体例特征上,曹魏史的《东夷传》虽然像《汉书·西域传》一样是列叙诸国,但已经不再有穿插于诸国之间的交通线叙述,国与国之间有明确的界限,国家可以视为叙述的基本单位。虽然《三国志·东夷传》也关注各国之间的相对位置,但只是在各国开始时描述其四至。这种叙述方式与陈寿序中云"撰次其国"即强调"国"的本位意义也相呼应。魏晋时期的政治观念中,"九服混同、声教无二"已经成为验证皇权正统性、合法性所必需的要求,③因而用罗列诸国的形式将穷尽绝远、万国来朝的政治

---

① 《三国志》卷三〇《魏书·乌丸鲜卑东夷传》,第858页。
② 可参前引刘范弟《〈三国志〉四夷传偏缺原因试探》一文。
③ 此语出自《晋辟雍碑》对晋武帝功业的描述。图版见北京图书馆金石组编《北京图书馆藏中国历代石刻拓本汇编》第2册,郑州:中州古籍出版社,1989年,第43页。录文可参[日]福原启郎《魏晋政治社会史研究》,京都大学学術出版会,2012年,第121页。魏晋时期的这一现象,参见胡鸿《能夏则大与渐慕华风——政治体视角下的华夏与华夏化》第三章第一节《帝国的角落:华夏帝国礼乐制度中夷狄的位置》,北京师范大学出版社,2017年,第79—88页。

意象呈现于史传。罗列诸国的体例在《汉书·西域传》本为因事制宜,至曹魏以来逐渐成为一种固定体裁。

三、《汉书·西域传》传统与官修史体制的矛盾

到曹魏时,"列国传"模式在叙述结构的层面上已经出现了。但远征拓土不常有,根据出使或远征报告编纂正史"列国传"具有偶然性。这之中蕴含着中古官修史运作的基本矛盾:《史记》体裁的出现本是为了适应丰富多变的史源;[①]而官修史运作想要稳定持续,只有以日常政务运作为基础,能够获得的史源较为有限,无法满足《史记》《汉书》体裁的全部需求。纪传史中的一些部分难以与政务运作接轨,"列国传"就是其中之一。

上述矛盾被曹魏史的编纂者巧妙回避,到《宋书·夷蛮传》终于凸显出来。[②]《宋书》没有为西域诸国立传,其《夷蛮传》所记诸国之于东晋南朝的角色与西域诸国之于北方政权类似,传末也追溯汉代开通西域,此传在意义与体例上皆属"列国传"系统。[③]而且,由于对象国家转换,具体文本全无受前代影响的可能,反而使其编纂上的变化更易显露。

《宋书·夷蛮传》记述诸蛮夷,内容几乎仅限于以下几类:记事可分为与刘宋交战、刘宋策命、夷蛮朝贡三类,引录官方文书可分为上于宋廷或从宋廷发出的两类,少数的例外事项都是记载刘宋对该夷地区的统治,具体情形可参见下表。

---

① 参见本书第一章第一节。
② 《宋书》卷九七《夷蛮传》,北京:中华书局,1974年,第2377—2402页。
③ 不过此卷除列叙西南、南方及东方近二十个邦族外,还对佛教在刘宋盛行的情况作了长篇叙述,两部分内容显然来源不同,应是后来撰述者的拼接。以下分析不考虑此传中叙述佛教发展史的部分。

表 2-1 《宋书·夷蛮传》诸国记事分类

国　名	交战	任命	朝贡	引录方国上表	引录宋廷诏命	其他事项
林邑国	√		√			太祖以檀和之为交州刺史诏及檀和之小传、合浦大帅陈檀归顺。
扶南国			√			
诃罗陁国				√		
呵罗单国			√	√	√	
媻皇国			√			
媻达国			√			
阇婆婆达国				√		
师子国			√			
天竺迦毗黎国			√	√		
（苏摩黎国）①			√			
（斤陁利国）			√			
（婆黎国）			√			
高句骊国	√	√	√		√	
百济国		√	√	√	√	
倭国		√	√	√		
荆雍州蛮	√		√			风俗（以宋对其统治方式为中心）。
豫州蛮	√	√				

这些内容显然都来自刘宋官方资料，史官修撰此传的具体做法，就是将政务部门的日常记录即起居注一类资料中与诸夷蛮相关的事项筛选拣出，分国排列，汇为一编。官方档案中没有关于诸国地理风俗方面的内容，史

---

① 苏摩黎、斤陁利、婆黎三国奉献事，附于《天竺迦毗黎国传》之后。

官就听之任之，由此导致成稿面貌与《汉书·西域传》以来的叙述传统差别颇大，尤其是对诸国风俗文化的漠视，与以往史书迥异，也与此后进一步发展的纪传体官修史不同。《宋书·夷蛮传》仅仅依据文书档案，适应了官修史的环境，却牺牲了"史学传统"上的要求。

《宋书》的极端做法没有就此延续，后来官修史"列国传"的面貌显示，史学传统在一定程度上被重拾。从有清晰记载的唐代修史制度中，能够发现解决官修机制与史学传统矛盾的办法。《唐会要》卷六三《史馆上》记载有"诸司应送史馆事例"十余项，[①] 对应了纪传体史书须有的各种篇章，其中"蕃国朝贡，每使至，鸿胪勘问土地、风俗、衣服、贡献、道里远近，并其主名字报"、"蕃夷入寇及来降，表状，中书录状报。露布，兵部录报。军还日，军将具录陷破城堡，伤杀吏人，掠掳畜产，并报"两条对应四夷传记，前者尤与"列国传"模式匹配，后者更适合匈奴、鲜卑、突厥一类的传记。由上述规定可见唐代的官修史体制是由政府各职能部门与修史机构分工合作，参照史学传统由各相关部门向史馆上报材料，以备修史。关于四夷列国的材料收集与传记编纂，也包含在这一体制中。

官修史体制与《汉书·西域传》史学传统的矛盾，在刘宋和唐代的官修史"列国传"编纂中导致全然不同的结果，是由于两个时期编纂流程不同。"使图类"文献的出现对编纂流程的改进有至关重要的作用。下文考察"使图类"文献与《梁书》《隋书》四夷传记的编纂，以及唐代修史制度中相应机制的形成。

四、"使图类"文献带给编纂过程的变化

与以往正史列国传的编纂不同，《梁书·西北诸戎传》与《隋书·西

[①] （宋）王溥《唐会要》卷六三《史馆上》，上海古籍出版社，1991年，第1285—1286页。《五代会要》中亦有相关记载，（宋）王溥《五代会要》，上海古籍出版社，1978年，第293—294页。杜希德对两处记载进行了考辨，[英] 杜希德著，黄宝华译《唐代官修史籍考》，上海古籍出版社，2010年，第24—25页。又可参黄永年《唐史史料学》，上海书店出版社，2002年，第4—5页。

域传》都有一种体例、内容十分接近的文献作为蓝本。与《梁书·西北诸戎传》对应的是梁代裴子野的《方国使图》、梁元帝萧绎《职贡图》,[①]与《隋书·西域传》对应的是隋代裴矩的《西域图记》,[②]本文把它们称为"使图类"文献。

《梁职贡图》及《西域图记》皆有序言存世,可大致了解其体例及编纂过程。《艺文类聚》引《梁职贡图序》云:

> 尼丘乃圣,犹有图人之法,晋帝君临,实闻乐贤之象,甘泉写阏氏之形,后宫玩单于之图。臣以不佞,推毂上游,夷歌成章,胡人遥集。款开蹶角,沿沂荆门,瞻其容貌,诉其风俗。如有来朝京辇,不涉汉南,别加访采,以广闻见,名为《贡职图》云尔。[③]

---

① 南京博物馆藏有传为唐阎立本或阎立德所绘《职贡图》残卷,金维诺首先据其画风与题记内容判定为梁元帝萧绎《职贡图》的北宋摹本。此后围绕残卷的比定展开了长期探讨,在这一过程中,历代与梁元帝《职贡图》相关的著录得到细致梳理,学界对它的形式、内容有了相当丰富的认识。残卷与历代对《梁职贡图》的著录中所列的国家名目基本相称,白题及滑国两条题记的内容可与《梁书》关于《方国使图》的记载印证,由此可以推断,《梁职贡图》多据《方国使图》,而残卷应即二者之一的摹本(除余太山外的多数学者认为是前者的摹本);又由于残卷题记文本与萧子显《梁书·西北诸戎传》十分相近,又可知《梁书》亦当据《职贡图》或《方国使图》而来。参见金维诺《"职贡图"的时代与作者》,《文物》1960年第7期;[日]榎一雄《梁職貢圖について》,《東方学》第26辑,1963年;王素《梁元帝〈职贡图〉新探》,《文物》1992年第2期;余太山《两汉魏晋南北朝正史西域传研究》上册,第39—85页;赵灿鹏《南朝梁元帝〈职贡图〉题记佚文的新发现》,《文史》2011年第1辑;王素《梁元帝〈职贡图〉"龟兹国使"题记疏证》,《龟兹学研究》第5辑,2012年3月。

② 认为《隋书·西域传》本于裴矩《西域图记》的观点可参见[日]白鸟库吉《大秦国及び拂菻国について》,《白鸟库吉全集·西域史研究》下册,東京:岩波書店,1971年,第125—203页;[日]嶋崎昌《隋書高昌伝解説》,《隋唐時代の東トゥルキスターン研究》,東京大学出版会,1977年,第311—340页。余太山认为《西域图记》以交通路线排列诸国,而《隋书·西域传》不然,且《隋书》所记国家远少于《西域图记序》所称"四十四国",因此《隋书·西域传》不出于裴矩《西域图记》。见余太山《两汉魏晋南北朝正史西域传研究》下册,第554—570页。但《西域图记》国家恐怕并非以交通路线排列(详见下文注释),《隋书》在改编过程中也可能删减国家数量。而嶋崎昌等指出《隋书·西域传》"高昌国"下某条与《史记正义》及《太平寰宇记》所引《西域图记》佚文几同;另外,李锦绣找到戴表元《剡源文集》对《唐画西域图记》的描述及鲜于枢《困学斋杂录》对同画题记的转录,皆可与《隋书·西域传》印证,这一发现大大支持了《隋书·西域传》来自《西域图记》的观点。参见李锦绣《〈西域图记〉考》,《欧亚学刊》国际版第1辑,北京:商务印书馆,2011年,第359—374页。

③ 《艺文类聚》卷五五,上海古籍出版社,1982年,第996—997页。

"尼丘乃圣"一句追溯图画传统,可知《梁职贡图》也应有人物图像,"瞻其容貌,诉其风俗"应分别指人物图像和题记内容。当时萧绎任荆州刺史,便于采访聚集于荆州的夷人,又对其余诸夷情况别加搜采,从而编纂出《职贡图》。又,裴矩《西域图记序》云:

> 臣既因抚纳,监知关市,寻讨书传,访采胡人,或有所疑,即详众口。依其本国服饰仪形,王及庶人,各显容止,即丹青模写,为《西域图记》,共成三卷,合四十四国。仍别造地图,穷其要害。①

裴矩监知张掖关市,得以直接接触胡人,有条件编纂《西域图记》,其编纂所据,除了"访采胡人"还包括"寻讨书传"。《西域图记》的主要内容是诸国王及庶人的画像,画像尤其重视他们的"服饰仪形"及"容止",此外还"别造地图"。②除了有序言传世的《梁职贡图》和《西域图记》,南京博物馆所藏的"使图"残卷描绘诸国人物,附以对各国进行解说的题记,与以上两序反映的情况一致,多数学者认为它就是《梁职贡图》。③另外,《方国使图》的具体情况缺乏材料,但其题名也颇符合上述几种文献的形式。

综合上述情况,有两点值得注意。一是"使图类"文献的体例及其与正史列国传的关系。"使图类"文献的题记部分与正史列国传记直接相关。余太山将南京博物馆残卷题记与《梁书·西北诸戎传》相应条目对比,发现《梁书》诸传主体部分多据题记删节而来,并据《起居注》增补题

---

① 《隋书》卷六七《裴矩传》,北京:中华书局,1973年,第1579页。
② 历代著录的《职贡图》及今存残卷都是以诸国人物图像配合题记,而不再像两《汉书》那样以交通路线为线索。不过,《西域图记序》叙述了西域的地理与交通,有学者据此认为《西域图记》也以交通路线为线索。参见李锦绣《试论〈西域图记〉的编纂原则和主要内容》,收入中国人民大学国学院主编《国学的传承与创新:冯其庸先生从事教学与科研六十周年庆贺学术文集》,上海古籍出版社,2013年,第1223—1233页。但《西域图记序》叙述西域的三道交通,很可能是对应"别造地图"这一做法,序言没有暗示这部分叙述与《西域图记》正文编纂方式有关。而《隋书·西域传》也没有按照交通线路排序。由此,应更倾向认为《西域图记》的叙述结构与同时期其他同类文献一致。
③ 参见本节前注。

记时代以后的朝贡事件,[1]揭示了在有"使图类"文献存在的情况下正史四夷传记高度依赖前者的编纂方式。

二是"使图类"文献的编纂是主动搜访材料,从而使以"使图类"文献为基础的"列国传"的编纂过程也发生了划时代的变化。西汉张骞"具为天子言其地形所有"、东汉甘英"具问其土风俗"、曹魏"周观诸国,采其法俗",[2]这些报告的撰写都与文献编纂没有直接关系,更不以某种程式化的史书体例为模板。因此早期史官编纂"列国传"需要在搜寻材料和拼接改编上付出更大努力,而且即便如此,所成史传的面貌也受制于原始材料的参差不齐。《方国使图》情况不详,而《梁职贡图》与《西域图记》的序言都明确表示以本书的编纂为目的主动求访一手材料。带着对文献体裁的设想搜集、制作材料,所成之书自然整齐划一,而以这样的"使图类"文献为基础编纂的正史"列国传"也就有同样的特点。无论是南博残卷所存题记,还是《梁书》《隋书》相关传记,都以诸国各自为叙述单位,且各国所记项目基本一致,包括历史、风俗物产、与中原王朝的交往尤其是朝贡等,唐代官修史"列国传"的文本面貌此时已经形成。

五、新编纂过程的制度化

"使图类"文献虽然成为正史四夷传记的蓝本,但还未与官修史体制有制度化的连接,《梁职贡图》《西域图记》的编纂都没有史官参与,《梁书》《隋书》利用"使图类"文献,也不是履行修史常规流程的结果。

唐高宗时许敬宗奉敕监修《西域图志》,既是"使图类"文献编纂传统的延续,又有值得注意的变化,即处理蕃夷事务的政务机构与修史机构(史馆)的分工合作在此正式出现。关于《西域图志》的记载不多,过去不

---

[1] 参见余太山《两汉魏晋南北朝正史西域传研究》上册,第61—87页。
[2] 《汉书》卷六一《张骞传》,第2689页;(东晋)袁宏《后汉纪》卷一五《殇帝纪》,第301页;《三国志》卷三〇《魏书·东夷传》,第840页。

大关注此书,这里先对相关史事略作考辨。

《唐会要》卷三六《修撰》载:

> 其年(显庆三年)五月九日,以西域平,遣使分往康国及吐火罗等国,访其风俗、物产,及古今废置,画图以进。令史官撰《西域图志》六十卷,许敬宗监领之。书成,学者称其博焉。[1]

《唐会要》卷七三《安西都护府》又载:

> 龙朔元年六月十七日,吐火罗道置州县使王名远进《西域图记》,并请阗以西、波斯以东十六国,分置都督府,及州八十、县一百一十、军府一百二十六,仍以吐火罗国立碑,以记圣德。诏从之。[2]

上条的系时即显庆三年(658)五月九日,正在唐军定西域后数日,[3]应是遣使往西域的时间,不可能是修撰《西域图志》的时间。[4]下条所系龙朔元年(661)六月十七日,是使者完成出使任务、向朝廷反馈的时间,其中的"进《西域图记》"应是对应上条史料"访其风俗物产及古今废置,画图以进"。至于许敬宗等撰成真正的《西域图志》,应在更晚。[5]西域使者名为"某道置州县使",则其主要任务是分置州县、稳定地方政局,这是唐以武力平定西域后必要的措施。由这些使者同时访采诸国"风俗物产及古今废置",实质上也是由处理蕃夷事务者收集第一手材料,与以往的做法一

---

[1] (宋)王溥《唐会要》卷三六《修撰》,第765—766页。
[2] (宋)王溥《唐会要》卷七三《安西都护府》,第1568页。
[3] 自显庆二年开始征讨阿史那贺鲁,"至三年五月二日,移安西都护府于龟兹国,旧安西复为西州都督,以曲智湛为之,以统高昌故地",西域局势稳定。参见(宋)王溥《唐会要》卷七三《安西都护府》,第1567—1568页。
[4] 《新唐书》卷五八《艺文志二》"《西域国志》六十卷"下注云:"高宗遣使分往康国、吐火罗,访其风俗物产,画图以闻,诏史官撰次,许敬宗领之,显庆三年上。"《新唐书》,北京:中华书局,1975年,第1506页。文字与上引《唐会要·修撰》几同,而称为"显庆三年上",应是撰史者的误解。
[5] 监修《西域图志》的许敬宗死于高宗咸亨三年(672),《旧唐书》卷八二《许敬宗传》,北京:中华书局,1975年,第2764页。可确认此书成于此前。

致。此后又下诏令史官修撰成书，则意味着修史部门被引入"使图类"文献的编纂中，这一点特别值得重视。①

由处理蕃夷事务的部门参照传统的史书要求收集资料，并转交修史部门编纂成书，在这时还是由个别的下诏的方式达成，而此后不久即成为制度规定。前文已提到《唐会要》记载的"诸司应送史馆事例"有"蕃国朝贡。每使至，鸿胪勘问土地、风俗、衣服、贡献、道里远近，并其主名字报"。鸿胪勘问的诸事项与上述"使图类"文献的内容正好相应。

不仅如此，鸿胪寺的上报也需编绘为图，与"使图"传统完全相合。《唐六典》卷五《尚书兵部》"职方郎中、员外郎"条云："其外夷每有番官到京，委鸿胪讯其人本国山川、风土，为图以奏焉，副上于省。"②仁井田陞将此条复原为开元七年（719）唐令，并提示日本《养老令》中也有与此相当的条文："凡远方殊俗人来入朝者，所在官司，各造图，画其容状衣服，具序名号处所，随讫奏闻。"③此外，《新唐书》卷四六《百官志》"职方郎中员外郎"条：

> 凡蕃客至，鸿胪讯其国山川、风土，为图奏之，副上于职方；殊俗入朝者，图其容状、衣服以闻。④

根据以上诸记载，可知当时制度规定鸿胪寺应在蕃客到京时勘问、记录该国山川、风土、人物容状、衣服，并绘为图奏进，副本上于尚书兵部。尽管《唐六典》及《新唐书·百官志》对这项制度的记载仅涉及鸿胪寺与兵部

---

① 梁代《方国使图》的作者裴子野虽也长期担任史官，但《方国使图》的编纂是否是他作为史官的任务，还不明朗。《方国使图》由于相关材料过少，难以看清政务部门与修史部门在此书编纂中各自扮演的角色，而其后的《梁职贡图》与裴矩《西域图记》都没有史官的参与。
② （唐）李林甫著，陈仲夫点校《唐六典》卷五"职方郎中"条，北京：中华书局，1992年，第162页。《太平御览》卷二一七《职官部十五》引《唐六典》作："外夷每有蕃客至，委鸿胪讯其人本国山川风土，修图以进。"《太平御览》第2册，北京：中华书局，1960年，第1033页下栏。
③ 《养老公式令》第七十九条，参见［日］仁井田陞著，栗劲等编译《唐令拾遗》，吉林：长春出版社，1989年，第798页。
④ 《新唐书》卷四六《百官志一》，第1198页。

职方司,但与"诸司应送史馆事例"对照,显然被呈送史馆的也应是这份材料的另一个副本。

这一规定与上述显庆、龙朔间修撰《西域图志》的过程极为相似,只是彼时派往西域的使者此时变成了在京负责处理蕃夷事务的鸿胪寺,因此资料的撰集也从以特定出使为契机变为一种常态。鸿胪寺的上报文件,近言之无异于"吐火罗道置州县使王名远"所进《西域图记》,远言之则相当于南北朝的"使图类"文献。官修纪传体史书"列国传"所需资料由固定的政务部门随时编纂并上报史馆,"列国传"背后的政务—修撰联动机制形成了。

当然,这个联动机制的实现首先需要鸿胪寺能够接待蕃夷来朝,并按照规定进行记录、上报,亦即需要唐王朝在国际关系中的强大实力及其政务机构的良好运转作为后盾。唐中后期,诸司上报史馆的制度在实际执行中已遇到困难,如《唐会要》卷六三在记录"诸司应送史馆事例"下又记:"建中元年(780)十一月二十八日史馆奏:'前件事条,虽标格式,因循不举,日月已深。伏请申明旧制,各下本司。'从之。"[1]乱离之后,各政务部门的机能无法与昔日相比。但在唐最盛期的制度设计中,纪传体国史的编纂者只需在史馆中等待相关部门的上报,即可获得编纂四夷传记的材料。而且这些材料的收集,一开始就照顾到正史四夷传记的编纂传统,要求备录各国"土地、风俗、衣服、贡献、道里远近,并其主名字"等。由此,官修史的四夷传记既能够在官方体制中完成其编纂过程,正史传统也得到兼顾。

结　　语

本章考察了《汉书·西域传》到唐代官修史"列国传"在叙述结构、史料来源、编纂方式等方面的演变,说明"列国传"背后的政务—修撰联

---

[1] (宋)王溥《唐会要》卷六三《史馆上》,第1286页。

动机制的建立过程。

《汉书·西域传》以使者报告为主干,继承其行旅线路的叙述线索,再于沿路各地填充官方簿籍或历史记载资料。虽然行旅记录的连续性被各国下丰富的填充内容冲淡,国的单位更为醒目,但严格来说,各国之间没有明确的分界,不同国家所记事项也各不相同。从以上特征逆推其编纂过程,是史家搜集各类资料,随宜整合。《东观汉记》中的《西域传》也继承了这种旨趣与方法。

《汉书·西域传》所记的勤远略、致殊方之事很容易被后代帝王视为典范,而它罗列诸国的特点也就被后世作为象征性的叙述体例,即国史中所载国家愈多、愈远,愈能够展现王朝的辉煌。由此,《西域传》被引向"列国传"的发展方向。曹魏正始时借东征高句丽之机追寻东方之极,"周观诸国、采其法俗",皆是比附《汉书·西域传》所载,由此而形成的《三国志·魏书·东夷传》罗列大量东夷国家,各为一节,初具"列国传"面貌。

刘宋偏安东南,其史以夷蛮为"列国传"。《宋书·夷蛮传》的叙述结构相比以往"列国传"出现显著变化,对风土人俗方面的记载完全缺失,这是由于它的编纂完全依赖官修史运作体制,仅利用了政务部门一般能够提供的修史材料。《宋书·夷蛮传》鲜明地反映出官修史运作体制与纪传体史书传统之间的不匹配之处,而当时这一矛盾的调合,偏向于坚持在官修史运作体制中完成史书编纂,史学传统则不得不做出退让。

从刘宋到唐代,"列国传"的史学传统得到部分恢复,而其编纂过程最终依然紧密融入官修史运作体制。"使图类"文献的出现对这一变化至关重要,它带来了材料搜集的主动性。"使图类"文献由能够与蕃夷直接接触的机构(官员)编纂,在编纂之初已有体例和内容的规划,其规划当然深受《汉书·西域传》以来的史学传统影响。以"使图类"文献为基础的《梁书·西北诸戎传》和《隋书·西域传》体例规整,面貌已与唐代纪传体官修史中的"列国传"无异。到唐前期,在京负责处理蕃夷事务的鸿胪寺编纂类似"使图"的文献并上报史馆渐成定制,政务运作与史书修撰实现联动,史官仅依靠官修史运作体制即可编纂出兼顾史学传统的"列国传"。

简而言之,《汉书·西域传》开创了"列国传"叙述模式的可能,这一史学传统在此后慢慢与官修史运作体制相融合,二者各有改变,最终达成协调。这不仅是官修史"列国传"模式形成的根本,也是整个纪传体官修史在汉唐间发展演变的根本过程。

第三章 "孝义类传"所见官僚制对正史的双重影响

孝义是《晋书》《宋书》以下正史类传的一个常见主题。[1]史书要扬善惩恶,强调忠孝节义本不出奇,不过,这些价值观会以某种特定的形式体例呈现,还是有具体的因由值得发掘。

展开讨论前,先简要回顾孝义类传的诞生。《史记》诸列传还难以明确区分类传与一般传记,《汉书》以后逐渐分流为以人名为篇题、按人编排和以主题为篇题、按事迹类型编排的两种列传形式,后者即本书所说的"类传"。很多后来常见的类传,都能在更早史书的一般传记中略见端倪,而追溯孝义类传的形成,就要谈到范晔《后汉书》的卷三九《刘赵淳于江刘周赵列传》和位于全书后部作为类传之一的《独行列传》。前者虽次于一般列传之间,但有独立的序言强调孝道,传中所收人物也都与孝行相关,已经被学者视为"孝义传";[2]后者名目比较特别,收录"风轨足怀","操行俱绝"的人物,涉及节义之行尤多,[3]因此也与孝义类传有千丝万缕的联系。范晔《书》这种比较"原始"的孝义主题传记形式,可能受旧后汉史的影

---

[1] 关于孝义传,近年有李金阳的博士论文专门讨论;徐冲、曲柄睿对于隐逸、高士、处士等人物传记的讨论以"隐逸"为主要关注,但也涉及德行孝节,且同为类传,可以参看。见李金阳《〈孝义传〉的成立与汉唐间社会政治秩序的重构》,华东师范大学博士论文,2017年;徐冲《中古时代的历史书写与皇帝权力起源》,上海古籍出版社,2017年,第169—255页;曲柄睿《传记形成与"处士"形象建构——从〈后汉书·周黄徐姜申屠列传〉谈起》,《古代文明》2017年第2期。

[2] 牟发松《〈〈后汉书·班固传〉论〉平议》,《魏晋南北朝隋唐史资料》第17辑,武汉大学出版社,2000年。

[3] 牟发松《〈〈后汉书·班固传〉论〉平议》。

响,不反映南朝当时的纪传史体裁发展状况。《史通·序例》云:

> 迨华峤《后汉》,多同班氏。如《刘平江革等传》,其序先言孝道,次述毛义养亲。此则《前汉·王贡传》体,其篇以四皓为始也。[①]

班固《汉书·王贡两龚鲍传》以四皓和郑子真、严君平为序,引出该传"以礼让进退"的主题。则华峤《后汉书》的"《刘平江革等传》"也应如此,虽然以人名命名,但有集中的主题,有序言,近似类传。此传基本被范晔沿用,章怀注称范《书》该传序言"并略华峤之词也",[②]正文的注释也多次引用华峤《书》。在华峤《书》以前,至少还有司马彪《续汉书》、谢承《后汉书》和《东观汉记》三部重要的后汉旧史,但刘知幾径云"华峤《后汉》多同班氏",章怀注、袁宏《后汉纪》也都称序言作者为华峤,大概可以认为,这样一卷以孝义为主题的传记是从华峤《后汉书》开始的。

正史中孝义传记的早期情况材料不多,已略叙如上。下文将讨论汉魏到隋唐时期"孝义"如何在正史中拥有特定的表现形式,主要关注官僚制在其中发挥的作用。除了孝义传体裁的发展变化之外,另一个应该被区分开来讨论的层面是有关孝义的具体情节。孝义传记有明显的模式化叙事倾向,即一些相近的情节及其变体反复出现,不过主题类传、典型情节二者源头不同,逐渐才融合到一起,也各有不同的与官僚制行政运作相联系的原理,因此需要分别讨论。

一、孝义的模式化情节的出现

学者已经注意到正史类传叙事模式化倾向严重的特点。孙正军梳理了"猛虎渡河"与"飞蝗出境"两种有关良吏的典型事迹,对于了解模

---

① (唐)刘知幾著,(清)浦起龙释《史通通释》卷四,上海古籍出版社,2009年,第80—81页。
② (东晋)袁宏《后汉纪》卷一一《章帝纪》建初元年条也引用了华峤的序言。北京:中华书局,2002年,第208—209页。

式化叙事在中古正史中的存在形态具有代表意义。①陈爽指出,这样的特点出现于东汉时:"从目前所见《东观汉记》和诸家《后汉书》的少量佚文判断,'纵囚'事迹在史籍中的大量书写在东汉已屡见不鲜。……诸如纵囚归狱、猛虎渡河、飞蝗出境、合浦还珠等传奇性的良吏书写模式,大多始于东汉。"②那么,孝义的模式化情节是否也是在这时出现的呢? 另一方面,上文提到东汉时尚无成熟的孝义类传,范晔《后汉书》中被编入孝义主题传记的一些人物虽然已见于《东观汉记》,但编排合传的方式不明。这就引出一个问题:孝义典型情节的出现与孝义类传的形成孰先孰后?

下表从不同史传中搜集部分典型情节实例,一方面想要说明,范晔《后汉书·刘赵淳于江刘周赵列传》及《独行列传》中的典型情节也见于后代正史的孝义类传(这里选取《宋书·孝义传》),有很强的时代延续性;同时还想要说明,《后汉书》其他列传(无主题,或主题与孝义无关)中也出现大量典型情节,而且这里选取的都是东汉较早(章帝以前)的事例,可见在孝义成为习见的类传名目以前,孝义的典型情节早就广泛出现在正史列传中。

表3-1 《后汉书》卷三九、卷八一与其他史传孝义典型情节的对比

	范晔《后汉书》卷三九《刘赵淳于江刘周赵列传》及卷八一《独行列传》	范晔《后汉书》其他列传	《宋书》卷九一《孝义传》
遇贼为父母兄弟争死	▲卷三九赵孝:及天下乱,人相食。孝弟礼为饿贼所得,孝闻之,即自缚诣贼,曰:"礼久饿羸瘦,不如孝肥饱。"贼大惊,并放之,谓曰:"可且归,更持米糒来。"孝求不能得,复	▲卷四三《朱晖传》:道遇群贼,白刃劫诸妇女,略夺衣物。昆弟宾客皆惶迫,伏地莫敢动。晖拔剑前曰……贼见其小,壮其志,笑曰:"童子内刃。"遂舍之而去。	▲潘综:骠困乏坐地,综迎贼叩头曰:"父年老,乞赐生命。"贼至,骠亦请贼曰:"儿年少,自能走,今为老子不走去。老子不惜死,乞活此儿。"贼因斫骠,综抱父于腹下,贼斫综头

---

① 孙正军《中古良吏书写的两种模式》,《历史研究》2014年第3期。
② 陈爽《纵囚归狱与初唐的德政制造》,《历史研究》2018年第2期。

第三章 "孝义类传"所见官僚制对正史的双重影响　57

续　表

	范晔《后汉书》卷三九《刘赵淳于江刘周赵列传》及卷八一《独行列传》	范晔《后汉书》其他列传	《宋书》卷九一《孝义传》
	往报贼,愿就亨。众异之,遂不害。乡党服其义。 ▲卷三九王琳:弟季,出遇赤眉,将为所哺,琳自缚,请先季死,贼矜而放遣,由是显名乡邑。 ▲卷八一彭脩:年十五,时父为郡吏,得休,与脩俱归,道为盗所劫,脩困迫,乃拔佩刀前持盗帅曰:"父辱子死,卿不顾死邪?"盗相谓曰:"此童子义士也,不宜逼之。"遂辞谢而去。乡党称其名。 ▲案,两卷中此类事迹还有多例,兹不具。		面,凡四创,综当时闷绝。有一贼从傍来,相谓曰:……贼良久乃止,父子并得免。
舍子养亲	▲卷三九刘平:其后贼复忽然而至,平扶侍其母,奔走逃难。[平弟]仲遗腹女始一岁,平抱仲女而弃其子。母欲还取之,平不听,……遂去不顾。		▲郭世道:家贫无产业,佣力以养继母。妇生一男,夫妻共议曰:……乃垂泣瘞之。
为父兄报仇		▲卷一四《安成孝侯赐传》:兄显报怨杀人,吏捕显杀之。赐与显子信卖田宅,同抛财产,结客报吏,皆亡命逃伏,遭赦归。	▲钱延庆:长城奚庆思杀同县钱仲期,仲期子延庆属役在都,闻父死,驰还,于庚浦埭逢庆思,手刃杀之,自系乌程县狱。

续　表

	范晔《后汉书》卷三九《刘赵淳于江刘周赵列传》及卷八一《独行列传》	范晔《后汉书》其他列传	《宋书》卷九一《孝义传》
哀毁过礼	▲卷三九周磐：及母殁，哀至几于毁灭，服终，遂庐于冢侧。	▲卷二五《鲁恭传》：恭年十二，弟丕七岁，昼夜号踊不绝声，郡中赙赠无所受，乃归服丧，礼过成人，乡里奇之。 ▲卷二六《韦彪传》：彪孝行纯至，父母卒，哀毁三年，不出庐寝。服竟，羸瘠骨立异形，医疗数年乃起。	▲刘瑜：丧母，三年不进盐酪，号泣昼夜不绝声。勤身运力，以营葬事。服除后，二十余年布衣蔬食，言辄流涕。常居墓侧，未尝暂违。 ▲何子平：子平居丧毁甚，困瘠逾久，及至免丧，支体殆不相属。
遭乱守冢	▲卷三九王琳：因遭大乱，百姓奔逃，唯琳兄弟独守冢庐，号泣不绝。	▲卷二〇《祭遵传》：〔遵从弟肜〕遇天下乱，野无烟火，而独在冢侧。每贼过，见其尚幼而有志节，皆奇而哀之。	
遇火守棺	▲卷三九蔡顺：〔母〕未及得葬，里中灾，火将逼其舍，顺抱伏棺柩，号哭叫天，火遂越烧它室，顺独得免。	▲卷二九《郅恽传》：长沙有孝子古初，遭父丧未葬，邻人失火，初匍匐柩上，以身扞火，火为之灭。	▲贾恩：母亡，居丧过礼。未葬，为邻火所逼，恩及妻桓氏号哭奔救，邻近赴助，棺榇得免。恩及桓俱见烧死。
抚养孤幼	▲卷三九淳于恭：后〔兄〕崇卒，恭养孤幼，教诲学问，有不如法，辄反用杖自箠，以感悟之，儿惭而改过。	▲卷二七《郑均传》注引《东观记》：均失兄，养孤兄子甚笃，已冠娶，出令别居，并门，尽推财与之，使得一尊其母，然后随护视振给之。	▲许昭先：舅子三人并幼，赡护皆得成长。
兄弟同居共财	▲卷八一缪肜：少孤，兄弟四人，皆同财业。及各娶妻，诸妇遂求分异，又数有斗争之言。肜深怀愤叹，乃掩户自挝……弟及诸妇闻之，悉叩头谢罪，遂更为敦睦之行。	▲卷二五《魏霸传》：霸少丧亲，兄弟同居，州里慕其雍和。	

续　表

	范晔《后汉书》卷三九《刘赵淳于江刘周赵列传》及卷八一《独行列传》	范晔《后汉书》其他列传	《宋书》卷九一《孝义传》
推财亲族	▲卷三九刘般：其收恤九族，行义尤著，时人称之。 ▲卷八一刘翊：家世丰产，常能周施而不有其惠。	▲卷一四《城阳恭王祉传》：〔祉父〕敞谦俭好义，尽推父时金宝财产与昆弟。 ▲卷二四《马援传》：因处田牧，至有牛马羊数千头，谷数万斛。……乃尽散以班昆弟故旧，身衣羊裘皮绔。 ▲卷二七《宣秉传》：所得禄奉，辄以收养亲族。其孤弱者，分与田地，自无担石之储。	▲严世期：好施慕善，出自天然。同里张迈三人，妻各产子，……同县俞阳妻庄年九十，庄女兰七十，并各老病，……宗亲严弘、乡人潘伯等十五人，荒年并饿死，露骸不收，世期买棺器殡埋，存育孩幼。 ▲张进之：家世富足，经荒年散其财，救赡乡里，遂以贫罄，全济者甚多。
被侵盗（受枉）而不争	▲卷三九淳于恭：家有山田果树，人或侵盗，辄助为收采。又见偷刈禾者，恭念其愧，因伏草中，盗去乃起，里落化之。 ▲卷三九赵咨：盗尝夜往劫之，咨恐母惊惧，乃先至门迎盗，因请为设食，谢曰：……盗皆惭叹，跪而辞曰：……言毕奔出，咨追以物与之，不及。 ▲卷八一陈重：同舍郎有告归宁者，误持邻舍郎绔以去。主疑重所取，重不自申说，而市绔以偿之。后宁丧者归，以绔还主，其事乃显。 ▲卷八一戴封：封后遇贼，财物悉被略夺，唯余缣七匹，贼不知处，封乃追往与之曰：……贼惊曰："此贤人也。"尽还其器物。	▲卷二五《卓茂传》：时尝出行，有人认其马。茂问曰：……茂有马数年，心知其谬，嘿解与之，挽车而去，顾曰："若非公马，幸至丞相府归我。"他日，马主别得亡者，乃诣府送马，叩头谢之。 ▲卷二五《刘宽传》：宽尝行，有人失牛者，乃就宽车中认之。宽无所言，下驾步归。有顷，认者得牛而送还，叩头谢曰："惭负长者，随所刑罪。"宽曰："物有相类，事容脱误，幸劳见归，何为谢之？"州里服其不校。 ▲卷二七《承宫传》：与妻子之蒙阴山，肆力耕种。禾黍将孰，人有认之者，宫不与计，推之而去，由是显名。	▲郭原平：宅上种少竹，春月夜有盗其笋者，原平偶起见之，盗者奔走坠沟。原平自以不能广施，至使此人颠沛，乃于所植竹处沟上立小桥，令足通行，又采笋置篱外。邻曲惭愧，无复取者。 ▲吴国夫：人有窃其稻者，乃引还，为设酒食，以米送之。

续　表

	范晔《后汉书》卷三九《刘赵淳于江刘周赵列传》及卷八一《独行列传》	范晔《后汉书》其他列传	《宋书》卷九一《孝义传》
为长官与贼争死	▲卷八一所辅：永初二年，剧贼毕豪等入平原界，县令刘雄将吏士乘船追之。至厌次河，与贼合战。雄败，执雄，以矛刺之。时小吏所辅前叩头求哀，愿以身代雄。豪等纵雄而刺辅，贯心洞背即死。 ▲卷八一周嘉：嘉从太守何敞讨贼，敞为流矢所中，郡兵奔北，贼围绕数十重，白刃交集，嘉乃拥敞，以身捍之……群贼于是两两相视，曰："此义士也！"给其车马，遣送之。	▲卷四五《张酺传》：〔郡吏王青〕父隆，建武初为都尉功曹，青为小史，与父俱从都尉行县，道遇贼，隆以身卫全都尉，遂死于难；青亦被矢贯咽，音声流喝。	
赴旧君丧	▲卷八一缪肜：安帝初，湛病卒官，肜送丧还陇西。始葬，会西羌反叛，湛妻子悉避乱它郡，肜独留不去，为起坟冢，乃潜穿井旁以为窟室，昼则隐窜，夜则负土，及贼平而坟已立。其妻子意肜已死，还见大惊。关西咸称传之，共给车马衣资，肜不受而归乡里。	▲卷四三《乐恢传》：后仕本郡吏，太守坐法诛，故人莫敢往，恢独奔丧行服，坐以抵罪。	▲龚颖：少好学，益州刺史毛璩辟为劝学从事。璩为谯纵所杀，故佐吏并逃亡，颖号哭奔赴，殡送以礼。 ▲俞佥：孙恩之乱，永嘉太守司马逸之被害，妻子并死，兵寇之际，莫敢收藏。郡吏俞佥以家财买棺敛逸之等六丧，送致还都，葬毕乃归乡里。

由上表可见，孝义的模式化叙事不是由于孝义的典型人物、典型传记才出现的。从写作手法上来说，老生常谈的模式化情节对于塑造人物品格形象恐怕不是最好的选择，为什么它们依然大量出现在史书中？上表列举的东汉史典型事迹实例中，刘敞推财昆弟、古初伏柩扞火、王隆父子

卫全都尉，都明确地与察举征辟相联系：刘敞被"刺史上其义行，拜庐江都尉"；古初被长沙太守"以为首举"；王隆之子王青被太守"擢用极右曹，乃上疏荐青三世死节，宜蒙显异，奏下三公，由此为司空所辟"。这三个典型事迹被记入史册，应该源于他们被察举推荐过程中产生的叙述、认定人物事迹的官方文件。

蔡邕《为陈留太守奏上孝子程末事表》是东汉这类官方文件的一个实例。①其事缘起于"臣前到官，博问掾史孝行卓异者"，表文前半陈述了门下掾所述、太守本人核实、召来所见的孝子程末事迹，后半称扬恩泽，表上其事。只看其中讲述程末孝行的片段，和史传文辞没有什么差别，可见把这类文书转化为史文，完全可行。如果能够找到公文书和史传记载同一人物事迹的案例，就可以充分说明当时史家如何利用文书编纂史传，可惜东汉公文书脱离正史单独流传者很少，我们几乎只能在正史范围内寻找文书与史家叙述对应的例子，就大大增加了寻找难度。因为文书引文与史家叙述在同一史书里一般不重复出现，如果是分别出现在不同史家改写的史书中，又要依靠旧史佚文留存的巧合才能为今人所知。尽管如此，还是可以在东汉史中发现一些由官方文件转变为史传叙述的明确案例。

例1：章怀注引《东观汉记》收录了荆州刺史行部后向皇帝作出的汇报，其中提到桂阳太守茨充：

> 建武中（25—56），桂阳太守茨充教人种桑蚕，人得其利，至今江南颇知桑蚕织履，皆充之化也。②

而类似的内容，又以一般叙述的方式出现在另一则《东观汉记》佚文和范晔《书》中：

---

① 参见（清）严可均《全后汉文》卷七一，以《御览》佚文校补《蔡邕集》所收文本。《全上古三代秦汉三国六朝文》，北京：中华书局，1958年，第1725页。
② 《后汉书》卷七六《循吏列传》，北京：中华书局，1965年，第2460页。

《御览》卷八二三引《东观汉记》：范充为桂阳太守。俗不种桑，无蚕织丝麻之利，类皆以麻枲头缊著衣。民堕窳，少粗履，盛冬皆以火燎。充令属县教民益种桑柘，养蚕桑，织履；复令种纻麻。数年之间，人赖其利，衣履温暖。①

范晔《后汉书·循吏列传》：南阳茨充代飒为桂阳。亦善其政，教民种殖桑柘麻纻之属，劝令养蚕织屦，民得利益焉。②

可以推测，《东观汉记》既以传体叙述了此事，又收录了相关文书。

例2：范晔《循吏列传》引录尚书杨乔举荐孟尝的上书：

> 臣前后七表言故合浦太守孟尝……前更守宰，移风改政，去珠复还，饥民蒙活。且南海多珍，财产易积，掌握之内，价盈兼金，而尝单身谢病，躬耕垄次，匿景藏采，不扬华藻。③

该传上文已经记载此事，谢承《书》佚文亦有其事：

范晔《书》上文：先时宰守并多贪秽，诡人采求，不知纪极，珠遂渐徙于交址郡界。于是行旅不至，人物无资，贫者饿死于道。尝到官，革易前敝，求民病利。曾未逾岁，去珠复还，百姓皆反其业，商货流通，称为神明。④

《类聚》卷八四引谢承《书》：先时二千石贪秽，使民采珠，积以自入，珠忽徙去，合浦无珠，饿死者盈路，孟尝行化，一年之间，去珠复还。⑤

---

① 《太平御览》卷八二三，北京：中华书局，1960年，第3667页上栏。
② 《后汉书》卷七六《循吏列传》，第2460页。
③ 《后汉书》卷七六《循吏列传》，第2474页。
④ 《后汉书》卷七六《循吏列传》，第2473页。
⑤ 《艺文类聚》卷八四《宝玉部·珠》，上海古籍出版社，2010年，第1437页。

例3：范晔《独行列传》载太守孙福上书荐刘茂：

> 臣前为赤眉所攻，吏民坏乱，奔走趣山，臣为贼所围，命如丝发，赖茂负臣逾城，出保盂县。茂与弟触冒兵刃，缘山负食，臣及妻子得度死命，节义尤高。宜蒙表擢，以厉义士。①

《书钞》卷一五八引《东观汉记》佚文仅云"福表为议郎"，②但可以推测是类书引用时删去了表文具体内容，范《书》表文应当还是袭自《东观汉记》。而范《书》此处之上文，又叙述了同一件事：

> 时赤眉二十余万众攻郡县，杀长吏及府掾史。茂负太守孙福逾墙藏空穴中，得免。其暮，俱奔盂县。昼则逃隐，夜求粮食。积百余日，贼去，乃得归府。

从这些例子管窥，东汉史传中关于德行的记载，很多都应该源于与人事管理、人物事迹相关的文书，所涉政务包括考核、举荐等多种类型，但应以察举为主。

德行记载大量出现在一般列传中，很大程度是由于《东观汉记》以来的东汉史常常在开篇时概述传主德行、记录典型事迹。如果再向前追溯，《史记》《汉书》记载西汉人物则看不到同样的现象。《汉书》列传最常见的开篇方式是讲述传主如何进达，而且往往不是表面上的通过何种制度方式升迁，而是解释具体因由，如以怎样的机缘受到赏识、与谁有何种亲缘地缘关系等。《刘屈氂传》云："刘屈氂，武帝庶兄中山靖王子也，不知其始所以进。"③这里的"不知其始所以进"，就像纪传史中更常见的"不知何许人也"一样，说明"所以进"、"何许人"是照例应被记载的事

---

① 《后汉书》卷八一《独行列传》，第2671页。
② 《北堂书钞》卷一五八《地部·穴》，北京：中国书店影印孔氏三十三万卷堂本，1989年，叶三右。
③ 《汉书》卷六六《刘屈氂传》，北京：中华书局，1962年，第2879页。

项。《汉书》针对每人独有的经历说明他们的进达之途,东汉史的开篇则改为概述德行、记录典型事迹,或许也可理解为反映了察举制时代人们进达的常规凭借和渠道,史文中的模式化情节也可以溯源至察举相关文书。

二、孝义模式化叙事的官僚制根源

关于正史类传叙事的模式化,孙正军认为这一现象导致了史书的虚构:"众多书写模式渗入史籍,一定程度上削弱了史书的真实性,并使得史事记载类型化、程序化,缺乏个性描述。"进而讨论了这类模式形成的思想源头。[①]同样考察有关良吏的典型事迹的陈爽则指出,屡见历代史籍的"纵囚归狱"记载常有具体的时间人物,不似伪造,而且纵囚归狱相比之下较少"神异"色彩,应当能够实际发生。[②]不过,有些猛虎飞蝗的记载亦不乏精准的时、地、人细节,也不似伪造,今人对这种叙述感到离奇,主要是由于现代科学使我们无法相信化及禽兽这样的解释,而动物迁移的现象本身未必不可能发生。所谓"神异色彩"只是今人的虚实标准,今人看来的虚,对古人而言未必虚。

模式化的叙述是否由虚构所致?这里首先应当追究的不是事件本身的虚实,而是史家编纂过程中的虚实:是史家自行根据典故传统虚增情节;还是他们言有实据,但这些资料源之中已经蕴含了模式化因子。后一种情形是主要的,这些模式化的资料通常是官方文件,它们的实录抑或虚构属于政务运作和管理问题;在历史书写层面,问题并非史家依模式虚构情节,而是他们何以普遍使用这些模式化且不免鱼龙混杂的原始资料。

上文谈到东汉史中孝义的典型事迹在史源上与察举的关联,为理解模式化叙事打开了一个新角度。《后汉书·循吏列传》:

---

① 孙正军《中古良吏书写的两种模式》。
② 陈爽《纵囚归狱与初唐的德政制造》。

〔会稽许荆〕祖父武,太守第五伦举为孝廉。武以二弟晏、普未显,欲令成名,乃请之曰:"礼有分异之义,家有别居之道。"于是共割财产以为三分,武自取肥田广宅奴婢强者,二弟所得并悉劣少。乡人皆称弟克让而鄙武贪婪,晏等以此并得选举。武乃会宗亲,泣曰:"吾为兄不肖,盗声窃位,二弟年长,未豫荣禄,所以求得分财,自取大讥。今理产所增,三倍于前,悉以推二弟,一无所留。"于是郡中翕然,远近称之。位至长乐少府。①

此事约在光武帝末或明帝初。已经被举为孝廉的许武,为了帮助弟弟们仕进,故意造成他们让财于己的假象,而果然取得成功。推财当然可以体现一个人的品德,但像此例所示般成为一种非常有效的证明德行、从而获得选举的方式,就显得不是那么自然而然了。从西汉开始,就会发现某些典型事迹在官方统治中有特别意义。《汉书·黄霸传》:

有诏归颍川太守官,以八百石居治如其前。前后八年,郡中愈治。是时凤皇神爵数集郡国,颍川尤多。天子以霸治行终长者,下诏称扬曰:"颍川太守霸,宣布诏令,百姓乡化,孝子弟弟贞妇顺孙日以众多,田者让畔,道不拾遗,养视鳏寡,赡助贫穷,狱或八年亡重罪囚,吏民乡于教化,兴于行谊,可谓贤人君子矣。《书》不云乎:'股肱良哉!'其赐爵关内侯,黄金百斤,秩中二千石。"而颍川孝弟、有行义民、三老、力田,皆以差赐爵及帛。②

西汉宣帝表彰良二千石的诏书,特别提出"田者让畔"、"道不拾遗"、"养视鳏寡"、"赡助贫穷"、狱无重囚等几种事迹,暗示这些事迹在地方统治中有特别意义。皇帝除了奖励颍川太守黄霸,还褒赐"颍川孝弟、有行义民、三老、力田",这些被选举的吏民是否与诏书提到的典型事迹有关?黄

---

① 《后汉书》卷七六《循吏列传》,第2471页。
② 《汉书》卷八九《循吏列传》,第3631—3632页。

霸受儒学影响，重视教化，反对文法酷吏的统治风格，他在宣帝五凤三年（前55）进为丞相后，希望把自己治理地方的思路和经验在全国推广。而京兆尹张敞上书说：

> 窃见丞相请与中二千石博士杂问郡国上计长吏守丞，为民兴利除害成大化条其对，有耕者让畔，男女异路，道不拾遗，及举孝子弟弟贞妇者为一辈，先上殿，举而不知其人数者次之，不为条教者在后叩头谢。丞相虽口不言，而心欲其为之也。……臣敞非敢毁丞相也，诚恐群臣莫白，而长吏守丞畏丞相指，归舍法令，各为私教，务相增加，浇淳散朴，并行伪貌，有名亡实，倾摇解怠，甚者为妖。①

丞相黄霸主持郡国年终上计，将各地上计吏分为三等，前两等都要求举有"耕者让畔，男女异路，道不拾遗"之人，而且要以了解具体名籍信息为优。张敞反对说，中央政府的倡导会导致地方长官大力督促这类典型事迹，使吏民"并行伪貌，有名亡实"。显然，典型事迹不仅在地方统治中有效，而且存在自上而下的敦促、征求。无论哪一家的政治理论思想，想要扎根于秦汉官僚帝国中，便只能遵循这种官僚制运作的逻辑。同类的例子，还令人想到邢义田先生关于尹湾汉简"春种树"和"以春令成户"的研究。②东汉郡县簿记上的这两项具体而微的统计项目，成为官僚帝国统治中"理阴阳，顺四时"的宏大观念的支点。

在东汉也能看到类似地方统治方式的证据。《后汉书·何敞传》：

> 岁余，迁汝南太守。敞疾文俗吏以苛刻求当时名誉，故在职以宽和为政。立春日，常召督邮还府，分遣儒术大吏案行属县，显孝悌有义行者。及举冤狱，以《春秋》义断之。是以郡中无怨声，百姓化其

---

① 《汉书》卷八九《循吏列传》，第3632—3633页。
② 邢义田《月令与西汉政治——从尹湾集簿中的"以春令成户"说起》及《月令与西汉政治——重读尹湾牍"春种树"和"以春令成户"》，两篇皆收入《治国安邦》，北京：中华书局，2011年，第125—179页。

恩礼。其出居者,皆归养其父母,追行丧服,推财相让者二百许人。"①

此下章怀注引《东观汉记》云:"高谭等百八十五人推财相让。"看来范晔说的"二百许人",就来自《东观记》有名有姓、有零有整的记录,而《东观记》这种记录显然源自官方文书。这种略嫌冰冷的数据统计就是"显孝悌有义行者"的实际方式,再往大了说,也是"在职以宽和为政"的落实方式。我们虽然不能说孝悌义行的认定必须通过推财、守丧等典型行为,但这些典型行为在官方的认定体系中一定都很有效,也最常见。这样,史传中的模式化叙事也就不仅是一个文学现象,还与官僚制运作的特性相应。官方文书辞笔是中古文献世界的重要组成部分,也意味着官僚制的逻辑会对中古文献世界产生深层影响。

三、"文书风格"传记与"孝""义"界限的改变

上文讨论了孝义事迹。这类记载主要来源于人事选拔、地方政绩考核等方面的文书,普遍见于汉代人物传记中。晋代以后,孝义类传逐渐成为纪传史的一个固定单元,②内容、体例都与一般列传有了更明显的区隔,背后则是与特定政务运作建立联系。孝义类传的不少篇目只是将文书粗糙加工,这样的传记人物感不强,明显不同于一般人物传,③以下称之为

---

① 《后汉书》卷四三《何敞传》,第1487页。下同。
② 孝义类传的出现与干宝提倡的"五书"相应,参见第五章第二节。
③ 胡宝国也谈到《宋书·孝义传》,"如果按纪传体的标准格式看","很多人物的记载都是'缺斤短两'的",即缺少很多通常列传应当记载的内容。他将这一特征主要归因于杂史杂传:孝义类传的人物"大多来自社会下层,朝廷缺乏其档案资料,所以撰写这样的人物传就只能依据杂史、杂传的记载",缺斤短两的现象是由于杂史杂传"不系统、不完整"。《汉唐间史学的发展》(修订本),北京大学出版社,2014年,第211—212页。其中暗含的逻辑是正史孝义类中大量文书风格传记采自杂史杂传,这和我们一般对杂史杂传的印象不同,而且这些传记所记多由朝廷旌表或大使巡行,中央政府应当有相关档案资料。因此,尽管正史的确与杂史杂传的发展相互影响,但孝义类传中这种缺斤短两的亦即本文所说的"文书风格"传记,恐怕并不体现这一点。可以发现一些杂史杂传佚文也出现了文书风格,或许值得注意的不是正史需要在史源上依赖杂史杂传,而是各类史传著作在某种条件下都更坦率地依靠行政文书。

"文书风格"传记。新的编纂方式加强了文书行政对传记整体的影响力，最终使行政事务的分类重塑了"孝"、"义"的分界，给孝义类传带来体裁上的变化。以下从分析南北朝正史孝义类传的取材、风格出发，考察这一过程。

"文书风格"传记，兹举《宋书·孝义·贾恩传》为例：

> 贾恩，会稽诸暨人也。少有志行，为乡曲所推重。元嘉三年（426），母亡，居丧过礼。未葬，为邻火所逼，恩及妻桓氏号哭奔救，邻近赴助，棺椁得免。恩及桓俱见烧死。有司奏改其里为孝义里，蠲租布三世。追赠天水郡显亲县左尉。

遭遇火灾舍命救棺是一种常见的孝子事迹。全传只此一事，我们对贾恩其人还是了解很少，与一般的人物传记颇有不同。末句云"有司奏改其里为孝义里，蠲租布三世，追赠天水郡显亲县左尉"，这些奖励是由上述孝行获得，可以相信，所谓贾恩的"传记"，实际上是把奏请（或批准）嘉奖贾恩孝行的文书案卷稍加转换。

大体有两类文书可能包含孝义事迹：一是专门的情况陈述，一般叫作"状"，二是呈报该事的章表类文书，即便附状一并呈上，章表中也常复述状的内容。这是从一般的文书学意义上进行区分。[①]而从关注史书编纂和史源的角度来看，这一场合中状与表提供的史源内容、体例并无本质不同，可以一并视之。且在实际操作中，两种文书需要配合使用，史料中的"巡行大使上状"、"州郡上状"或"上表"、"上言"等说法只是从不同侧面表述申上的文书，未必有实质区别。就史源的视角而言，更需要做出区分的是另一类也称为"状"（"行状"）的总括人物生平的文件或文章（参见第四章第一、二节）。相比之下，孝义类传大量使用的状并不是一种事

[①] 李金阳《〈孝义传〉的成立与汉唐间社会政治秩序的重构》表列南北朝正史孝义类传中提到的或可以推知的文书，可以参考（第62—69页）。不过该文认为孝义类传依据的档案首先以个人身份不同，即仕宦与否而区分（第61页），对于未出仕者，又分状与表两类进行讨论，都没有理解与这些传记相应的政务运作及文书实况。

先存在的人物撰述,它本来是一种广泛用于汇报情况的文书,[①]主要以清晰、准确为目标,不求生动,关注的实际上是某项政务,而非人物本身,更不必全面记述其人生平。这种文体特点,在孝义类传的"文书风格"传记中都可以感受到,也因此使孝义类传与主要来自人物行状的一般列传呈现出不同特色。

《宋书·孝义传》中,和贾恩一样只有一事一行被记载的传主占到大多数,另外严世期、张进之、范叔孙传内虽包含多项事迹,但都是典型的孝义之行,笔法简要。以上诸传,尽管未必都写明所依附的政务运作,但可以从文体文风推测其史源不是以人物为中心,而是以某项有待酬赏表彰的事迹为中心。换句话说,是改编自相关政务文书。"文书风格"传记更明确地把孝义类传与某些政务相关联,列传取材从人物记载转变为某类政务的资料,意味着编纂方式的明显差别,因此很值得关注。

不是所有《宋书·孝义传》传记皆属文书风格,龚颖、郭世道及子原平、卜天与(及子弟)、许昭先、何子平等人传记记录人物不同时期的生活轨迹,情节丰满生动,超过撰写公文书的需求,比较符合通常对于人物传的理解。但这些传记也不是与政务、文书完全无关,如郭世道被"敕郡榜表闾门,蠲其税调,改所居独枫里为孝行焉";其子原平也被称为"一邦至行",太守蔡兴宗发教以私米饷原平及同郡朱百年妻,又欲举原平次子为望孝,又"表其殊行,宜举拔显选,以劝风俗";原平"三子一弟,并有门行"。[②]郭氏一门官位不高,但在当地颇具名望,也屡次受到中央与地方政府嘉奖,盖因此成为撰写传记的对象,旌表察举等官方行为作为他们生命中值得记录的事件出现在传记中。这些传记不是由相关文书简单拼凑而成,而且根据不同传主自身情况,也并不一定涉及特定政务,不像"文书风格"传记那样与政务文书有着必然、根本的联系。

---

① 状不是仅在报送孝义事迹时需要,各类情况说明皆可能称为状。熊昕童《汉唐间官修列传取材机制的演变——以"状"与"行状"为中心》讨论了可能成为史书史源的各类状,可以参考。该文发表于《文史哲》青年学者工作坊暨第十二届中国中古史青年学者联谊会",山东大学,2019年8月。
② 《宋书》卷九一《孝义传》,北京:中华书局,1974年,第2244—2245页。

《南齐书·孝义传》除首篇《崔怀慎传》和最后乐颐以下四人传记外，中间近三十人的传记（包括附传）呈鲜明的"文书风格"。所涉政务比《宋书·孝义传》更集中于旌表，有些在传中即予交代，还有些根据事迹内容亦可作如是判断。尤其是建元三年（481）遣使巡行天下，对公孙僧远等二十三人"诏并表门闾，蠲租税"，其中至少十七人见于本篇。[1]也有两例文书与旌表无关，一是朱谦之复仇杀人案的上闻，二是萧叡明因不胜哀而亡获得赠官。值得注意的是，有两例县令或太守"不以闻"，则文书未必只在中央政府层面才会进入史传著作。

"文书风格"传记使孝义类传更明确地与某些政务运作，尤其是旌表相联系。反映在孝义类传序言中，总是强调乡里、隐没的元素，很符合旌表对象的特点。《宋书·孝义传序》云"事隐闾阎，无闻视听，故可以昭被图篆，百不一焉"；[2]《南齐书·孝义传序》云"色养尽力，行义致身，甘心垄亩，不求闻达"，又云"埋名韫节，鲜或昭著"。[3]至如《梁书》与《陈书》的《孝行传》，取材和编纂方式已有所不同，但序言依然保持同样色彩。《梁书·孝行传序》直接提到旌表："高祖创业开基，饬躬化俗，浇弊之风以革，孝治之术斯著，每发丝纶，远加旌表。"[4]《陈书·孝行传序》云"陈承梁室丧乱，风漓化薄，及迹隐闾间，无闻视听"。[5]

实际上，《梁书·孝行传》较少"文书风格"的传记，传主大多出身士族，全篇曾受旌表者只是少数；《陈书·孝行传》更是如此，四位传主分别来自陈郡殷氏、陈郡谢氏、河内司马氏、吴郡张氏，全传只在最后附加一则简短的宣帝时诏改里名事，属"文书风格"。士人群体在身后容易留下传、墓志、碑文、悼文、行状、自序等记载个人生平的文献，如果其中有较多德行事迹的记录和赞扬，可以成为正史类传的潜在来源。《梁书》《陈书》

---

[1] 《封延伯传》后罗列了建元三年旌表的十例同居共财，并未改编为十篇传或附传。《华宝传》叙述华宝与另外两人事迹后称"建元三年，并表门闾"，可能是总括三例而言，则本传出现的建元三年旌表总数增至十九例。此外还有不少孝义事迹没有说明是否获得旌表，其中可能也有来自建元三年的。
[2] 《宋书》卷九一《孝义传》，第2241页。
[3] 《南齐书》卷五五《孝义传》，北京：中华书局，1972年，第955页。
[4] 《梁书》卷四七《孝行传》，北京：中华书局，1973年，第647页。
[5] 《陈书》卷三二《孝行传》，北京：中华书局，1972年，第423页。

作者编纂《孝行传》时，对从特定文书改编传记的方式非常谨慎，更重视以人物传为资料源，也不可避免地将视野转向士人。而它们的序言说明，旌表、隐没等因素与孝义类传的联系还是深入时人观念。

"文书风格"传记亦见于北朝诸史。《魏书·孝感传》内容可据《北史·孝行传》复原，其中不少属典型的"文书风格"传记。①《周书》类传总体篇幅很短，《孝义传》前三人属"义"，后半的荆可、秦族（及弟荣先）、皇甫遐、张元属"孝"。秦族、皇甫遐、张元的传记都以表上其状、有诏旌表一类的话结束，秦荣先传结尾是世宗下诏赠官，传记与旌表或赠官活动关联明显。《隋书·孝义传》兼有"文书风格"与一般传记，后者中传主不乏身份颇高者，如观国公田仁恭之子田德懋、魏中书监陆子彰之子陆彦师等。

综合南北朝诸史来看，较早的《宋书》《南齐书》《魏书》《周书》孝义类传"文书风格"更为突出，较晚的史书在取材上则尽量回归传记。而对比唐初史馆所修五史（《北齐书》无孝义类传），回归传记的方向又有所不同：《梁书》孝义事迹所涉政务类型较为多样，亦有无关者，《陈书》的孝义事迹则基本与政务活动无关；而《周书》《隋书》孝行人物传记与旌表的关系相当明显，此后的《旧唐书》也是如此。

旌表—孝义类传的关联在周隋唐史书中得以延续，而且还相应出现了封赠与节义类传间的关联，从而令类传中"孝"与"义"产生出新的界限。《隋书·诚节传序》开篇云"士之立身成名，在乎仁义而已"，而接下来就将话题引向"杀身而成仁"、"捐生而取义"，②卷中收录的几乎都是死难者，惟陶模、敬钊不从汉王谅叛乱，但幸免于死。③从正文来看，两人本应附于《皇甫诞传》，《诞传》末云"初，汉王谅之反也，州县莫不响应，有岚州司马陶模、繁畤令敬钊，并抗节不从"，是很明显的附传提示。恐怕在《隋书》流传中因目录大小字窜乱，遂使两人变为独立成传。总之，《隋

---

① 对比《北史·孝行传》中周隋人物与今本《周书》《隋书》相应传记，删略不多，因此《北史》该传北魏人物的内容应该与《魏书》原貌比较接近。
② 《隋书》卷七一《诚节传》，北京：中华书局，1973年，第1639页。
③ 《隋书》卷七一《诚节传》，第1642页。

书·诚节传》有很明确的立传标准,即为国死难。《周书·孝义传》代表"义"的三人李棠、柳桧、杜叔毗分别被敌军萧拎、安康叛民、陈人所杀,与《隋书·诚节传》的思路一样。这样,"诚节"就鲜明地与"孝义"区别开来了。

在史传和文化传统中,节义不是以君王国家为特定对象的,对师长、举主、亲朋甚至陌生人,都可以有义行,孝与义也经常不可分割。所以像遇贼争死这样的典型叙事,既有父子兄弟的版本,也有太守郡吏、[①]陌生人之间[②]的版本;说到孝养父母或为父母、家人下葬,也常常强调是通过勤恳劳作,不接受他人馈赠施舍。此前似乎没有在篇目编排上把为国死节与其他的孝义之行相区别的意识。

《刘赵淳于江刘周赵列传》序言,无论在范晔还是华峤的版本里都没有把孝义与隐没不闻联系起来,反而还有"行信于心而感于人,以成名受禄致礼,斯可谓能以孝养也"的观点,传中所收的刘恺、刘茂、刘平、赵孝都位至公卿。《独行列传》序云:"中世偏行一介之夫,能成名立方者,盖亦众也。……措之则事或有遗,载之则贯序无统。以其名体虽殊,而操行俱绝,故总为独行篇焉。"强调传中人物的操行,而并未与个人身份等级挂钩。该篇更多忠义之行的对象还是长官、友朋,只有温序为护羌校尉,"行部至襄武,为隗嚣别将苟宇所拘劫",不屈节自杀,"光武闻而怜之,命忠送丧到洛阳,赐城傍为冢地,赙谷千斛、缣五百匹,除三子为郎中"。直到北朝晚期定稿的《魏书》,依然延续这样的孝义概念。我们可以把《魏书·节义传》所收人物按照《周》《隋》两书的标准进行分类:段进、刘渴侯、晁清、王荣世、胡小虎、孙道登等人在战争中为国死节,而石文德、汲固、马八龙、刘侯仁、石祖兴等人则是为刺史令长或友人料理丧事、抚养遗属,但他们在《魏书》中同归一篇,而且相互穿插排列。[③]

由此可见,《周书》《隋书》孝义人物的分类标准与此前正史不同,这

---

① 《后汉书》卷三九《刘平传》,第1296页。
② 《后汉书》卷三九所载魏谭事,第1300页。
③ 案《魏书》此卷亡,《北史》卷八五《节义传》序言列《魏书·节义传》目录,北京:中华书局,1974年,第2842页。

应是政务运作对史书潜移默化的影响。旌表事务的档案资料被便利地用以编纂《孝义传》,致使此类传记逐渐打上乡里、隐没的烙印,而战争中死难并获得封赠者往往已有丰富的仕宦经历,二者身份等级、出处态度皆不同,形成对立。《隋书》并立《诚节传》与《孝义传》,实则前者代表义,后者基本上只记载孝。唐修《晋书》和《旧唐书》皆分立《忠义传》与《孝友传》,更加名副其实。而且,为国尽忠守节替代了"孝义"之"义",其他义行的出场也大大减少,整体上形成忠义类传主要与封赠或嘉赏对应、孝友类传主要与旌表对应的格局。虽然这两种类传不是严格以旌表或追赠作为入传标准,也不可能所有获得旌表或追赠者都进入类传,但这两种制度运作与两种类传之间形成了稳固的关联,并塑造了人们对这两种类传的主要印象。

唐代"诸司应送史馆事例"的规定,正是将这种对应格局制度化于编纂流程中。其中包括如下几条:

> 孝义旌表。户部有即报。
> ……
> 诸色封建。司府勘报,袭封者不在报限。
> 京诸司长官及刺史、都督都护、行军大总管、副总管除授。并录制词,文官吏部送,武官兵部送。
> 刺史、县令善政异迹。有灼然者,本州录附考使送。
> 硕学异能,高人逸士,义夫节妇。州县有此色,不限官品,勘知的实,每年录附考使送。
> 京诸司长官薨卒。本司责由历状迹送。
> 刺史都督都护及行军副大总管已下薨。本州本军责由历状,附便使送。
> 公主百官定谥。考绩录行状、谥议同送。
> 诸王来朝。宗正寺勘报。①

---

① (宋)王溥《唐会要》卷六三《史馆上》,上海古籍出版社,1991年,第1285—1286页。《五代会要》中亦有相关记载,(宋)王溥《五代会要》,上海古籍出版社,1978年,第293—294页。

一般列传记载贵族和官员，对应由司府上报的诸色封建、[①]吏部及兵部报送的高官除授制词、高官去世后本司本州本军报送的由历状、吏部考功呈送的公主百官行状谥议。[②]孝义类传对应户部报送的"孝义旌表"和州县报送的"义夫节妇"，与一般列传在资料搜集、上报过程中各有不同轨道。诚节烈士的上报未见于此处规定，但肯定不同于户部或州县报送的"孝义旌表"、"义夫节妇"。这套明确的史料搜集制度的建立，应该是在实际操作已出现资料源与史传篇目的分轨对应现象以后。

余　　论

以上围绕正史孝义传讨论了官僚制对正史体例的两重影响。第一重影响是孝义记载以官方文书为史源，也受到官方文书模式化倾向的感染。第二重影响是特定政务与孝义类传相联系，调整了孝义的定义，更具体地影响到孝义类传体裁。

需要稍作补充的是制度动因与史学传统的关系。官修史体制的发展，使政务运作与史书编纂相联系，逐渐对史书体裁传统产生改造。不过这种变化并不是人们主动追求史学理想所致，只是在官僚制和文书行政发达的大环境下，这样的体制能够高效并相对合理地处理资料。文书档案是记录一个王朝（政权）历史不可或缺的基础资料，就此而言，王朝史的编纂本就部分地存在于档案收藏、整理的延长线上。官修史体制一定程度上保障了史学的实践，但与真正的史学理想毕竟不同，因此更多是一种便利的选择，但并非只能如此，而且也常常不仅如此。

[①] 唐代太府寺曾在光宅、神龙间短暂更名司府，掌邦国财货，似乎不是这里的"司府"。原文或有讹误，志此存疑。
[②] 原作"考绩"，当即考功。（唐）李林甫等著，陈仲夫点校《唐六典》卷二《尚书吏部》考功郎中注："诸职事官三品已上、散官二品已上身亡者，其佐史录行状申考功，考功责历任勘校，下太常寺拟谥讫，覆申考功，于都堂集省内官议定，然后奏闻。"北京：中华书局，1992年，第44页。《新唐书》卷四六《百官志》："考功郎中、员外郎，各一人，掌文武百官功过、善恶之考法及行状。"北京：中华书局，1975年，第1190页。

即便是"文书风格"十分突出的《宋书·孝义传》,也不是所有传记都由文书改编。《卜天与传》及其后附传记录传主生平仕宦经历,和《宋书》一般的列传很相似,有可能有同样的来源,后来由于传主死节而被置于《孝义传》。①《龚颖传》前半讲述龚颖冒死不仕谯纵,可称传体,后半径直收录元嘉二十四年刺史陆徽上表,与本卷以文书为主的情形相同。谯纵据蜀之事一度在宋史中,《龚颖传》前半或许本来也并非为《孝义传》而作。郭原平、何子平两传情节丰满,无疑采自人物传记,而他们的记载亦见于萧广济《孝子传》、宋躬《孝子传》佚文。②《梁书》和《陈书》的《孝行传》更重视以人物传为资料源,一方面可能参照了孝义主题的单行杂传(通常是以《孝子传》为题的书籍),一方面可能在编纂一般列传时有意搜检出以孝义之行为主的传记收入类传部分。《旧唐书》更是在序言里明确批评"前代史官所传《孝友传》,多录当时旌表之士",这主要应指大量由旌表文书改编的简短传记。③因此有关孝义类传体例、概念上的变化,应当理解为客观结果而非主观意图。

---

① 卜天与是宋武帝、文帝两朝亲信的宿卫旧将。元嘉末太子政变,卜天与拒战而死,孝武帝赠龙骧将军、益州刺史。其弟天生"以兄死节,为世祖所留心",仕至龙骧将军、弋阳太守。
② 胡宝国《汉唐间史学的发展》列出郭世道及其子郭原平、何子平事迹见于萧广济《孝子传》者数条(第213—215页)。但同时又认为《何子平传》作为《宋书·孝义传》中最完整的一篇传记,可能是由于何子平"有任官经历,朝廷有他的档案资料"(第212页)。本文的推测则相反:这些人物由于在乡里具有声望,先被收入杂史杂传,再被正史采录,因而传记内容丰满。下章将会讨论中央朝廷如何掌握关于人物生平的资料,一般涉及人事的选举、考课等文书不以人为单位存档,因此朝廷并不能掌握所有曾任官者的生平。
③ 《旧唐书》卷一八八《孝友传》,北京:中华书局,1975年,第4916—4917页。

第四章 列传编纂的政务运作基础：
对相关制度与文本的考察

南北朝晚期一些墓志与史传的高度对应早引起了学者关注。李慧分析墓志铭文学的发展，认为庾信所作宇文显和墓志"显示了史家的笔法，唐人令狐德棻等撰写的《周书·宇文神举传》所记宇文显和与魏孝武帝关系的一段文字，和《宇文显和墓志铭》的字句几乎一样，明显地取材于庾信的这篇文章"。[1]八十年代末梁桂阳王萧象墓被发现，发掘简报整理者指出"萧象墓志和《梁书·萧象传》不但内容相合，而且行文竟有很多相同之处……墓志和《梁书》应有一定关系"。[2]此后陈代名将黄法氍墓志出土，[3]学者也注意到"以此志与《陈书·黄法氍传》比照，行文十分接近，而叙事稍详"，进而推断"南朝由朝廷出面营葬的王公贵族，其墓志的撰写一般也就是由秘书省诸著作或相关人员来承担，这些人所依据的资料，只能是秘书省原有的档案（名臣传、功臣传之类）"。[4]这个推测不能不令人联想到《宋书·百官志》记载的"名臣传"："晋制：著作佐郎始到职，必撰名臣传一人。宋氏初，国朝始建，未有合撰者，此制遂替矣。"[5]毋庸置疑，墓志与史传有史源上的关联，不过究竟是怎样的关系呢？上述推

---

[1] 李慧《试议墓志铭变格破体的文学现象》，《文学遗产》2005年第3期。
[2] 南京博物院《梁朝桂阳王萧象墓》，《文物》1990年第8期。
[3] 南京市博物馆《南京西善桥南朝墓》，《文物》1993年第11期。
[4] 罗新、叶炜《新出魏晋南北朝墓志疏证》（修订本），北京：中华书局，2016年，第46页。《疏证》认为北朝墓志的资料来源情况与南朝不同，陆扬为此书所作的书评有不同意见，见《从墓志的史料分析走向墓志的史学分析——以〈新出魏晋南北朝墓志疏证〉为中心》，收入陆扬《清流文化与唐帝国》，北京大学出版社，2016年，第326页。
[5] 《宋书》卷四〇《百官志下》，北京：中华书局，1974年，第1246页。

论暗含墓志依据史传(虽然还不是正式的国史传记)之意,带来一个问题:墓志要求时限,是否能留待秘书省完成名臣传后再据之撰写?这不仅是史源关系正反向的问题,也是如何理解修撰机构在官僚体系中的位置与性质的问题。

在唐代,正史编纂的相关制度较为清晰。杜希德指出唐代史官编纂列传的最重要资料是行状。行状由死者亲友或故吏撰写,并接受吏部考功司的审查,而后服务于双重目的:一是呈交史馆,争取被史官编为列传;另一个更直接的目的则是呈交礼院或太常博士,申请赠官和谥号。[①]《文苑英华》所收李翱《韩愈行状》末尾的公文程式清晰地反映出行状的上述功能:"谨具任官事迹如前,请牒考功下太常定谥,并牒史馆。"[②]唐雯注意到行状还会成为碑文的资料源,唐代很多神道碑文有类似"述其行状,访余以铭勒之事""持故吏行状,托余斯文"的套语。在唐代官员去世后从赴阙报丧到最终下葬立碑的一系列仪式制度中,"行状是丧家与官方沟通的枢纽性文书"。[③]由此可知,唐代形成了官员丧葬吊恤事务与官员史传相对应的一套政务——修撰联动机制,其中的文本转换是以行状改撰碑文、[④]史传。若再深究一步,在丧葬事务中发挥基础作用的行状要受到吏部考功司的审核,则与列传联动的政务运作还可以前推至官员考课、升迁等人事管理工作。官员列传传记是列传的主体,也是纪传体史书中篇幅最大的部分,相比前两节讨论的围绕特定类传和四夷传记的政务——修撰联动机制,人事及丧葬事务与列传编纂的联动机制是官修史体制的重头戏。

尽管看不到相关制度规定,但通过分析个案,可以发现这个联动机制的基本框架在唐代以前已经出现,尽管也有些具体情况的差别。例如南北朝呈上朝廷议谥所用的行状使用骈文,这使南北朝时的行状不可能成

---

① [英]杜希德著,黄宝华译《唐代官修史籍考》,上海古籍出版社,2010年,第59—60页。
② 《文苑英华》卷九七六,北京:中华书局,1966年,第5140页上栏。
③ 唐雯《盖棺论未定:唐代官员身后的形象制作》,《复旦学报》(社会科学版)2012年第1期。
④ 关于墓志,杜希德似将碑文与墓志文同等看待,唐雯则仅讨论了神道碑。

为列传直接或间接依据的史源。不过骈文的写作肯定需要更翔实的散文文本,假使存在这样一种更原始的资料,它有可能成为南北朝时期议谥所用的行状、碑志以及史传的共同源头。本章围绕行状,考察唐以前与列传编纂相关的政务——修撰机制,并希望进一步理解相关政务运作与修撰运作之间的关系。

限于资料,以下的考察主要集中于南北朝时期,对较早的情况在最后稍作推论。

一、南北朝的行状实例

状是一种使用场合相当普遍的文书,与人物行迹相关的状可以称为"行状"。行状出现很早,种类、性质也很复杂。汉魏史料中的行状更多与察举、九品中正制相关,未必总结人物一生,"先贤行状"的题名提示出这类文字也与史学撰著有关。与本章关注的官修史体制下的列传编纂密切相关的是一种在某人去世后回顾其生平并提交朝廷的行状,下文所说"行状"一般特指这一狭义范畴。

目前可见的南北朝行状实例包括《江文通集》收录的江淹《宋建平王太妃周氏行状》、[①]《文选》收录的任昉《齐竟陵文宣王(萧子良)行状》[②]两篇全文,以及《艺文类聚》节录的沈约《齐临川王(萧映)行状》、沈约《齐司空柳世隆行状》、任昉《齐司空曲江公(萧遥欣)行状》、裴子野《梁司空

[①] (南朝)江淹著,(明)胡之骥注,李长路、赵威点校《江文通集汇注》卷一〇,北京:中华书局,1984年,第367—370页。建平王即宋建平王刘景素。《梁书》卷一四《江淹传》称"景素为荆州,淹从之镇","及〔景素〕镇京口,淹又为镇军参军事,领南东海郡丞"。北京:中华书局,1973年,第247、249页。据《宋书》卷八《明帝纪》及卷九《后废帝纪》,景素于宋泰始七年(471)二月为荆州刺史(北京:中华书局,1974年,第167页),次年(泰豫元年,472)闰七月为南徐州刺史(第179页)。江淹文集中收录了多篇为建平王所作文书。根据行状,周太妃于泰豫元年二月薨于荆州,正是景素镇荆州之时,江淹作为其幕僚撰写了这份行状。

[②] (南朝梁)萧统编,(唐)李善注《文选》卷六〇,上海古籍出版社,1986年,第2571—2585页。本节引此篇不再一一出注。

安城康王(萧秀)行状》,①它们都采用骈文写作。②北朝方面未见行状原文留存,但关于甄琛死后请谥的行状,《魏书》透露了两个信息。一是《邢臧传》云臧"为特进甄琛行状,世称其工",③这多半是用来评价骈文。二是《甄琛传》载议谥时太常官员上奏云"案甄司徒行状,至德与圣人齐踪,鸿名共大贤比迹",④骈文多用典,才比较容易出现"与圣人齐踪"、"共大贤比迹"的情况,而散文叙事则不然。因此甄琛行状应该也是骈体。唐代行状要上报史馆,以备史传之作,但骈体的行状无法发挥这种作用,南齐《竟陵文宣王行状》末云"易名之典,请遵前烈,谨状",⑤也只提到请谥这一目的,而未涉及修史。

虽然南北朝时议谥所用行状不会是史传的直接来源,但也显示出与史传相当的联系。前述六篇现存南朝行状中,太妃无史传可资对比,萧映、萧遥欣行状节选的段落史事信息不够丰富(且萧遥欣传记附于《南齐书》卷四五《始安贞王道生传》后,比较简短),还剩下萧子良、柳世隆、萧秀行状可以与本传比较。

《文选》全文保留了任昉撰写的竟陵王子良(卒于齐隆昌元年,494)⑥的行状。与《南齐书·萧子良传》对比,本传收录了六篇表奏,还记有若干行事言语,行状对萧子良虽不吝惜赞美,却都是一些套话。齐武帝萧赜病重时,当时的皇太孙萧昭业"既惧前不得立,自此深忌子良",昭业即位后不久子良去世,"帝常虑子良有异志,及薨,甚悦"。⑦萧子良去世前后政

---

① 萧映行状见《艺文类聚》卷四五,上海古籍出版社,2007年,第809页;柳世隆行状见《艺文类聚》卷四七,第845—846页;萧遥欣行状见《艺文类聚》卷四七,第845页;萧秀行状见《艺文类聚》卷四五,第809—810页。
② 现存南朝行状还有一篇沈约所作《齐禅林寺尼净秀行状》,以散体叙事为主。(唐)释道宣著《广弘明集》卷二三,四部丛刊初编影印本,叶二六至三二。又案,此篇可能残缺后部,因其叙事至八月病情转恶、"云空中昼夜作伎乐,闹人耳也"便戛然而止,也没有其他收束之语。
③ 《北史》卷四三《邢臧传》,北京:中华书局,1974年,第1588页。
④ 《魏书》卷六八《甄琛传》,北京:中华书局,1974年,第1516页。
⑤ (南朝梁)萧统编,(唐)李善注《文选》卷六〇,第2585页。
⑥ 见《南齐书》卷四〇《竟陵王子良传》,北京:中华书局,1972年,第701页;同书卷四《郁林王纪》,第71页。又据《梁书》卷一四《任昉传》,任昉曾任司徒竟陵王记室参军,其时不早于永明,不晚于郁林王在位期间(第252页)。
⑦ 《南齐书》卷四〇《竟陵王子良传》,第700、701页。

局紧张，为这样一位敏感人物撰写行状，避免事实、发挥骈文的特点极尽褒美比较稳便。而萧子显撰写《南齐书》时已经没有这些顾虑，加之他本人也是南齐皇族，于子良为从兄弟，本传内容就比较丰满。

在这样的差别之外，行状和本传也有相同点，即萧子良一生的仕宦履历高度一致（见下表，官爵名加粗，不同处下加曲线）。

表4-1　萧子良行状与本传历官记载对比

行　　状	本　　传[①]
镇西府版**宁朔将军**、军主。	初，沈攸之难，随世祖在盆城，板**宁朔将军**。
南中郎版补行参军，署法曹。[②]	仍为宋**邵陵王左军行参军**。
迁左军**邵陵王主簿**、记室参军。	转**主簿**、安南记室参军。
除**邵陵王友**。又为安南**邵陵王长史**。	**邵陵王友**，王名友，不废此官。迁**安南长史**。
除**使持节、都督会稽东阳临海永嘉新安五郡诸军事、辅国将军、会稽太守**。	昇明三年，为**使持节、都督会稽东阳临海永嘉新安五郡、辅国将军、会稽太守**。
封**闻喜县开国公**，食邑千户。	**闻喜县公**，邑千五百户。
进号**冠军将军**。	
改授**征虏将军、丹阳尹**。	仍为**征虏将军、丹阳尹**。
武皇帝嗣位，进封**竟陵郡王**，食邑加千户。	世祖即位，封**竟陵郡王**，邑二千户。
复授**使持节、都督南徐兖二州诸军事、镇北将军、南徐州刺史**。	为**使持节、都督南徐兖二州诸军事、镇北将军、南徐州刺史**。
迁**使持节、侍中、都督南兖徐北兖青冀五州诸军事、征北将军、南兖州刺史**。	永明元年，徙为**侍中、都督南兖兖徐青冀五州、征北将军、南兖州刺史**，持节如故。
征**护军将军**、兼司徒，侍中如故。	明年，入为**护军将军**，兼司徒，领兵置佐，侍中如故。镇西州。
又授**车骑将军**，兼司徒、侍中如故。	四年，进号**车骑将军**。

[①] 《南齐书》卷四〇《竟陵王子良传》，第692—701页。
[②] 《宋书》卷九〇《邵陵王友传》，元徽二年（474）刘友为南中郎将，顺帝即位（昇明元年，477）进号左将军，昇明二年进安南将军（第2238页）。

续 表

行　状	本　传
即授司徒，侍中又如故。	五年，正位司徒，给班剑二十人，侍中如故。
以本官领国子祭酒，固辞不拜。	寻代王俭领国子祭酒，辞不拜。
八座初启，以公补尚书令。	十年，领尚书令。
又授使持节、都督扬州诸军事、扬州刺史，本官悉如故。	寻为使持节、都督扬州诸军事、扬州刺史，本官如故。
顷之，解尚书令，改授中书监，余悉如故。	寻解尚书令，加中书监。
有诏策授太傅，领司徒，余悉如故。	进位太傅，增班剑为三十人，本官如故。解侍中。
进督南徐州诸军事，余悉如故。	进督南徐州。

一个人的仕宦经历虽然是唯一的，但其记录却并不天然的唯一。我们在对比墓志、史传，或对比两种不同文献记载时，往往能够发现双方所记历官大不相同。萧子良行状在文集系统中流传，萧子良列传则属于史书，二者历来属于不同类别的文献，但内容如此一致，肯定依据了相同资料源。不过这个资料源是一份仅有履历的文书，还是有更丰富内容、更接近人物传记的文章呢？仅凭萧子良的例子还无法给出肯定或否定的回答。

柳世隆（卒于齐永明九年，491）[1]行状节录的段落中有一段对沈攸之起兵（宋昇明元年至二年，477—488）的描写：

> 时沈攸之狼据陕西，气陵物上，而太祖登庸作宰，天历在躬。攸之播封豕之情，总全荆之力，[2] 兕甲十万，铁马千群，水陆长骛，志窥皇邑。公抗威川浚，勇略纷纭，显晦有方，出没无绪。攸之乃反斾亘围，亲受矢石，增橹乘埤，严冲驾雄，云輣俯阚，地穴斜通，半藏晚飨，负户

---

[1] 卒年见《南齐书》卷二四《柳世隆传》，第452页。
[2] "全"，《类聚》作"令"，此从严可均辑本。见（清）严可均《全梁文》卷三一，《全上古三代秦汉三国六朝文》，北京：中华书局，1958年，第6266页。

晨汲。公乃绥众以武,应敌以奇,灵锋电曜,威策云举。事切三版之
危,气损九天之就。残寇外老,逆党内离。焚舟委甲,掬指宵遁。

这段话勾勒的战事经过与《南齐书·柳世隆传》基本一致。[①]沈攸之起兵
后,本想直下建康,行状称"志窥皇邑",本传也说:"既至郢,以郢城弱小
不足攻,遣人告世隆曰:'被太后令,当暂还都。'"但柳世隆要在郢城阻击
沈攸之军,传云:"攸之将去,世隆遣军于西渚挑战,攸之果怒,令诸军登岸
烧郭邑,筑长围攻道。"而行状云"公抗威川涘,勇略纷纭,显晦有方,出没
无绪,攸之乃反筛亘围",虽然不如本传讲得具体明确,大意是一致的。此
后行状以描写沈攸之军攻势猛烈、柳世隆从容应敌为主,本传除了说"随
宜拒应,众皆披却"外,还记录了萧赜与柳世隆早先规划的作战方略,以及
援军依原计划抵达郢城,对沈攸之军形成内外夹击之势。行状未提及全
面的战争形势,只关注柳世隆个人的事迹,可能是它的体裁和功能使然。
最后,沈攸之久攻郢城不克,徒众离散,本传所叙甚详,行状亦云"残寇外
老,逆党内离,焚舟委甲,掬指宵遁"。骈文容易陷于浮辞虚誉的堆砌,但
柳世隆行状的这段话显然是根据对当时战况的具体叙述改写的,与目前
所见柳世隆的正史列传也没有明显矛盾。

萧秀行状中,关于萧秀去世(天监十七年,518)的一段内容与《梁
书·萧秀传》的记载也很相似。行状云:

(A)遘疾薨竟陵之石梵,时年四十四。

(B)皇上震天伦之悼,庶僚怀人百之感。

(C)诏赠司空,常侍、王如故,礼也。

(D)自巴濮以东,郢邓以北,方舟连骑,赴者如云。昔王薨及葬,仁
禽有践境之识;羊祜云亡,市人有罢归之恸,若公恩结三楚,亦异世一时之。

《梁书·萧秀传》载萧秀于天监十六年受任雍州刺史,"便道之镇":

[①] 《南齐书》卷二四《柳世隆传》,第446—447页。

（a）十七年春，行至竟陵之石梵，薨，时年四十四。
（b）高祖闻之，甚痛悼焉，遣皇子南康王绩缘道迎候。
（d）初，秀之西也，郢州民相送出境，闻其疾，百姓商贾咸为请命。既薨，四州民裂裳为白帽，哀哭以迎送之。雍州蛮迎秀，闻薨，祭哭而去。
（c）丧至京师，高祖使使册赠侍中、司空，谥曰康。①

行状A至D所述四事与本传a至d一致，只是后两事顺序不同。应是由于行状的"诏赠司空，常侍、王如故"是赐谥前的赠官，但后来又加赠侍中，并赐谥号康，本传以此替换了最初的赠官记载。

柳世隆和萧秀的例子显示行状与史传的相似性不仅在于仕宦履历，二者究竟具有怎样的联系？由于行状是在行政运作中发挥功能的文书，下节将回到相关政务运作的场景中考察行状从何而来、如何使用。

二、行状的政务环境：议谥的运作流程及各部门角色

如《竟陵文宣王行状》之末所示，南北朝行状的功能是请谥。关于南北朝的赐谥制度，北魏的情况相对明确，《魏书》详细记载了甄琛和羊祉死后议谥的情况，流程颇复杂，涉及多个机构。戴卫红根据甄琛案例的相关记载，总结当时赐谥的程序如下：

> 官员谥号评定的程序为：在官员死后，由死者的子孙或僚属向大鸿胪卿正式提出赐谥号的请求；大鸿胪卿受理这种请求后，要求官员所属郡的大中正提供此人的"行状"；中正将行状移交到司徒府；而后下交太常寺，太常卿、太常博士根据行状评议此人的谥号。②

---

① 《梁书》卷二二《萧秀传》，第344—345页。
② 戴卫红《魏晋南北朝官员给谥程序——魏晋南北朝官员谥法、谥号研究（三）》，《南京晓庄学院学报》2011年第2期。下同。

在此案相关记载中,"尚书省官员好似并没有参与到官员谥号的评定",但通过羊祉案例的相关记载又可以知道:

> 实际的谥号评定过程中,尚书省负责审核行状的真伪,确定行状的记载与考簿的记载一致之后,将行状交与太常寺,太常卿、太常博士根据行状评议此人的谥号;当官员的谥号与其生前考课行迹不一致时,尚书省的官员依照官员生前的考课行迹,对礼官评议的谥号进行驳议,太常寺、司徒府等机构的官员共同参与其中。

大鸿胪掌吉凶吊祭,[①]赐谥作为丧葬事务的一部分,也由大鸿胪发起。而与赐谥本身密切相关的至少有三个机构:司徒府(及中正)、太常寺、尚书省。它们的"共同参与",如果放在当时的基本政务流程中来看,各自角色会更加明晰。

为便于叙述,再引出相关史料的重点段落。《魏书·甄琛传》:

> 太常议谥"文穆"。吏部郎袁翻奏曰:
> "……凡薨亡者,属所即言大鸿胪,移本郡大中正,条其行迹功过,承中正移言公府,下太常部博士评议,为谥列上。谥不应法者,博士坐如选举不以实论。若行状失实,中正坐如博士。自古帝王,莫不殷勤重慎,以为褒贬之实也。
> "今之行状,皆出自其家,任其臣子自言君父之行,无复相是非之事。臣子之欲光扬君父,但苦迹之不高,行之不美,是以极辞肆意,无复限量。观其状也,则周孔联镳,伊颜接衽;论其谥也,虽穷文尽武,罔或加焉。然今之博士与古不同,唯知依其行状,又先问其家人之意,臣子所求,便为议上,都不复斟酌与夺,商量是非。致号谥之加,与泛阶莫异,专以极美为称,无复贬降之名,礼官之失,一至于此!

---

① 《隋书》卷二七《百官志》:"鸿胪寺,掌蕃客朝会,吉凶吊祭。"北京:中华书局,1973年,第756页。所言虽是北齐官制,但北齐多继承北魏官制,且南北朝史传、墓志中以大鸿胪监护丧事的记载很多。

"案甄司徒行状,至德与圣人齐踪,鸿名共大贤比迹,'文穆'之谥,何足加焉。但比来赠谥,于例普重,如甄琛之流,无不复谥。谓宜依谥法'慈惠爱民曰孝',宜谥曰孝穆公。

"自今已后,明勒太常,司徒有行状如此,言辞流宕,无复节限者,悉请裁量,不听为受。必准人立谥,不得甚加优越。复仍踵前来之失者,付法司科罪。"①

《魏书·酷吏·羊祉传》记讨论羊祉谥号时太常少卿及博士发言称:

窃惟谥者行之迹,状者迹之称。然尚书铨衡是司,厘品庶物,若状与迹乖,应抑而不受,录其实状,然后下寺,依谥法准状科上。②

甄琛卒于孝明帝正光五年(524),③羊祉卒于孝明帝熙平元年(516),④没有时代差异,但《甄琛传》说行状由司徒下太常("中正移言公府,下太常部博士评议"),而《羊祉传》则说由尚书下太常"尚书铨衡是司……然后下寺",那么行状究竟是由谁发送给太常呢?

《甄琛传》的发言来自尚书省官员(吏部郎袁翻),《羊祉传》来自太常寺官员(太常少卿元端、博士刘台龙),所以都没有提及己方,实际上双方都应该处于请谥、议谥、赐谥的政务流程中。从南北朝的行政体制来看,尚书是文书传递的核心,因此公府的文书应当是经过尚书再传递到卿寺机构。⑤太常寺根据尚书发来的行状议谥,应属中古常见的礼官议,⑥根据

---

① 《魏书》卷六八《甄琛传》,北京:中华书局,1974年,第1516页。
② 《魏书》卷八九《酷吏·羊祉传》,第1924—1925页。
③ 《魏书》卷六八《甄琛传》,第1515页。
④ 羊祉卒年见其墓志,罗新、叶炜《新出魏晋南北朝墓志疏证》(修订本),第78页。
⑤ 张雨《南朝宋皇太子监国有司仪注的文书学与制度史考察》:"综合关事仪、符仪与令书仪来看,从政务运行的角度可将当时国家政务的处理程序分为两大系统,一是九卿政务经尚书获得批覆的系统,一是地方政务经由三公(主要是司徒府),并通过尚书获得奏报的系统。……但尚书台并没有完全取代三公府,尤其是司徒府在中央——地方政务运行机制中的作用。"《中华文史论丛》2015年第2期。
⑥ 唐雯《盖棺论未定:唐代官员身后的形象制作》也指出唐代议谥时,太常博士初步拟谥号,再经尚书省官员集议,并举宋元丰时期尚书省集议谥号的礼仪为证。

我们对礼官议基本流程的了解,①可以推测尚书将行状发至太常并要求太常拟谥后,太常会把专业性意见反馈给尚书省,尚书省进行集议,将集议结果制成奏案上报,经过门下审核,由皇帝裁决。

这个推测的政务流程在《甄琛传》和《羊祉传》记载中都可以得到印证。上引《甄琛传》袁翻奏文"明勒太常司徒有行状如此"一句,尤需借助对政务流程的理解加以考辨。这句话的标点,点校本与修订本都是在"太常"和"司徒"之间加顿号,似乎"明勒"的对象是"太常"与"司徒"两个部门。然而在呈报行状的流程中,司徒居前,太常居后,为什么这里反把太常写在前面?而且行状在从司徒府传递至太常寺之间,还要经过尚书省,何以在此尚书省似乎完全撇清了自己的责任,而严厉要求在它之前与之后的部门要禁止接受这种行状?

通观袁翻奏文,是在批评当时的行状往往"极辞肆意,无复限量",而博士又完全听凭行状所述,甚至直接按死者故吏家人的意愿来拟谥,"都不复斟酌与夺,商量是非",导致美谥泛滥。"明勒"的事项有两点:一是对于这种"无复节限"的行状,不可直接接收,要上报裁断;二是要"准人立谥,不得甚加优越",后一点明显只与太常有关。整篇奏文虽然也批评了行状,但最直接的责问只有"礼官之失,一至于此",只指向太常。而了解袁翻这份奏文位于流程的哪一步,更能印证奏文的批判对象机构就是太常。《甄琛传》引录这份奏文之前的一句是"太常议谥'文穆',吏部郎袁翻奏曰"云云。太常根据尚书提供的行状初拟谥号,作成谥议,回复至尚书省,袁翻之奏即是此后尚书省集议奏案中的一部分,讨论的主要问题自然是是否同意太常的工作。综上,袁翻奏中要求"明勒"的对象,实际上也只有太常,即奏文的"明勒太常"应当连读,而下半句的"司徒有行状如此"则表明行状是由司徒一中正系统提供的,与奏文上文"中正移言公府,下太常部博士评议"相合。

---

① 参见[日]金子修一《南朝期の上奏文の一形態について——『宋書』礼儀志を史料として》,《東洋文化》第60号,1980年;[日]中村圭爾《南朝における議について——宋齐代を中心に》,《大阪市立大学文学部人文研究》第40卷第10分冊,1988年。

第四章 列传编纂的政务运作基础：对相关制度与文本的考察 87

这样又引出另一个问题，即行状是先经尚书再传递到太常的，而且在八年前的羊祉案中，太常官员还呼吁要求尚书"若状与迹乖，应抑而不受"，亦即尚书的确要对行状进行审核，怎么到了八年之后，尚书却理直气壮地把审查、截留行状的责任推给了太常？

尚书传递文书的过程，也是审核的过程，刘宋公文仪注中相关程式写作"详检相应"，①即审核方式是比对与本司所存档案文件是否相符。具体到这里，只能是检查在吏部有存档的历官、考课等方面的信息。而《甄琛传》中尚书官员要求太常"不听为受"的重点在于行状"言辞流宕，无复节限"，也就是要综合考虑整篇文章给予逝者的功过褒贬、历史定位，这是一种无法用白纸黑字写明的软性指标，无可"详检"，也无可"相应"。尚书官员提出这个要求，正是因为他们的工作特性，无权用这种软性指标来抑止行状。而太常根据行状拟谥，是一种没有固定规则的任务，需要对行状作一通盘的理解，所以也有权凭借这种软性理解来审查行状。太常审查发现不妥时，并不是像尚书那样直接退还，而是"悉请裁量"，即向上请示，也符合这种审查没有固定标准的特性。如此理解尚书和太常的两种审查，也能再次说明不应理解为同时"明勒太常、司徒"两个部门，因为不同部门对于文书的传递、审核、处理等，有明确的分工，而不是太常、尚书、司徒都可以泛泛地对行状提出异议。

从吏部郎袁翻之奏中还能发掘出另一个信息。尚书集议是由当曹尚书郎立意，②即首先写出他的意见，再由其他官员讨论，若有反对意见则称"驳"，最后由尚书省长官作"参议"，即提出最终意见。吏部郎袁翻的这

---

① 《宋书》卷一五《礼志五》，第381—382页。参见祝总斌《两汉魏晋南北朝宰相制度研究》，北京：中国社会科学出版社，1990年，第301—303页；张雨《南朝宋皇太子监国有司仪注的文书学与制度史考察》。
② 《南齐书》卷一六《百官志》于尚书台云："应须命议相值者，皆郎先立意，应奏黄案及关事，以立意官为议主。"（第321页）又《南齐书》卷四〇《竟陵王子良传》启云："如闻命议所出，先谘于都，都既下意，然后付郎，谨写关行。愚谓郎官尤宜推择。"（第697页）反映的是稍晚权柄下移，立意实际上多出于都，但还是需要由郎执笔重抄，说明制度上依然是由郎立意。

份奏文应是尚书省这份奏案中最初的立意,而袁翻担任的吏部曹就应是吏部中负责赠谥的曹司。① 《隋书·百官志》云北齐官制"吏部统吏部、掌褒崇、选补等事。考功、掌考第及秀孝贡士等事。主爵掌封爵等事。三曹"。② "褒崇"在史料中可以泛指褒奖,但也经常特指死后的崇赠,在这里和"选补"对举,更倾向于是同一类事务,褒崇针对逝者,选补针对生人。北齐制度多沿北魏,《通典》就在这句话之前直接冠以"北魏、北齐",③ 吏部郎袁翻为赐谥之事立意,印证北魏时"褒崇"也职归吏部曹,而且"褒崇"同时包括赠官和赐谥。④

通过以上对《甄琛传》袁翻奏文的讨论,可以进一步确认北魏赐谥过程中与行状相关的几个问题:⑤ 一是行状由中正—司徒系统提供;二是尚书与太常要对行状的不同方面加以审查,尚书核查履历信息是否准确,太常则要对行状如何评价人物优劣功过进行把关;三是尚书中主管行状审查的很可能是吏部曹。

---

① 刘长旭注意到陈朝议钱岊赠官的史料中出现了尚书主客郎和都官尚书,从而推断:"可能尚书省官员提议赠官是一种广泛现象,不仅仅限于尚书主客郎,一般尚书郎亦可。"刘长旭《两晋南朝赠官研究》第三章第二节《赠官的评议机构》,北京师范大学博士学位论文,2002年,第45页。考《陈书》卷一七《袁枢传》云:"至是将葬,尚书主客请详议,欲加葳驸马都尉,并赠昍官,枢议曰……"北京:中华书局,1972年,第240页。因事关公主之夫、子的葬礼,属主客所掌,所以由主客"请详议",而非参与详议乃至立议。袁枢时为都官尚书,尚书八座都要参与详议,并不说明都官曹对议赠官有特别的责任。
② 《隋书》卷二七《百官志中》,第752页。
③ (唐)杜佑著,王文锦等点校《通典》卷二三《职官·尚书下·吏部尚书》,北京:中华书局,1988年,第630页。
④ 在唐代,谥与赠则分属不同曹司。请谥的行状申考功司审核,《唐六典》注云:"职事官三品已上,散官二品已上,佐史录行状,申考功勘校,下太常拟谥讫,申省议定奏闻。"(唐)李林甫等著,陈仲夫点校《唐六典》卷一四《太常寺》太常博士条,北京:中华书局,1992年,第396页。赠官的官告由吏部司颁发,但具体赠与何官由司封负责,参见吴丽娱《终极之典:中古丧葬制度研究》第十一章《唐代赠官的赠赙与赠谥》,北京:中华书局,2012年,第812—815页。
⑤ 限于资料,南朝赐谥的政务流程难以详论。太常、尚书的职能分工在南、北朝相仿,行状的审查及据行状定谥的过程南北也应相仿。南朝的中正制度存在前后变化,因此行状如何制作提供,南朝的情况会与此处据北魏后期材料所得认识有所不同。北魏甄琛之例显示当时"行状皆出自其家,任其臣子自言君父之行",南朝袁昂"敕诸子不得言上行状"(详见下节),则行状制作的实际过程南北亦有相通处,且无论由相关官员抑或家人故吏撰写,由于存在后续审查制度,所依据的基本材料、写作程式应该一致。

《甄琛传》的记载披露了不少制度细部,而《羊祉传》的记载对整体流程有更完整的反映。本节最后,再简单回顾《羊祉传》提及的各步骤,再次印证上文对作为"礼官议"的议谥赐谥流程的推断:①

1. "太常少卿元端、博士刘台龙"拟定美谥"景"。
2. "侍中侯刚、给事黄门侍郎元纂等"驳议认为羊祉酷暴,谥"景"过于虚美,"请还付外,准行更量虚实。"
3. 灵太后令:"依驳更议。"
4. 太常官员元端、刘台龙再次上言抗辩。
5. "司徒右长史张烈、主簿李玚"作"刺"支持太常寺的处理。
6. "尚书李韶又述奏'以府、寺为允'"。
7. 灵太后批准了上述结果。

太常官员最初拟谥"景"应该就是受尚书委托的礼官议,其议回复至尚书,经尚书省内集议认可,制成奏案。但奏案呈送到门下省后,被门下官员反驳,灵太后也要求依据门下之"驳"再次讨论。这个"更议"似乎也是一次礼官议,所以太常官员首先进行申辩;司徒府一般不应参与礼官议,但此案讨论内容又与他们的工作有关,因此司徒府官员通过"刺"发表了意见。②最后尚书李韶"以府、寺为允"的语气很像尚书奏案中参议之语,但李韶当时是吏部尚书,任城王澄以司空兼尚书令,③一般应由尚书令作参议。或许李韶代任城王澄行事,又或者《羊祉传》只是引用最先提出"府寺为允"的李韶的说法。

---

① 《魏书》卷八九《酷吏·羊祉传》,第1924—1925页。标点参考《北史》卷三九《羊祉传》,第1432页。
② [日]中村圭爾《魏晋南北朝における公文書と文書行政の研究》(研究成果報告書)第四編第一章《関刺解牒》第二节《刺》,大阪:株式会社共栄印刷所,2001年,第125—128页。
③ 李韶为吏部尚书,参《北史》卷三七校勘记一九,第1439页;《魏书》卷三九《李宝附李韶传》,第887页。任城王澄为尚书令,参见(清)万斯同撰《魏将相大臣年表》,收入《二十五史补编》第4册,北京:中华书局,1955年,第4512页;《魏书》卷一九中《景穆十二王·任城王澄传》,第473页。

三、行状的制作：行政体系中围绕"人"的档案的形成

如上所述，制度上担负行状制作的不是主管人事的吏部，南朝情况不甚明确，北朝后期是中正—司徒系统（尽管实际操作中行状往往由死者家人故吏提供）。行状的内容与历官、考绩密切相关，所以需经吏部审查，既然如此，为什么不直接由吏部提供行状呢？这可能是由于吏部负责的考课、选官活动，只是针对一位官员官场生涯的一个阶段，而中正品第人物，与整体的"人"的联系更强。如果吏部的归档是以历次选举或考课为纲目，它也就很难直接从存档中搜检出全部关于某人的资料，拼缀成文，但是它可以根据其他部门提供的材料按图索骥，来完成审核的职责。

关于南北朝时期尚书省官员人事方面的档案保存情况，《魏书·卢同传》有关孝明帝时期勋阶档案的记载最详细。卢同相关奏文很长，这里摘录其中三段：

> 请遣一都令史与令仆省事各一人，总集吏部、中兵二局勋簿，对勾奏按。若名级相应者，即于黄素楷书大字，具件阶级数，令本曹尚书以朱印印之。明造两通，一关吏部，一留兵局，与奏按对掌。进则防揩洗之伪，退则无改易之理。

> 从前以来，勋书上省，唯列姓名，不载本属，致令窃滥之徒轻为苟且。今请征职白民，具列本州、郡、县、三长之所；其实官正职者，亦列名贯，别录历阶。仰本军印记其上，然后印缝，各上所司，统将、都督并皆印记，然后列上行台。行台关太尉，太尉检练精实，乃始关刺省重究括，然后奏申。奏出之日，黄素朱印，关付吏部。

> 勋簿之法，征还之日即应申送。顷来行台、督将，至京始造，或一年二岁方上勋书。奸伪之原，实自由此。于今以后，军还之日便通勋

簿,不听隔月。①

吏部和中兵二曹关于勋阶的资料主要有两类,一是勋簿,二是奏案。勋簿是行台、督将在每次征还后报送给尚书的,其格式,从前"唯列姓名,不载本属",后来要求列"名贯"和"历阶",总之是一种附注简单信息的名单。奏案应是尚书根据勋簿所制,经皇帝批准的文件。②勋簿或奏案都主要反映某次授勋时所有相关人员的勋阶状况。

无论定勋、选官或考课,实际操作都是分批次进行,原始文书也是反映某一时间的横截面情况。这些文书依然是按照时间顺序在尚书省归档,以备查验。《魏书·任城王澄传》云:

> 御史中尉、东平王匡奏请取景明元年(500)以来内外考簿、吏部除书、中兵勋案并诸殿最,欲以案校窃阶盗官之人。③

这里涉及了多种与任官有关的文件:"中兵勋案"已如上述,"内外考簿"应指中央和地方的考课的记录,"吏部除书"是授官时发送至个人的任命文书,④"诸殿最"应该还是与考课有关,大概是比考簿更详细的记录。这些文件都按年存档,所以元匡说是取"景明元年以来"。后来元澄的上表把这项建议评价为"移一省之案,取天下之簿,寻两纪之事,穷革世之尤,如此求过,谁堪其罪",⑤并请求慎重其事,则上述几种文件已经囊括了尚书省保存的有关任官的主要档案类型。考课、授勋的文件按照时间顺序

---

① 《魏书》卷七六《卢同传》,第1682、1683页。
② 参见刘后滨《唐代中书门下体制研究:公文形态、政务运行与制度变迁》第二章《唐以前的公文形态及制度变迁》,济南:齐鲁书社,2004年,第84页;朱雷《跋敦煌所出〈唐景云二年张君义勋告〉——兼论"勋告"制度渊源》,收入《敦煌吐鲁番文书研究》,杭州:浙江大学出版社,2016年,第347页。
③ 《魏书》卷一九中《景穆十二王·任城王澄传》,第477页。
④ 如《魏书》卷三二《封回传》,郑云通过贿赂"得为安州刺史,除书旦出,暮往诣回",第761页。《北齐书》卷三〇《高德政传》云高德政称疾,杨愔对皇帝说:"陛下若用冀州刺史,病即自差。"而高德政"见除书而起"。北京:中华书局,1972年,第409页。
⑤ 《魏书》卷一九中《景穆十二王·任城王澄传》,第478页。

存档最顺理成章,值得注意的是本来以人为单位的除书也是如此存档,进一步说明主掌人事管理的部门也没有围绕个人的档案系统。

直到唐代,吏部铨选的档案依然是依时间来整理存档。因此每次铨选,都需要应选者自行填报个人状况,即"铨状",其中包括他的基本情况和全部资历。[1]"铨状"交付吏部审核,审核依据是"在甲库中保存的上次铨选过程中所产生的文书档案",[2]而不是围绕个人建立的档案。这说明唐代吏部的考课、选官等人事管理依然是横向的以每次选举或考课活动为截面,而非纵向的围绕人。这与选官、考课的实际操作最为贴近,若要建立以人为中心的档案,则需要进一步工作。唐代以前的南北朝时期自然也不大可能出现围绕个人的人事档案。

在政务运作中,围绕人的档案存储是欠缺的。而议谥时需要提交行状,并经相关部门审核,这样就在政务运作系统中形成了一份围绕个人的资料。不过如上节所述,议谥的行状使用骈文,因此在它之前似乎还应有一份更基础的个人生平资料。

与议谥密切相关的丧葬事务还有封赠,封赠是否需要使用行状或类似行状的资料?杜希德讲述唐代行状的作用时,虽然主要讨论赐谥,也模糊提及了赠官,但吴丽娱已经指出,唐代行状仅为赐谥而作,赠官有不同程序。[3]刘长旭认为两晋六朝的请赠程序与请谥类似,需要提交"行状"。[4]他引用《梁书·袁昂传》的材料,袁昂"临终遗疏不受赠谥,敕诸子不得言上行状及立志铭,凡有所须,悉皆停省",又嘱诸子曰:"圣朝遵古,知吾名品,或有追远之恩。虽是经国恒典,在吾无应致此,脱有赠官,慎勿祗奉。"[5]不过,尽管这里同时提到"赠谥"(赠官与谥号)和"上行

---

[1] 刘后滨《唐代选官政务研究》第三章《官员选任的主要类别与基本流程》,北京:社会科学文献出版社,2016年,第55页。
[2] 刘后滨《唐代选官政务研究》第三章《官员选任的主要类别与基本流程》、第七章《吏部甲库与任官文书的存档》,第54—60、134—146页。
[3] 吴丽娱《终极之典:中古丧葬制度研究》第十一章《唐代赠官的赠赙与赠谥》,第805—809页。
[4] 刘长旭《两晋南朝赠官研究》第三章第一节《诣阙上书与赠官程序中的请赠》,第41—42页。
[5] 《梁书》卷三一《袁昂传》,第455、456页。

状",但并未明确显示它们之间有程序上的联系。相反,袁昂在明禁子孙"上行状"以后,又特别针对赠官叮嘱"慎勿祗奉",恰恰说明不上行状就不会获得谥号,但却仍可能获得赠官。"圣朝遵古,知吾名品,或有追远之恩",也暗示赠官的基本方式是自上而下的,而且有一定之规,因此袁昂预想自己会获得追赠。①事实上,南齐《竟陵文宣王行状》中收录了赠官及赗赙的诏书;②《魏书·羊祉传》记载议谥过程中有官员提到"及其殁也,又加显赠"(详后),则封赠在定谥前已完成;魏孝昌二年(526)《韦彧墓志》也先记朝廷赠官赗赙,而后称"长子彪与吏民谨上行状",再节录议谥文书。③这些都说明,南北朝的赠官在议谥前,甚至在撰写议谥所用的行状前就可以完成。④

那么赠官又是如何操作的呢?如吴丽娱所说:"从某种角度而言,赠官不过是在世官制的一种照搬和反衬。"⑤魏晋南北朝一般的官员选任,需要中正提供行状。唐长孺《九品中正制度试释》:

> 中正的任务是品第人物,以备政府用人的根据。上引刘毅表所云"若吏部选用,犹下中正,问人事所在,父祖位状"……所有官职授受……都必须经过中正审查这一道手续,所以《通典》卷一四在叙述中正职权时说:"若吏部选用,必下中正,征其人居,及

---

① 刘长旭也认为一定级别的官员死后有资格获得赠官,但同时也发现史料中有很多为人求赠的例子,他认为是需要请才可以获得赠官。刘长旭《两晋南朝赠官研究》第三章第一节《诣阙上书与赠官程序中的请赠》,第36—41页。对这一问题本文无法展开,但似乎需要重新考虑。刘文所举之例都比较特殊,或是地位极高的人物,或是死节,或是平反等,这些证据不能排除当时也许存在针对一定级别官员的常规化赠官。正如对于生者的选任,也存在上书求官,或举荐他人,或认为选举不公等特殊情况,涉及重要官职时则需经更高级的会议决定。
② (南朝梁)萧统编,(唐)李善注《文选》卷六〇,第2579—2580页。本传亦收录诏书,文字基本相同。《南齐书》卷四〇《竟陵王子良传》,第701页。
③ 罗新、叶炜《新出魏晋南北朝墓志疏证》(修订本),第125页。参见戴卫红《魏晋南北朝时期的谥法与墓志谥号刻写》,"社会史视野下的魏晋制度变迁"工作坊,华东师范大学,2019年5月。
④ 但也可以看到赠官拖延的情况,在赐谥的同时甚至赐谥后改赠都有可能。
⑤ 吴丽娱《终极之典:中古丧葬制度研究》第十章《赠官的起源与唐代官员的自身赠官》,第713页。

父祖官名。"中正所提供的资料有三项：一是家世，二是状，三是品。①

这三项中的状，唐先生认为和一般有具体事实的行状不同，而是一种"总的评语，其渊源是出于汉末名士的名目或题目"，矢野主税也有类似观点，②但恐怕不尽然。唐先生所引刘毅表中说中正要提供的"人事所在"，似乎就应包括其当官事迹。又《晋书·刘弘传》，刘弘选补荆州守宰，表曰："被中诏，敕臣随资品选，补诸缺吏。……皆功行相参，循名校实，条列行状，公文具上。"③从"功行相参，循名校实"来看，所列行状似乎也应包括事实而非仅评语。选官时依据的资料应当以待选者在上一任职位上的表现为主，不过为死者拟定赠官时依据的资料是否应包含全部生平？议谥时所用的骈文行状，是不是根据赠官时的生平资料撰写的？虽然存在这种可能性，但目前只是一种猜测，没有明确的证据。

以上讨论了丧葬事务运作中围绕个人的档案资料的形成，这为围绕人而作的正史列传提供了基本保障。相关档案资料包括仕宦履历自不待言，此外大概还可以附加其他有证明意义的文书。上文提到羊祉议谥一案，太常官员用两份诏书证明对于羊祉的功过评定：

> 检祉以母老辞藩，乃降手诏云："卿绥抚有年，声实兼著，安边宁境，实称朝望。"及其殁也，又加显赠，言祉"诚著累朝，效彰内外，作牧岷区，字萌之绩骤闻"。诏册褒美，无替伦望。④

而羊祉墓志恰好也有相关内容：

---

① 唐长孺《九品中正制度试释》，收入《魏晋南北朝史论丛》，北京：中华书局，2011年，第102—103页。
② ［日］矢野主税《状の研究》，《史学雑誌》第76编第2号，1967年。
③ 《晋书》卷六六《刘弘传》，北京：中华书局，1974年，第1764—1765页。
④ 《魏书》卷八九《酷吏·羊祉传》，第1924—1925页。下同。

第四章 列传编纂的政务运作基础:对相关制度与文本的考察 95

以母老辞荣,乞反终养,手诏敦属弗许。

天子伤悼,赗赠时临,册曰:"惟熙平元年三月戊辰朔廿九日甲申,皇帝曰:咨故光禄大夫、新除平北将军羊祉,器怀雅亮,秉操贞□,诚著累朝,效彰出内。作牧岷区,字民之绩骤闻;诏勒戎旗,抚驭之功实著。比居□秩,□申优养,方委蕃枢,助谐政道,而年未尽算,奄云已毕。言寻朝旧,用悼于怀。□遣□者,□册即柩,赠安东将军、兖州刺史,祭以太牢。"①

手诏内容墓志未引录,显赠的策文与太常官员上言中节引文字相应。再来看太常官员初议羊祉谥号时对羊祉行迹的总结:

祉志存埋轮,不避强御。及赞戎律,熊武斯裁,仗节抚藩,边夷识德,化沾殊类,襁负怀仁。

根据他们在第二次讨论时的发言,这一总结基于羊祉行状。司徒右长史及主簿亦称羊祉"历宦累朝,当官允称,委捍西南,边隅靖遏"。中正负责撰写的行状首先要提交至司徒府,司徒官员的这一结论应当也基于行状。而羊祉墓志几乎是这些说法的具体证明:

(持节统军,讨襄樊。)公少闲兵术,善于治戎。时有诏使,军门不开,诏使□□令明□□□难犯。使者踟蹰,通□以进,还,以状□帝,帝叹曰:"细柳之师,方将蔑矣。"昔亚夫称美于汉文,今公见□于高祖,迈古垂声,其芳逾蔚。(持节、梁州军司,讨武兴氏。)驰□戎轩,沉机伟略,制□□□。首夏发京,至秋殄贼,威□若神,□□关右。昔奉世□时,□□□□,□□□古,宁不惭德。

诏征持节、龙骧将军、益州刺史,□□□督梁秦二州诸军事、

---

① 墓志录文见罗新、叶炜《新出魏晋南北朝墓志疏证》(修订本),第77—79页。下同。

> 梁秦二州刺史,持节、将军如故。公威惠素流,下车腾咏,肃乃建
> □,□礼归□,□□开教,决□□□。征役必时,官民兼稽。于是
> 开石门于遂古,辟栈道于荒途。岁物绢□,□穷经国,怀吴绥蜀,
> 襁负□聚。

由此推测,羊祉的墓志与议谥行状同源,其中不仅包括羊祉的历官,还通过具体事迹以及太后手诏、赠官策文等权威文书塑造和证明其形象。不知道这些资料是已被编纂串联成篇,还是以事迹行状为主附加其他证明文书。但无论如何,为议谥提交的资料记录代表了一个人的一生,具备了人物传记所要求的基本属性。换言之,具备人物传基本属性的素材已经在政务运作中形成,才进入修史的秘书著作机构。

以上对行状及其背后的丧葬事务运作进行了考察,以探究政务运作中如何形成有关个人的资料。不过这些资料与国史列传的制度性关联还有待进一步论证。由于行状或更原始的请赠资料极少保存至今,难以直观了解其内容、体例,也无法确知史家会在多大程度上利用这些资料,又会进行怎样的删改。不过羊祉墓志已经提示出另一考察思路:将碑志纳入视野,与史传进行对比。在南北朝后期,碑志文与列传相似的案例甚多,这个现象只能解释为碑志和列传都源自为请谥而准备的资料,与行状属于同源关系。下文分三节讨论南北朝碑志与史传的对比案例,既希望说明它们之间的史源关系有制度化根源,也在碑志传的差异中探寻史家的旨趣与工作。

四、《庾子山集》所见北周碑志传

南北朝后期墓志篇幅越来越长,虽然主要使用骈文,但仕宦履历常详尽得烦碎,史事叙述也更趋具体,与史传的可对比性大大提升。本章引言提到宇文显和墓志包括了一些对话情节,与《周书》本传文

字几乎一样，是比较极端的例子。不过南北朝墓志中夹杂类似史传的散体叙事并不普遍，主要集中于西魏北周的一段时间内，[①]因此要考虑这一时期墓志与史传的关系，不能过度寄望于文本的字面对应，而应着眼于一些超越文体的特征。至少可以关注两个方面，一是官爵记载。本章关注的对象人物是官员，他们的碑志传记普遍以任官履历为线索，穿插个人事迹、文章等，因此有大量官爵记载可供对比。且官爵名有一定之准，也是传统校史方法中强调的一种"校点"，可以进行"校勘"意义上的对比。二是谋篇布局。对一个人生平的叙述应该有无限可能，如果两种文本通篇叙事之多寡、先后相近，说明它们源于同一蓝本。官爵也可以在此意义上进行对比：两个文本中的官爵字面差异虽大，但整体组成的迁转过程非常接近，也是一种"同"。这样来看宇文显和的例子，其本传所记事项及顺序都可与墓志一一对应，历官信息也大体一致（参见附录例1），比个别段落的雷同更能证明二者整体上同出一源。

除了墓志，与丧葬相关的文本还有神道碑文。讨论志、传的关系或讨论丧葬事务与修史之间的关系，本来没有理由把碑文排除在外。然而碑刻不像墓志那样深埋泉壤，能够长久沉睡后被再度发现。南北朝碑文全文通过碑石传世至今的只有梁萧憺碑，另有数篇被《文选》《文馆词林》《文苑英华》选录，庾信的作品最多，魏收两篇，[②]王俭、沈约、萧绎各一。而这之中碑、志、传俱全的只有两例，即司马裔和田弘，其碑志据称都是庾信入周后所撰。司马裔是降于北朝的晋宗室司

[①] 马立军《北朝墓志文体与北朝文化》第五章《北朝墓志文的演变及其影响与地位》："东魏北齐墓志以骈体为宗的特点几乎体现在每篇墓志中，而西魏北周则不时可见散行为主的墓志。……以散行为主的墓志，也主要在西魏北周早期，且数量不多，同时期的杨俭、吴辉、柳敬怜等墓志则仍然是以骈句为主。"北京：中国社会科学出版社，2015年，第254、256页。

[②] （唐）许敬宗编，罗国威整理《日藏弘仁本文馆词林校证》卷四五二《征南将军和安碑铭》，北京：中华书局，2001年，第144—147页。和安，和士开之父，《北齐书》卷五〇《和士开传》开篇附载数语，第686页。（唐）许敬宗编，罗国威整理《日藏弘仁本文馆词林校证》卷四五七《兖州都督胡延碑铭》，第188—190页。胡延，胡国珍之孙，北齐武成皇后胡氏之父，《魏书》《北齐书》皆不载其人。

马楚之曾孙，魏孝武帝西奔后，他纠合温县乡党起兵，后率所部入关，伐蜀讨蛮，以军功显于西魏北周。田弘在宇文泰初领贺拔岳之众时就受到任遇，也以军功立身，官拜少师、柱国大将军。两人年辈相仿，都在周武帝建德年间下葬。司马裔碑、志和田弘碑文见于《文苑英华》和《庾子山集》，田弘墓九十年代在宁夏固原南郊被发现，其墓志随之出土。总的来看，除了司马裔墓志简省较多，司马裔碑文以及田弘碑、志所记历官、史事都与他们的本传比较接近（参见附录例2、例3）。碑、志、传的完整对比能帮助我们更好地理解这些文本可能依据怎样的共同史源被改写成不同样貌，它们的共性与特性何在。因此在全面考察南北朝碑志与史传关系前，本节先围绕这两个案例对碑志传对比中的一些基本问题进行讨论。

　　史传和碑志之间的历官记录一般都有或多或少的出入，也许是来源不同所致，也可能是各自有所简省。这一时期官爵体系已相当复杂，形成了多种升降序列，一位官员的实际升迁过程可能非常繁琐，撰写碑志或列传时会进行省并，以下归纳出几类易被简省的内容。司马裔和田弘的碑志在他们死后同步制作，甚至可能出自同一人之手，[①]理应参考相同的资料，因此这两人碑志官爵的差异最有说服力，以下每个表格都先列出这类条目。此外，很多案例中都可以发现碑志与本传整体所述迁转经历非常接近，只是某些官爵信息常有缺失，可以相信是出于简省，因此表中也附列更多条目。

　　（1）作为加官的侍中、散骑、大夫等，及将军号常被省略。这些官职职能闲散，在南北朝后期越来越成为标示等级序列的虚衔，成为唐代文武散官的前身。[②]

[①] 田弘墓志作者的争论见下文及注释，司马裔碑志虽然《文苑英华》皆称庾信作，但并非没有误植的可能。陆扬认为碑志一般不应出同一人之手（见下注释），也是值得思考的怀疑。

[②] 阎步克认为，在萧梁和北魏时将军号已经发展为严整有序的阶官序列，北魏北周间的文武散官双授则拉动了文散官的阶序化。参见阎步克《品位与职位：秦汉魏晋南北朝官阶制度研究》第八章《军阶的演生》、第九章《西魏北周军号散官双授考》，北京：中华书局，2002年，第410—526页。

表 4-2 碑志传官爵省略示例之一

条　目	墓　志	碑　文	本　传
司马裔 15	车骑大将军、仪同三司	使持节、车骑大将军、仪同三司	使持节、车骑大将军、仪同三司、散骑常侍
田弘 15	加侍中	——	——
司马裔 7	——	使持节、领河内太守，加前将军	前将军、太中大夫，领河内郡守
司马子如 17	侍中、车骑将军、左光禄大夫，兼尚书右仆射		兼尚书右仆射

（2）刺史或太守领兵时所加持节、都督常被省略。南北朝时刺史领兵已普遍化，[①] 甚至扩展至郡一级。

表 4-3 碑志传官爵省略示例之二

条　目	墓　志	碑　文	本　传
司马裔 22	始州刺史、都督始州诸军事	始州刺史	始州刺史
田弘 17	都督岷兆二州五防诸军事，岷州刺史	使持节、都督岷州诸军事、岷州刺史	岷州刺史
司马裔 5	平东将军、北徐州刺史	平东将军、北徐州刺史	持节、平东将军、北徐州刺史
司马裔 25	使持节、大将军、都督西宁州诸军事、西宁州刺史	使持节、大将军、大都督西宁州诸军事、西宁州刺史	征拜大将军，除西宁州刺史
田弘 7	持节、都督原州诸军事、原州刺史	使持节、都督原州诸军事、原州刺史	原州刺史
司马子如 12	行相州事、镇邺大都督		行相州事

---

① 参见严耕望《中国地方行政制度史：魏晋南北朝地方行政制度》卷上《魏晋南朝地方行政制度》第二章《都督与刺史》、卷下《北朝地方行政制度》第三章《都督总管与刺史》，上海古籍出版社，2007 年，第 87—136、505—536 页。

（3）封爵所食户邑数常被省略。

表4-4 碑志传官爵省略示例之三

条 目	墓 志	碑 文	本 传
田弘18	拜大将军,增邑千户,余官如故	拜大将军,余官如故	拜大将军
田弘21	增封千户,并前合六千户	——	——
田弘24	授柱国大将军	增封五百户,进柱国大将军	以功增邑五百户,进位柱国大将军
司马子如10	进爵为侯,增户四百		进爵为侯

又,封荫母、妻、子侄等也常被省略。

表4-5 碑志传官爵省略示例之四

条 目	墓 志	碑 文	本 传
司马裔9	——	——	授帅都督,拜其妻元为襄城郡公主
尉迟运5	——		以功别封第二子端保城县侯,邑一千户
尉迟运14	旧封回授一子		——
萧㧑8			诏景母毛氏为国太夫人,礼如王国太妃,假金章紫绶

（4）中正之官常被省略。本文讨论的诸例中,涉及中正的仅以下两条。

表4-6 碑志传官爵省略示例之五

条 目	墓 志	碑 文	本 传
司马裔15	——	大中正	本郡中正
司马子如25	怀州大中正		——

传写讹误也是一种不应忽略的导致历官记录差异的因素，因为很多官爵高下只是一字之别。宇文显和墓志既有传世本，也有出土本，可以很好地说明问题。根据王其祎、李举纲的校勘，该志几种传世本皆脱第2条全部及第3条"城阳县开国侯"以前的部分，第5条"帐内大都督"无"大"字，第6条"持节"作"使持节"，这些官爵记载出土本皆与史传一致。① 传世本经过更多次抄写，有更多机会出错，导致它与列传的差距更大。

司马裔碑、志几处关键信息的不同更说明传世文献错讹之严重。司马裔去世的时间，墓志作天和"六年(571)正月十八"，墓碑却作"七年正月十日"，下葬时间墓志作建德元年(572)"七月十三日"，墓碑却作"八月十二日"。这些差异显然是讹误所致。又墓志云"在戎四十二年，身经六十九战"，碑文同一条作"在朝四十一年，身经一百余战"，恐怕也有讹误。

由此看来，《新出魏晋南北朝墓志疏证》对田弘墓志的一段推论比较武断：

> 志文"周朝受命，进爵雁门郡公，食邑通前三千七百户。……保定三年，都督岷兆二州五防诸军事，岷州刺史"。神道碑及本传均记为"食邑通前二千七百户"，又均记保定元年任岷州刺史（引案：见本章附录例3第16、17条）。若非传抄错误，那么神道碑文与墓志文可能并非一人所作。②

只要有转抄的行为存在，理论上就有讹误的可能，因此无论传世文本还是出土文本，讹误的几率只是多寡，而非有无之别。因此，除了不能以上述理由认定田弘墓志与神道碑不出一人之手，也很难确定墓志、碑、传孰是

---

① 王其祎、李举纲《新出土北周建德二年庾信撰〈宇文显墓志铭〉勘证》，《出土文献研究》第八辑，第250—259页。
② 罗新、叶炜《新出魏晋南北朝墓志疏证》(修订本)，第262页。田弘墓志未书撰人，晚唐的田弘后人墓志称田弘碑、志皆庾信作(参见本章附录)，这个证据时间距较大，亦非铁证。陆扬也怀疑田弘墓志的作者问题，认为唐代同一个人的碑志一般由不同人撰写，北周情形应该类似，并暗示从文学角度看田弘墓志亦不似庾信所作。陆扬《从墓志的史料分析走向墓志的史学分析——以〈新出魏晋南北朝墓志疏证〉为中心》，收入《清流文化与唐帝国》，第327页。

孰非。既存在墓志制作过程中出现疏误的可能性，也存在久传于世的碑传被对照校勘而导致趋同的可能性。要之，个别字词的差异很难成为判断史源的有力证据。

墓志墓碑所使用的骈文文体也可能对官爵记载产生影响，司马裔之例中第14—20条间大量出现的似是而非的历官记录就集中体现了这一问题。这些异同主要围绕三组有晋升关系的官爵。一是龙门子或龙门伯。墓志称"迁车骑大将军、仪同三司、开国龙门县伯"，而碑、传中这组官爵是分两次任命的：封爵是由于魏废帝元年（552）伐蜀及二年平赵雄杰、邓朏之功（第13条），①魏恭帝元年（554）又授将军、仪同。且碑、传此时的封爵是子，而非伯。墓志的写法或许是省并相近时间的任命，又或许司马裔在废帝末受封龙门子，到恭帝即位后又进龙门伯，则志与碑传是去取不同。

与此相联系，司马裔后来又改封琅邪，碑志传所叙也不同。列传的层次最为分明：入周后（557年以后）改封琅邪，爵位是伯，邑五百户（第17条）；保定二年（562）增邑（第19条）；保定四年进爵为公（第20条）。碑文缺少进爵的过程，一开始就称作"琅邪县公"，只保留了增邑的信息。②司马裔在保定二至四年入朝期间增邑、进爵，列传第19、20条的写法根据具体迁转过程分层，而碑文则把内外任职合并同类项，以御正紧接御伯，"四年"置于第21条"大军东讨"之前，虽然信息不够准确，却便于在骈文形式下褒扬其在官之迹。而墓志中这一倾向更为明显，将数年间的"迁骠骑大将军、开府，改封琅邪公，食邑一千五百户"合为一条，虽然不合事实，却完全对应前句"朝廷以汉之功臣，须开上将之府；晋之代胄，宜绍琅邪之国"，保定年间的履历只留下御伯、御正，就可以总述为"宫闱近密，实俟忠贞"。这种做法的背景是当时官制体系逐渐复杂，出现多种升降序列以及更多等级层次，因此当时人也不苛求官爵迁转具体过程完全准确。

---

① 其事详见《周书》卷二九《伊娄穆传》："魏废帝二年，穆使于蜀。属伍城郡人赵雄杰与梓潼郡人王令公、邓朏等构逆，众三万余人，阻涪水立栅，进逼潼州。穆遂与刺史叱罗协率兵破之。"北京：中华书局，1971年，第499页。
② 碑文增邑户数与本传、墓志不同，可能是数字传写易讹所致。

关于出镇巴州的记载,志碑传也不一致。碑文"仍迁骠骑大将军、开府仪同三司、都督巴州诸军事、巴州刺史"(第17条)表示同一时期的职衔。列传的写法,似不能确定"除巴州刺史"(第16条)与"进使持节、骠骑大将军、开府仪同三司"(第17条)是否同时。墓志则把"仍除巴州刺史"与"迁骠骑大将军"云云分作两条(第16、17条),如果按照读史传的方法来读,应是先担任巴州刺史,又经历军府升级,但如前所述,也有可能是出于文体需要的处理。①

综上,司马裔墓志、碑、传的历官记录在第14—20条间的众多差异未必由于来源不同,至少包含三种因素。一是对繁复的官爵迁转过程作必要的省略,我们见到的所有墓志、碑文、列传恐怕都经过这种处理。二是志、碑为配合文体需要,有意将较短时期内密切相关的履历合并或调序。三是传写讹误难以避免。评判志、碑、传历官记录的异同需要考虑这些因素。

骈文的遣词用典自有传统,乍看上去似乎都是老生常谈的辞藻堆砌,这样的文章是否需要比较翔实具体、能同时满足史传所需的资料为基础?实际上骈文也有其传递历史信息的方式。如田弘第18条,本传云:

〔保定〕三年,从随公杨忠伐齐,拜大将军,明年,又从忠东伐。师还,乃旋所镇。

当时田弘任岷州刺史,远离东部周齐边境,因出征有功而拜大将军。碑文没有明言参与东伐之事,只是记录迁转:"四年,拜大将军,余官如故。"但此后所用的两个典故"卫青受诏,未入玉门之关;窦宪当官,犹在燕山之下"却暗合远征之意。墓志的记述比碑文详细,首先直述"朝廷有晋阳之师,追公受脤",最后也使用卫青、韩信典故。碑志的这种表达方式也指向某些具体历史事件,说明它们依据了相当明确的资料。

---

① 即便是先除刺史,碑文也可以理解为省略了稍早的刺史任命,总述军府晋升以后的职衔。

在碑志文中甚至可以找到比本传更详细的信息。如田弘碑文第22条云"天和二年，被使南征，……公以白羽麾军，朱丝度水，七十余日，始得解衣"，同碑第23条："齐将段孝先、斛律明月出军定陇，以为宜阳之援。公背洛水而面熊山，阵中军而疏行首，乘机一战，宜阳衔璧。"这些具体作战过程连本传亦不载。同碑第20条记述讨宕昌羌之战功"二十五王，靡旗乱辙；七十六栅，鹑奔雉窜"，与本传"诏弘讨之，获其二十五王，拔其七十六栅，遂破平之"对应。司马裔第8条墓志云"柳泉风尘，三城席卷"，碑文云"怀州拓境，两镇奔波；柳泉转战，三城授首"，联系本传"攻拔东魏平齐、柳泉、蓼坞三城"，也可知碑志中的"三城"、"两镇"并非虚指。墓碑、墓志所依据的资料也有具体叙事，非仅任官履历。

五、北朝后期的志传对比

上节通过碑志传俱全的两例，对碑志传依据同样史源各自改写的情况作了初步讨论。本节更全面地讨论北朝的情况，因为不再有碑文可以参照，只能讨论墓志与列传的关系。首先想提出一个相当特别的例子。上节讨论中，对于历官记录中诸多确实存在的差别总是判定为差异不大，不能否定各种记录出自同一史源。那么怎样才是足以说明史源不同的差异呢？

庾信现存的墓志作品中，有一篇是为名将吴明彻所作。吴明彻一生战功赫赫，晚年兵败被北周俘虏，不久"忧愤遘疾，卒于长安"。[1]他主要是陈朝将领，传记也见于《陈书》，但因作为北周朝臣死于长安，"寄瘗于京兆万年县之东郊"，[2]同样流寓在北的庾信为他的这次下葬撰写了墓志。这篇墓志文不可能依据陈政府中的档案资料，因此与《陈书·吴明

---

[1] 《陈书》卷九《吴明彻传》，第164页。
[2] （北周）庾信著，（清）倪璠注，许逸民校点《庾子山集注》卷一五，北京：中华书局，2006年，第978页。

第四章　列传编纂的政务运作基础：对相关制度与文本的考察　105

彻传》构成一对特殊的组合，显示出墓志与史传来源不同时的情形（参见附录例4）。

墓志记吴明彻历官非常简略，而且与本传总有些许不合。即便不考虑"左"与"右"、"镇军"与"领军"、"平南"与"安南"或"镇南"、"湘衡桂武四州"与"湘桂武三州"这些可能由于传讹造成的差异，"为左卫将军，寻迁镇军、丹阳尹"一句，据本传，吴明彻在"世祖即位"（永定三年，559）时任"右卫将军"（第5条），至"废帝即位"（天康元年，566）时"授领军将军"（第12条），间隔七八年，墓志却用"寻迁"，很不准确。

墓志记出镇湘州、南兖州的两任更详细，而两任都是与北周作战。本传云"湘州刺史华皎阴有异志"，即华皎叛降于北周，淳于量、吴明彻率陈军击败赴援的周军，其事详于《周书》。① 至于墓志所记在陈的最后官职，对照本传：初授使持节在第3条为南兖州时，第13条为湘州亦有使持节；初为侍中在16条太建四年征还时，此后出征亦以侍中为加官；进司空在20条太建八年；进车骑大将军在19条，都督南兖等五州、南兖州刺史在21条，即明彻被俘前的最后一次任命；南平郡开国公在18条，此前第3条云封安吴县侯，14条云进爵为公；食邑八千户与《陈书》所记户数差距颇大，或有讹误，暂置不论；给鼓吹一部在13条出镇湘州时。这一系列官爵是不同时期所授，也是吴明彻被北周俘虏前在陈的完整官爵。当时碑志通例，由于重视记载升迁过程，除了在标题中，很少会如此完整地列出全部职衔，至多以"余官如故"代替。吴明彻墓志文中如此列举官爵，恐怕由于北周虽然为吴明彻赠官赐谥，但其在南详细履历既难以获得也无必要强求，因此关于他的生平资料比较粗疏，诸官具体迁转时间不详。而吴明彻两次与北周对战的情况，尤其是最后被北周俘虏时的官爵，周人当然掌握，② 应当也在呈上周廷请赠请谥的材料中。③ 吴明彻一生最重要的

---

① 参见《周书》卷二八《权景宣传》，第479—480页；卷一三《卫剌王直传》，第202页。
② 吴明彻被俘的吕梁一战的具体过程，《周书》记载也很详细，反而《陈书·吴明彻传》对此战的记载亦袭自北周资料，对比《陈书·吴明彻传》《陈书·萧摩诃传》及《周书·王轨传》相关段落即可知晓。参见附录例4。
③ 《陈书》《南史》本传皆未载吴明彻在周谥号，但墓志有"诏赠某官，谥某，礼也"。（北周）庾信著，（清）倪璠注，许逸民校点《庾子山集注》卷一五，第978页。

战功即为陈从北齐手中夺回淮南之地,反而没有在墓志中出现。[1]无论与同一时期的北朝墓志,还是稍后要讨论的南朝墓志相比,[2]吴明彻墓志在文本以及资料来源上的特殊性都是显而易见的。

除了史传与墓志不同源的特殊情况,还想补充一个史传有意增补以建构某种历史解释的例子(参见附录例5)。上世纪八十年代在咸阳出土了尉迟运夫妇墓志。尉迟运的父亲尉迟纲与伯父尉迟迥都是周太祖宇文泰的外甥,少依舅氏,后来成为北周重臣。[3]尉迟运见信于高祖宇文邕,在高祖死后与长孙览同受顾命辅政,因为与宣帝的矛盾而以忧卒。尉迟运墓志不仅详细记录尉迟运的历官,而且有不少史事记述。与《周书·尉迟运传》相比,在周宣帝以前的部分(第1—15条),志传主要的差别是本传多从杨忠攻齐以功别封次子(第5条)和担任右宫正(第10条)两事。其余各条不仅历官对应,叙事也大体符合。从征授封,尤其是将封爵回授他人,本来就是常被省略的内容。另一处差异则比较有趣,由于担任右宫正,尉迟运开始被宣帝疑忌,本传所述原委甚明,墓志不载,不知是否有意回避。

宣帝即位后(第16条以后),志与传的论调产生明显分歧:本传以尉迟运与宣帝的矛盾为主线,而这些政争内情在墓志中丝毫不见端倪。墓志透露武帝崩时,"公与薛国公览同受顾命"(第16条)。如此重大之事不会杜撰,但本传于武帝崩后只说"秘未发丧,运总侍卫兵还京师",甚至整部《周书》都不见周武帝顾命的记载。宣帝即位后不久,尉迟运出镇秦州。墓志称赞尉迟运在此任上"济宽持猛,远服迩安"(第18条),对其卒官的表述是"方当坐槐论政"而"岱宗之魂先殁"(第19条),都是最常见的说辞。但本传却透露尉迟运的出镇是"惧及于祸"(第17条),至秦州后"犹惧不免","遂以忧薨于州"(第19条)。墓志未记尉迟运赠官、谥号,是

---

[1] 吴明彻死后,陈废帝下诏为其追封立嗣,诏书中对他的战功,除了概言"百战百胜之奇,决机决死之勇"外,只明确提到"拓定淮肥,长驱彭汴"。《陈书》卷九《吴明彻传》,第164页。
[2] 尤可与吴明彻对照的是同为陈名将的黄法氍之例,详见附录例14。
[3] 《周书》卷二〇《尉迟纲传》,第339页;同书卷二一《尉迟迥传》,第349页。

其反常之处,而据本传,所赠之官相当显赫(第19条)。①

尉迟运死时,与宣帝的矛盾并未公开,因此还维持功臣地位,墓志也对其一生高度赞誉。不过既然如此,当时理应对其封赠赐谥,墓志却未载赠谥,似乎履行这些程序时遭到阻碍,以至下葬时还未确认。而《周书》本传不讳言政治斗争,代表后世对这段历史和相关人物的态度。《周书》该卷主题明显,五人都是周宣帝所忌者,王轨、宇文孝伯、宇文神举在宣帝即位不久后被杀,尉迟运以忧卒官,颜之仪也险些被"致之以法"。②此卷褒扬忠孝,也反衬宣帝之昏纵。③《尉迟运传》前半与墓志颇为符合,涉及宣帝的部分却大相径庭,说明史家所本虽与墓志同源,但有意改补,以传递更复杂的历史信息,构建超越个人生平的历史图景。

前文讨论议谥流程时提到的北魏羊祉也是类似情况。羊祉墓志虽然与太常议谥所据行状非常接近,却与魏收《魏书》中的记载大相径庭,戴卫红指出:

> 如《魏书·羊祉传》载羊祉为司空令辅国长史时侵盗公资,私营居宅,有司案之抵死,孝文帝特恕远徙。而墓志铭中却将此事的结果转变为"师徒失律,公独亡□"。宣武帝时,羊祉为龙骧将军、秦梁二州刺史,加征虏将军。天性酷忍,坐掠人为奴婢,为御史中尉王显所弹免。墓志铭上也没有记载此事。④

羊祉去世时,他的功过定位存在争议,不过当时的赠官、赐谥都以对他的肯定告终,所谓"刚而能克,亦为德焉"。后来的史官推翻了这一结论,《魏书》特别将其置于《酷吏传》内。传记压缩了羊祉的履历,没有对他在官之绩的肯定,而记录了他三次遭到弹劾或被问罪,还用相当篇幅记录议

---

① 其谥号,或作"忠"或作"中",点校本校勘记认为不可能作"忠"(《周书》卷四〇校勘记三,第726页),但"中"字为谥也实在少见。
② 《周书》卷四〇《颜之仪传》,第720页。
③ 《周书》对宣帝的评价参见卷七《宣帝纪》,第124—126页。
④ 戴卫红《魏晋南北朝时期的谥法与墓志谥号刻写》。

谥之争，最后总论其酷吏之行。《魏书》对羊祉的定位与议谥时的反对观点"祉志性急酷，所在过威，布德罕闻，暴声屡发"一致。太常官员既称"状与迹乖"，说明羊祉行状没有反映反对派所言"急酷"一面的事迹，《魏书》本传参考了行状以外的内容。

在东魏北齐也可以找到墓志与本传对应明显的例子。司马子如是高欢在怀朔时的故交，①甚得高欢宠信，与孙腾、高岳、高隆之号称四贵。②其墓志与本传相比（参见附录例6），本传记录历官稍简，但除第6条可能涉及后代避讳外，其余都与墓志没有矛盾。第6—16条记司马子如投奔尔朱荣，随尔朱荣入洛拥立庄帝，平葛荣，拒元颢，尔朱荣被杀时为尔朱世隆划策出逃等事，墓志与列传虽然文体不同，但这些重要的史事都可一一对应，列传只是省略了母忧去官（第11条），缩减了平元颢征还后的迁转。第19条高欢起兵以来，志传的差异增多。列传记录了一些对司马子如的评价（第23、30条），以负面为多，还记载了他两次因罪被免官（第27、31条），以及为北道行台巡行燕赵诸州的劣迹（第24条）。再加上列传开篇所载子如家世，虽与墓志一致，但说明是"其自序云尔"，本传整体的贬斥显而易见。高欢勋旧，大多因专恣贪残被《北齐书》批评。

封子绘是开国功臣封隆之之子，"才干可称，克荷堂构"，③本传对其评价甚高。封氏家族墓位于今河北景县，1948年墓群被掘，出土大量文物，其中包括封子绘墓志。④志末云"从弟孝琰……谨撰遗行，用裁志序"，"吏部郎中清河崔赡"撰铭（参见附录例7）。⑤墓志与本传记历官都很详细，且对应度极高。本传第20条云天保四年"坐事免"，墓志却将这前后历官合并为"其间再行南青，一行南兖事"，从而略过免官之事。因为墓志他处所记迁转都很细致，颇疑此处的处理是有意避免提及免官。碑志一般不记过

---

① 《北齐书》卷一《神武帝纪》："与怀朔省事云中司马子如及秀容人刘贵、中山人贾显智为奔走之友，怀朔户曹史孙腾、外兵史侯景亦相友结。"第2页。
② 《北齐书》卷一八《孙腾传》，第235页。
③ 《北齐书》卷二一史臣曰，第309页。按，原文标点有误。
④ 张季《河北景县封氏墓群调查记》，《考古通讯》1957年第3期。
⑤ 毛远明《汉魏六朝碑刻校注》第9册，第一二〇二号《封子绘墓志》，北京：线装书局，2009年，第175页。

失,但很有可能在行状中需要提供这些信息,史家也能够看到。本传比墓志多出的事迹大多有关征讨:第4、10、14、16、27条无需多论;第17条安抚山东州郡,也属平定地方,此事墓志亦有所透露,但语焉不详;第12、24条虽是在地方的治绩,也都是关于粮道武备。综观南北朝史书列传,有不少是以个人履历串联战争记载,稍后讨论南朝时将继续关注这一现象。

以上对西魏北周和东魏北齐史传与墓志的关系进行了讨论。北朝的碑、志资源都相对丰富,还有更多例子可以与北朝魏周齐三史传记进行对比,不过穷尽材料并不现实。通过以上诸例已经可以确认这一时期史传与墓志的同源关系并非偶然,这个"源",结合上文对丧葬事务运作的考察可知,也用于撰写请谥的行状。除此之外,也存在史传撰作过程中大幅改写,乃至另起炉灶的例子,但不影响我们认为为请谥撰写的传记资料已经为史传提供了一种结构化史源,成为修史的基本保障。这一系列从丧葬事务到列传编纂的运作流程可以追溯至更早,下面将视线转向南朝。①

六、南朝的碑志传

可以大体全文与正史本传对比的南朝碑志有六种,分别是宋齐重臣褚渊、齐宗室萧缅、梁宗室萧昺(景)、②萧憺碑文,以及梁宗室萧敷、萧融、陈名将黄法氍墓志。

《文选》收录了王俭为褚渊所作碑文,两人在《南齐书》同卷,都是宋末齐初重臣。褚渊"少有世誉",于宋明帝世"清涂已显"。③他既受宋明顾托,却很快倒向萧道成一边,又成为萧齐佐命功臣。褚渊是萧齐建国后第一位去世的重臣,其丧葬典礼受到朝廷特别的重视。本传对朝廷营丧

---

① 这套运作体系在北朝何时出现不易追溯,因为北朝墓志在迁洛之初大多只详于世系和个人所任官爵,到迁洛一二十年以后才普遍采用文章形式的序文,可以与史传相比。
② 案《梁书》《南史》避唐讳改"昺"为"景"(点校本《梁书》卷二二校勘记一,第373页;点校本《南史》卷五一校勘记一,北京:中华书局,1975年,第1284页),后人亦常称其人为"萧景"。《资治通鉴》亦作"昺",本书从"昺"。
③ 《南齐书》卷二三《褚渊传》,第425页;《南齐书》卷二三史臣曰,第438页。

的各种举措、相关讨论记录颇详,疑难问题需经朝廷礼议决定,很多意见来自当时朝中的礼学权威王俭。后来王俭去世,葬礼亦依褚渊故事。

　　褚渊碑文和本传对其仕宦经历的记载非常接近,碑文中的史事记述也可大致与本传对应(参见附录例8),应该可以认为碑、传具有同源关系。但本传也有比较明显的增补。一是上文已提及的对其丧葬一应礼遇的记载。另一类比较集中的内容是褚渊在宋末齐初政局中的背景与选择,第22、35条反映褚渊与萧道成的关系,很典型。第11条记褚渊慰劳北讨众军,返京后上启言边事,其后解释明帝与褚渊有旧,"及即位,深相委寄,事皆见从",似亦可划归此类。第26条废苍梧王事,本传先记袁粲直谏,随即云"渊默然,归心太祖",形成鲜明对比,又详记废立时褚渊如何推戴齐武;第30条本传记禅代前夕褚渊求为齐国官,也显示褚渊在宋齐之际的立场;第36条本传大部分内容似乎与碑文对应,但最后记"轻薄子"讥褚渊眼多白精,为宋亡之征。褚渊因为身侍二朝,遭到时论非议,这种舆论不会影响碑文,但萧子显所作本传的"史臣曰"专门讨论这一话题,开篇即云:"褚渊、袁粲,俱受宋明帝顾托,粲既死节于宋氏,而渊逢兴运,世之非责渊者众矣。"[①]上述本传多出碑文的内容都和"史臣曰"讨论的问题密切相关,而有不少过于敏感或负面,显然不应出现在处理褚渊丧葬事务时的生平叙述文本中,应是史家所增。这样来看,褚渊的例子与北周尉迟运有些相似,本传以丧葬事务运作中的生平叙述为本,又着重勾画了高层政局的某些景象。处于政治核心位置的人物传记容易出现这种情况,而南朝其余数例的本传都以沿用或删略其史源为主,基本不增补史事,也没有明显的历史问题意识。

　　萧缅是齐高帝萧道成次兄道生之子,也是齐明帝萧鸾之弟,生前封安陆侯,卒于永明九年(491),当时明帝为尚书仆射。明帝登基后,追封萧缅为安陆郡王,改赠司徒,碑文就是因此而撰写的。可以想见这个写作任务非常受到重视,撰者是一代辞宗沈约,这篇碑文也成为《文选》收录的四篇墓碑文之一。碑文辞藻富逸,与多数南北朝碑志不同,萧缅碑文没有直接写出萧缅担任过的具体官职,也不记任职时间,应是为了突出文采。值

---

① 《南齐书》卷二三史臣曰,第438页。

第四章　列传编纂的政务运作基础：对相关制度与文本的考察　111

得注意的是，沈约在开始叙述萧缅生平前解释这样的写作方式说："若夫弹冠出仕之日，登庸莅事之年，军麾命服之序，监督方部之数，斯固国史之所详，今可得略也。"①似乎透露出当时的碑文撰作与国史撰作已经存在稳定的联系。在南北朝的碑志或史传中会发现这些具体历官信息互有详略，最基本的原因是它们共同依据的资料对此有详细记录。

相比长篇巨制的碑文，萧缅在《南齐书》中的传记则比较简陋（参见附录例9）。②碑、传所载仕宦经历基本一致，不过本传载"初为秘书郎"以及任五兵尚书时还"领前军将军"，在碑文中似乎没有反映。还值得注意的是对萧缅去世后的叙述，第14条记当地黎庶蛮夷对萧缅的追思祭奠，第15条记赠官，第16条记萧鸾（碑文"皇上"）之哀恸，第17条记萧鸾即位后的改赠，碑、传皆可对应，且第16条的复杂叙事内容也很相近。这些都表明碑与传依据了相同的资料，碑文在文体上进行了加工，史传删略了不少任官的具体事迹和评价。

另一篇保存在文集中的南朝碑文是萧昺碑。吴平侯萧昺是梁武帝萧衍的从弟，卒于梁普通四年（523），下葬时间应相去不远。《梁书》本传史臣论评价他"才辩识断，益政佐时，盖梁宗室令望者矣"，③传记内容也比较充实。其碑文由后来即位为梁元帝的萧绎撰写，保存在《文馆词林》中。对比本传与碑文，历官几乎完全对应，本传详记任职年份，碑文则否（参见附录例10）。碑文和本传都以萧昺的任官履历为线索叙述其历任事迹，本传并没有像本章第一节讨论的竟陵王子良之例那样大规模补入表奏文章等内容。碑文因为追求辞藻，准确具体的细节较少，但第2条所述永嘉人胡仲宣等诣阙、第25条所述移书魏人可与本传对应。相信碑文中更多以典故和对仗形式表现的在官事迹与本传记载也同源。

萧昺之墓也早已被发现，但由于神道石柱和墓志上的文字都残泐过甚，且墓地所在山冲有多个梁皇室墓葬，最初发掘者推测墓主是梁武帝的

---

① （南朝梁）萧统编，（唐）李善注《文选》卷五九《齐故安陆昭王碑文》，第2547页。
② 可能有部分因素是《南齐书》作者萧子显为高武之后，对明帝兄弟心存芥蒂。参见下文对萧子显之兄萧子恪的讨论。
③ 《梁书》卷二四史臣曰，第373页。

兄弟南平王萧伟。近年王志高通过对神道石刻等级和墓志内容的考证，确认该墓墓主为萧昺夫妇。①墓中出土志石四方，其中两方字迹剥蚀殆尽，另外两方分属萧昺及其夫人。据发掘简报，萧昺墓志满石约有2 250字，现在尚能辨识的仅有百余字：

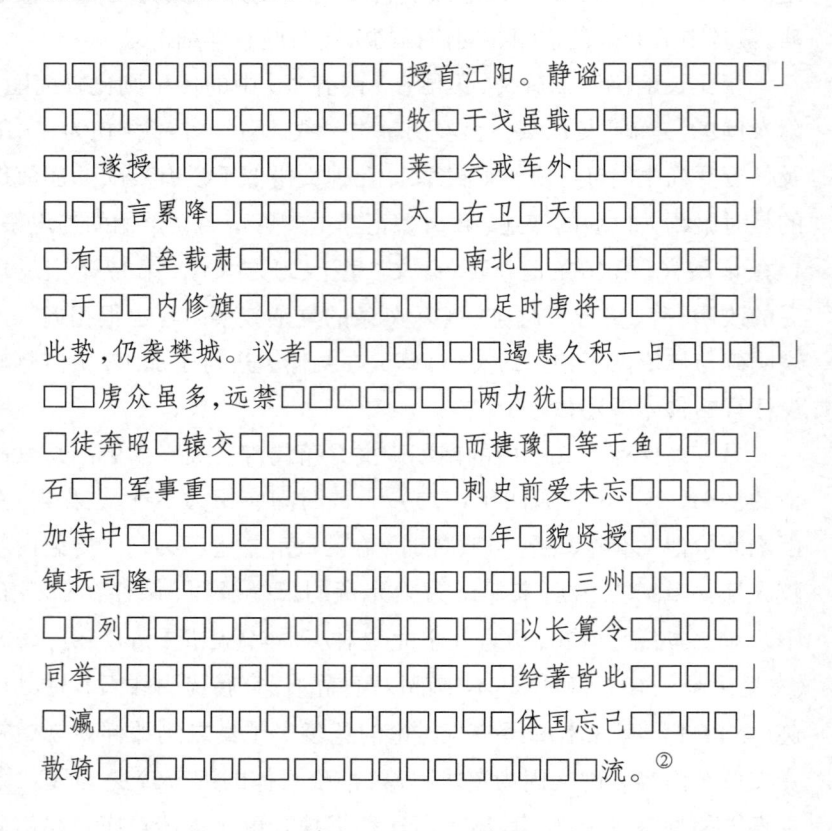

> □□□□□□□□□□授首江阳。静谧□□□□□」
> □□□□□□□□□□牧□干戈虽戢□□□□□」
> □□遂授□□□□□莱□会戒车外□□□□□」
> □□□言累降□□□□□太□右卫□天□□□□□」
> □有□□垒载肃□□□□□南北□□□□□」
> □于□□内修旗□□□□□足时虏将□□□□□」
> 此势，仍袭樊城。议者□□□□□□遏患久积一日□□□□」
> □□虏众虽多，远禁□□□□□两力犹□□□□□」
> □徒奔昭□辕交□□□□□而捷豫□等于鱼□□□□」
> 石□□军事重□□□□□刺史前爱未忘□□□□」
> 加侍中□□□□□□□□□年□貌贤授□□□□□」
> 镇抚司隆□□□□□□□□□三州□□□□□」
> □□列□□□□□□□□□以长算令□□□□□」
> 同举□□□□□□□□□□□给著皆此□□□□」
> □瀛□□□□□□□□□□□体国忘己□□□□□」
> 散骑□□□□□□□□□□□□□□流。②

简报没有说明这段释文在原石中的位置。从最后一行尚有"散骑"来看，不应是墓志最后的铭文，因此推测这段释文位于中部。③残存文字与碑传

---

① 南京博物院《南京尧化门南朝梁墓发掘简报》，《文物》1981年第12期；王志高《南京尧化门外北家边南朝陵墓神道石刻墓主身份新证》，《南京晓庄学院学报》2016年第3期。
② 萧昺墓录文见《南京尧化门南朝梁墓发掘简报》。又，萧昺夫人墓志录文见王志高《南京尧化门外北家边南朝陵墓神道石刻墓主身份新证》。
③ 除非像黄法氍墓志那样，志石此面所刻内容尚不完整。但萧昺墓志满石已达二千余字，不完整的可能性很小。

依稀能够逐条对应。墓志"干戈虽戢"应指梁建立以后,因此次行前部的"遂授"应是萧昺入梁后第一任官职,即第8条都督四州、南兖州刺史。同行"戒车"疑是"戎车",与次行"□言累降"合观,盖即第9条北伐从征而遭母忧,"诏起摄职"之事。此后"太□右卫□"对应第10条任职。次行"南北"对应第12条所督诸州中的"南北秦"。其后"时虏将"云云即13条所载战事,王志高已有详细考证。[①]其后"石□□军事"对应第15条任职。"重……刺史"对应16条再镇南兖州,"前爱未忘"与碑文"昔郗鉴再抚,朱序重临,未有悬床尚存,遗楔犹在"意同。"加侍中"见第19条。"三州"应是第23条郢司霍三州。"长算"或即第25条移书告示,令魏人不复侵边。"散骑"从位置看应是萧昺赠官,但碑传皆称赠"侍中",与"散骑"冲突,待考,或许赠官有前后变化。考虑这些残文之间所阙的字数,可以看出墓志较碑文、本传简明,但对萧昺历任官职的记载并无明显跳跃,应是每一任的铺陈之辞无多。同时墓志还包含叙事,记载了天监八年的樊城之战。

另一篇可与本传对比的碑文来自梁武帝的弟弟始兴王萧憺,《梁书》史臣评价萧憺与他另外几个兄弟"以名迹著",[②]其碑文由徐勉撰写。萧憺卒于普通三年,与萧昺之卒基本同时,但萧憺碑篇幅明显长于萧昺碑。碑文叙事甚详,如第6、7、12、13、16、17、23、26条,且其中除第6、12条不见于本传外,其余各条与本传内容也非常相似。碑文的一些记载不见于本传,反观本传,除了最后有一则憺亡前梦不祥的故事,其余竟无一事是碑文全未提及的。[③]历官记录碑传对应度也极高(参见附录例11)。由此可知,本传与碑文依据了同样的史源,本传在后来史家的改编过程中,始终未加入太多新资料。

现存梁宗室墓志两篇,志主都是梁武帝兄弟,卒于齐世,齐梁禅代后,天监元年获得追封。萧融在齐东昏侯时与萧懿等一起被杀,天监元年封赠后下葬,墓志也是此时撰写。萧敷卒于稍早的建武四年(497),可能当

---

① 参见王志高《南京尧化门外北家边南朝陵墓神道石刻墓主身份新证》。
② 《梁书》卷二二史臣曰,第355—356页。
③ 本传第14条可对应碑文第11条后半,皆在荆州时事。

时已经下葬,因此直到普通元年其妻去世祔葬时才重新制作墓志,以王礼改葬。两人在齐仕宦都不甚显达,《梁书》只为他们的嗣王立传,而将他们的事迹附于嗣王之前,所记十分简略,可与墓志对比的不多(参见附录例12、13)。两人实际情况非常接近,但萧敷墓志比萧融墓志丰富不少,或与其墓志撰写时间稍晚有关。墓志记在随郡之任上征战之事颇详,文句也接近史传散体,前述萧憺碑、萧昺碑、志也有同样的现象。

在记录战事上最为突出的是本章开篇就提到的黄法氍墓志。该墓志现存内容只有任官经历和参与的战争事件。墓志有而本传无的叙事仅两处(第8、20条),其中一处还是本传经常省略的母忧。其余历官、叙事,墓志与本传都可一一对应,且所载历官相当琐细。第15条墓志残泐过甚,"永"和"公乃"之间应有三十字左右,"公乃"之后应有五十字左右(其中包括第16条前半部分),字数应可容纳叙事。墓志对征战所述之详,似只有萧憺碑可与之相比。不过黄法氍墓志的这一特点主要是由改作骈文程度不深造成的,墓志后半密集罗列历官也同样体现了这一点,又与萧憺碑不同。多数碑志传虽然同源,但碑志往往因文体改变而模糊实事,本传则有史家递相增删。黄法氍的墓志与本传对史源的改动都很少,相似程度在目前所见南北朝碑志资料中应属最高(参见附录例14)。

就人物自身而言,黄法氍与上节讨论的吴明彻都是陈代名将,极为接近,如果只看《陈书》中两人传记,都以历官和征战叙事组成,模式相同,但两人墓志的情况却形成鲜明对比。《南史·吴明彻传》云:"后故吏盗其柩归。至德元年,诏追封邵陵侯,以其息慧觉嗣。"[①]可以想象,如果追封时为吴明彻改葬、重新制作墓志,一定会与他在北周的那方墓志非常不同。

回顾以上讨论的七个案例,除了褚渊的本传经过史家有意的增补外,萧融、萧敷的本传相当简短,内容亦未超出墓志,应是史家删节所致;另外四例本传都能与碑志基本对应,虽然有些由于碑文辞藻华丽而与史传表述差异明显。

南方墓志保存情况差,可以比对的资料远不如北朝多。目前还发现

---

① 《南史》卷六六《吴明彻传》,第1623页。

有少量残损的南朝墓志，上文萧昺墓志就是其中之一，在此将余下的三种一并介绍。一是梁武帝从子萧象墓志（大同二年，536），于1988年发掘出土，共计一千三百余字，《简报》称能辨认六百字左右。但《简报》未正式公布录文和图版，只是指出"萧象墓志和《梁书·萧象传》不但内容相合，而且行文竟有很多相同之处"，并举出三段志传对比内容。[①]可惜三段文字都是历官，参照本文上述讨论，南北朝后期碑志与史传的历官对应度普遍很高。如果能够了解墓志其他内容是否与史传对应，会更有意义。

二是萧子恪墓志。萧子恪是齐高帝萧道成之孙，豫章王嶷之子，卒于梁大通三年（529）。2008年对其墓进行了抢救性发掘，邵磊撰文考证墓葬、墓志相关问题，并公布墓志录文。[②]墓志每行三十八字，已进行录文的共计四十行，其后还有无法确定的数行。从墓志内容判断，剩余文字应该不长，甚至可能没有文字，墓志篇幅当在一千五百字左右。墓志前11行能够大致辨认，其中比较清晰的一节，第7—9行："司徒文宣王雅好篇仕，饬馆礼贤，开阁求士，唐染□趋，□枚竞湮，□制《高松》之□，□者成群。君乃斐然□□，□□便就，新声逸□，贯沧时流，文□辞□，咸加叹□。"即是《梁书·萧子恪传》"年十二，和从兄司徒竟陵王《高松赋》，卫军王俭见而奇之"[③]之事。《梁书》此传，中部有长篇的梁武帝对于如何对待齐宗室的剖白，肯定是后来史臣所加，可以不论。前部和后部对萧子恪生平的记载主要是简短密集的历官记录，只有两处稍详，一是和《高松赋》，一是王敬则反叛时的危机。本传叙事如此之少，墓志又残损严重，依然能够对应，似乎不是巧合。本传此后云"初为宁朔将军、淮陵太守"，而墓志第11行"起家为宁朔将军、淮陵太守"，亦相应。墓志此后内容实在不易解读，第12行有"大吴"，其前后应叙述建武中为吴郡太守之事，但似乎没有提及王敬则谋反，子恪险些被明帝灭门。不过墓志不记负面内容，也可以理解。再往后，只能辨认出"太子中□"、"司从（徒？）……"、"转□选部"、"吴郡太守"等几个官职，与本传所载履历没有明显矛盾，但内容太少，亦

---

① 南京博物院《梁朝桂阳王萧象墓》，《文物》1990年第8期。
② 邵磊《南京灵山梁代萧子恪墓的发现与研究》，《南京晓庄学院学报》2012年第5期。
③ 《梁书》卷三五《萧子恪传》，第507页。

难深论。

　　三是墓主不明,亦无法与《梁书》《南史》对应的梁普通二年墓志。该墓发掘于1978年,近年公刊了完整拓片,陆帅撰文考证墓志,并补充了录文。[①]墓志共计六十五行,前51行为序文,52—56行为铭辞,57—59行记朝廷监护丧事,60—65行为谱系,总字数超过三千字,规模罕见,目前能够释读三分之一左右。根据墓志叙述,墓主应出身冀州豪族,先出仕北魏,天监初奔梁,并筹划和监督兴建了浮山堰。据志末题记,其葬礼由朝廷派遣的使者"监护葬事,远至墓所",又有"百僚会丧";而该墓"形制结构、随葬器物带有明显的官方色彩,且具有接近于宗室王侯墓的较高规格",则葬礼所供亦出朝廷。朝廷既已支持丧事,亦应有赠官赐谥,其墓志文的撰写也应依附于这套丧葬运作程序,与请谥所用的行状同源。志文体例稍显特别,前33行已经讲完墓主家世、生平履历及去世时间地点,此后又详述了一些事件。如第40行有"梁故广州刺史徐元瑜,先于州丧□,留殡南□,弥历岁年"云云,大概指墓主任平越中郎将、广州刺史期间收葬徐氏。[②]第41—47行则详细记述对河洛陈汝地区水道的设想,天监十三年兴建浮山堰的具体过程,及浮山堰计划的失败。其中如"……遂通,臣□门□□河,激洛源长,流渭及泾,故委输无穷……","……设镇,堰此通波,递灌陈汝,然后巨舰楼□……"等语,甚至像是章奏中的语言。

　　相比北朝后期墓志给我们的一般印象,梁普通二年墓志对史事具体详细的记载令人倾目。不过萧憺碑所记击颜僧都、裴师仁(第6条),劝降萧瓆、鲁休烈(第7条),救沮漳水灾(第16条),在益州建学校(第24条)等事,叙述也很具体,甚至给出准确的人物、地点、时间;总体篇幅很小的萧敷墓志有"咸曰:贼若能来,必为府君死战"之语(第6条),萧昺墓志残文有对樊城之战的议论,黄法𣰰墓志第3至8条、第31条所述战争过程也相

---

① 南京市文物管理委员会《南京郊区两座南朝墓的清理简报》,《文物》1980年第2期;陆帅《萧梁前期的晚渡北人:新刊梁〈普通二年墓志〉小考》,《魏晋南北朝隋唐史资料》第38辑,上海古籍出版社,2018年。
② 《梁书》卷一九《乐蔼传》:"前刺史徐元瑜罢归,道遇始兴人士反,逐内史崔睦舒,因掠元瑜财产。元瑜走归广州,借兵于蔼,托欲讨贼,而实谋袭蔼。蔼觉之,诛元瑜。"第303页。

当详细。则具体记述在南朝后期碑志中普遍存在。即便不考虑它们与现存正史传记的对应,这也是一个值得注意的现象。它说明在呈上朝廷以供丧葬事务所用的关于死者生平的资料中普遍包括这些内容,已经十分近于史传,可以成为编纂国史列传的系统性保障。

特别值得注意的是,这些近于史文的记述大多有官方文件依据。如劝课就业,辞讼无滞,文案无壅一类事迹,可能就来自考课评价,而历官、考课是这份生平资料的主干。此外,如萧憺例中救灾一事"并欲奏闻,谦让弗许"(第16条),服丧一事"高祖优诏勉之,使摄州任"(第17条),萧昺例中"永嘉人胡仲宣等千人诣阙,请公为郡"(第2条)。这让我们又想起前文讨论的羊祉案例,太常官员为羊祉议谥时,也引用两份诏书作为判定羊祉行迹的依据。尽管当时逝者行迹的资料实际上多由家人、故吏提供,[①]但这些资料要用于行政程序,由政府机构核验、处理,在这种场合下官方文书肯定比个人回忆更具说服力。因此即便行迹资料由私家提供,依然很可能主动迎合行政运作规律,尽量使用有权威性的官方档案。[②]

上文屡屡提到碑志详述战争经过,这也正是南北朝正史列传显著增加的一类内容。这些内容也与文书档案相关,在此稍作补充。田弘碑第13条云:"公推锋直上,白刃交前,万死一决,凶徒多溃。身被一百余箭,伤肉破骨者九疮,马被十槊。露布申上,朝廷壮焉。"点出了这些具体战争信息是通过"露布"这种公开的战报文书而为朝廷所知。《周书·田弘传》也有几乎一样的内容而未提及"露布"。可以推测,碑志列传中很多关于战况的具体记载应该都始于这种文书。关于唐代以前的露布,北魏的资料最多。《隋志》云:"后魏每攻战克捷,欲天下知闻,乃书帛,建于竿上,名为露布,其后相因施行。"[③]专举出"后魏",可能是就露布的具体形式而言,而以露布为公开战报在北魏之前早已存在。如《陔余丛考》所云"露

[①] 本章第二节引用的议甄琛谥的相关史料中有时人袁翻之语:"今之行状皆出自其家,任其臣子自言君父之行。"
[②] 刘后滨对"政务文书"的定义中,将"围绕官府事务的处理而产生的百姓呈上官府的文书"也纳入其中。刘后滨《汉唐政治制度史中政务运行机制研究述评》,《史学月刊》2012年第8期,第99页。
[③] 《隋书》卷八《礼仪志三》,第170页。

布之名,汉已有之,但非专用于军旅耳",又可用以"声罪致讨","非专用以奏捷"。①奏捷之露布,较早的证据在西晋灭吴和八王之乱时就可以见到,②南朝史书有"露板",亦用于汇报战况及表功。③

除了露布或露板,日常行政文书也可能涉及战况汇报、讨论作战方针、决定作战部署,还有出师命将的檄文、宣示恩威的赦诏等等。由这些行政文书体系中的资料所支撑的战争记载也是中古官方史书的重要内容。《史通》记北齐史之修撰云:"天统初,太常少卿祖孝征述献武起居,名曰《黄初传天录》。时中书侍郎陆元规常从文宣征讨,著《皇帝实录》,唯记行师,不载它事。"④高欢之《起居注》的具体内容不明,但高洋之《实录》"唯记行师",可知这是《起居注》《实录》一类围绕皇帝的编年记载中的重要部分。这种做法由来已久,刘知幾称《晋令》中规定"著作郎掌起居集注,撰录诸言行勋伐旧载史籍者"。⑤《晋令》一般认为是西晋的规定,⑥东晋干宝修史提出"五书",即五项史书应该记载的内容,前两项"体国经野之言则书之,用兵征伐之权则书之"也与"言行勋伐"大致对应。⑦上述记载都指向中央日积月累的大事记对于战争的重视,而南朝晚期的碑志也详于战争记事,反映出这时以人为中心的资料积累也重于战争,这与编年记录中的战争内容是怎样的关系,令人好奇,但限于资料暂时难以展开。

---

① (清)赵翼《陔余丛考》卷二一"露布"条,北京:中华书局,1963年,第411页。
② 《晋书》卷四二《王濬传》王濬上表云"闻吴人言,前张悌战时,所杀财有二千人,而浑、浚露布言以万计"。第1214页。《晋书》卷五九《赵王伦传》:"会泓败同露布至,伦大喜。"第1603页。
③ 《宋书》卷一〇〇《自序》:"臧质以〔沈〕璞城主,使自上露板。璞性谦虚,推功于质。既不自上,质露板亦不及焉。"第2463页。
④ (唐)刘知幾著,(清)浦起龙释《史通通释》卷一二《古今正史》,上海古籍出版社,2009年,第342页。
⑤ (唐)刘知幾著,(清)浦起龙释《史通通释》卷一一《史官建置》,第296页。
⑥ [日]仁井田陞著,栗劲等编译《唐令拾遗》附录《〈唐令拾遗〉序论》:"《晋令》是与《晋律》一起,由文帝敕命贾充、杜预等十五人开始撰写,武帝泰始三年完成,翌年即四年正月颁行。……此外,我认为晋惠帝元康中曾刊定过令。在《通典》卷三十四《职官十六·特进》上可以看到这样的记载:'晋惠帝元康中定令:特进位次诸公,在开府骠骑上;冠进贤两梁冠'云云。"长春出版社,1989年,第804页。
⑦ 参见第五章第二节。

代结语：与丧葬事务相关的两种修撰

　　去世官员为请谥而准备的生平事迹资料使官方运作中的档案资料被以人物为中心整合，它还是南北朝史官修撰国史官员列传时的第一道保障。由于正式的请谥行状、在官员葬礼中使用的碑志文也都依据这份资料而来，[①]如果列传没有再经史家大幅增删，就应该与行状、碑志接近。以上几种文本，构成了一套以文书行政为基础的文本体系，也意味着丧葬吊恤事务与国史列传编纂的联动机制。在这组政务—修撰联动机制中，搜集资料的任务在政务运作范畴内已基本完成，著作官主要是资料的接收者而非提供者。这和我们想象的史官访问传主行迹——如刘知幾描述的"旧事，佐郎职知博采，正郎资以草传"不太一样，至少在史官主动访问以前，官方修史机制已经提供了相当多素材作为保障。它们成为此后公私王朝史编纂的基础，虽然史家也可以增删改换，并融入对历史的解释和讨论，如《周书·尉迟运传》突出宣帝猜忌忠臣，《南齐书·褚渊传》探讨乱世中的"殉国"与"保家"，但综观纪传史列传的整体面貌，很难再摆脱官方修史机制造成的底色了。

　　前文讨论了与行状相关的政务运作，为了充分了解碑志文在这套联动机制中的位置，有必要再梳理南北朝丧葬吊恤事务的整体流程。朝廷在哪些方面介入臣下丧葬事务，在唐代有明确的制度规定。[②]汉魏南北朝的情形虽不甚清晰，但《汉书》所记朝廷对霍光的一系列送终之典，在范畴、事项上与唐代大体一致，说明国家对臣下的丧葬礼遇延续性很强，相

[①] 至于它是否应用于赠官的选授，目前还只能是猜测。
[②] 吴丽娱对唐代的情况有详细讨论，可以参考，见《终极之典：中古丧葬制度研究》第五章第一节"（一）丧葬令文的条目内容及机构管理"，第九章第二节《唐朝诏葬制度的形式与规格》，第411—419、617—673页。吴丽娱主要从"丧"与"葬"两方面总结唐代情况，下文对南北朝丧葬事务范围的总结按性质归类，但包括的内容大体相当。

关制度的发展主要是对象范围逐渐扩大、等级更加清晰和固定。①参考唐代的情况及笔者对中古史料的印象,魏晋南北朝时期国家主要在以下四个方面参与乃至主导臣下的丧葬事务:一是举哀、临丧(或遣使吊丧),以及赠与助丧财物(赙物),一般是布帛米粟一类。这部分是模拟一般对丧家的哀悼慰问行为。天子亲临或遣使吊祭、天子举哀的范围较小,赙物的范围较广。二是以行政命令或法律规定的方式要求官员为之制服(主要是府僚国官)或前往吊祭、会葬。府僚国官服丧是普遍规定,百官临吊或会葬则比较少见。三是赐予官方的送葬及下葬器用服物。古人事死如事生,就像在世的官员享受相应的礼仪待遇,②去世官员的墓葬及其葬礼也有官方版本,如葬具、明器、送葬仪仗、碑甚至冢墓本身。这些丧葬所须事项的给予既有赐予礼仪优待的意义,也相当于在财物、人力上给予赏赐,同时具备实际和象征意义。因为涉及丧葬活动的具体营办,还要派官员监护丧事或葬事。以上三项都由作为普遍社会礼俗的丧葬行为衍申而来。四是有赠官与赐谥,前文已经详论。

　　天子举哀临丧、百官会葬等记载比较少,恐怕是比较少见的礼遇,姑且不论。此外诸项,从南北朝墓志来看,提及赠官的范围最广,赠谥其次,遣使助葬吊祭最少,不知是墓志容易忽略后一内容还是其施用范围的确较赐谥和赠官为窄。不过就能够进入史传的官员而言,如果不是罪愆而死,大多能够获得这几方面待遇。

　　在以上丧葬吊恤事务中,请谥和制作墓志墓碑需要回顾死者生平。为请谥而准备的生平资料及据此撰写的行状承担明确的政务功能,具有政务文书的性质,墓志墓碑的性质则有些复杂。其物理载体的制作,如果由官方负责,则亦属政务或事务性工作,但其文本的撰写更近于修史这样的修撰工作。修撰以文本到文本的转化为工作核心,本身不服务于特定政务。碑志文的撰写主要为了作为碑志文流传(即便墓内石刻不能为生

---

① 参见吴丽娱《终极之典:中古丧葬制度研究》第九章第一节《诏葬含义的确定及前代诏葬回顾》,第606—616页。
② 参见阎步克《中国古代官阶制度引论》第六章《品秩的构成要素五:礼遇》,北京大学出版社,2010年,第193—222页。

人所见,也可以理解为一种广义的流传),不像行状用于请谥,策文用于策命官爵,诏书用于发布政令等。但碑志文也不像官修史一样有复杂庞大的改编、续修机制,只能说是一种比较零散、初步的修撰运作。

　　丧葬吊恤的各种事务牵涉繁杂,需要多个部门分司其事,虽然分工不非常明确,但大体有章可循。碑志文的撰写既然具有修撰运作性质,理应由修撰机构负责。有趣的是,史料中的确能够见到碑志文与史臣的联系。《晋书·皇后传哀策》收录了两位皇后的哀策文,一是卒于泰始四年(268)的文明王皇后哀策:

　　　　将迁祔,帝手疏后德行,命史官为哀策曰:……①

一是卒于泰始十年的武元杨皇后哀策:

　　　　于是有司卜吉,窀穸有期,乃命史臣作哀策叙怀。其词曰:……②

两件事都发生在西晋初,奉命撰作哀策的"史官"、"史臣"当指从曹魏开始设立的著作郎。《王皇后传》云"帝手疏后德行,命史官为哀策",说明了撰写哀策的依据。王皇后是晋武帝之母,因此特别由武帝"手疏",通常情况下撰写哀策——或对臣子而言撰写碑志,也应根据某种记录逝者德行的文字。

　　两晋南朝其他哀策文中提及撰者的例子如下表所列:

表4-7　两晋南朝哀策文对撰者的表述

时代	逝者	撰者	哀策文中对撰者的表述
东晋	晋成帝	未知	乃命史官,述德寄辞。③
东晋	晋康帝	未知	遂命国史,述德铭勋。事以言显,功以名存。④

---

① 《晋书》卷三一《文明王皇后传》,第951页。
② 《晋书》卷三一《武元杨皇后传》,第954页。
③ 《艺文类聚》卷一三,第251页。
④ 《艺文类聚》卷一三,第252页。

续　表

时代	逝者	撰者	哀策文中对撰者的表述
东晋	晋简文帝	未知	爰命史臣,叙述圣德。扬徽音于飞旌,写哀心于翰墨。乃作策曰：①
东晋	晋孝武帝	王珣②	夫至德无名,固理绝称谓,然祝史陈辞,亦臣子所贵。寄穷情于翰墨,庶遗尘之仿佛。其辞曰：……良史式述,德音永隆。③
东晋	齐高帝	王俭	俾兹良史,敬修旧则,敢图鸿规,式扬至德。④
宋	宋文帝元皇后	颜延之	乃命史臣,谍德述怀。⑤
宋	皇太子妃	谢庄	剪素裁简,授之史臣。⑥
齐	皇太子	王融	俾兹史策,载余风道。⑦
齐	明帝敬皇后	谢朓	旋诏左言,光敷圣善。⑧
梁	高祖丁贵嫔	张缵	爰命史臣,俾流嫔德。⑨
梁	王贵嫔	任昉	爰命史臣,宣美来裔。⑩

---

① 《艺文类聚》卷一三,第254页。
② 东晋时期诸帝哀策文的撰者多未知,明确的撰者有可能是出于后人考订,晋哀帝策文称为王珣所作,可能是据《晋书》卷六五《王导传附王珣》云"俄而帝崩(即孝武帝),哀册谥议,皆珣所草",第1756—1757页。
③ 《艺文类聚》卷一三,第254页。
④ 《艺文类聚》卷一四,第260页。
⑤ (南朝梁)萧统编,(唐)李善注《文选》卷五八,第2488页；《宋书》卷四一《文帝袁皇后传》,第1284页；《艺文类聚》卷一五,第285页。
⑥ 《艺文类聚》卷一六,第303页。
⑦ 《艺文类聚》卷一六,第297页。
⑧ 《文选》卷五八,第2495页；《艺文类聚》卷一五,第286页。
⑨ 《梁书》卷七《高祖丁贵嫔传》,第161页。
⑩ 《艺文类聚》卷一五,第286页。

这些哀策文中对撰者的表述都指向史官,[①]但其中可以确认的实际撰者,当时大多并未担任著作官。这些事例绝大部分来自《艺文类聚》或《文选》,未必反映哀策文撰制的普遍情形,可能是那些受到重视、特命名家执笔的哀策文更容易成为历代传诵的范文保留至今。哀策文中的套语应该更能够反映制度或常例上的情形,至少由史官撰写哀策应该是一度存在的常态。

北朝墓志也有提及史官的情况。如在政治斗争中被杀,孝昌元年获平反改葬的魏孝文帝之子清河王怿墓志云"皇舆临送,哀恸圣衷,乃命史臣,镌芳玄室,其词曰";[②]受清河王怿牵连而死,与之一同平反的中山王熙墓志云"二宫悲悼,亲临哀恸,……爰命史臣,勒铭泉室,其词曰"。[③]又如曾为孝明帝保母,[④]又为比丘尼统的慈庆墓志(正光五年)云"乃命史臣,作铭志之,其词曰";[⑤]胡太后侄女胡昭仪(明相)墓志(孝昌三年)云"乃命史臣作铭曰"。[⑥]这几位志主都与皇帝关系密切,葬礼也由朝廷主持,墓志中出现"史臣"并非巧合。而著作官撰写碑志的实例,可以举出东晋孙绰"为散骑常侍,领大著作,转廷尉,著作如故,于时才笔之士绰为冠,故温王(郄)〔郗〕庾诸公之薨,必须绰铭而后刊石"。[⑦]出土的陈代黄法氍墓志

---

① 此外,西晋愍怀太子哀策文在相应位置称"皇帝临轩,使洗马刘务告于皇太子之殡曰"(《晋书》卷五三《愍怀太子传》,第1463页)。但这里洗马的行为是"告",而不是撰著。这篇哀策文作于贾后被杀,愍怀太子得到平反并迎丧还京途中。虽然《晋书》亦称之为"哀策文",但文体似与其他哀策文有别,更像是通常的策文。内容是皇帝引咎自责,告慰太子之灵,也与通常哀策文不同。
② 赵超《汉魏南北朝墓志汇编》,天津古籍出版社,2008年,第173页。墓志称其葬礼依彭城武宣王(献文子彭城王勰)、汉大将军霍光故事。《魏书》卷二二《清河王怿传》:"正光元年七月,乂与刘腾逼肃宗于显阳殿,闭灵太后于后宫,囚怿于门下省,诬怿罪状,遂害之,时年三十四。"第592页。
③ 赵超《汉魏南北朝墓志汇编》,第170页。《魏书》卷一九下《元熙传》:"熙兄弟并为清河王怿所昵,及刘腾、元乂隔绝二宫,矫诏杀怿,熙乃起兵。"后兵败被杀。第503页。
④ 墓志文中录皇上手诏云"尼历奉五朝,崇重三帝,……东华兆建之日,朕躬诞育之初,每被恩敕,委付侍守"。
⑤ 赵超《汉魏南北朝墓志汇编》,第147页。
⑥ 赵超《汉魏南北朝墓志汇编》,第210页。
⑦ (唐)徐坚等编著《初学记》卷一二《职官部·著作郎》"待诏刊石"条引《晋中兴书》,北京:中华书局,1962年,第299页。又按《文心雕龙·诔碑》云"孙绰为文,志在于碑,温王郗庾,辞多枝杂",《文馆词林》有孙绰撰《庾冰碑》,可知"铭而后刊石"指碑文。(南朝梁)刘勰著,(清)黄叔琳注,李详补注,杨明照校注拾遗《增订文心雕龙校注》卷三《诔碑》,第156页;(唐)许敬宗,罗国威整理《日藏弘仁本文馆词林校证》卷四五七《江州都督庾冰碑铭》,第176—177页。

题"大著作顾野王撰序"。

总之,两晋南北朝的哀策碑志实际上未必由著作官执笔,但却习称"史臣"、"左言"撰写。到了唐代,国史之任从著作局转移到史馆,[①]对著作郎的职掌描述则变为"掌修撰碑志、祝文、祭文",[②]对于认为魏晋南北朝著作官亦掌撰碑志似乎是个支持。盖其时著作官的职掌以修史为重,官方撰写碑志祭文的范围本就有限,[③]又有特委他人的情况,遂不受重视。

碑志像是庞杂的丧葬吊恤事业向修撰领域伸出的触角。通过撰写这类文字,著作官与丧葬事务运作产生最初的连接,其时间至少可以上溯到西晋武帝时。不过这和本章关注的政务—修撰联动机制还不可同日而语。即使史官有撰写碑志之职,但不是所有人的碑志都必须由史官撰写,就无法满足政务—修撰联动机制的核心任务:稳定、常态化地提供史源。在列传编纂与丧葬运作紧密结合以后,撰写碑志依然是一项独立任务,未纳入从原始资料到史传的转化流程中。因此史官撰作碑文至多为这一联动机制的形成提供契机。

影响丧葬吊恤运作与列传编纂形成联动机制的更关键因素应该在于前者一方。编纂列传的资料根本上来自请谥,赐谥制度的完善和赐谥范围的扩大成为不可或缺的条件。汉代赠官赐谥都是比较稀缺的资源,到两晋南朝,三品以上官员可以较普遍地获得赠官。[④]汉代赐谥限于诸王列侯,魏晋之际扩大为"通叙五等列侯以上,尝为郡国太守、内史、郡尉、牙门将、骑督以上薨者皆赐谥"。[⑤]这一标准偏重于军功,致使"虽位通德重"而无爵位者也很难得到谥号。东晋初王导上疏言"武官有爵必谥,卿校常

---

① (唐)李林甫等著,陈仲夫点校《唐六典》卷九《中书省》"史馆史官"条:"贞观初,别置史馆于禁中,专掌国史。"第281页。
② (唐)李林甫等著,陈仲夫点校《唐六典》卷一〇《秘书省》"著作局"条,第302页。
③ 相比唐代,此前赐谥、赠官及其他丧葬吊恤礼遇的施用范围都较小,由官方安排撰写碑志文的情况也应较唐代为少。
④ 刘长旭《两晋南朝赠官研究》第二章《两晋南朝赠官资格研究》,第16—27页。此外张小稳指出三国曹魏时期赠官对象扩展至中级官僚及地方官,《魏晋南北朝时期地方官等级管理制度研究》,北京:九州出版社,2010年,第185—203页。
⑤ (唐)杜佑著,王文锦等点校《通典》卷一〇四《凶礼》"诸侯卿大夫谥议",第2717页。参见戴卫红《魏晋南北朝得谥官员身份的重大转变——魏晋南北朝官员谥法、谥号研究(一)》,《南都学坛》(人文社会科学学报)2010年第6期。

伯无爵不谥,甚失制度之本意也",史称"自后公卿无爵而谥,导所议也"。① 戴卫红对正史列传记载进行统计,确认此后南北朝皆遵循这一方针,则东晋南北朝时期谥号的赠与范围基本可以满足正史列传的收录范围。戴卫红提出赐谥范围在梁代由五品官上调至三品,是因为前人据裴子野死后史称"先是五等君及侍中以上乃有谥"而推断当时给谥资格在三品以上。② 但《南史·裴子野传》所载不知是多久以来的情况,而且南北朝散官和军号的授予逐渐增多,官品较前朝有所贬值。更重要的是,她在南朝宋梁陈都找到了三品以下赐谥的例子（南齐由于官品存在疑问,未予统计分析）,其实这些实例进一步说明《南史》的记载效力有限。

赐谥范围普遍化会刺激赐谥程序的严谨和规范,从而可以稳定供应官员传记所需的资料,丧葬吊恤事务才可能与列传编纂建立稳固的连接。因为制度记载和相关文本都十分有限,本章讨论的最早证据是南齐初褚渊的碑文与《南齐书·褚渊传》近似,但这种制度运作肯定不是始于南齐,至少《宋书》与《南齐书》列传的体例形态已很接近,其背后的形成机制不应有太大差别。③ 如果从赐谥制度的发展考虑,也应认为这一联动机制更早就具备了形成条件。

---

① 《晋书》卷六五《王导传》,第1750页。
② 《南史》卷三三《裴子野传》,第867页。
③ 参照第六章的讨论,东晋末官修史与刘宋官修史一脉相承,再往前则由于晋史流传中的特殊性难于讨论。

附录：南北朝碑志传的文本对比

说明

本章讨论了多个南北朝碑、志、传对比案例。由于不仅关注个别内容，更关注文章整体的相似性，有必要引录碑志传主体部分的原文加以说明。为了保证本章行文连贯，兹将原文对比作为附录。

对比主要从两方面进行：一是历官记录，各例引文中官爵名皆加粗，有异处用曲线或双曲线表示。二是谋篇布局，即两种文本通篇叙事之多寡先后，需将原文分段排比，这里采用表格形式，一篇文章为一列，每事为一行（条）。同行文本即大体同为一事，空格表示该篇无相应内容。叙事顺序颠倒的情况很少，而且很多情况下可以将上下数行合并理解，则不再存在明显的颠倒，遇特殊情况另作说明。少数长篇引录的章奏言辞略去，以省略号表示，此外不改动原文。

必要情况下，表格后对文章内容进行考证，或说明比对结果。

案例依正文讨论次序编号：1. 宇文显和；2. 司马裔；3. 田弘；4. 吴明彻；5. 尉迟运；6. 司马子如；7. 封子绘；8. 褚渊；9. 萧缅（安陆昭王）；10. 萧昺；11. 萧憺（始兴忠武王）；12. 萧融（桂阳简王）；13. 萧敷（永阳昭王）；14. 黄法𣰰。

本章正文引用以下碑志传内容，仅标明条数，不再出注。

例1：宇文显和（周建德二年葬，573）

宇文显和卒于西魏后元年（554），"于时兵革交侵，普断赠谥"，[①]到北周建德二年迁葬时才获得赠官和谥号，并由庾信为他撰写了墓志。其墓志文保存在传世文献中，近年又出土原石，文字较传世本略有差异。下表将出土本的墓志（略去前部家世追溯和后部的铭文）与本传分段对应列出，官爵名加粗，官爵记载不同处下加曲线。

---

① 见宇文显和墓志。

	墓　志①	本　传②
1	公禀山岳之灵，擅风云之气，容止矜庄，声名藉甚。弯弧挽强，左右驰射，故得名高广武，威振楼烦。**袭爵安吉县侯**。	父显和，少而**袭爵**。性矜严，颇涉经史，膂力绝人，弯弓数百斤，能左右驰射。
2	魏武皇帝龙潜蕃邸，躬劳三顾，爰始诏谋，公乃陈当世之事，运将来之策，帝由是感激，遂委心焉。	魏孝武之在藩也，显和早蒙眷遇。时属多难，尝问计于显和。显和具陈宜杜门晦迹，相时而动。孝武深纳焉。
3	武帝即位，除**冠军将军**、**直阁将军**、**阁内都督**，别封**城阳县开国侯**，邑五百户。	及即位，擢授**冠军将军**、**阁内都督**、封**城阳县公**，**邑五百户**。孝武以显和藩邸之旧，遇之甚厚。时显和所居宅隘陋，乃撤殿省，赐为寝室。其见重如此。
4	永熙三年，幽、并叛换，有无君之心。帝顾谓公曰："天下凶凶，将若之何？"公曰："择善而从之。"乃诵《诗》云："彼美人兮，西方之人兮。"帝曰："是吾心也。"乃定入关之策。帝以公母老家大，令预为计。公曰："今日之事，忠孝不并。君不密则失臣，臣不密则失身。"帝怆然改容曰："卿是我王陵也。"迁**朱衣直阁**、**阁内大都督**，进封**长广县公**，**邑一千五百户**。	及齐神武专政，帝每不自安。谓显和曰："天下汹汹，将若之何？"对曰："当今之计，莫若择善而从之。"因诵《诗》云："彼美人兮，西方之人兮。"帝曰："是吾心也。"遂定入关之策。帝以显和母老，家累又多，令预为计。对曰："今日之事，忠孝不可并立。然臣不密则失身，安敢预为私计。"帝怆然改容曰："卿即我之王陵也。"迁**朱衣直阁**、**阁内大都督**，改封**长广县公**，**邑一千五百户**。
5	武帝初至潼关，太祖文皇帝亲迎溱水。太祖素知公名而未之识也。目于众中，疑而不问，直云："令此人射水傍小鸟。"应手即著。太祖喜云："我知卿名矣。"即用为**帐内大都督**、**都督沧州诸军**、**沧州刺史**，**增邑并前二千五百户**。黄公衡之快士，魏后是以推心；潘承明之忠壮，吴王为之降礼。异代同荣，见之今日。	从帝入关。至溱水，太祖素闻其善射而未之见也。俄而水傍有一小鸟，显和射而中之。太祖笑曰："我知卿工矣。"其后，引为**帐内大都督**。

---

① 王其祎、李举纲《新出土北周建德二年庾信撰〈宇文显墓志铭〉勘证》，《出土文献研究》第八辑，第250—259页；又见（北周）庾信畿，（清）倪璠注，许逸民校点《庾子山集注》卷一五《周车骑大将军赠小司空宇文显和墓志铭》，北京：中华书局，2006年，第953—957页；又见（宋）李昉等编《文苑英华》卷九四七，北京：中华书局，1966年，第4980—4981页。
② 《周书》卷四〇《宇文显和传》，北京：中华书局，1971年，第713—714页。

续　表

	墓　志	本　传
6	东夏边隅,地连荒服,井陉塞道,飞狐路断,乃以公为**持节**、**卫将军**、**都督东夏州诸军事**、**东夏州刺史**。白波、青犊之兵,铜马、金绳之乱,莫不交臂屈膝,牵羊抱马。在州遘疾,解任还朝。小马留厩,余床挂柱,吏人扳恋,刊石陉山。虽非汉阳之城,还似扶风之路。	俄出为**持节**、**卫将军**、**东夏州刺史**。以疾去职,深为吏民所怀。
7	授**使持节**、**车骑大将军**、**仪同三司**,加**散骑常侍**。	寻进位**车骑大将军**、**仪同三司**,加散骑常侍。
8	以魏后元年二月疾甚,薨于同州,春秋五十有八。天子辍膳,群公会丧,太祖亲临吊祭,哀动左右。于时兵革交侵,普断赠谥,即以本官印绶,权葬于同州之北山。	魏恭帝元年,卒,时年五十七。太祖亲临之,哀动左右。
9	今建德二年二月廿五日迁葬于咸阳石安县之洪渎原。时逢礼乐之迁,世属讴哥之变,国虽异政,人足追荣,乃赠**使持节**、**骠骑大将军**、**开府仪同三司**、**小司空**、**延丹绥三州诸军事**、**延州刺史**。谥良公,礼也。	建德二年,追赠**使持节**、**骠骑大将军**、**开府仪同三司**、**延丹绥三州诸军事**、**延州刺史**。

宇文显和的历官记载,差异包括:第1条墓志作"袭爵安吉县侯",本传省作"袭爵",第3条墓志多"直阁将军",爵位墓志作"侯",本传作"公",第5条墓志多"都督沧州诸军事、沧州刺史,增邑并前二千五百户",第6条墓志多"都督东夏州诸军事",第7条墓志多"使持节",第9条墓志多"小司空"。其中只有3、5、9条有比较明显的不同,总体来说,志传历官对应度较高。墓志的传世本与出土石本亦有若干异文,正文已经讨论。

在史事记载方面,上表中除4、5条叙事文字几乎一致,1、2、6、8条大意也相同。第8、9条墓志中具体的权葬、迁葬信息及谥号不见于列传,主要是墓志与史传体例不同决定的。本传所载不见于墓志之事只有第3条中的孝武帝撤殿省赐为寝室。

例2：司马裔（周建德元年葬，572）

司马裔传见《周书》卷三六。[1]其墓志、碑文都由庾信撰写，保存在集部文献中。据碑志，司马裔于周建德元年下葬。因碑志均收入《庾子山集》，倪璠对其内容有详尽注释，可以参考。以下略去碑、志开篇套路化的赞赏之辞，从司马裔的生平经历开始与本传对比。官爵名加粗，不同处下加曲线或双曲线。

	墓　志[2]	神　道　碑[3]	本　传[4]
1	国家追念功臣，更抚叔敖之子；言思官族，还求女齐之胤。公始应辟，为**河内功曹**。	出身**司徒府参军**。	起家**司徒府参军事**。
2	除**员外郎**、**常侍**。	除**中坚将军**、**员外散骑常侍**。	后以军功，授**中坚将军**、**员外散骑常侍**。
3	汲郡治兵，黄河浮马，摧锋轵关之捷，逐北长城之陈。	值魏室多难，所在烽起，孟津以北，无复封畿，嵩山已南，即为锋镝。公建议修武，立栅温城，函谷西封，河桥北断，长亭籍马，并入武城，百里祖车，咸输温县。太祖文帝缔构关都，经纶夷阻，招携以礼，怀远以德。马文渊之择主，去陇坻而归身；窦周公之入朝，在河西而奉诏。	及魏孝武西迁，裔时在邺，潜归乡里，志在立功。大统三年，大军复弘农，乃于温城起义，遣使送款。与东魏将高永洛、王陵等昼夜交战。众寡不敌，义徒死伤过半。及大军东征，裔率所部从战河桥，又别攻怀县，获其将吴辅叔。自此频与东魏交战，每有克获。
4			六年，授**河内郡守**。

---

[1] 《魏书》卷三七《司马楚之传》另有楚之曾孙裔字承业（北京：中华书局，1974年，第857页），与此司马裔为从兄弟而同名，未知何故。
[2] （北周）庾信著，（清）倪璠注，许逸民校点《庾子山集注》卷一《周大将军琅邪定公司马裔墓志铭》，第963—965页；又见（宋）李昉等编《文苑英华》卷九四七，第4981—4982页。案《英华》墓志题名及正文谥号皆作"壮"。
[3] （北周）庾信著，（清）倪璠注，许逸民校点《庾子山集注》卷一三《周大将军司马裔神道碑》，第793—802页；又见（宋）李昉等编《文苑英华》卷九〇四，第4756—4758页。
[4] 《周书》卷三六《司马裔传》，第645—646页。

续表

	墓　志	神　道　碑	本　传
5	授**平东将军、北徐州刺史**。	大统七年,蒙授**平东将军、北徐州刺史**。	寻加**持节**、**平东将军**、**北徐州刺史**。
6			八年,率其义众入朝。太祖嘉之,特蒙赏劳。
7		十年,河内故义四千余家,愿立忠诚,须公衣锦。乃授**使持节**、领**河内太守**,加**前将军**。	顷之,河内有四千余家归附,并裔之乡旧,乃授**前将军**、**太中大夫**,领**河内郡守**,令安集流民。
8	柳泉风尘,三城席卷,	怀州拓境,两镇奔波;柳泉转战,三城授首。	十三年,攻拔东魏平齐、柳泉、蓼坞三城,获其镇将李熙之。加授**都督**。
9	棠阴锋镝,千室入关。	十三年,太祖召山东诸立义之将,能率众入关者,有加重赏。公率先而至,领户千室。即以为封,固辞不受。其菽粟之赐,或以指囷;马牛之赏,将同量谷。	十五年,太祖令山东立义诸将等能率众入关者,并加重赏。裔领户千室先至,太祖欲以封裔。裔固辞曰:"立义之士,辞乡里,捐亲戚,远归皇化者,皆是诚心内发,岂裔能率之乎。今以封裔,便是卖义士以求荣,非所愿也。"太祖善而从之。授帅**都督**,拜**其妻元为襄城郡公主**。
10			十六年,大军东伐,裔请为前锋。遂入建州,破东魏将刘雅兴,拔其五城。
11		朝廷以华阳西极,汉水东流,叹孟达之奔兵,怪刘封之失策。魏前元年,移镇汉中,除**白马城主**,领**华阳郡守**。昔称导漾,今闻上潴,烟沈冰井,雨歇云门。其年授**大都督**,加**散骑常侍**。	魏废帝元年,征裔,令以本兵镇汉中。除**白马城主**,带**华阳郡**,加授**抚军将军**、**大都督**、**通直散骑常侍**。
12			二年,转镇宋熙郡。

续表

	墓　志	神　道　碑	本　传
13		柱国蜀国公开金牛之道,① 通牧马之关。公卷甲北塞,悬车束马,遂得策预葭萌,勋参绵竹。	寻率所部兵从尉迟迥伐蜀,与叱罗协破叛兵赵雄杰于槐林,平邓朏于梓潼。
14		封**龙门县**开国子、**蒲州刺史**,仍领**新州**。	以功赐爵**龙门县**子,行**蒲州刺史**。寻行**新城郡**事。
15	迁**车骑大将军、仪同三司、开国龙门县伯**。	寻授**使持节、车骑大将军、仪同三司、大中正**。	魏恭帝元年,授**使持节、车骑大将军、仪同三司、散骑常侍、本郡中正**。
16	仍除**巴州刺史**。虽复巴水三回,夷歌数曲,徒逢白竹之弩,已济青衣之功。		孝闵帝践阼,除**巴州刺史**。
17	朝廷以汉之功臣,须开上将之府;晋之代胄,宜绍瑯邪之国。迁**骠骑大将军、开府**,改封**瑯邪公**,食邑一千五百户。	隆周授图,天保大定,以公才望,仍为旧臣,遂乃义深追远,恩隆继绝,即改封**瑯邪县公**,**邑五百户**。仍迁**骠骑大将军、开府仪同三司、都督巴州诸军事、巴州刺史**。	进**使持节、骠骑大将军、开府仪同三司**。进爵**瑯邪县伯**,**邑五百户**。
18	宫闱近密,实佐忠贞,诏为**大御伯**,仍除**大御正**。职司常伯,任总夔龙,王道既平,丝言惟允。	武成二年,被敕赴援信州。鱼复道阻,屡却岑彭,荆门水急,几沉吴汉。公乃月峡先登,瞿唐直上。	
19		天子以公操履忠勤,仪刑亮直,乃征为**大御伯**,寻转**大御正**,邑一千一百户。	保定二年,入为**御伯中大夫**,增邑通前一千五百户。
20		枢机近侍,出纳丝言,所谓多识旧章,殿中无双者矣。	四年,转**御正中大夫**,进爵为公。

① "柱国蜀国公"即尉迟迥。

续　表

	墓　志	神　道　碑	本　传
21		四年,①大军东讨,公所领义众先守枳关,授**都督怀州诸军事**、**怀州刺史**。偃师张幕,河阳牧马,虽接战于富平,已连营于官渡。	大军东讨,裔率义兵与少师杨摽守枳关,即授**怀州刺史**、**东道慰劳大使**。
22	寻除**始州刺史**、**都督始州诸军事**。	五年,诏追还,拜**始州刺史**。	五年,转**始州刺史**。
23	蛮夷恃险,狼顾鸱张。高山寻云,深谷无景,九地纵横,三门起伏,峰危马束,水险桥飞,遂得谷静山空,冰消雾散。仍为**信州刺史**、**都督信州诸军事**。精兵守于白帝,足惧巴州之城;船柿下于荆州,弥动西陵之戍。	更讨信州,贼山彰、寻宝渝恃险,峡路五尺,组约才通,悬水三门,桥飞济渡。既而风行草偃,谷静山空,前后平十一城,获九千余口,马归平乐,金输水衡。天保二年,②除**信州刺史**、**都督信州诸军事**。朝发白帝,暮宿江陵,气振巴丘之兵,威警建平之戍。	天和初,信州蛮酋冉令贤等反,连结二千余里。裔随上庸公陆腾讨之。裔自开州道入,先遣使宣示祸福。蛮酋冉三公等三十余城皆来降附。进次双城,蛮酋向宝胜等率其种落,据险自固。向天王之徒,为其外援。裔昼夜攻围,腹背受敌。自春至秋,五十余战。宝胜粮仗俱竭,力屈乃降。时尚有笼东一城未下,寻亦拔之。又获贼帅冉西梨、向天王等。出师再期,群蛮率服。拜**信州刺史**。
24		五年,迁**潼州刺史**。益州柱国公降帝子之重,③镇天井之星,延阁拟于丛台,岷山方于代郡。公仰禀雄谟,参谋远略,故得身预舞阳之功,位极长平之宠。	五年,迁**潼州刺史**。
25	即授**使持节**、**大将军**、**都督西宁州诸军事**、**西宁州刺史**,将启北户之人,向	六年,授**使持节**、**大将军**、**都督西宁州诸军事**、**西宁州刺史**。方欲关沫若,徽牂柯,见夜郎之侯,习昆弥之	六年,征拜**大将军**,除**西宁州刺史**。未及之部,卒于京师。

① 碑文上文云"武成二年",但据本传,此处四年指保定四年。疑碑文有脱误。
② 参本传,"天保"疑当作"天和"。
③ "益州柱国公"即赵王招。

第四章 列传编纂的政务运作基础：对相关制度与文本的考察　133

续　表

	墓　志	神　道　碑	本　传
	通云南之国，闻宠若惊，奄从深夜。天和六年正月十八日亡，春秋六十五。	战，而飞鸢堕水，马援去而无归，金马骋光，王褒行而不反。呜呼哀哉！七年正月十日薨，春秋六十有五。	
26			裔性清约，不事生业，所得俸禄，并散之亲戚，身死之日，家无余财。宅宇卑陋，丧庭无所，有诏为起祠堂焉。
27	诏赠本官，加怀邵汾晋四州刺史，谥壮公，①礼也。	诏赠使持节、大将军，怀邵汾晋四州诸军事，怀州刺史。	赠大将军，加怀邵汾晋四州刺史。谥曰定。子侃嗣。
28		夫人襄城公主，魏献帝之曾孙，赵穆王之季女。王姬肃恭，褕翟典礼，四教竞庄，三星令淑，有光隆虑之贤，足表平阳之盛，生则从夫以秩，死则同穴以礼。	
29	以建德元年七月十三日葬于武功郡之三畤原。	建德元年八月十二日，合葬于武功三畤原，大夫墓树以柏，诸侯坟高于雉。吁嗟滕公，来居此里。诏谥定公，礼也。	
30	公爱敬纯深，有隐无犯，忠贞亮直，知无不为。在戎四十二年，身经六十九战。至于多灶唱筹，并得成功；飞沙拥石，未尝乖律。恂恂教义，吴起西河之风；闲闲鼓旗，李牧长平之政。身死之日，家无余财，山木所资，一	公资忠履孝，蕴义怀仁，直干千寻，澄波万顷，逢蒙射法，力牧兵书，星辰高下之占，风雨逢迎之气，故得师出以律，天幸将军者也。至如官曹案牍，未常烦壅，戎马交驰，不妨余裕，足使四岳弥峻，三台更明。在朝四十一年，身经一百余战。凡任四郡，历八州，未尝以货殖经怀，去如始至。渭南千亩之竹，更惧盈满，池阳二顷之田，常思止足。身殁	

① 《文苑英华》作"壮"，《庚子山集注》作"定"。

续 表

墓　　志	神　道　碑	本　　传
由诏葬。有始有卒,生荣死哀。	之日,家无余财,素车白马,狭室崎岖,黄肠玄甲,阶庭仄陋。有诏冬官为营寝室,朱邑祭酹无所,汉后是以赐金;陈表妻子露立,吴王为之开馆。呜呼哀哉!	

司马裔墓志比碑、传简略得多,尤其是前半部分,但墓志与碑、传没有明显矛盾。第1条碑、传皆记起家官,墓志则记始应辟的河内功曹,因而官职不同,属取舍有异,非矛盾。这里主要讨论碑、传的异同。在有叙事的条目中,第3、7、8、9、[①]11、13、21、23、25,碑文、本传大意相同,碑文把具体事迹改写成骈文;又本传第26条总述司马裔历官清约家无余财,诏起祠堂,碑文第30条也有类似内容,位置不同主要是受碑传体例的影响。双方叙事有出入的,第6、10、12条仅见于本传,第18、24条仅见于碑文,第28、29条主要是由于碑、传体例不同而仅见于碑文。

如果排除相近履历的省略以及讹误的可能性,碑文与本传主要的历官记载差异是:第4条"河内郡守",第8条"都督",第9条"授帅都督,拜其妻元为襄城郡公主",仅见于传。第11条的官衔,本传多"抚军将军",第15条本传多"散骑常侍",第21条本传多"东道慰劳大使"。和碑、传的全部历官记录相比,同还是远多于异的,而且异也主要是由于省略,不存在矛盾。

例3:田弘(周建德四年葬,575)

田弘,《周书》有传,其碑文为庾信所撰,传世至今。其墓于近年发掘,出土墓志,亦庾信所撰。[②]据碑文及墓志,田弘卒于周建德四年,同年下葬。对

[①] 碑文作"十三年",《周书》本传作"十五年"(《北史》卷二九《司马裔传》亦作"十五年",北京:中华书局,1974年,第1045页),可能是传抄之误。
[②] 《田弘墓志》未书撰人,唐咸通十二年(871)《唐故李氏夫人河南纥干氏墓志》称其十二世祖为田弘,"义城公庾开府信撰墓志及神道碑"。参见宁夏文物考古研究所《北周田弘墓》田弘墓志疏证,北京:文物出版社,2009年,第191—192页。

第四章　列传编纂的政务运作基础：对相关制度与文本的考察　135

碑文的理解及其与本传的对应关系可参考《庾子山集》倪璠注，对墓志的理解可以参考田弘墓发掘报告中的考释，这里略去碑志开篇，① 从生平经历记载开始对比墓志、碑文与本传。官爵名加粗，不同处下加曲线或双曲线。

	墓　志②	神　道　碑③	本　传④
1	永安中，从陇西王入征，即任**都督**。	魏永安中，**任子都督**，翻原州城，受陇西王节度。于时洛邑乱离，当涂危逼。礼乐征伐，不出于天子；举贤诛暴，实在于强臣。	魏永安中，陷于万俟丑奴。尔朱天光入关，弘自原州归顺，**授都督**。
2	永熙中，奉迎魏武帝迁都，封**鹑阴县开国子**。**转帅都督**，**进爵为公**。太祖文皇帝始用勤王之师，将有兵车之会，公于高平奉见，即陈当世之策。太祖憘云："吾王陵来矣。"	太祖文皇帝始创霸功，初勤王室，秣马蒐乘，誓众太原。公仗剑辕门，粗谋当世。随何远至，实释汉帝之忧；许攸夜来，遂定曹王之业。	及太祖初统众，弘求谒见，乃论世事，深被引纳，即处以爪牙之任。
3		永熙中，初迎魏武帝入关，封**鹑阴县开国子**，**邑五百户**。	又以迎魏孝武功，封**鹑阴县子**，**邑五百户**。
4	天水有大陇之功，华阳有小关之捷，襄城则不伤噍类，高壁则不动居民。并謇谔援桴，飞鸡燧象，虽以决胜为先，终取全军为上。	太祖以自着铁甲赐公，云："天下若定，还将此甲示寡人。"白水良剑，罢朝而赠陈宠；青骊善马，回军而赐李忠。并经舆服，足为连类。	太祖常以所着铁甲赐弘云："天下若定，还将此甲示孤也。"
5		大统三年，**转帅都督**，**进爵为公**。	大统三年，**转帅都督**，**进爵为公**。

---

① 此前墓志和碑文其姓氏皆作"纥干"，而云"本姓田氏"，籍贯"原州长城"，列传则作"田弘，字广略，高平人也"。北周经历了改姓和回改，籍贯认定也有差别，所以不同时期记载不同。
② 《大周少师柱国大将军雁门襄公墓志铭》，收入罗新、叶炜《新出魏晋南北朝墓志疏证》（修订本），北京：中华书局，2016年，第260—263页。并参宁夏文物考古研究所《北周田弘墓》墓志拓片，彩版四八；同书墓志疏证，第173—188页。
③ （北周）庾信著，（清）倪璠注，许逸民校点《庾子山集注》卷一四《周柱国大将军纥干弘神道碑》，第834—843页；又见（宋）李昉等编《文苑英华》卷九〇五，第4761—4763页。
④ 《周书》卷二七《田弘传》，第449—450页。

续　表

	墓　　志	神 道 碑	本　传
6			从太祖复弘农,战沙苑,解洛围,破河桥阵,弘功居多,累蒙殊赏,赐姓纥干氏。
7	大统十四年,**授持节、都督原州诸军事、原州刺史**。虽为衣锦,实曰治兵。乞留将军,非但南部将校;争迎州牧,岂直西河童子。又**增封一千三百户**。	十四年,**授使持节、都督原州诸军事、原州刺史**。仙人重返,更入桂阳之城;龙种复归,还寻白沙之路。公此衣锦,乡里荣之。	寻授**原州刺史**。以弘勋望兼至,故以衣锦荣之。
8	侍从太祖平窦军,复恒农,破沙苑、战河桥、经北芒,月晕星眉,看旗听鼓,是以决胜千里,无违节度。	侍从太祖,战河桥,复弘农,解华山围,平沙苑阵,必有元勋,常蒙别赏。	
9	乃**授使持节、车骑大将军、仪同三司**。	太祖在同州,文武并集,号令云:"人人如纥干弘尽心,天下岂不早定。"即授**车骑大将军、仪同三司**。	太祖在同州,文武并集,乃谓之曰:"人人如弘尽心,天下岂不早定。"即授**车骑大将军、仪同三司**。
10	寻而金墉阻兵,轵关须援,赐以白虎之诏,驰以追锋之车。武安君来,即勇三军之气;长平侯战,果得壮士之心。		
11	魏前元年,迁**骠骑大将军、开府**。	前魏元年,转**骠骑大将军、开府**。祈连犹远,即受冠军之侯;沙幕未开,先置长平之府。①	魏废帝元年,加**骠骑大将军、开府仪同三司**。
12	梁汉之南,岷江以北,西穷绵竹,东极夷陵,补置官人,随公处分。	梁信州刺史萧韶、宁州刺史谯淹等,犹处永安,称兵渔阳。公受命中军,迅流下濑,遂得朝发白帝,暮宿江陵,猿啸不惊,鸡鸣即定。	平蜀之后,梁信州刺史萧韶等各据所部,未从朝化,诏弘讨平之。

---

① "先",《庚子山集注》《文苑英华》皆作"元",此从严可均辑本。

第四章　列传编纂的政务运作基础：对相关制度与文本的考察　137

续　表

	墓　志	神　道　碑	本　传
13		西平反羌,本有渔阳之勇;凤州叛氐,又习仇池之气。公推锋直上,白刃交前,万死一决,凶徒多溃。身被一百余箭,伤肉破骨者九疮,马被十槊。露布申上,朝廷壮焉。	又讨西平叛羌及凤州叛氐等,并破之。弘每临阵,摧锋直前,身被一百余箭,破骨者九,马被十稍,朝廷壮之。
14			信州群蛮反,又诏弘与贺若敦等平之。
15	加**侍中**。		
16	魏祚乐推,周朝受命,进爵雁门郡公,**食邑通前三千七百户**。文昌左星,初开上将之府;陵云复道,始列功臣之封。	葛屦纠纠,魏有去旧之歌;零露瀼瀼,周受维新之命。乃进爵封雁门郡公,**食邑通前二千七百户**。	孝闵帝践阼,进爵**雁门郡公**,邑通前二千七百户。
17	保定三年,**都督岷兆二州五防诸军事**,**岷州刺史**。	保定元年,授**使持节**、**都督岷州诸军事**、**岷州刺史**。陇头流水,延望秦关;川上峨眉,犹通蜀道。公不发私书,不然官烛,兽则相负渡江,虫则相衔出境。	保定元年,出为岷州刺史。弘虽武将,而动遵法式,百姓颇安之。
18	朝廷有晋阳之师,追公受脤。太原寒食之乡,呼河守冰之路,无钟远袭,走马凌城,奇决异谋,斯之谓矣。拜**大将军**,**增邑千户**,**余官如故**。玉关西伐,独拜于卫青,函谷东归,先登于韩信。方之此授,异代同荣。	四年,拜**大将军**,**余官如故**。卫青受诏,未入玉门之关;窦宪当官,犹在燕山之下。公之此授,差无惭德。	三年,从随公杨忠伐齐,拜**大将军**,明年,又从忠东伐。师还,乃旋所镇。

续表

	墓　志	神　道　碑	本　传
19	江汉未宁,暂劳经略,更**总四州五防诸军事**。而庞德待问,先言入蜀之功;羊祜来朝,即见平吴之策。白帝加兵,足惊巴浦;荆门流斾,实动西陵。既而越舸凌江,咸中火箭,吴兵济汉,并值胶船。		
20	尔后乘驲洮河,观兵墨水,白兰拓境,甘松置阵,板载十城,蕃篱千里。	浑王叛换,梗我西疆,宕羌首窜,藩篱携贰。公受脤于社,偏师远袭,扬旍龙涸,系马甘松。二十五王,靡旗乱辙;七十六栅,鹔奔雉窜。既蒙用命之赏,乃奉旋师之乐。	吐谷浑寇西边,宕昌羌潜相应接。诏弘讨之,获其二十五王,拔其七十六栅,遂破平之。
21	论龙涸之功,**增封千户,并前合六千户**。		
22		天和二年,被使南征,带甲百万,轴舻千里,江源水起,海若乘流,船官之城,登巢悬爨,吴兵习流,长驱战舰,风灰箭火,倏忽凌城。公以白羽麾军,朱丝度水,七十余日,始得解衣。	天和二年,陈湘州刺史华皎来附,弘从卫公直赴援。与陈人战,不利,仍以弘为**江陵总管**。及陈将吴明彻来寇,弘与梁主萧岿退保纪南,令副总管高琳拒守。明彻退,乃还江陵。
23		朝廷以晋克夏阳,先通灭虢之政;秦开武遂,始问吞韩之谋,是以驰传追公,以为**仁寿城主**。齐将段孝先、斛律明月出军定陇,以为宜阳之援。公背洛水而面熊山,阵中军而疏行首,乘机一战,宜阳衔璧。	寻以弘为**仁寿城主**,以逼宜阳。齐将段孝先、斛律明月出军定陇以为宜阳援,弘与陈公纯破之,遂拔宜阳等九城。

续　表

	墓　志	神　道　碑	本　传
24	蜀侯见义,求静西江,浑王畏威,请蕃南国。月硖治兵,收功霸楚,熊山积仗,克复全韩。天和六年,授**柱国大将军**。	**增封五百户**,进**柱国大将军**,司勋之册也。	以功**增邑五百户**,进位**柱国大将军**。
25	建德二年,拜**大司空**。楚之上相,以黄歇为能贤;汉之宗卿,以王梁为膺谶。寻解司空,授**少保**。匡衡加答拜之礼,张禹受绝席之恩,郁为帝师,得人盛矣。	建德元年,拜**大司空**,二年,迁**少保**。姬朝三列,少保为前,炎正五官,冬官为北。频烦宠命,是谓能贤。	建德二年,拜**大司空**,迁**少保**。
26	三年,授**都督襄郢昌丰塘蔡六州诸军事**、**襄州刺史**。下车布政,威风歘然,猾吏去官,贪城解印。楼船校战,正论舟楫之兵;井赋均田,始下沮漳之鼙。	三年,授**使持节**、**都督襄郢昌丰唐蔡六州诸军事**、**襄州刺史**。江汉之间,不惊鸡犬;樊襄之下,更多冠盖。	三年,出为**总管襄郢昌丰唐蔡六州诸军事**、**襄州刺史**。
27	既而南中障疠,不宜名士,长沙太傅,遂不生还,伏波将军,终成永别。四年正月三日薨于州镇,春秋六十有五。	既而三湘辽远,时遭鹏入,五溪卑湿,或见鸢飞。旧疾增加,薨于州镇。	薨于州。

　　碑文和列传最为相似,无论历官还是事迹,几乎都可以一一对应,乃至点校本《周书》在上表第20条"拔其七十六栅"处有校语云:"宋本、南本'二'作'六',纥干弘碑也作'六'。此传基本上是据碑文写的,今据改。"墓志内容与碑、传差距稍大。因为历官的差别多由于叙事详略的不同,这里先考证比对志、碑、传的史事记载。

第1条,志、碑的"陇西王"即本传"尔朱天光"。①

第2—5条墓志将历官合并,再写事迹,与碑、传顺序不同。墓志所记两事,初见周太祖事与碑传大体符合,此后所记是永熙三年(534)至大统四年(538)随宇文泰征战的经历,②不见于碑、传。

列传第6条与志、碑第8条都描述大统三年的沙苑之战。列传置于大统三年的任官之后,是;碑志则顺序颠倒,置于大统十四年的任官之后。

第10条墓志所记战事亦不见于碑、传,或因西魏军败。③

第12条墓志内容《北周田弘墓》理解有误(第181—182页)。参考本传内容,墓志此句应指诏田弘讨平蜀地的梁残余势力后,又允许田弘补置当地守宰。

第13条史事不见于墓志,第14条史事不见于志、碑。

第18条墓志"朝廷有晋阳之师"云云,即列传所载保定三年(563)、四年从杨忠东伐事。④在出征过程中田弘进号大将军,志文、碑文使用了卫青、韩信、窦宪的典故,玉关、函谷、燕山等地名皆非实指。

墓志第19条有"江汉未宁,暂劳经略"及"越舸凌江"、"吴兵济汉"等语,似即碑、传第22条之事。⑤若然,则墓志的叙事顺序有误,此事应在天和二年(567),而墓志第20条破宕昌王在此前的保定四年。⑥

第23条墓志似乎阙载,但24条墓志记柱国大将军官前,用八个四字

---

① 《魏书》卷七五《尔朱天光传》:"建义元年夏,万俟丑奴僭大号,朝廷忧之。乃除天光使持节、都督雍岐二州诸军事、骠骑大将军、雍州刺史,率大都督、武卫将军贺拔岳,大都督侯莫陈悦等以讨丑奴。天光初行,唯配军士千人,诏发京城已西路次民马以给之。"第1673页。
② 参见宁夏文物考古研究所《北周田弘墓》,第178页。墓志"高壁则不动居民"指哪次战役尚不明确,《北周田弘墓》提到周建德五年的高壁之战,已在田弘死后,不应是墓志所指。
③ 《北周田弘墓》认为此句指保定四年宇文宪、尉迟迥等围洛阳,杨檦出轵关(第180页),但时间不合。《周书》卷二《文帝纪》,大统十六年宇文泰东伐,"时连雨自秋及冬,诸军马驴多死,遂于弘农北造桥济河,自蒲坂还。于是河南自洛阳,河北自平阳以东,遂入于齐矣"(第32—33页)。墓志所述似是此战,次年三月文帝崩,前废帝即位,时序相合。
④ 《周书》卷五《武帝纪》,保定三、四年,诏杨忠与突厥伐齐,"破齐长城,至晋阳而还"(第69页)。参宁夏文物考古研究所《北周田弘墓》,第183页。
⑤ 宁夏文物考古研究所《北周田弘墓》亦持此观点,第184页。
⑥ 据《资治通鉴》卷一六九,事在周保定四年。北京:中华书局,1956年,第5249页。

第四章　列传编纂的政务运作基础：对相关制度与文本的考察　141

句概括了田弘此前的战功，包括第12条讨萧韶等于蜀，①第20条讨宕昌王梁弥定、第22条与陈战于荆楚，第23条与齐战于宜阳。则墓志所据基本史实与碑、传无异。

综上，志、碑叙事可能颠倒的有两处，大统三年沙苑之战、天和二年与陈交战，互有多寡的史事有四处，第2、10、13、14条。志、碑、传总体叙事都很接近，应该有共同的资料源。

在历官的记载上，除了一些常见的省略和误字外，比较明显的差异包括：第15条墓志"加侍中"不见于碑、传；墓志第19条如果是碑、传第22条之事，墓志的"总四州五防诸军事"或许是列传的"江陵总管"；碑传都有"仁寿城主"，但墓志中此事非常简略（在第24条），也没有出现具体官职的记载。

例4：吴明彻（周大象二年葬，580）

吴明彻传见《陈书》，他晚年被北周俘虏，先葬于长安，据庾信所撰墓志，在周大象二年。下表仅对比吴明彻墓志与本传中的历官记载，官爵名加粗，已可见明显差别。

	墓　　志②	本　　传③
1	起家**东宫直后**，除**左军**。④	起家梁**东宫直后**。
2		承圣三年，授**戎昭将军**、**安州刺史**。
3		绍泰初……授**使持节**、**散骑常侍**、**安东将军**、**南兖州刺史**，封**安吴县侯**。
4		高祖受禅，拜**安南将军**。
5	为**左卫将军**，	世祖即位，诏以本官加**右卫将军**。

---

① "蜀侯见义"盖指益州刺史梁武陵王萧纪降，蜀地遂入周。
② （北周）庾信著，（清）倪璠注，许逸民校点《庾子山集注》卷一五《周大将军怀德公吴明彻墓志铭》，第970—976页；(宋) 李昉等编《文苑英华》卷九四七，第4982—4983页。
③ 《陈书》卷九《吴明彻传》，北京：中华书局，1972年，第160—164页。
④ 《庾子山集注》此句作"起家东宫司直，后除左军"，此从《英华》。

续 表

	墓　志	本　传
6		王琳败,授都督武沅二州诸军事、**安西将军**、**武州刺史**,余并如故。
7		天嘉三年,授**安西将军**。
8		及周迪反临川,诏以明彻为**安南将军**、**江州刺史**,领**豫章太守**,总督众军以讨迪。
9		寻授**镇前将军**。
10		五年,迁**镇东将军**、**吴兴太守**。
11		及世祖弗豫,征拜**中领军**。
12	寻迁**镇军**、**丹阳尹**。	废帝即位,授**领军将军**,寻迁**丹阳尹**,仍诏明彻以甲仗四十人出入殿省。
13	仍为**平南将军**,**开府仪同三司**,**都督湘衡桂武四州刺史**。	及湘州刺史华皎阴有异志,诏授明彻**使持节**、**散骑常侍**、**都督湘桂武三州诸军事**、**安南将军**、**湘州刺史**,给鼓吹一部,仍与征南大将军淳于量等率兵讨皎。
14		皎平,授**开府仪同三司**,**进爵为公**。
15		太建元年,授**镇南将军**。
16		四年,征为**侍中**、**镇前将军**,余并如故。
17	为**使持节**、**侍中**、**司空**、**车骑大将军**、**都督南北兖青谯五州诸军事**、**南兖州刺史**、**南平郡开国公**,食邑八千户,鼓吹一部。	五年,诏加**侍中**、**都督征讨诸军事**,仍赐女乐一部。
18		进克仁州,授**征北大将军**,**进爵南平郡公**,**增邑并前二千五百户**。
19		**都督豫合建光朔北徐六州诸军事**、**车骑大将军**、**豫州刺史**,增封并前三千五百户,余如故。
20		八年,**进位司空**,余如故。
21		寻授**都督南北兖南北青谯五州诸军事**、**南兖州刺史**。
22	(入周后)拜**持节**、**大将军**、**怀德郡开国公**,邑二千户。	

第四章　列传编纂的政务运作基础：对相关制度与文本的考察　143

《陈书·吴明彻传》关于吴明彻败没的吕梁一战的记载当来自北周，与《周书·王轨传》十分接近，反而与《陈书·萧摩诃传》不同。下表对比三传记载，人物、地点等关键信息加粗：

《陈书·吴明彻传》[①]	《周书·王轨传》[②]	《陈书·萧摩诃传》[③]
明彻军至**吕梁**，周**徐州总管梁士彦**率众拒战。明彻频破之，因退兵**守城**，不复敢出。	及陈将**吴明彻**入寇**吕梁**，**徐州总管梁士彦**频与战不利，乃退**保州城**，不敢复出。	及周武帝灭齐，遣其将**宇文忻**率众争**吕梁**，战于龙晦。时忻有精骑数千，**摩诃**领十二骑深入周军，纵横奋击，斩馘甚众。
明彻仍迮**清水**以灌其城，**环列舟舰于城下**，攻之甚急。	明彻遂堰**清水**以灌之，**列船舰于城下**，以图攻取。	
周遣上大将军**王轨**将兵救之。轨轻行自**清水**入**淮口**，横流竖木，以铁锁贯车轮，遏断**船路**。	诏以**轨**为行军总管，率诸军赴救。轨潜于**清水**入**淮口**，多竖大木，以铁锁贯车轮，横截水流，以断其**船路**。方欲密决其堰以毙之，	及周遣大将军**王轨**来赴，结长围连锁于**吕梁下流**，断**大军还路**。
		摩诃谓明彻曰："闻王轨始锁**下流**，其两头筑城，今尚未立，公若见遣击之，彼必不敢相拒。水路未断，贼势不坚，彼城若立，则吾属且为虏矣。"明彻乃奋髯曰："搴旗陷阵，将军事也；长算远略，老夫事也。"摩诃失色而退。
诸将闻之甚惶恐，议欲破堰拔军，以舫载马。马主裴子烈议曰："若决堰下船，船必倾倒，岂可得乎？不如前遣马出，于事为允。"适会明彻苦背疾甚笃，知事不济，遂从之。	明彻知之，惧，	一旬之间，周兵益至，摩诃又请于明彻曰："今求战不得，进退无路，若潜军突围，未足为耻。愿公率步卒，乘马舆徐行，摩诃领铁骑数千，驱驰前后，必当使公安达京邑。"明彻曰："弟之此计，乃良图也。然老夫受脤专征，不能战胜攻取，今被围逼蹙，

[①] 《陈书》卷九《吴明彻传》，第163—164页。
[②] 《周书》卷四〇《王轨传》，第712页。
[③] 《陈书》卷三一《萧摩诃传》，第410—411页。

续　表

《陈书·吴明彻传》	《周书·王轨传》	《陈书·萧摩诃传》
		惭置无地。且步军既多，吾为总督，必须身居其后，相率兼行。弟马军宜须在前，不可迟缓。"
乃遣**萧摩诃**帅**马军**数千前还。		**摩诃**因率**马军**夜发。
		先是，周军长围既合，又于要路下伏数重，摩诃选精骑八十，率先冲突，自后众骑继焉，比旦达淮南。高宗诏征还，授右卫将军。
明彻仍自决其堰，乘水势以退军，冀其获济。及至**清口**，水势渐微，舟舰并不得渡，众军皆溃。	乃破堰遽退，冀乘决水之势，以得入淮。比至**清口**，川流已阔，水势亦衰，船舰并碍于车轮，不复得过。	
明彻穷蹙，乃就执。	轨因率兵围而蹙之。唯有**骑将萧摩诃**以二千骑先走，得免。**明彻**及将士三万余人，并器械辎重，并就俘获。	

由上表可见，《陈书·吴明彻传》与《周书·王轨传》所述非常接近，而《陈书·萧摩诃传》的文字完全不同。如果说这是由于《萧摩诃传》以萧摩诃一部的经历为主，可以对比第三行诸传对王轨军动向的表述。《吴明彻传》及《王轨传》都把王轨连锁截流的地点称为"淮口"，所断称"船路"，《萧摩诃传》则称连锁于"吕梁下流"，而且与下文萧摩诃之语"闻王轨始锁下流"相应，所断称"大军还路"。因为记录的是同一次战争，三传大体情节并无矛盾，但《陈书·萧摩诃传》应来自萧摩诃突围后向陈朝的汇报，而《周书·王轨传》来自周军得胜后的汇报。唐初修《陈书·吴明彻传》，也采用了北周方面的资料。

例5: 尉迟运(周大象元年葬,579)

尉迟运传见《周书》,夫妻二人墓志在20世纪八十年代出土于咸阳。墓志云尉迟运卒于宣帝大成元年,即静帝大象元年,同年下葬。以下对比略过墓志和本传开篇,官爵名加粗,官爵有异处下加曲线。

	墓 志①	本 传②
1	大统十六年,封**安喜县开国侯**,**食邑一千户**。	魏大统十六年,以父勋封**安喜县侯**,邑一千户。
2	周室受命,并建亲贤,授**使持节**、**车骑大将军**、**仪同三司**、**大都督**。	孝闵帝践阼,授**使持节**、**车骑大将军**、**仪同三司**。
3	时闵皇废辱,世宗居外,奉迎銮跸,朝难其人,使公奉軨猎之车,赴鸑鷟之镇。遂得唐侯入缵,代王当壁,义无宿善,治符夜拜。**封周城县开国公**,**增邑五百户**。	俄而帝废,朝议欲尊立世宗,乃令运奉迎于岐州。以预定策勋,进爵**周城县公**,增邑五百户。
4	保定二年,授**使持节**、**骠骑大将军**、**开府仪同三司**、**大都督**。	保定元年,进**骠骑大将军**、**开府仪同三司**。
5		三年,从杨忠攻齐之并州,以功别封第二子端保城县侯,邑一千户。
6	四年,除**陇州诸军事**、**陇州刺史**。克己为治,洁身奉法,三欺既息,六条备举。秩满言归,华戎恋德,扶老携幼,诣阙稽颡,朝廷抑其固请,方申重寄。	四年,出为**陇州刺史**。地带汧、渭,民俗难治。运垂情抚纳,甚得时誉。
7	五年,③授**右小武伯**。俄转**右大武伯**。六年,授**军司马**,**余官依旧**。总八能而警卫,赞七德而治戎。出内之宜,公私惟允。	天和五年,入为**小右武伯**。六年,迁**左武伯中大夫**。寻加**军司马**,武伯如故。运既职兼文武,甚见委任。

---

① 《大周使持节上柱国卢国公墓志》,收入罗新、叶炜《新出魏晋南北朝墓志疏证》(修订本),第287—288页。
② 《周书》卷四〇《尉迟运传》,第709—710页。
③ 据本传,此应为天和五年,墓志脱误。

续　表

	墓　志	本　传
8	伪齐逾越疆埸，侵逼汾射，公隶齐王出师东讨。每陈传堞之策，亦振摩垒之威。一日之中，数城俱拔。封**广业郡开国公**，**食邑八百户**，**通前二千八百户**。	齐将斛律明月寇汾北，运从齐公宪御之，攻拔其伏龙城。进爵**广业郡公**，**增邑八百户**。
9	建德元年，改授**侍伯**，转**右司卫**。	建德元年，授**右侍伯**，转**右司卫**。
10		时宣帝在东宫，亲狎谄佞，数有罪失。高祖于朝臣内选忠谅鲠正者以匡弼之。于是以运为**右宫正**。
11	又除**司武**。三年，高祖幸于云阳，卫剌公作难，矢及轩庭，非因集隼，火流门阙，事异祥乌。时储皇监国，公掌禁旅，躬自闭关，凶党奔窜。有诏褒赏，授**使持节**、**大将军**、**大都督**，**余官依旧**。爰锡第宅、车马、金贝、珠玉，谷量山积，胡可胜言。	三年，帝幸云阳宫，又令运**以本官兼司武**，与长孙览辅皇太子居守。俄而卫剌王直作乱，率其党袭肃章门。览惧，走行在所。运时偶在门中，直兵奄至，不暇命左右，乃手自阖门。直党与运争门，斫伤运手指，仅而得闭。直既不得入，乃纵火烧门。运俱火尽，直党得进，乃取宫中材木及床等以益火，更以膏油灌之，火势转炽。久之，直不得进，乃退。运率留守兵，因其退以击之，直大败而走。是日微运，宫中已不守矣。高祖嘉之，授**大将军**，赐以直田宅、妓乐、金帛、车马及什物等，不可胜数。
12	同州陕区，埒于神牧，库兵仓粟，国储斯在。五年，除**同州**、**蒲津**、**潼关**、**杨氏壁**、**龙门**、**浽头六防诸军事**、**同州刺史**。奋犀抵几之威，不行已肃；竹马蒲鞭之化，有德斯感。考绩之科，冠于群岳。	四年，出为**同州**、**蒲津**、**潼关**等六防诸军事、**同州刺史**。
13	及神麾东举，席卷平阳。公总虎贲之众，奋鹰扬之武，及銮舆捷轸，留为殿师。旬日之间，伪主遂至。公驰传还京，面陈兵略。于是戎车再驾，径赴晋州。	高祖将伐齐，召运参议。东夏底定，颇有力焉。

续 表

	墓　志	本　传
14	大憨既殄,元勋且著,授柱国、**卢国公**,食邑三千户。旧封回授一子。官崇楚号,深拒画蛇之说;爵隆汉典,更同刑马之盟。	五年,拜**柱国**,进爵**卢国公**,邑<u>五千户</u>。
15	宣政元年,授**司武上大夫**。	宣政元年,转**司武上大夫**,总宿卫军事。
16	突厥越龙堆而逾虎泽,掠边民而煞汉使。高祖自将北讨,崩于云阳。公与薛国公览同受顾命,不坠话言,遂光殊宠。	高祖崩于云阳宫,秘未发丧,运总侍卫兵还京师。
17	授**上柱国**,余官依旧。	宣帝即位,授**上柱国**。运之为宫正也,数进谏于帝。帝不能纳,反疏忌之。时运又与王轨、宇文孝伯等皆为高祖所亲待,轨屡言帝失于高祖。帝谓运预其事,愈更衔之。及轨被诛,运惧及于祸,问计于宇文孝伯。语在《孝伯传》。
18	俄授**秦渭成康文武六州诸军事**、**秦州总管**。此州华戎相半,风俗不一,虽异空桐之武,颇有强梁之气。公济宽持猛,远服迩安,开怀纳胡,举袖化狄,千里闻风,百城解印。	寻而得出为**秦州总管**、<u>**秦渭**等六州诸军事</u>、**秦州刺史**。
19	方当坐槐论政,调梅和鼎,肃然之禅未倍,岱宗之魂先殁。大成元年二月廿四日遘疾薨于秦州,春秋卌有一。郑使不来,秦医遂反,群胡划面,岂唯邓训之亡;庶民巷哭,何独温峤之殒。	然运至州,犹惧不免。大象元年二月,遂以忧薨于州,时年四十一。赠**大后丞**、<u>**秦渭河鄯成洮文**等七州诸军事</u>、**秦州刺史**。谥曰中。

例6: 司马子如(北齐天保四年葬,553)

司马子如是高欢故交,深得信任。据墓志,司马子如卒于天保三年,葬于四年。下表对比其墓志(至赠官为止)与本传,官爵名加粗,官爵有异处下加曲线。表后对志传内容稍作考证,以便理解,并可发现墓志所述与本传相合。

148　中古官修史体制的运作与演进

	墓　志[①]	本　传[②]
1	公讳遵业,字子如,河内温人也。自缔基两正,腾照四海,盛范蔼于民神,奇功润于天地。英人□□,□爵相联,□烈商周,光华嬴汉。洎玉床已跨,金镜且悬,繁弱贻锡,密须启分。	司马子如,字遵业,河内温人也。
2	晋陇西王泰即九叶祖也。长□□□,□峤逾构,或舒或卷,有实有声。 昔魏德甫基,大开云朔,思隆根本,骤引良家。 祖乾,魏侍中。风飙俊逸,崖岸□□,□彼汉臣,岂存关外。 父兴龙,魏司徒。气韵恢举,波澜浚发,迹留东观,事入南宫。	八世祖模,晋司空、南阳王。 模世子保,晋乱出奔凉州,因家焉。魏平姑臧,徙居于云中,其自序云尔。 父兴龙,魏鲁阳太守。
3	而合浦孕珠,荆山韫玉,降神□□,爵启人龙。刷羽将飞,便怀江海之志;高鸣欲骋,即辩灭没之工。灵府洞开,天机迥畅,高擅帝师之目,实有王□之风。	子如少机警,有口辩,好交游豪杰。
4		与高祖相结托,分义甚深。
5	既誉曝群言,声驰邦国,辟书且及,屈迹云州主簿。	
6	大行台尔朱梁郡王,蓄兹五变,将寻九合,□率诸侯,□尾隰管。即假中坚将军、领民都将。	孝昌中,北州沦陷,子如携家口南奔肆州,为尔朱荣所礼遇,假以中军。
7	寻以明皇厌世,牝鸡遂晨,志父之甲,兴于义愤。以公为司马、持节、假平南将军、监前军事。设奇运正,隼击鹰扬,三令之间,士百其勇。	荣之向洛也,以子如为司马,持节、假平南将军,监前军。
8	长平斜邻戎数,多贻北顾,暂辞帷幄,寄以折冲。遂行建□太守,[③]当郡都督。	次高都,荣以建兴险阻,往来冲要,有后顾之忧,以子如行建兴太守、当郡都督。

---

① 毛远明《汉魏六朝碑刻校注》第8册,第一〇九三号《司马遵业墓志》,北京:线装书局,2009年,第292—293页。本文转录时厘定异体、俗别字,调整个别标点。
② 《北齐书》卷一八《司马子如传》,北京:中华书局,1972年,第238—240页。
③ "建"下字泐,《碑刻校注》据本传补"兴"字,今仍旧。

续　表

	墓　志	本　传
9	逮奥主已立，司勋有典，乃封**平遥县开国子，邑三百户**，仍为**大行台郎中**。戎机是凑，文檄相□，口占笔驰，圆转非媲。	永安初，封**平遥县子，邑三百户**，仍为**大行台郎中**。荣以子如明辩，能说时事，数遣奉使诣阙，多称旨，孝庄亦接待焉。
10	葛荣诡署三官，遄攻旧邺，将倾九卵，亟舞云梯。行台以公谋发涌泉，跱如敌国，间行入守，□□悬炊。遂济竦九楼，振奇九地，完州复境，笪墨已轻。**仍进爵为侯，增户四百**。	葛荣之乱，相州孤危，荣遣子如间行入邺，助加防守。葛荣平，**进爵为侯**。
11	又除**持节、都督乡郡襄垣诸军事、□抚军将军、平北将军、上党太守**。登以母忧去职。号毁之际，动用加人，双凫扰其诚血，单鸧赴其冥感。朝廷奖异褒贤，仍申本授，纶言狎委，牛酒相交。公远协再化之心，无取百乘之宠，敷衽不允，俯同鲁侯。及盗乌见察，猲令受记，五原轻其二君，琅邪鄙其三尺。	
12	遇东周不守，庄帝蒙尘，攸攸夏迹，所在狼顾。葵丘远控华夷，兼通水陆，永言作捍，寄深关键。**行相州事、镇邺大都督**。案部行春，班条骋化，弹压梁道，陵躏巨源。	元颢入洛，人情离阻，以子如曾守邺城，颇有恩信，乃令**行相州事**。
13	属一戎已定，天门迥辟，征为**武卫将军**，领**中书舍人**。总营麾旅，霜行岳峭，展誓衔丝，如吐金石。	
14	徙**给事黄门侍郎**。矫斯逸足，游兹显处，茂先惭其指掌，兰石便非异才。	
15	仍授**散骑常侍、征东将军、金紫光禄大夫**。职在扶持，任参户牖，纵容谈讽，光跨曩□。	颢平，征为**金紫光禄大夫**。
16	梁郡猜逼已萌，毙于一剑，凡厥部将，多离其祸。公义勖赵狐，方思后霽，变化之顷，遂出近关。	尔朱荣之诛，子如知有变，自宫内突出，至荣宅，弃家随荣妻子与尔朱世隆等走出京城。世隆便欲还北。子

续 表

	墓 志	本 传
16		如曰:"事贵应机,兵不厌诈,天下恟恟,唯强是视,于此际会,不可以弱示人。若必走北,即恐变故随起,不如分兵守河桥,回军向京,出其不意,或可离溃。假不如心,犹足示有余力,使天下观听,惧我威强。"于是世隆还逼京城。
17	长广入统,除**侍中**、**车骑将军**、**左光禄大夫**,兼**尚书右仆射**。	魏长广王立,兼**尚书右仆射**。
18	俄值普泰受推,还除**侍中**、**骠骑大将军**、**仪同三司**。雅存执损,未祇八命,邈言古迹,林叔何人。而抱剑上征,竦珰高侍,参决可重,喻指增华。图劳未洽,且致后命。进封**阳平郡开国公**,□千七百户。①	前废帝以为**侍中**、**骠骑大将军**、**仪同三司**,进爵**阳平郡公**,邑一千七百户。固让仪同不受。
19	出除**使持节**、**都督岐州诸军事**、**骠骑大将军**、**岐州刺史**。	高祖起义信都,世隆等知子如与高祖有旧,疑虑,出为**南岐州刺史**。子如愤恨,泣涕自陈,而不获免。
20	公善于绥驭,剖析若神,控马调鸡,洞得其术。皇情乃眷,重申前礼,征还,除**仪同三司**,又加**侍中**。	
21	太祖献武皇帝虎据一匡,龙腾九域,握钤秉钺,鞭挞区夏。公义结子陵,恩深和季,将延草庐三驾,岂似伊生五反。 乃除**大行台尚书**。以文若之才,受留侯之寄,杰然转册,雾踊云飞。	高祖入洛,子如遣使启贺,仍叙平生旧恩。 寻追赴京,以为**大行台尚书**,朝夕左右,参知军国。
22	天平初,除**尚书左仆射**。控纳万流,譬之江海,准绳出手,水镜引物。寻除**开府**,**余官如故**。	天平初,除**左仆射**。与侍中高岳、侍中孙腾、右仆射高隆之等共知朝政,甚见信重。

① "千"上之字残,《汇编》作"一",显误,《碑刻校注》据本传补"邑"字。

续　表

	墓　志	本　传
23		高祖镇晋阳,子如时往谒见,待之甚厚,并坐同食,从旦达暮,及其当还,高祖及武明后俱有赍遗,率以为常。子如性既豪爽,兼恃旧恩,簿领之务,与夺任情,公然受纳,无所顾惮。
24	迁鼎之后,帝业权舆,天网既阔,风俗颇弛,遂诏公**出使燕赵**,专行陟黜。揽辔慨然,登车长想,逈度宣光之迹,具体孟博之心。	兴和中,以为**北道行台**,巡检诸州,守令已下,委其黜陟。子如至定州,斩深泽县令;至冀州,斩东光县令。皆稽留时漏,致之极刑。若言有进退,少不合意,便令武士顿曳,白刃临项。士庶惶惧,不知所为。
25	除**怀州大中正**。禾莠即分,银铅遂辩,将令仲雄寝奏,便使德琏惭诗。	
26	迁**尚书令**。道光彼相,杖正立朝,陋文□于魏年,嗤伯玉于晋日。	转**尚书令**。
27		子如义旗之始,身不参预,直以高祖故旧,遂当委重,意气甚高,聚敛不息。时世宗入辅朝政,内稍嫌之,寻以赃贿为御史中尉崔暹所劾,禁止于尚书省。诏免其大罪,削官爵。
28	寻行**冀并二州事**,录前后声效,**别封野王县开国男,邑二百户**。	未几,起行**冀州事**。子如能自厉改,甚有声誉,发摘奸伪,僚吏畏伏之。转行**并州事**。诏复官爵,**别封野王县男,邑二百户**。
29	及讴歌去魏,符命归齐,□马书丹,用旌勋懿,更封**须昌县开国公,邑一千户**。情敦夜起,爱甚还书,貌是之间,触遇生厚。以**须昌之封回授兄子膺之**。除**司空公**。优游熙载,道冠天下,七赋已洽,五星毕从。	齐受禅,以有翼赞之功,别封**须昌县公**,寻除**司空**。
30		子如性滑稽,不治检裁,言戏秽亵,识者非之。而事姊有礼,抚诸兄子慈笃,当时名士并加钦爱,世以此称之。

续 表

	墓　　志	本　　传
31		然素无鲠正,不能平心处物。世宗时,中尉崔暹、黄门郎崔季舒俱被任用。世宗崩,暹等赴晋阳。子如乃启显祖,言其罪恶,仍劝诛之。其后子如以马度关,为有司所奏。显祖引子如数让之曰:"崔暹、季舒事朕先世,有何大罪,卿令我杀之?"因此免官。
32	迁**太尉公**。宅心玄妙,投迹厚重,瑞邀白鹿,冥弄金印。	久之,犹以先帝之旧,拜**太尉**。
33	惟公宫墙峭立,□□疏朗,方材松箭,并量河山。偃曝道艺之场,纵横书剑之域,掩晨山之雄辩,折狙丘之诞说。门阀轶于桓应,家声振于陈范。总立人之具,有君子之方。自飞裾入仕,往来从务,迥张条刺,高置权衡,列鼎开扉,调笳奏管。令绩标其栋干,徽风立于柱石。负青天而鼓舞,陵赤霄以骞翥。齐驱吴邓,结驷钟王。方谓青门旭设,庶其再见,而赤松可追,奄为徒语。以齐天保三年十二月廿五日薨于邺都中坛里第,时年六十四。	寻以疾薨,时年六十四。
34	天子悲深操玉,平民恋甚捐珠。有诏追赠**使持节、都督冀定瀛沧怀五州诸军事、太师、太尉公、怀州刺史、开国郡公如故**。赠物一千段。	赠**使持节、都督冀定瀛沧怀五州诸军事、太师、太尉、怀州刺史**,赠物一千段,谥曰文明。

第2条,墓志云"晋陇西王泰即九叶祖也",传云"八世祖模,晋司空、南阳王"。案据《晋书·宗室传》,南阳王模即陇西王泰之子,泰后改封高密王。①

———————

① 《晋书》卷三七《宗室传》,北京:中华书局,1974年,第1097—1098页。

第6条，墓志"大行台尔朱梁郡王"即尔朱荣。据《魏书·尔朱荣传》，尔朱荣袭爵梁郡公，孝昌年间（525—527）改封博陵。①后文16条"梁郡"亦指尔朱荣。

第6条墓志作"中坚将军"，本传作"中军"，点校本校勘记云盖以避隋文帝讳改。②

第7条墓志"明皇厌世"指肃宗孝明帝崩，传云"荣之向洛"，为同时事。《魏书·庄帝纪》："武泰元年（528）春二月，肃宗崩，大都督尔朱荣将向京师，谋欲废立，以帝家有忠勋，且兼民望，阴与帝通，荣乃率众来赴。"③

第8条墓志云"长平"，本传云"高都"。《隋书·地理志》长平郡丹川县注："旧曰高都。后齐置长平、高都二郡，后周并为高平郡。"④

第9条墓志"逮奥主已立"，指立孝庄帝。孝庄即位，四月改元建义（528），九月改永安，与传云"永安初"合。

第12条墓志"东周不守，庄帝蒙尘"即本传"元颢入洛"。《魏书·庄帝纪》，庄帝永安二年五月"甲戌，车驾北巡，乙亥，幸河内。丙子，元颢入洛。"⑤

第17、18条，长广王立，年号建明；前废帝立，年号普泰。

例7：封子绘（北齐河清四年葬，565）

封子绘是北齐功臣，墓志及本传并云卒于河清三年，据墓志，四年葬。下表对比墓志与本传记载生平事迹的部分，官爵名加粗，官爵有异处下加曲线。表后对志传内容稍作考证。

---

① 《魏书》卷七四《尔朱荣传》，荣祖父代勤，"高祖赐爵梁郡公"，荣袭爵。第1643、1644页。
② 《北齐书》卷一八校勘记一〇，第243页。
③ 《魏书》卷一〇《庄帝纪》，第255页。
④ 《隋书》卷三〇《地理志中》，北京：中华书局，1973年，第849页。
⑤ 《魏书》卷一〇《庄帝纪》，第262页。

	墓　　志[①]	本　　传[②]
1	起家**秘书郎中**，濯缨已即，利宾伊始，缃素载序，广内增华。	释褐**秘书郎中**。
2	既而魏道将季，群凶作梗，势甚东迁，祸同南阙。太祖献武皇帝选徒誓众，雷动晋阳，戎车东指，将清王略。公发自信都，迎于釜口，亦既见止，憘得其人。即署**开府主簿**。	尔朱兆之害魏庄帝也，与父隆之举义信都，奉使诣高祖。至信都，召署**开府主簿**，仍典书记。
3	俄而相府崇建，仍为**丞相主簿**，加**伏波将军**，掌文墨。魏武之征巴汉，书檄专委杨脩；晋文之讨淮南，军谋唯在钟会。俦今望古，差可寄言。	中兴元年，转**大丞相主簿**，加**伏波将军**。
4		从高祖征尔朱兆。
5	中兴初，除**左将军**、**散骑常侍**，**在通直**，领**中书舍人**。丰貂右插，清蝉高映，既光侍从之仪，又兼敷奏之敏。	及平中山，军还，除**通直常侍**、**左将军**，领**中书舍人**。
6		母忧解职，寻复本任。
7	稍迁**征南将军**、**光禄大夫金章紫绶**。	太昌中，从高祖定并、汾、肆数州，平尔朱兆及山胡等，加**征南将军**、**金紫光禄大夫**。
8		魏武帝末，斛斯椿等佞幸用事，父隆之以猜忌，惧难潜归乡里，子绘亦弃官俱还。
9	复为**通直常侍**，又兼**黄门侍郎**。	孝静初，兼**给事黄门侍郎**，与太常卿李元忠等并**持节出使**，观省风俗，问人疾苦。
10		还，赴晋阳，从高祖征夏州。
11	天平中，除**卫将军**、**右光禄大夫**，**常侍如故**。出为**平阳太守**，加**散骑常侍**、<u>当郡都督</u>。	二年，除**卫将军**、**平阳太守**，寻加**散骑常侍**。

[①] 毛远明《汉魏六朝碑刻校注》第9册，第一二〇二号《封子绘墓志》，第174—175页。本文转录时厘定异体、俗别字，调整个别标点。

[②] 《北齐书》卷二一《封子绘传》，第304—306页。

续表

	墓　志	本　传
12		晋州北界霍太山，旧号千里径者，山坂高峻，每大军往来，士马劳苦。子绘启高祖，请于旧径东谷别开一路。高祖从之，仍令子绘领汾、晋二州夫修治，旬日而就。高祖亲总六军，路经新道，嘉其省便，赐谷二百斛。后大军讨复东雍，平柴壁及乔山、紫谷绛蜀等，子绘恒以太守前驱慰劳，征兵运粮，军士无乏。
13	寻征**大行台吏部郎中**。所奉之主，太祖其人也。	兴和初，自郡征补**大行台吏部郎中**。
14		武定元年，高仲密以武牢西叛，周文帝拥众东侵，高祖于邙山破之，乘胜长驱，遂至潼关。或谏不可穷兵极武者，高祖总命群僚议其进止。子绘言曰："贼帅才非人雄，偷窃名号，遂敢驱率亡叛，送死伊瀍。天道祸淫，一朝瓦解。虽仅以身免，而魂胆俱丧。混一车书，正在今日，天与不取，反得其咎。时难遇而易失，昔魏祖之平汉中，不乘胜而取巴蜀，失在迟疑，悔无及已。伏愿大王不以为疑。"高祖深然之。但以时既盛暑，方为后图，遂命班师。
15	武定三年，丁太保公忧。孺慕泣血，杖不能起。九日不入水浆，三年未尝盐酪。	三年，父丧去职。
16	太祖西征，征公**大都督**，复居**吏部郎中**。	四年，高祖西讨，起为**大都督**，领冀州兵赴邺，从高祖自滏口西趣晋州，会大军于玉壁。复以子绘为**大行台吏部郎中**。
17	寻为**勃海太守**，公威著言前，化行令表，乱绳自解，佩犊斯除。	及高祖病笃，师还晋阳，引入内室，面受密旨，衔命山东，安抚州郡。高祖崩，秘未发丧，世宗以子绘为**渤海太守**，令驰驿赴任。世宗亲执其手曰："诚知此郡未允勋望，但时事未安，须卿镇抚。且衣锦昼游，古人所贵。善加经略，绥静海隅，不劳学习常太守向州参也。"仍听收集部曲一千人。

续 表

	墓　　志	本　　传
18	袭爵**安德郡开国公**。又加**散骑常侍**,增秩一等。转**骠骑将军**,**余官如故**。	后进秩一等,加**骠骑将军**。
19	天保初,入为**太尉长史**。其间**再行南青,一行南兖事**。	天保二年,除**太尉长史**。三年,频以本官**再行南青州事**。
20		四年,坐事免。
21		六年,**行南兖州事**。
22	六年,除**使持节、都督海州诸军事、本将军、海州刺史**。	寻除持节**海州刺史**,不行。
23	未及之任,朝廷以合肥冲要,地在必争,取威驭众,非公莫可,改授**都督合州诸军事、合州刺史**。	七年,改授**合州刺史**。
24		到州未几,值萧轨、裴英起等江东败没,行台司马恭发历阳,径还寿春,疆场大骇。兼在州器械,随军略尽,城隍楼雉,亏坏者多。子绘乃修造城隍楼雉,缮治军器,守御所须毕备,人情渐安。 寻敕于州营造船舰,子绘为大使,总监之。陈武帝曾遣其护军将军徐度等率轻舟从栅口历东关入巢湖,径袭合肥,规烧船舫。以夜一更潜寇城下,子绘率将士格战,陈人奔退。
25	九年,迁**郑州诸军事、郑州刺史**。 所在树政宣风,德音潜被,民歌来暮,物有去思。	九年,转**郑州刺史**。 子绘晓达政事,长于绥抚,历宰州郡,所在安之。
26	十年,征为**司徒左长史**,仍行**魏尹事**。 乾明初,除**司农大卿**,寻正**京尹**。 皇建中,加**骠骑大将军**。 大宁二年,除**都官尚书**。	征为**司徒左长史**,**行魏尹事**。 乾明初,转**大司农**,寻正除**魏尹**。 皇建中,加**骠骑大将军**。 大宁二年,迁**都官尚书**。

第四章　列传编纂的政务运作基础：对相关制度与文本的考察　157

续　表

	墓　志	本　传
27	寻**行冀州事**。先日，司空、太保二公并临冀部，至是公复行焉。三叶本岳，世论归美。公开襜望境，露锦还乡，竹马盈途，壶浆塞路。	高归彦作逆，召子绘入见昭阳殿。帝亲诏子绘曰："冀州密迩京甸，归彦敢肆凶悖。已敕大司马、平原王段孝先总勒重兵，乘机电发；司空、东安王娄叡督率诸军，络绎继进。卿世载名德，恩洽彼州，故遣参赞军事，随便慰抚。宜善加谋略，以称所寄。"即以其日驰传赴军。子绘祖父世为本州，百姓素所归附。既至，巡城谕以祸福，民吏降款，日夜相继，贼中动静，小大必知。贼平，仍敕子绘**权行州事**。
28	河清二年，除仪同三司。	寻征还，敕与群官议定律令，加**仪同三司**。
29	三年，暂**行怀州事**。	后突厥入逼晋阳，诏子绘**行怀州事**，乘驿之任。
30	寻转**七兵尚书**，仍换祠部。	还为**七兵尚书**，转祠部尚书。
31	其年闰九月二十日遘疾终于京师，春秋五十二。公家传钟鼎，世纽龟符，荫籍清华，地望凝简。金张蝉珥，彼自一时，杨袁公辅，我无多愧。而谦以自勖，贵不在身。车徒约素，服用单俭。财酒声色，胜达恒情。四者之来，在公非或。加以网罗百氏，综涉六经，雅练朝章，尤悉治典。激察之行，每有耻而弗为；雕虫小技，固壮夫之所忽。骤总连率，频作纳言。再司河辅，累游槐棘。踪迹盈于廊庙，佐吏遍于四海。爱著歌谣，道光存没。嘉声与东川竞远，胜范共南岳俱传。方当改观台笾，增晖揆席，倏见捐珠，遽看罢市。诏赠**使持节、都督冀瀛二州诸军事、本将军、冀州刺史、开府仪同三司、尚书右仆射，开国如故**。以大齐河清四年岁次乙酉二月甲寅朔七日庚申归窆于先公之旧域。	河清三年，暴疾卒，年五十。世祖深叹惜之。赠**使持节、瀛冀二州军事、冀州刺史、开府仪同、尚书右仆射**，谥曰简。

第2条墓志云"太祖献武皇帝",是高欢最初的庙号谥号。据《北齐书·神武帝纪下》,北齐受禅,先追崇高欢为太祖献武帝,至天统元年改高祖神武帝,已在本墓志之后。①

第3条墓志云"掌文墨",与本传上条"仍典书记"相应。

第18条墓志记袭爵,传无。但封子绘传附于其父封隆之传后,《封隆之传》已云"长子早亡,第二子子绘嗣"。②

例8：褚渊(齐建元四年卒,482)

褚渊历仕宋齐,传见《南齐书》。去世后,王俭为撰碑文,收入《文选》,对碑文内容的理解可参《文选》注。据碑文,碑以"故吏某甲"的名义而立,③《梁书·陶季直传》亦载陶氏先后为褚渊司空、司徒府主簿,褚渊死后他不仅干预了谥号的拟定,还"请〔王〕俭为渊立碑,终始营护,甚有吏节"。④碑文仅言建元四年薨,未言何时下葬,⑤但应在其后不久。下表略去碑文前后部分,与本传进行对比,官爵名加粗(少数官爵未直述,选择有代表性的语句加粗),官爵记载有异处下加曲线。

	神 道 碑⑥	本 传⑦
1	袁阳源才气高奇,综核精裁；宋文帝端明临朝,鉴赏无昧。袁既延誉于遐迩,文亦定婚于皇家。选尚余姚公主,拜**驸马都尉**。汉结叔高,晋姻武子,方斯蔑如也。	渊少有世誉,复尚文帝女南郡献公主,姑侄二世相继。拜**驸马都尉**。
2	释褐**著作佐郎**,转**太子舍人**,濯缨登朝,冠冕当世,升降两宫,实惟时宝。具瞻之范既著,台衡之望斯集。	除**著作佐郎,太子舍人**,

---

① 《北齐书》卷二《神武帝纪下》,第24页。
② 《北齐书》卷二一《封隆之传》,第303页。
③ (南朝梁)萧统编,(唐)李善注《文选》卷五九《褚渊碑文》,上海古籍出版社,1986年,第2521页。
④ 《梁书》卷五二《止足·陶季直传》,北京：中华书局,1973年,第761页。
⑤ 《南齐书》卷三《武帝纪》亦云建元四年薨,北京：中华书局,1972年,第46页。
⑥ (南朝梁)萧统编,(唐)李善注《文选》卷五九《褚渊碑文》,第2510—2520页。
⑦ 《南齐书》卷二三《褚渊传》,第425—431页。

续　表

	神　道　碑	本　传
3	出参**太宰军事**,入为**太子洗马**,俄迁**秘书丞**。赞道槐庭,司文天阁,光昭诸侯,风流籍甚。	**太宰参军**,**太子洗马**,**秘书丞**。
4	以父忧去职,丧过乎哀,几将毁灭。有识留感,行路伤情。	湛之卒,渊推财与弟,唯取书数千卷。袭爵**都乡侯**。
5	服阕,除**中书侍郎**。王言如丝,其出如纶,恪居官次,智效惟穆。	历**中书郎**,
6	于时新安王宠冠列蕃,越敷邦教,毗佐之选,妙尽国华,出为**司徒右长史**。	**司徒右长史**,
7	**转尚书吏部郎**。执铨以平,御烦以简,裴楷清通,王戎简要,复存于兹。	**吏部郎**。
8		宋明帝即位,加领**太子屯骑校尉**,不受。
9	泰始之初,入为**侍中**。曾不移朔,迁**吏部尚书**。	迁**侍中**,**知东宫事**。转**吏部尚书**。
10	是时天步初夷,王途尚阻。元戎启行,衣冠未缉。内赞谋谟,外康流品。制胜既远,泾渭斯明。赏不失劳,举无失德。绩简帝心,声敷物听。事宁,领**太子右卫率**,固让不拜。寻领**骁骑将军**。	寻领**太子右卫率**,固辞。司徒建安王休仁南讨义嘉贼,屯鹊尾,遣渊诣军,选将帅以下勋阶得自专决。事平,加**骁骑将军**。
11		薛安都以徐州叛,房频寇淮、泗,遣渊**慰劳北讨众军**。渊还启帝言:"盱眙以西,戎备单寡,宜更配衣。汝阴、荆亭并已围逼,安丰又不足守,寿春众力,止足自保,若使游骑扰寿阳,则江外危迫,历阳、瓜步、钟离、义阳皆须实力重戍,选有干用者处之。"帝在藩,与渊以风素相善,及即位,深相委寄,事皆见从。
12	以帷幄之功,膺庸祗之秩,**封雩都县开国伯**,**食邑五百户**。既秉辞梁之分,又怀寝丘之志,所受田邑,不盈百井。	改封**雩都县伯**,**邑五百户**。

续表

	神道碑	本传
13	久之,重为**侍中**,领**右卫将军**,尽规献替,均山甫之庸,缉熙王旅,兼方叔之望。	转**侍中**,领**右卫将军**。
14	**丹阳**京辅,远近攸则,**吴兴**襟带,实惟股肱,频作**二守**,并加蝉冕。政以礼成,民是以息。	寻迁**散骑常侍**,**丹阳尹**。出为**吴兴太守**,**常侍如故**,增秩千石,固辞增秩。
15	明皇不豫,储后幼冲,贻厥之寄,允属时望。	明帝疾甚,驰使召渊,付以后事。帝谋诛建安王休仁,渊固谏,不纳。
16	征为**吏部尚书**,领**卫尉**,固让不拜。	复为**吏部尚书**,领**常侍**、**卫尉如故**,不受。
17	改授**尚书右仆射**。端流平衡,外宽内直。弘二八之高谟,宣《由庚》而垂咏。	乃授**右仆射**,**卫尉如故**。渊以母年高羸疾,晨昏须养,固辞卫尉,不许。
18	太宗即世,遗命以公为**散骑常侍**、**中书令**、**护军将军**。送往事居,忠贞允亮,秉国之均,四方是维。百官象物而动,军政不戒而备。公之登太阶而尹天下,君子以为美谈,亦犹孟轲致欣于乐正,羊职悦赏于士伯者也。	明帝崩,遗诏以为**中书令**、**护军将军**,加**散骑常侍**,与尚书令袁粲受顾命,辅幼主。渊同心共理庶事,当奢侈之后,务弘俭约,百姓赖之。接引宾客,未尝骄倨。王道隆、阮佃夫用事,奸赂公行,渊不能禁也。
19	丁所生母忧,谢职。毁疾之重,因心则至。朝议以有为为之,鲁侯垂式,存公忘私,方进明准,爰降诏书,敦还摄任。固请移岁,表奏相望。事不我与,屈己弘化。	遭庶母郭氏丧,有至性,数日中,毁顿不可复识。期年不盥栉,惟泣泪处乃见其本质焉。诏断哭,禁吊客。
20		葬毕,起为**中军将军**,**本官如故**。
21	属值三季在辰,戚蕃内侮;桂阳失图,窥窬神器。鼓桴则沧波振荡,建旗则日月蔽亏。出江派而风翔,入京师而雷动。鸣控弦于宗稷,流锋镞于象魏。虽英宰临戎,元渠时殄,而余党实繁,宫庙忧逼。公乃总熊罴之士,不贰心之臣,戮力尽规,克宁祸乱。康国祚于缀旒,拯王维于已坠,诚由太祖之威风,抑亦仁公之翼佐。可谓德刑详,礼义信,战之器也。	元徽二年,桂阳王休范反,渊与卫将军袁粲入卫宫省,镇集众心。

第四章　列传编纂的政务运作基础：对相关制度与文本的考察　161

续　表

	神　道　碑	本　传
22		渊初为丹阳，与从弟照同载出，道逢太祖，渊举手指太祖车谓照曰："此非常人也。"出为吴兴，太祖饷物别，渊又谓之曰："此人材貌非常，将来不可测也。"及顾命之际，引太祖豫焉。太祖既平桂阳，迁中领军，领南兖州，增户邑。太祖固让，与渊及卫军袁粲书曰：……渊、粲答曰：……太祖乃受命。
23	以静难之功，**进爵为侯**，兼授尚书令、**中军将军**，给班剑二十人。功成弗有，固秉挹抱。	其年，渊加**尚书令**、**侍中**，给班剑二十人，固让令。三年，**进爵为侯**，**增邑千户**。
24	改授**侍中**、**中书监**，**护军如故**。	服阕，改授**中书监**，**侍中**、**护军如故**，给鼓吹一部。
25	又以居母艰去官。虽事缘义感，而情均天属。颜丁之合礼，二连之善丧，亦曷以逾。	明年，渊后嫡母吴郡公主薨，毁瘠如初。葬毕，诏摄职，固辞。又以期祭礼及，表解职，并不许。
26	天厌宋德，水运告谢。嗣王荒怠于天位，强臣凭陵于荆楚，废昏继统之功，戡乱宁民之德，公实仰赞宏规，参闻神算，虽无受脤出车之庸，亦有甘寝秉羽之绩。乃作**司空**，山川攸序，兼授**卫军**，戎政辑睦。	苍梧酷暴稍甚，太祖与渊及袁粲言世事，粲曰："主上幼年微过易改，伊、霍之事，非季代所行，纵使功成，亦终无全地。"渊默然，归心太祖。及废苍梧，群公集议，袁粲、刘秉既不受任，渊曰："非萧公无以了此。"手取书授太祖。太祖曰："相与不肯，我安得辞！"事乃定。
27		顺帝立，改号**卫将军**、**开府仪同三司**，**侍中如故**。甲仗五十人入殿。
28		沈攸之事起，袁粲怀贰，太祖召渊谋议，渊曰："西夏衅难，事必无成；公当先备其内耳。"太祖密为其备。
29		事平，进**中书监**、**司空**，**本官如故**。
30		齐台建，渊白太祖引何曾自魏司徒为晋丞相，求为齐官，太祖谦而不许。

续　表

	神　道　碑	本　传
31	既而齐德龙兴，顺皇高禅。深达先天之运，匡赞奉时之业。弼谐允正，徽猷弘远，树之风声，著之话言，亦犹稷契之臣虞夏，荀裴之奉魏晋。自非坦怀至公，永鉴崇替，孰能光辅五君，寅亮二代者哉！大启南康，爰登中铉，**时膺土宇，固辞邦教**。	建元元年，进位**司徒**，**侍中**、**中书监如故**。封南康郡公，邑三千户。渊固让司徒。与仆射王俭书，欲依蔡谟事例。俭以非所宜言，劝渊受命，渊终不就。
32		渊美仪貌，善容止，俯仰进退，咸有风则。每朝会，百僚远国使莫不延首目送之。宋明帝尝叹曰："褚渊能迟行缓步，便持此得宰相矣。"
33	今之**尚书令**，古之冢宰，虽秩轻于衮司，而任隆于百辟。暂遂冲旨，改授朝端。迩无异言，远无异望。	寻加**尚书令**，本官如故。
34	帝嘉茂庸，**重申前册**。执五礼以正民，简八刑而罕用。	二年，**重申前命为司徒**，又固让。
35		是年虏动，上欲发王公已下无官者为军，渊谏以为无益实用，空致扰动，上乃止。朝廷机事，多与咨谋，每见从纳，礼遇甚重。
36	故能骋绩康衢，延慈哲后，义在资敬，情同布衣，出陪銮躅，入奉帷殿。仰《南风》之高咏，餐东野之秘宝。雅议于听政之晨，披文于宴私之夕。参以酒德，间以琴心。暧有余晖，遥然留想。君垂冬日之温，臣尽秋霜之戒，肃肃焉，穆穆焉，于是见君亲之同致，知在三之如一。	上大宴集，酒后谓群臣曰："卿等并宋时公卿，亦当不言我应得天子。"王俭等未及答，渊敛板曰："陛下不得言臣不早识龙颜。"上笑曰："吾有愧文叔，知公为朱祐久矣。"渊涉猎谈议，善弹琵琶。世祖在东宫，赐渊金镂柄银柱琵琶。性和雅有器度，不妄举动，宅尝失火，烟焰甚逼，左右惊扰，渊神色怡然，索舆来徐去。轻薄子颇以名节讥之，以渊眼多白精，谓之"白虹贯日"，言为宋氏亡征也。
37	太祖升遐，绸缪遗寄，**以侍中**、**司徒**、**录尚书事**。禀玉几之顾，奉缀衣之礼。择皇齐之令典，致声化于雍熙。	太祖崩，遗诏以渊为**录尚书事**。江左以来，无单拜录者，有司疑立优策。尚书王俭议以为："……宜有策书，用申隆寄。既异王侯，不假优文"。从之。

续　表

	神　道　碑	本　传
38	内平外成,实昭旧职。增给班剑三十人,物有其容,徽章斯允。	寻增渊班剑为三十人,五日一朝。
39	位尊而礼卑,居高而思降,自夏徂秋,以疾陈退。朝廷重违谦光之旨,用申超世之尚,改授**司空,领骠骑大将军,侍中、录尚书如故**。	顷之寝疾。上相星连有变,渊忧之,表逊位。又因王俭及侍中王晏口陈于世祖,世祖不许。又启曰:……乃改授**司空,领骠骑将军,侍中、录尚书如故**。
40	景命不永,大渐弥留。建元四年八月二十一日薨于私第,春秋四十有八。昔柳庄疾棘,卫君当祭而辍礼;晏婴既往,齐君趋车而行哭。公之云亡,圣朝震悼于上,群后恸动于下,岂唯哀缠一国,痛深一主而已哉？	上遣侍中王晏黄门郎王秀之问疾。薨,家无余财,负债至数十万。诏曰:"司徒奄至薨逝,痛悼恻怀,比虽尪瘵,便力出临哭。给东园秘器,朝服一具,衣一袭,钱二十万,布二百疋,蜡二百斤。"
41	追赠**太宰,侍中、录尚书如故**,给节,羽葆鼓吹,班剑为六十人,谥曰文简,礼也。	时司空掾属以渊未拜,疑应为吏敬不。王俭议:"……宜申礼敬。"司徒府史又以渊既解职,而未恭后授,府犹应上服以不。俭又议:"……司徒府宜依居官制服。"
42		又诏曰:"……故侍中、司徒、录尚书事、新除司空、领骠骑将军、南康公渊,……其赠公**太宰,侍中、录尚书、公如故**。给节,加羽葆鼓吹,增班剑为六十人。葬送之礼,悉依宋太保王弘故事。谥曰文简。"
43		先是庶姓三公辒车,未有定格。王俭议官品第一,皆加幢络,自渊始也。
44		又诏渊妻宋故巴西主埏隧暂启,宜赠南康郡公夫人。

　　首先对碑文内容稍作说明。第6条,据《宋书·孝武帝纪》,大明七年九月"南徐州刺史新安王子鸾兼司徒",①因此碑文称"出为司徒右长史"。

---

① 《宋书》卷六《孝武帝纪》,北京:中华书局,1974年,第133页。

第10条,碑文"内赞谋谟,外康流品,制胜既远,泾渭斯明,赏不失劳,举无失德",即本传诣建安王休仁军"选将帅以下勋阶得自专决"。

第14条,碑文"并加蝉冕"即加散骑常侍,与本传意同。

第21条碑文"诚由太祖之威风",指齐高帝萧道成。高帝三月崩,褚渊八月薨,①因此碑文已称之为"太祖"。

第26—29条,碑文"嗣王荒怠于天位"、"废昏继统之功"指废苍梧王,在传第26条,碑文"强臣凭陵于荆楚"、"戡乱宁民之德"指平沈攸之,在传第28条。

第31条碑文"时膺土宇"即本传封南康公,"固辞邦教"即本传进位司徒,固让。

第32条本传所增宋明帝对褚渊的叹赏,时间顺序明显不合。大概是与下一条"加尚书令"相连,这时期视尚书令为宰相,明帝云"便持此得宰相矣"。

本传对历官的记载比碑文稍详,如第4条多"袭爵都乡侯",第8条本传多"加领太子屯骑校尉",不过未就任,第11条本传有慰劳北讨众军之事,第29条本传记宋末任中书监、司空,但碑文只提到"乃作司空"。不过最后一处可能是写法问题,碑文从这里开始不再平铺直叙历官。碑、传还有一些任官时间上的矛盾,第10条固辞太子右卫率,本传在讨义嘉贼之前,碑文在之后;任中军将军,本传在平桂阳王休范以前(20条),碑文在之后(23条);23条传文云"加尚书令、侍中",碑文授侍中则在24条。可能是任命之后屡次辞让,受与授时间不同,原始记录繁琐,改写不慎而出现差别。

碑文也有不少事件叙述,包括第1、10、15、18、19、21、25、26、28、36条,且都能与本传大致对应,虽然史文所述更准确、丰富。此外本传还有增补的内容,已见本章正文讨论。

例9:萧缅(齐建武元年追赠,494)

萧缅为齐明帝萧鸾之弟。据碑文及本传,萧缅卒于齐武帝永明九年

---

① 参见《南齐书》卷三《武帝纪》,第45、46页。

(491),明帝即位追封郡王。据帝纪,追封就在即位当日。①碑文应在追赠后不久完成。碑文由沈约撰写,收入《文选》,李善注将萧子显《南齐书·萧缅传》与碑文对应之处一一引出。这里参考李善注文比对碑文与本传。碑文避免直接提及官爵名称,加粗有代表性的字句作为提示,碑文未涉及之历官在本传内加曲线。

	神 道 碑②	本 传③
1	水德方衰,天命未改。太祖龙跃侯时,作镇淮泗。如仁夕惕之志,中夜九回;乾世拯乱之情,独用怀抱。深图密虑,众莫能窥。公陪奉朝夕,从容左右,盖同王子洛滨之岁,实惟辟强内侍之年。起予圣怀,发言中旨。	
2	始以**文学**游梁,俄而**入掌纶诰**。兰桂有芬,清晖自远。	初为秘书郎,宋邵陵王文学,中书郎。
3	帝出于震,日衣青光。方轨茅社,**俾侯安陆**。受瑞析珪,遂荒云野。	建元元年,封**安陆侯**,邑千户。
4	**式掌储命**,帝难其人。公以宗室羽仪,允膺嘉选。协隆三善,仰敷四德。博望之苑载晖,龙楼之门以峻。	转太子中庶子。
5	**献替帷扆,实掌喉唇**。奉待漏之书,衔如丝之旨。前晖后光,非止恒受。公以密戚上贤,俄而奉职,出纳惟允,剑玺增华。	迁侍中。
6	伊昔帝唐,九官咸事,熊豹临戴,**纳言是司**。自此迄今,其任无爽。爰自近侍,式赞权衡,而皇情眷眷,虑深求瘼。	世祖即位,迁**五兵尚书**,领前军将军。
7	姑苏奥壤,任切关河,都会殷负,提封百万。全赵之袨服丛台,方此为劣;临淄之挥汗成雨,曾何足称。乃**鸿骞旧吴,作守东楚**。弘义让以勖君子,振平惠以字小人。抚同上德,绥用中典。疑狱得情而弗喜,宿讼两让而同归。虽春申之大启封疆,邓攸之缉熙萌庶,不能尚也。	仍出为**辅国将军、吴郡太守**,少时,大著风绩。竟陵王子良与缅书曰:"窃承下风,数十年来未有此政。"

---

① 《南齐书》卷六《明帝纪》,第85页。
② (南朝梁)萧统编,(唐)李善注《文选》卷五九《齐故安陆昭王碑文》,第2547—2559页。
③ 《南齐书》卷四五《安陆昭王缅传》,第794—795页。

续　表

	神　道　碑	本　传
8	**夏首藩要**，任重推毂，衿带中流，地殷江汉。南接衡巫，风云之路千里；西通郢邓，水陆之涂三七。是惟形胜，阃外莫先。**建麾作牧**，明德攸在。乃暴以秋阳，威以夏日。泽无不渐，蝼蚁之穴靡遗；明无不察，容光之微必照。由近而被远，自己而及物。惠与八风俱翔，德与五才并运。远无不怀，迩无不肃。邑居不闻夜吠之犬，牧人不睹晨饮之羊。誊表六条，功最万里。	世祖嘉其能，转**持节、都督郢州司州之义阳军事、冠军将军、郢州刺史**。
9	**还居近侍**，兼飨戎秩。	永明五年，还为**侍中**，领**骁骑将军**，
10	**候府寄隆**，储端任显。东西两晋，兹选特难。羊琇愿言而匪获，谢琰功高而后至。升降二宫，令绩斯侔。禁旅尊严，主器弥固。	仍迁**中领军**。明年，转**散骑常侍、太子詹事**。
11	**禹穴神皋**，**地埒分陕**，**江左已来**，**常递斯任**。东渚钜海，南望秦稽。渊薮胥萃，蘆蒲攸在。货殖之民，千金比屋；郭廓之内，云屋万家。刑政繁舛，旧难详一。南山群盗，未足云多；渤海乱绳，方斯易理。公下车敷化，风动神行，诚恕既孚，钩距靡用。不待赭污之权，而奸渠必翦；无假里端之籍，而恶子咸诛。被以哀衿，孚以信顺。南阳苇杖，未足比其仁；颍川时雨，无以丰其泽。公揽辔升车，牧州典郡，感达民祇，非待期月。老安少怀，涂歌里咏，莫不欢若亲戚，芬若椒兰。麾旆每反，行悲道泣。攀车卧辙之恋，争涂忘远；去思一借之情，愈久弥结。	出为**会稽太守**，**常侍**如故。
12	方城汉池，南顾莫重。北指崝潼，平涂不过七百；西接峣武，关路曾不盈千。蛮陬夷徼，重山万里。小则俘民略畜，大则攻城剽邑。晋宋迄今，有切民患，烽鼓相望，岁时不息。椎埋穿掘之党，阡陌成群；慠法侮吏之人，曾莫禁御。累藩咸受其弊，历政所不能裁。加以戎羯窥窬，伺我边隙。北风未起，马首便以南向；塞草未衰，严城于焉早闭。永明八载，疆场大骇。天子乃心北眷，听朝不怡。**扬旆汉南，非公莫可**。于是驱马原隰，卷甲遄征。威令首涂，仁风载路。轨躅清晏，车徒不扰。牛酒日至，壶浆塞陌。失义犬羊，其来久矣，征赋严切，唯利是求；首鼠疆界，灾蠹弥广。公扇以廉风，孚以诚德，尽任棠置水之情，弘郭伋待期之信。金如粟而弗睹，马如羊而靡入。雖雄必怀，豚鱼不爽。	迁**使持节、都督雍梁南北秦四州荆州之竟陵司州之随郡军事、左将军、宁蛮校尉、雍州刺史**。缅留心辞讼，亲自隐恤，劫抄度口，皆赦遣许以自新，再犯乃加诛，为百姓所畏爱。

续　表

	神　道　碑	本　传
12	由是倾巢举落，望德如归，椎髻髽首，日拜门阙；卉服满涂，夷歌成韵。礼义既敷，威刑具举，强民犷俗，反志迁情。风尘不起，囹圄寂寞。富商野次，宿秉停蓄。蟓蝗弗起，豺虎远迹。北狄惧威，关塞谧静。侦谍不敢东窥，驼马不敢南牧。	
13	方欲振策燕赵，席卷秦代，陪龙驾于伊洛，侍紫盖于咸阳。而遘疾弥留，欻焉大渐。耕夫释耒，桑妇下机，参请门衢，并走群望。维永明九年夏五月三十日辛酉薨，春秋三十有七。	九年，卒。诏赙钱十万，布二百匹。
14	城府飒然，庶寮如賨。男女老幼，大临街衢，接响传声，不逾时而达于四境。夷群戎落，幽远必至，望城拊膺，震动郭邑，并求入奉灵榇，藩司抑而不许。虽邓训致劈面之哀，羊公深罢市之慕，对而为言，远有惭德。神驾东还，号送逾境。奉觞奠以望灵，仰苍天而自诉。震响成雷，盈涂咽水。	丧还，百姓缘沔水悲泣设祭，于岘山为立祠。
15	公临危审正，载惟话言。楚囊之情，惟几而弥固；卫鱼之心，身亡而意结。二宫轸恸，遐迩同哀。**追赠侍中、领卫将军**，给鼓吹一部，谥曰昭侯。	**赠侍中、卫将军，持节、都督、刺史如故**。给鼓吹一部。谥昭侯。年三十七。
16	时皇上纳麓在辰，登庸伊始，允副朝端，兼掌屯卫。闻凶哀震，感绝移时。因遘沈疴，绵留气序。世祖日夜忧怀，备尽宽譬，勉膳禁哭，中使相望。上虽外顺皇旨，内殷私痛，独居不御酒肉，坐卧泣涕沾衣。若此移年，癯瘵改貌。天伦之爱，振古莫俦。	高宗少相友爱，时为仆射，领卫尉，表求解卫尉，私第展哀，诏不许。每临缅灵，辄恸哭不成声。
17	及俯膺天眷，入纂绝业，分命懿亲，台牧并建。对繁弱以流涕，望曲阜而含悲。**改赠司徒，因谥为郡王**，礼也。	建武元年，赠侍中、司徒，安陆王，邑二千户。

案，第16条碑文"皇上"指高宗明帝，因撰写碑文在明帝时。萧缅卒时世祖武帝在位，明帝任仆射，领卫尉。①

---

① 《南齐书》卷六《明帝纪》："〔永明〕七年，为尚书右仆射。八年，加领卫尉。"第84页。

例10：萧昺（梁普通四年卒，523）

萧昺是梁武帝从弟，卒于梁普通四年。《文馆词林》收录梁元帝为其所作碑文。碑文未具下葬时间，但从叙述来看卒于郢州后丧反旧茔，没有特殊情况耽搁，下葬时间应在同年或次年。下表官爵名加粗，有异处下加曲线。

	神 道 碑[①]	本 传[②]
1	解巾，调补**齐晋安国常侍**。踵武龚舍，连步叔宁，虽未鹏飞，且资鸿渐。	景八岁随父在郡，居丧以毁闻。既长好学，才辩能断。齐建武中，除**晋安王国左常侍**。
2	出试**永宁令**。岑鼎方洎，牛刀始割，日抚鸣琴，不以河阳为陋；时摛雅赋，更觉齐都为鄙。永嘉人胡仲宣等千人诣阙，请公为郡，将欲许焉。	迁**永宁令**，政为百城最。永嘉太守范述曾居郡，号称廉平，雅服景为政，乃榜郡门曰："诸县有疑滞者，可就永宁令决。"顷之，以疾去官。永嘉人胡仲宣等千人诣阙，表请景为郡，不许。
3		还为**骠骑行参军**。
4	齐氏以长沙宣武王勋，用公为**步兵校尉**。公睹黍离之际，木运不长，故远魏朝，不论人物，时遵汉典，或校兵书。	永元二年，以长沙宣武王懿勋，除**步兵校尉**。
5	既而夏癸昏纵，[③]商辛废礼，社稷镇卫，用明允而婴戮；时宗人誉，由正直而亡身。自宣武王遘此淫滥，公与时用舍，知命乐天，达平仲徐行之音，慕宣尼弦歌之德，仰逢六师，西愤五纬，东攒火烛。前殿兵临作室，公乃制衣具沐，将济屯膏，远自郊门，奉望钲钺，宾客乐从者数十百人。	是冬，宣武王遇害，景亦逃难。

[①] （唐）许敬宗编，罗国威整理《日藏弘仁本文馆词林校证》卷四五七《郢州都督萧子昭碑铭》，北京：中华书局，2001年，第184—187页。
[②] 《梁书》卷二四《萧景传》，第367—370页。
[③] "癸"，《适园丛书》本同。弘仁本作"发"，似误。

	神道碑	本 传
6	中兴元年，霸府板补**宁朔将军，行南兖州事**。迁辅国将军、监南兖州。昔马越之领，游击马恬之典吴郡，即此麾号，皆用宗威。传呼甚宠，识者荣之。加以密迩北门，寄深关柝，殷人未狎，四郊多垒，薮泽遐旷，逋窜所逃，	高祖义师至，以景为**宁朔将军、行南兖州军事**。时天下未定，江北伦楚各据坞壁，景示以威信，渠帅相率面缚请罪，旬日内皆平。
7	陈午拥众于邹山，庾希窃发于海县，既外邻戎境，内患荁蒲，自独夫弃常，凭暴岁甚，师之所处，加以荐饥。公闲于殿乱，善于因即。政不惯弱，济维竟猛，抚循茕幼，锄翦豪强，州无滞积，公无禁利，莅官行法，善政斯在。	中兴二年，迁**督南兖州诸军事、辅国将军、监南兖州**。
8	惟皇建国，品物咸亨，举功行赏，各有分地，封人设墠，典命授圭，封**吴平县开国侯，食邑一千户**。进授**使持节，督南北兖青冀四州诸军事、冠军将军、南兖州刺史**。既同宋义之号，且等去病之功。爰初徇地，迄此作牧，人无莱茹之劳，官无乌秩之费。	高祖践阼，封**吴平县侯，食邑一千户**，仍为**使持节、都督北兖徐青冀四州诸军事、①冠军将军、南兖州刺史**。诏景母毛氏为国太夫人，礼如王国太妃，**假金章紫绶**。景居州，清恪有威裁，明解吏职，文案无壅，下不敢欺，吏人畏敬如神。会年荒，计口赈恤，为饘粥于路以赋之，死者给棺具，人甚赖焉。
9	先是王师北讨，戎帅捐戈，天子命我，受脤建节，有诏龚行，犀橹不蔽。武车绥旌，九地靡韬其术；辕门誓众，八阵咸尽其谋。故以威詟贵霜，化行绝漠者矣。遭太夫人忧，金曰金革夺礼，有为为之，且遵故实，别诏敦勉。公称情立文，以奉权制，每一感恸，飞走相趋。	天监四年，王师北伐，景帅众出淮阳，进屠宿预。丁母忧，诏起摄职。
10	时官卫俟贤，朝难其授，谅须才冠遐集，识兼谋远。乃征公为**太子左卫率，迁辅国将军、卫尉卿**。昔汉调铫期，止资敓攘之力，魏选董昭，才求巡警之备。公之此举，允膺掌笞，何止不疑之清正，玄成之文雅，同日而语哉。	五年，班师，除**太子右卫率**，迁**辅国将军、卫尉卿**。

---

① 点校本据碑文改"北兖徐青冀"为"南北兖青冀"，今仍旧。

续　表

	神　道　碑	本　传
11	**转左骁骑将军,兼领军将军。**	七年,迁**左骁骑将军,兼领军将军**。领军管天下兵要,监局官僚,旧多骄侈,景在职峻切,官曹肃然。制局监皆近幸,颇不堪命,以是不得久留中。
12	自延康改革,任均尽护,直以御史之印,不易赵尧,先零之举,无逾充国,故超兹河沛,越此英卢,桡是常均,摄官而进。今之樊汉,昔之关辅,盖惟轸牵之野,仍为舆质之邦。楚襄好会之所,刘牧郊天之地,虽非甘泉密畤,实有伏龙凤雏,王业所起,家出将相。漠皋之阳,八命为重,推毂之寄,九牧所先。乃授公**使持节、督雍梁南北秦四州郢州之竟陵司州之隋郡诸军事、信武将军、宁蛮校尉、雍州刺史**。	寻出为**使持节、督雍梁南北秦郢州之竟陵司州之随郡诸军事、信武将军、宁蛮校尉、雍州刺史**。
13	褰帷就道,去襜为政,广听远视,荐清贬浊。惟来百蛮,悉为我用。秦土不敢弯弓,胡人不敢南牧。驷介徒兵,日充王府,师出以律,远无不怀。	八年三月,魏荆州刺史元志率众七万寇潺沟,驱迫群蛮,群蛮悉渡汉水来降。议者以蛮累为边患,可因此除之。景曰:"穷来归我,诛之不祥。且魏人来侵,每为矛盾,若悉诛蛮,则魏军无碍,非长策也。"乃开樊城受降。因命司马朱思远、宁蛮长史曹义宗、中兵参军孟惠俊击志于潺沟,大破之,生擒志长史杜景。斩首万余级,流尸盖汉水,景遣中兵参军崔绩率军士收而瘗焉。
14		景初到州,省除参迎羽仪器服,不得烦扰吏人。修营城垒,申警边备,理辞讼,劝农桑。郡县皆改节自励,州内清肃,缘汉水陆千余里,抄盗绝迹。
15	征**右卫将军、石头戍军事**。	十一年,征**右卫将军**,领**石头戍军事**。
16	又授**使持节、督南北兖北徐青冀五州诸军事、信武将军、南兖州刺史**。昔郗鉴再抚,朱序重临,未有悬床尚存,遗犊犹在,俗禀王濬之风,人怀叔英之政。厥德兴谣,还闻在昔。	十二年,复为**使持节、督南北兖北徐青冀五州诸军事、信威将军、南兖州刺史**。
17	征为**领军将军**,加**侍中**。昔卞壶之加常侍,王劭之领纳言,虽不作中候,彼	十三年,征为**领军将军**,直殿省,知十州损益事,月加禄五万。

续 表

	神 道 碑	本 传
18	有惭色。	景为人雅有风力,长于辞令。其在朝廷,为众所瞻仰。于高祖虽为从弟,而礼寄甚隆,军国大事,皆与议决。
19		十五年,**加侍中**。
20	迁**安右将军,监扬州,并置佐吏,即以第为府**。于斯时也,修学创田,勉耕分禄,不然官烛,罔蓄私绢。朝野具瞻,权寄日重。	十七年,太尉、扬州刺史临川王宏坐法免。诏曰:"扬州应须缉理,宜得其人。侍中、领军将军、吴平侯景才任此举,可**以安右将军监扬州,并置佐史**,侍中如故,**即宅为府**。"
21		景越亲居扬州,辞让甚恳恻,至于涕泣,高祖不许。
22		在州尤称明断,符教严整。有田舍老姥尝诉得符,还至县,县吏未即发,姥语曰:"萧监州符,火爁汝手,何敢留之!"其为人所畏敬如此。
23	公常思损挹以避近亲,上优游未许,靳守弥固。乃出为**使持节、散骑常侍、都督郢司霍三州诸军事、安西将军、郢州刺史**,给鼓吹一部。初齐安、	十八年,累表陈解,高祖未之许。明年,出为**使持节、散骑常侍、都督郢司霍三州诸军事、安西将军、郢州刺史**。
24	竟陵,犬牙房界,缚马诇军,亟有窃发。公移书告示,房即焚成保境,风教如神,万里清谧。	将发,高祖幸建兴苑钱别,为之流涕。既还宫,诏给鼓吹一部。
25		在州复有能名。齐安、竟陵郡接魏界,多盗贼,景移书告示,魏即禁坞戍保境,①不复侵略。
26	方当永赞隆平,粵登三事,天厉不戒,春秋卅七,普通四年薨于位。诏赠**侍中、中抚军将军、仪同三司**,侯如故。丧反旧茔,路由皇邑,亲降銮跸,礼优诏葬。某年葬于某郡县之某山,谥曰忠侯,礼也。	普通四年,卒于州,时年四十七。诏**赠侍中、中抚军、开府仪同三司**。谥曰忠。

---

① "禁",点校本据《南史》及《册府》改作"焚",今仍旧。

碑文与本传历官对应度极高。本传多三处内容：第3条"还为骠骑行参军"，第7条"督南兖州诸军事"，第8条"诏景母毛氏为国太夫人，礼如王国太妃，假金章紫绶"。又，碑文或传文有少量讹误。第10条碑文作"太子左卫率"，本传作"太子右卫率"，墓志作"右"。第16条碑文作"信武将军"，本传作"信威将军"，未知孰是。

例11：萧憺（梁普通三年卒，522）

萧憺为梁武帝之弟，卒于梁普通三年。和褚渊、萧昺碑一样，萧憺碑亦不言下葬时间，当与卒年相去不远。此碑是迄今南朝陵墓石刻中保存最好的一种，清代金石文献多有著录，拓片、录文情况比较复杂。朱希祖言莫友芝《宋元旧本书经眼录》所附《金石笔识》中的此碑录文较清末常见碑文版本多千余字，盖据旧拓，因以莫本为底本，校以严观《江宁金石记》录文、王昶《金石萃编》录文及家藏光绪年间拓本，[①]并作考释。本文以朱氏录文为主，参考毛远明《汉魏六朝碑刻校注》。以下截取碑文叙述生平的部分与本传全文进行对比，官爵名加粗，官爵记载有异处下加曲线。朱氏录文"识而未确"处加方框，下表照录。

	神 道 碑[②]	本 传[③]
1	时年数岁，所生吴太妃有疾，公衣不解带，累日绝食。逮乎执丧，毁瘠过礼，慕兼乐正，哀甚颜含。	数岁，所生母吴太妃卒，憺哀感傍人。
2	幼与群伴闲居，忽尔雷震，群者骇散，惟公独否。既闻（同）民爹之歌，弥见台辅之量。故典戈负弩，□□功倍，谘（衡）经问道，匪扶自直，室迩人遐，则应之千里。	

---

① 朱希祖《六朝建康冢墓碑志考证》，载于《六朝陵墓调查报告》，长沙：岳麓书社，2010年，第209页。
② 据朱希祖《六朝建康冢墓碑志考证》，载于《六朝陵墓调查报告》，第211—220页。亦参毛远明《汉魏六朝碑刻校注》第3册，第三一六号《萧憺碑》，第179—181页。
③ 《梁书》卷二二《始兴王憺传》，第353—355页。

第四章 列传编纂的政务运作基础：对相关制度与文本的考察　173

续　表

	神　道　碑	本　传
3	始登冠礼，旋膺府命，参**西中郎**，修伍(任)**法曹**，俄迁**外兵**。优游戎佐，谈咏而已。	齐世，弱冠为**西中郎法曹行参军，迁外兵参军**。
4	齐德将昏，人离众散，圣皇乘时抚运，念拯生民，龙骧汉水，虎据南徐。公与第八兄南平王伟知□□所归，辞职侍从，睹(兴)风云之会，乘天地之符，众犹熊熊，将如貔虎，五臣十乱之旅，四七二八之雄，纵横上略，纷纭决勇，公参赞神谟，夙兴帷幄，功均屯垒。	义师起，
5	南康王摄西朝(州)，制命荆陕，以公为**冠军将军、西中郎谘议，相国从事中郎**。俄迁**给事黄门侍郎**。 霸王振兴，连旗西土，义师雷动，龚行天讨。公与南平王留守雍部。	南康王承制，以憺为**冠军将军、西中郎谘议参军，迁相国从事中郎**，与南平王伟留守。和帝立，以憺为**给事黄门侍郎**。
6	于时四海宅心，八百胥会，人神协契，莫不率从，而廉恶之朋，弗识天命，先迷末晤，后服犹昏，实繁有徒，梗我王路。公弼谐州事，镇抚关河，肃奉成规，事等萧寇。出屯西垒，影响(势)南平。梁州齐兴太守颜僧都、魏兴太守裴师仁，阻绝城郭，众逾一万，谋据汉北，将至城下，公毗赞讦谟，尽其晨夜，遣缮精锐，先据始平，要击多杀，二贼鸟窜。	
7	及萧瓛、鲁休烈来寇上明，奸回犹骋，豕突方纵。又镇军将军萧颖胄佐命西朝，政教攸在，一朝徂殒，内外怔然。以公式遏有方，朝野兹寄，爰下玺策，征公入辅。闻命选徒，襄粮遄迈，纪郢鲁识其疆域会诸建□乃水□。和帝仍除侍中、右将军，行荆州事。公运以英规，罪人斯得。	时巴东太守萧慧训子璝等及巴西太守鲁休烈举兵逼荆州，屯军上明，镇军将军萧颖胄暴疾卒，西朝甚惧。尚书仆射夏侯详议征兵雍州，南平王伟遣憺赴之。憺以书喻璝等，旬日皆请降。
8	七州底定，百揆时叙，大蕃兴后来之歌，皇舆无反顾之虑。	是冬，高祖平建业。
9	和帝西下，以公为**使持节、都督荆湘益宁南北秦六州诸军事、平西将军，行荆州刺史**。	明年春，和帝将发江陵，诏以憺为**使持节、都督荆湘益宁南北秦六州诸军事、平西将军、荆州刺史**，未拜。

续 表

	神 道 碑	本 传
10	于此时帝将与贤，昌我侯国，承天革命，磐石斯建，维城大启，公勋兼望爽，亲惟鲁卫，帝曰钦哉，昨宇南服。天监元年四月，封始兴郡王，食邑二千户。江汉之纪，实惟南国，形胜之要，作镇西楚，苞含蛮蜒，控接巴巫，分陕之寄，民望攸隆。惟公谊笃天伦，相维缔业，总督之任，实曰允谐。诏使持节、都督荆湘益宁南北秦六州诸军事、安西将军，行荆州刺史。	天监元年，加安西将军，都督、刺史如故。封始兴郡王，食邑三千户。①
11	公褰襜以化梨氓，张袖以纳夷狄，先之以德惠，后之以威刑，广田省役，阶无滞讼，应接如神，趋召弗懈。	时军旅之后，公私空乏，憺厉精为治，广辟屯田，减省力役，存问兵死之家，供其穷困，民甚安之。
12	益部诸将李奉伯倚刘季连，寇乱嶰峨，撄城固守。公折简以示祸福，无俟兵革之劳，成都乂安，公之力也。	
13	事闲务隙，常集宾僚，访问政道，谈述诗赋。亲屈车骑，轼隐者之庐；虚己降尊，延白屋之士，给医药以拯疾病，建惠台以救乏绝，齐相之乐交宾客，晋卿之脯糈翳桑，以古方今，岂能及此，振仁风乎梦水，被茂泽于楚山。	憺自以少年始居重任，思欲开导物情，乃谓佐吏曰："政之不臧，士君子所宜共惜。言可用，用之可也；如不用，于我何伤？吾开怀矣，尔其无吝。"于是小人知恩而君子尽意。
14		民辞讼者，皆立前待符教，决于俄顷。曹无留事，下无滞狱，民益悦焉。
15	寻加鼓吹一部。	三年，诏加鼓吹一部。
16	六年，沮漳暴水，泛滥原隰。南岸邑居，频年为患，老弱迁遽，将至沈溺。公匪惮栉沐，躬自临视，忘垂堂之贵，亲版筑之劳，吏民忧恐，趋进益急，见辟危竭，拏叶旋极，购以俸金，所活甚众。洪波无惊，举짋叹服，德之攸感，皆曰神明。四郡所漂，赈以私粟，鬋眉绾发，莫	六年，州大水，江溢堤坏，憺亲率府将吏，冒雨赋丈尺筑治之。雨甚水壮，众皆恐，或请憺避焉。憺曰："王尊尚欲身塞河堤，我独何心以免。"乃刑白马祭江神。俄而水退堤

① 点校本据碑文改"三千"为"二千"，今仍旧。

第四章 列传编纂的政务运作基础：对相关制度与文本的考察 175

续　表

	神　道　碑	本　传
16	不歌颂。是岁嘉禾一茎九穗生于邴洲，甘露降于府桐树，唐叔之美，事符兹日，并欲奏闻，谦让弗许。	立。邴州在南岸，数百家见水长惊走，登屋缘树，憺募人救之，一口赏一万，估客数十人应募救焉，州民乃以免。又分遣行诸郡。遭水死者给棺槥，失田者与粮种。是岁，嘉禾生于州界，吏民归美，憺谦让不受。
17	七年，丁慈母陈太妃忧，水浆不入口六日，毁瘠三年，扶而后起，中旨慰喻，以大军之后，宜尽绥辑，频表自陈，反哀苦次，服制有阕，毁痛逾常，羊祜不堪展履，荀顗面不可识，哀瘠在身，忧未忘也。	七年，慈母陈太妃薨，水浆不入口六日，居丧过礼，高祖优诏勉之，使摄州任。
18	其年十二月，以奉征还朝。改授**平北将军**、**护军将军**，**领石头戍事**。	是冬，诏征以本号还朝。民为之歌曰："始兴王，民之爹。赴人急，如水火。何时复来哺乳我？"八年，为**平北将军**、**护军将军**，**领石头戍事**。
19	又诏**都督北讨众军**。	
20	八年，诏授**中书令**、**中卫将军**，续领**卫尉卿**。公趋事紫泥，兼总关析，丝纶惟序，衿带以清，八屯斯谧，千庐无警。	寻迁**中军将军**、**中书令**，俄领**卫尉卿**。憺性劳谦，降意接士，常与宾客连榻而坐，时论称之。
21	其年秋，更授**使持节**、**散骑常侍**、**都督南充南北徐青冀五州诸军事**、**镇北将军**、**南充州刺史**。以太妃忧服未阕，固辞鼓吹。北括□□，南通扬楚，刑繁讼扰，旧曰难治，公登车揽辔，怀远能迩，贝锦在路，不盗窃于逵中；桃李垂荫，不潜掇于樾下。李珣率由清约，马融雅好人伦，等诸今者，弗能及也。离碓王垒，并络金城，乘传述职，首车具选。	是秋，出为**使持节**、**散骑常侍**、**都督南北充徐青冀五州诸军事**、**镇北将军**、**南充州刺史**。
22	九年正月，迁**使持节**、**散骑常侍**、**都督益宁梁南北秦沙七州诸军事**、**镇西将军**、**益州刺史**。西通渭洇，北指秦川，鸟鼠河沙之酋，龟兹陇右之长，民夷万族，塞马千群，趋庭恐后。	九年春，迁**都督益宁南梁南北秦沙六州诸军事**、**镇西将军**、**益州刺史**。开立学校，劝课就业，遣子映亲受经焉，由是多向方者。

续　表

	神　道　碑	本　传
23	魏攻巴，南安太守垣季珪坚壁拒守，南安将校挺甯，三巴百县，狼顾影伺。公命旅授师，算无遗策，戒途匪日，凶锋折道。	时魏袭巴南，西围南安，南安太守垣季珪坚壁固守，憺遣军救之，魏人退走，所收器械甚众。
24	遐迩具瞻，夜户不闭，问子真于谷口，祭仲元于主畿，表君平之旧庐，轼长卿之故馆，停骖询俗，揖客讌经，聿修复汉讲堂礼殿，诞于成都，绍文翁之教，习饮射之仪，命王冲子广信侯映，降为诸生，率先胄子，执经受业，适道为群，长幼移趋，相观竞好，信达多人，不师古道，则业夫咲之。	
25	十四年，更授使持节、散骑常侍、都督荆湘雍益梁宁南北秦八州诸军事，镇右将军，荆州刺史。同郭伋之再至，等黄霸之重来，下车之日，举贤弹枉，都邑安宁，川域无反，有以公指麾□□□不言□□□为典容其短，仰公慈哲，莫不改过。开立序校，肆习生徒，采玉荆山，求□赤水，赴我计车，识道八九，顾视□有十五乎宾或讳□中之宁部乞师，卫行□□□笃公检蜀众精勇者授之故将不废荒部斯道乃清□会□于益□	十四年，迁都督荆湘雍宁南梁南北秦七州诸军事、镇右将军、荆州刺史。
26	十七年，第七兄司空安成康王薨，公同胞异体，弥深友爱，奉问惊恸，绝而复苏，珠散绠流，解投弗垂，累月积时，涕演勿辍。	同母兄安成王秀将之雍州，薨于道。憺闻丧，自投于地，席槀哭泣，不饮不食者数日，倾财产赙送，部伍小大皆取足焉。天下称其悌。
27	十八年，征授侍中、中抚将军、□□□同三司、领军将军。 明良哉于壹德，群僚仰乎硕辅，仁人周亲，于斯为盛，正色立朝，梦而弥序，贵而思降，夙夜匪懈，吐握无怠。	十八年，征为侍中、中抚将军、开府仪同三司、领军将军。
28	弘济于艰难，宣力于治忽，方诞讲五戎，重司九伐，将领修法，介服亭立，乃为之三令五申，识日设□□□朴表，□掌景司待景□道绝趋拜，亦不以废礼有讥。 普通三年十一月八日薨于位。	普通三年十一月，薨，时年四十五。

续 表

	神 道 碑	本 传
29	爰初遘疾，至大渐，舆驾骤幸，有废寝膳，公虑贬神和，辞不称剧，逮乎反席，湛然无挠。	
30	上震悼，遣侍中□□护丧事惟宜不贷。追葬，诏曰：故侍中、中抚将军、开府仪同三司、领军将军、始兴郡王憺茂修于同气，治绩于相庭，辉光庶务，翼佐运始，勋隆陕服，契阔屯夷，劬劳蕃寄。自内掌戎司，嘉猷弥著，方正位论道，弘赞衮阙，奄焉丧次，朕用伤悼于厥心，饬终加等，实惟首诰，宜仁灵车，以申追诰。可赠侍中、司徒、骠骑将军，余如故，给班剑卅人，羽葆鼓吹一部，谥曰忠武王，礼也。	追赠侍中、司徒、骠骑将军，给班剑三十人，羽葆鼓吹一部。册曰："咨故侍中、司徒、骠骑将军、始兴王：夫忠为令德，武谓止戈，于以用之，载在前志。王有佐命之元勋，利民之厚德，契阔二纪，始终不渝，是用方轨往贤，稽择故训，鸿名美义，允臻其极。今遣兼大鸿胪程爽，谥曰忠武。魂而有灵，歆兹显号。呜呼哀哉！"
31		憺未薨前，梦改封中山王，策授如他日，意颇恶之，数旬而卒。世子亮嗣。

碑文第2条"民爹之歌"，不知是否受本传第18条影响而误释，姑且存疑。

碑文与传文所记历官总体而言对应度极高。所不同者：碑文第7条"侍中、右将军，行荆州事"、第19条"都督北讨众军"，本传无。第10条食邑数本传传世诸本与碑文不同。同条之官爵表述方式与碑文有异，但所指实则一致。第20条碑文作"中卫将军"，本传作"中军将军"。第22、25条碑文"使持节、散骑常侍"，传文皆省去，又所督州名数碑传不同，盖有讹误。

碑、传对历次迁转的时间、过程都记录得比较详细，稍有异的有两处。一是第5条碑文未言"和帝立"，只说"俄迁"。第18条官职，碑文在"其年十二月，以奉征还朝"后，至20条方云"八年"，本传则在第18条已云"八年"为此职。

碑文叙事详细，本传少有超出碑文者，见本章正文讨论。

例 12：萧融（天监元年葬，502）

萧融为梁武帝萧衍之弟，卒于齐东昏侯永元中（499—501）。齐梁禅代后，天监元年追赠为桂阳王并以王礼下葬（见墓志）。《艺文类聚》引其墓志铭文十句。其墓又于 1980 经考古发掘，出土萧融及其妃王氏墓志。①《梁书》附萧融事于嗣子桂阳王象传前，内容简略。以下将《梁书》所述萧融事与其墓志叙述生平的部分略作对比，官爵名加粗。

	墓　　志②	本　　传③
1	齐永明元年，**大司马豫章王**府僚简重，引为**行参军**，**署法曹**。	
2	隆昌元年，转**车骑鄱阳王行参军**。	
3	建武元年，□□初辟，妙选时英，除**太子舍人**。	
4	顷转**冠军、镇军、车骑三府参军**，署外□。	
5	又为**车骑江夏王主簿**。	
6	顷之，除**太子洗马**，不拜。	初，叔父融仕齐至**太子洗马**。
7	元昆丞相长沙王至德高勋，居中作宰。而凶昏在运，君子道消，恶直丑止，罹兹滥酷。王春秋卅，永元三年十二月十二日奄从门祸。	永元中，宣武之难，融遇害。
8	中兴二年，追赠**给事黄门侍郎**。	高祖平京邑，赠**给事黄门侍郎**。
9	皇上神武拨乱，大造生民。冤耻既雪，哀荣甫备。有诏：亡弟齐故给事黄门侍郎融，风标秀特，器体淹弘。朕继天绍命，君临万寓，祚启郁膝，感兴鲁卫，事往运来，永怀伤切。可赠**散骑常侍、抚军将军、桂阳郡王**。	天监元年，加**散骑常侍、抚军大将军**，封**桂阳郡王**。谥曰简。

---

① 南京市博物馆、阮国林《南京梁桂阳王萧融夫妇合葬墓》，《文物》1981 年第 12 期。
② 毛远明《汉魏六朝碑刻校注》第 3 册，第三〇七号《萧融墓志》，第 146 页。
③ 《梁书》卷二三《桂阳嗣王象传》，第 364 页。

例 13：萧敷（梁普通元年葬，520）

　　萧敷为梁武帝萧衍之兄，卒于南齐建武四年（497）。齐梁禅代后，天监元年（502）追赠萧敷为永阳王，以其子伯游为嗣，《梁书》为嗣王伯游立传，萧敷附于其前，内容简略。普通元年萧敷妃王氏薨，祔葬，制作了夫妇两方墓志，皆题"尚书右仆射、太子詹事臣徐勉奉敕撰"。两方墓志都在宋代或更早被发现，南宋张敦颐《六朝事迹类编》已著录，墓志以拓本传世。毛远明《汉魏六朝碑刻校注》据上博所藏宋拓剪裱本录文，本文以该录文为准，厘定异体、俗别字，调整个别标点。以下截取墓志叙述生平的部分与其传记进行对比，官爵名加粗，官爵记载有异处下加曲线。

	墓　志[①]	本　传[②]
1	解褐齐**后军长沙王行参军**。武陵王始开戎号，妙简宾僚，又行参**冠军、征房二府军事**。	解褐齐**后将军**、**征房行参军**，[③]
2	入为**太子舍人**。濯缨承华，清风载穆。	转**太子舍人**，
3	衡阳王冠婚礼备，问望□在，以公为**文学**，称为盛选。	
4	俄迁**太子洗马**，又为**南海王友**。先马之职，既允仪形；会友之任，实弘斧藻。长虞公干，莫或加焉。	**洗马**，
5	出补**丹杨尹丞**，复入为**太子中舍人**。三陟龙楼，仍历坊禁。清谈时论，咸以为荣。	迁**丹阳尹丞**，入为**太子中舍人**。
6	司部滨接蛮虏，亟有充斥，汉东之国，贻忧西顾。以公兼姿文武，出为**建威将军、隋郡内史**。下车隐恤，威德大著。时獯猃侵逼义阳，四山互相影响。郡内孤危，兵粮竭弱。公深加奖厉，视险若夷。于是百姓相携入城，城中殆无复相容处。咸曰：贼若能来，必为府君死战。物情如□，窥觎遂息。于是关柝清夷，民俗殷阜。	除**建威将军、随郡内史**。招怀远近，黎庶安之，以为前后之政莫之及也。
7	进号**宁朔将军**，内史如故。	进号**宁朔将军**，

---

① 毛远明《汉魏六朝碑刻校注》第 3 册，三一四号《萧敷墓志》，第 167 页。
② 《梁书》卷二三《永阳嗣王伯游传》，第 363 页。
③ 点校本据墓志删"后将军"为"后军"（校勘记一二），今仍旧。

续 表

	墓 志	本 传
8	久之，征为**后军庐陵王**谘议参军。纵容讽味，雅有弘益。	征为**庐陵王**谘议参军。
9	天不愍遗，远涂未至，以齐建武四年八月六日薨，春秋卅有七。知与不知，咸嗟弥悴。	建武四年，薨。
10	圣上应期革命，受终文祖。览《周南》而雪涕，咏《常棣》而兴哀。天监元年四月八日诏曰：亡兄齐故后军谘议参军，德履冲粹，识业渊通。徽声嘉誉，风流藉甚。道长世短，尘独缅邈。感惟既往，永慕恸心。可追赠**侍中、司空、永阳郡王，食邑二千户**，谥曰昭王，礼也。	高祖即位，追赠**侍中、司空**，封**永阳郡王**，谥曰昭。

第1条，墓志作"后军"，本传作"后将军"。案齐高帝子长沙王晃，"太祖践阼……寻迁使持节、都督南徐兖二州诸军事、后将军、南徐州刺史"，[①]似是墓志有误，或后将军本可省作"后军"。又，墓志有冠军、征虏二府行参军，本传无冠军府。案齐高帝子武陵王晔"初除冠军将军，转征虏将军"。[②]

墓志第3条衡阳王文学，第4条南海王友，本传无。案衡阳王当指衡阳王钧，本高帝子，出继高帝长兄。[③]南海王指武帝子子罕。[④]

第8条"后军庐陵王"当为明帝子庐陵王宝源，建武中为"使持节、都督南兖兖徐青冀五州军事、后将军、南兖州刺史"。[⑤]

例14：黄法氍（陈太建八年卒，576）

黄法氍是陈霸先创业至陈宣帝时期的重要将领，《陈书》有传，卒于太建八年。其墓于1989年发掘，出土墓志一方，但内容不完整，缺失志序后部及铭辞，因此下葬时间不详。[⑥]从本传记载来看应在卒后不久下葬。墓

---

① 《南齐书》卷三五《长沙威王晃传》，第623页。
② 《南齐书》卷三五《武陵昭王晔传》，第624页。
③ 《南齐书》卷四五《宗室·衡阳元王道度传》，第787页。
④ 《南齐书》卷四〇《南海王子罕传》，第712页。
⑤ 《南齐书》卷五〇《庐陵王宝源传》，第864页。
⑥ 邵磊指出墓志背面无字，或应有第二块志石，但墓葬内墓志等石葬具位置均未扰动，当时仅附葬一方志石。邵磊《陈朝名将黄法氍墓志辨析》，《东南文化》2015年第2期。

志存四十行,行三十四字,录文最初公布于发掘简报,①因原石残泐,录文阙漏很多,且一字以上的阙文则不标明所阙字数,所附图版也很模糊。此后王素参考传世史籍补订了墓志释文,②南京市博物馆邵磊又撰文辨证王素释文中的部分疏误,指出其中有不少是"参考传世史籍对辨识不清的志文加以臆释"。③邵磊文内还附有一张相对清晰的墓志拓片图版,但邵文所补的很多内容仅凭此图版亦难以辨认。由于本文以考察碑志传关系为目标,要警惕据传改补碑志的情形,因此本文仍以发掘简报为底本,采纳邵磊订补的部分,其余王素释文中增补的文字暂以白丁代替(阙十字以上者仍作省略号),以弥补简报阙文字数不明之弊。这样已可释出墓志的大部分内容,尤其前半叙事较多,墓志保存状况也较好,相当可贵。下表将墓志叙述生平的部分与《陈书》本传对比,官爵名加粗,官爵记载有异处下加曲线。

	墓　　志④	本　　传⑤
1	公少□□□□任侠有威严,弱□时无□□□□图军阵,骑射妙于飞燕,超楼过于延寿。	少劲捷有胆力,步行日三百里,距跃三丈。
2	弱冠,郡命□□并辟**功曹**□□右□□□,不□□复□□里巷,而雄张乡党,前辈旧族,咸敬而服之。	颇便书疏,闲明簿领,出入郡中,为乡闾所惮。
3	□□□□□□□□□□□□□,召公□□**郡事**。于是□遏权□,保障疆场,四战之地,一邦宁静,公之力也。及侯景□□,刺史□阳公大心板公**中兵参军**、**新淦县令**。公率亲兵屯据新淦,南届大庾之北,□□□之南。□□□□地□□郡,惮公威武,自然清肃。	侯景之乱,于乡里合徒众。太守贺诩下江州,法<u>氍</u><u>监知郡事</u>。

---

① 南京市博物馆《南京西善桥南朝墓》,《文物》1993年第11期。
② 王素《陈黄法氍墓志校证》,《文物》1993年第11期。
③ 邵磊《陈朝名将黄法氍墓志辨析》,《东南文化》2015年第2期。
④ 南京市博物馆《南京西善桥南朝墓》,《文物》1993年第11期;邵磊《陈朝名将黄法氍墓志辨析》,《东南文化》2015年第2期;王素《陈黄法氍墓志校证》,《文物》1993年第11期。
⑤ 《陈书》卷一一《黄法氍传》,第177—179页。

续 表

	墓　志	本　传
4	时有前高州刺史李迁仕援台，□□，退营大皋邑，有异图，颇为时忧。公乃遣密分言于高祖。高祖遣周文育进屯西昌□□□□□入，乡曲莫至。公遣千人以助文育，文育大喜，一鼓便平。	高祖将逾岭入援建业，李迁仕作梗中途，高祖命周文育屯于西昌，法氍遣兵助文育。
5	庼伪仪同于庆南□，由江南来成庐陵，不逞群辈□谋入庼，迳指吉阳。公乃亲率精锐，拒隘□险。庆入，知公此□，密遣阳椿欲袭新淦，军人惧于妻子，固请班师。公徐命传食，已而□□。日未移晷，丑类成禽，倍道驰归，椿亦死退。	时法氍出顿新淦县，景遣行台于庆至豫章，庆分兵来袭新淦，法氍拒战，败之。
6	会高祖又遣文育讨庆，军于巴丘，拥兵不前，颇有疑色。公单马迳入，便布腹心陈说规谋，若指诸掌。乃方轨并进，破于笙屯。	高祖亦遣文育进军讨庆，文育疑庆兵强，未敢进，法氍率众会之，因进克笙屯，俘获甚众。
7	西台承制，即授**假节**，超□□□、**交州刺史**，领**新淦县令**，封巴山县开国子，食邑三百户。	梁元帝承制授超猛将军、**交州刺史**资，领**新淦县令**，封巴山县子，邑三百户。
8	高祖既定豫章，命公应□委输，飞□挽粟，连轸接舻，千万所□，千金不遗。速平大寇，此之由也。	
9	承圣二年，诏**增户二百，并前为五百户，改子爵为侯，余并如故。**	承圣三年，除**明威将军、游骑将军。进爵为侯，邑五百户。**
10	三年，改授**明威将军、云骑将军，余如故。**	
11	天□□年，诏授**持节、左骁骑将军**，领□骑校尉，□如故。	贞阳侯僭位，除**左骁骑将军**。
12	敬帝即位，改封**新建县开国侯**，□□如前。	敬帝即位，改封**新建县侯**，邑如前。
13	太平元年，割江州四郡置高州，诏公为刺史，加散骑常侍、**使持节、都督高州诸军事、信武将军**，侯如故。	太平元年，割江州四郡置高州，以法氍为**使持节、散骑常侍、都督高州诸军事、信武将军、高州刺史**，镇于巴山。

续 表

	墓 志	本 传
14	□□□□□□□□连□□□□攻国①……	萧勃遣欧阳頠攻法氍,法氍与战,破之。
15	大陈受命永②……公乃③……	永定二年,王琳遣李孝钦、樊猛、余孝顷攻周迪,且谋取法氍,法氍率兵援迪,擒孝顷等三将。
16	并前④……如故⑤……	进号**宣毅将军**,**增邑并前一千户**,给鼓吹一部。
17	诏授**平南将军**、**开府仪同三司**□□如故。	又以拒王琳功,授**平南将军**、**开府仪同三司**。
18	三年六月,熊昙朗反于金口,□□□□攻之,□□□□□□□	熊昙朗于金口反,害周文育,法氍共周迪讨平之,语在《昙朗传》。
19	公大都□,改授□□**将军**,□□故。	世祖嗣位,进号**安南将军**。
20	天嘉元年三月⑥……丧□□□□哀容□□并为过□⑦……**高**□□**史**,改□□□□**军**,余如□□□□赠母⑧……命即莅方岳。⑨	
21	三年,周迪反⑩……麾下□□□□□□功塘。	天嘉二年,周迪反,法氍率兵会都督吴明彻,讨迪于工塘。
22	迪平,征公为**使持节**、**镇北大将军**□□□□□□□□□□**南徐州刺史**,加散□□□□如故。	迪平,法氍功居多。征为**使持节**、**散骑常侍**、**都督南徐州诸军事**、**镇北大将军**、**南徐州刺史**,仪同、鼓吹并如故。

---

① 此下阙二十余字。
② 此下阙三十字左右。
③ 此下阙五十字左右。
④ 此下阙十余字。
⑤ 此下阙二十字左右。
⑥ 此下阙二十余字。
⑦ 此下阙十余字。
⑧ 此下阙二十字左右。
⑨ "岳"字王素释出,据邵磊图版亦可辨。
⑩ "迪"字王素释出,据邵磊图版亦可辨。此下阙十余字。

续　表

	墓　志	本　传
23	未拜，改授**镇南大将军**，江吴□□诸军□□□□余并如故。	未拜，寻又改授都督江吴二州诸军事、**镇南大将军**、江州刺史。
24	天康元年，□□□□□□军。	六年，征为**中卫大将军**。
25	改封新建县开国公，食邑□□□□□□□如故。	废帝即位，**进爵为公**，给扶。
26	光大元年，□**使持节**□□□□□南徐州刺史，余并如□。	光大元年，出为**使持节**、都督南徐州诸军事、镇北将军、南徐州刺史。
27	□□□□□郢巴武三州诸军事，镇西将军□□□□□故。	二年，徙为都督郢巴武三州诸军事、镇西将军、郢州刺史，持节如故。
28	太建元年，进号征□□□□□。	太建元年，进号征西大将军。
29	二年，诏征公为**侍中**、**中权大将军**，余如故。	二年，征为**侍中**、**中权大将军**。
30	四年，除**使持节**、**散骑常侍**□□□□都督南豫州缘江诸军事、南豫州刺史，余并如故。	四年，出为**使持节**、**散骑常侍**、都督南豫州诸军事、征南大将军、南豫州刺史。
31	五年，大举北伐。诏公为①……敛□次，使平大岘□□□历阳□□□等②……余烬并为③……归，暨屠历阳④……	五年，大举北伐，都督吴明彻出秦郡，以法氍为都督，出历阳。齐遣其历阳王步骑五万来援，于小岘筑城，法氍遣左卫将军樊毅分兵于大岘御之，大破齐军，尽获人马器械。于是乃为拍车及步舰，竖拍以逼历阳。历阳人窘蹙乞降，法氍缓之，则又坚守，法氍怒，亲率士卒攻城，施拍加其楼堞。时又大雨，城崩，克之，尽诛戍卒。进兵合肥，望旗降款，法氍不令军士侵掠，躬自抚劳，而与之盟，并放还北。

---

① 此下阙十余字。
② 此下阙二十字左右。
③ 此下阙十字左右。
④ 此下似余四字空，但志文并未结束。

第 14、15、16、19、24 条因墓志残泐，无法肯定与本传对应。但从志、传上下文来看，应当对应。志传所记历官都很琐细，且高度对应，在本文讨论的案例中亦属突出。

墓志第 20 条，本传无。可推测墓志残文与母丧有关。其中涉及的官职应是高州刺史，黄法𣰋从太平元年开始至此前皆为高州（第 13 条以下），此条内容可能是因母忧去职又复职。

第五章 "宜准丘明"：东晋编年体修史考

如杜希德所说，"在学者中，这无疑已是一个公认的常识，即正史只是一个漫长而复杂的编纂、再编纂以及编辑的全过程的终端产品"。[1]对于这一过程，中国古代的史家提炼出资料收集与史书撰著的两个关键点。刘知幾说"为史之道，其流有二"，一是"当时"的"书事记言"，一是"后来"的"勒成删定"，[2]章学诚则称之为"记注"与"撰述"。近人金毓黻强调了这种两分法的相对性："自现代史家视之，前古之所谓史著，亦正今日之所谓史料。史料、史著，本属变动不居，而其厘然有别，则古今初无二致。"[3]

从"记注"到"撰述"，是资料被不断整理、编辑的过程，也常常是体裁转换的过程。因此，汉代以后的官修史虽然一般以纪传体为最终成果，但官修史体制实际上是多种体裁相互配合支撑的，对它的考察也不能仅着眼于纪传史。牛润珍《汉至唐初史官制度的演变》是近年最全面探讨唐以前官修史的著作，其中关于修史运作的考察集中在起居注、国史修撰两个环节。[4]雷家骥则注意到梁代出现了几种《实录》，提出"起居注是国史前序工作"，需要"与其他史料及时人史著综合研究，始克完成终程性的国史"，而《实录》的出现则在起居注与纪传体国史之间增加了一层

---

[1] ［英］杜希德著，黄宝华译《唐代官修史籍考》，上海古籍出版社，2010年，第29页。
[2] （唐）刘知幾著，（清）浦起龙释《史通通释》卷一二《古今正史》，上海古籍出版社，2009年，第301页。
[3] 金毓黻《中国史学史》，北京：商务印书馆，1999年，第297页。
[4] 牛润珍《汉至唐初史官制度的演变》，石家庄：河北教育出版社，1999年，第230—231页。

"中介性工作",以便于时君掌握对历史的解释权。①《起居注》与纪传史之间的新增环节是十分值得重视的现象,与此相关的还有古人已经指出的南朝纪传史面貌的变化。章学诚说后代的正史效法《汉书》,却丧失了作为撰著的精神,"以纪表志传,同于科举之程式,官府之簿书"。②从现存二十四史来看,这样的特点从南朝四史开始显著出现。赵翼述评二十二史的史法,对南朝几史也屡言"多载词章,少载事实"、"立传太少"。③从《汉书》到南朝诸史"同于科举之程式,官府之簿书"的变化,显然是不断强化的官修史运作体制造成的。

官修史运作环节的发展不是到梁代修《实录》才开始。《实录》体裁编年附传,实与中古时期的编年史类似。中古编年史中,东晋史数量最多,姚振宗注意到它们虽然所记时代不全,但相互叠加便能凑成首尾完备的两晋编年史。这一现象与东晋的官修史有所关联,勾稽史料,可以发现东晋官方的历次修史都能与某一编年体晋史相应,存在一个编年体官修史的序列。从南朝刘宋开始,国史又恢复为以纪传体编纂,然而尽管国史体裁发生了变化,晋宋官修史的实际运作具有连贯性。本章将考察东晋时期编年体官修史的编纂以及晋宋官修史的衔接,在此基础上观察编年体在东晋南朝官修史运作中的角色。

一、东晋史官的成立(附史料辨析二则)

《晋书·干宝传》云:

> 中兴草创,未置史官,中书监王导上疏曰……元帝纳焉。宝于是

---

① 参见雷家骥《中古史学观念史》,台北:学生书局,1990年,第386—387页。又参见谢贵安《中国已佚实录研究》,上海古籍出版社,2013年,第7—11、49—53页。
② (清)章学诚著,叶瑛校注《文史通义校注》卷一《书教》,北京:中华书局,1985年,第49—50页。
③ 参见(清)赵翼《陔余丛考》卷六、卷七,北京:中华书局,2006年,第122—135页。

始领国史。①

干宝是东晋第一次修史活动的主事者,他提出了"宜准丘明"即采用编年体修史的主张,并完成了编年体西晋史《晋纪》。过去的学者虽然也提到过干宝《晋纪》与官修的联系,但主要还是从史学、史家、史作的角度讨论其书其人,较少挖掘背后的制度意义。②干宝提出的修史主张影响了东晋南朝官修体制的发展,为了理解这一点,先要厘清干宝修史与东晋史官初创的相关史实。根据上引《干宝传》记载,干宝是中兴草创以来首位领国史者,已毋庸置疑。但史书中还有一些零散的关于干宝担任著作官的记载,它们是否与干宝在东晋初领国史为一事,众说纷纭。如果对东晋初期史官的情况有整体把握,这些问题可以迎刃而解,对干宝及其《晋纪》的性质和意义也能有更深入的理解。

东晋史官的出现,首先要在建康(建邺)③政权官僚体系成立的进程中来看。司马睿于永嘉(307—312)初出镇建康(当时名建邺),永嘉五年怀帝被俘,司马睿被推为盟主,得"承制改易长吏",很快又拜左丞相、丞相。④承制任命的"长吏"主要指刺史令守等地方官长及相应武职,而建康政权的中枢只能以左丞相府或丞相府的规格存在,因而当时有"百六掾"之称。⑤到这时为止,建康都不可能出现作为中央官的秘书、著作诸

---

① 《晋书》卷八二《干宝传》,北京:中华书局,1974年,第2149—2150页。
② 关于干宝生平的代表性研究有:葛兆光《干宝事迹材料辑录》,《文史》第7辑,1979年;蒋方《关于干宝——读〈干宝事迹材料辑录〉后》,《湘潭大学社会科学学报》1984年第3期;小南一郎《干宝『搜神记』の编纂(上)》,《东方学报》第69号,1997年;曹道衡、沈玉成《干宝事迹》,《中古文学史料丛考》,北京:中华书局,2003年,第185页;李剑国《新辑搜神记·搜神后记》前言第一、三节,北京:中华书局,2007年,前言第1—31、37—47页;张庆民《干宝生平事迹新考》,《文学遗产》2009年第5期等。小南一郎、李剑国文较长,下文征引注出页码,余文一般不再出注。
③ "建邺"避晋愍帝讳改称"建康"。以下为行文方便,除引文外,统称为"建康"。
④ 参见《晋书》卷六《元帝纪》,第144—149页。下不一一注出。
⑤ 《晋书》卷八九《忠义·虞悝传》:"元帝为丞相,招延四方之士,多辟府掾,时人谓之'百六掾'。"(第2316页)又按《晋书·元帝纪》"辟掾属百余人,时人谓之'百六掾'"一语,在建武元年三月即晋王位"诸参军拜奉车都尉,掾属驸马都尉"后(第145页)。但司马睿自镇江左以来早已能够辟置掾属,"百六掾"不可能迟至称晋王后才出现,《元帝纪》此语当是对上句出现的"掾属"进行解释,并不表示此事发生的真正时间。

官,而且这时的建康政权也尚无意于修史,当时有祖纳举荐王隐修史,但建康政府以"草创务殷,未遑史官,遂寝不报"。① 建兴五年(317)司马睿称晋王后,建康政府才上升为"备百官",亦即模仿中央官的王国级别。一年后司马睿称帝,基本是直接将晋国官转换为中央官,实际上没有明显的人员变动。

建康设立史官在司马睿称晋王后不久,据《元帝纪》,建武元年(317)十一月"置史官,立太学"。② 与此相应,《干宝传》有王导建议"宜备史官,敕佐著作郎干宝等渐就撰集"的上书,③《王导传》又有王导建议"择朝之子弟并入于学,选明博修礼之士而为之师"的上书,④ 两条记事的时间也合于称晋王后,蒋方指出这两条记载正是帝纪的"置史官,立太学"之事。需要说明的是,帝纪所云"置史官",不是这时才设置名为"著作"之官,因为王导的上书中已称干宝为"佐著作郎"(当作"著作郎")。⑤ 建武元年三月司马睿称晋王、置百官之时,应该已经设立了秘书著作诸官,但那时尚未实际开展修史工作,帝纪在十一月又云"置史官",才是令著

---

① 《晋书》卷六二《祖纳传》,第1698—1699页。同书卷八二《王隐传》亦载此事,见第2142—2143页。但《祖纳传》称"史官之立,自纳始也",还是将东晋史官的渊源追溯于此。
② 《晋书》卷六《元帝纪》,第149页。《晋书》卷六五《王导传》云"中兴草创,未置史官,导始启立,于是典籍颇具"(第1749页),其事约在太兴(318—322)二、三年间(详下),与《元帝纪》"置史官"在建武元年的记载矛盾。但此处有可能是强调"典籍颇具"的结果,不一定是以初立史官的时间为准。因此本文认为《元帝纪》所记初立史官的时间可从。另外,《王导传》在记载王导启立史官以前记载了王导拜司空,《元帝纪》拜司空在太兴四年(第154页),雷家骥、牛润珍据此认为王导启立史官也在太兴四年(雷家骥《中古史学观念史》,第330页;牛润珍《汉至唐初史官制度的演变》,第119页),但《王导传》在拜司空、启立修史前后所载数事,参以帝纪与其他传记,皆在太兴二、三年,则《王导传》的时间排序恐不可靠。
③ 《晋书》卷八二《干宝传》,第2149—2150页。
④ 《晋书》卷六五《王导传》,第1748页。
⑤ 《晋书》卷八二《干宝传》,第2150页。原文作"敕佐著作郎干宝等渐就撰集",恐有误字。奏表言撰史之事不应跳过正郎,且《干宝传》下文又云干宝"始领国史",因此"佐"字很可能是衍字或"使"之误字。现代学者也多同意干宝在这次修史中独居领导地位。如葛兆光《干宝事迹材料辑录》:"我们可以怀疑,大约在'领国史'时,干宝已擢为著作郎。否则,他是不大可能在有佐著作郎身份的王隐、郭璞参加撰修的情况下担任主领国史任务的。"又如蒋方《关于干宝——读〈干宝事迹材料辑录〉后》:"王隐、郭璞等在太兴元年召为佐著作郎,是在著作郎干宝的领导下,进行编修晋史的工作。"

作官撰集国史的开始。

因此,建康政权的著作官及官修史事业从酝酿到实现,整个过程都与西晋的洛阳或长安朝廷无关。但前人屡言干宝在怀帝(都洛阳)或愍帝(都长安)时已担任著作官,这恐怕不可能。《干宝传》虽称干宝为新蔡人,但其祖仕吴为奋武将军,父为丹阳丞,这一家族在两晋之际实属东南土著。① 吴人入西晋后普遍仕宦无门,只有在吴显贵或声名极重者才可能入仕洛阳,但也难以显达;这些人如能够进入东晋政权,却可以获得较高地位。干宝的父祖家世和他后来在东晋的履历都与上述情况不符,以他的身份不可能在西晋担任著作官。②

东晋初的整个著作机构都是以出身司马睿相府旧部的一批东南士人为中心:干宝是实际修史工作的负责者,而幕后更有"才学为东土所推",太康时(280—289)以秀孝对策入仕中朝的广陵华谭。③ 干宝初入司马睿府,就是由于华谭的引介。④ 建武元年司马睿即晋王位,备百官,本来安排以华谭为秘书监,那么当时选任干宝为著作郎,显然也与华谭有关。但华谭最初对秘书监之任"固让不拜",根据《晋书》本传的前后暗示,似是不满于这个过于闲散的职位,不过到次年还是"以疾复转秘书监",与干宝搭档多年。⑤ 著作佐郎由秘书监"自选",⑥ 史籍所见华谭举荐的佐郎有晋陵朱凤与吴郡吴震,都是"学行清修,老而未

---

① 参见《晋书》卷八二《干宝传》,第2149页。又,小南一郎认为干氏有可能居于豫章。小南一郎《干宝『搜神记』の编纂(上)》,第37页。
② 对于前人列举的证明干宝在愍怀时任著作官的史料,本节附录进行了考辨,望参阅。
③ 《晋书》卷七三《庾亮传》称亮"中兴初,拜中书郎,领著作"(第1915页)。但史籍中见不到庾亮实际参与此时修史活动的痕迹,且东晋初修史时著作郎隶于秘书的证据比较明确,尽管华谭最初曾推辞秘书监之任。庾亮以中书郎领著作可能只是很短暂的事情,没有太多实际影响。后来王隐受黜归家投奔庾亮完成晋史(见下文)倒或许有此因缘。
④ 《晋书》卷五二《华谭传》,第1453—1454页。
⑤ 据《晋书》卷五二《华谭传》,华谭与顾荣不协,后又为戴渊所毁,"每怀觖望"(第1453—1454页)。华谭对司马睿政权早期的重要影响,参见田余庆《东晋门阀政治》,北京大学出版社,2012年,第20页。
⑥ 《唐六典》卷一〇《史馆》注引孝武太元四年诏:"秘书监自选著作佐郎,今并无监,使吏部选,有监复旧焉。"(唐)李林甫等撰,陈仲夫点校《唐六典》,北京:中华书局,1992年,第301页。

调"的东南士人。[①]

附一：关于干宝著作官任职时间的史料考辨

如正文所述，干宝未曾担任西晋的著作官，他担任著作官的时间不应早于建康政权初立著作官的建武元年。因此有必要重新考察前人论证干宝在怀帝、愍帝时担任著作官的材料。李剑国据《晋书·华轶传》"〔周〕访过姑孰，著作郎干宝见而问之"[②]的记载，认为干宝在怀帝永嘉五年已经担任了著作郎。[③]但蒋方已指出这条记载"系用干宝入仕后的职称，这种情况，《晋书》中不止一例"，因此它不应作为判断干宝何时担任著作郎的依据。[④]

其次是关于愍帝建兴时干宝被举荐于朝一事，见《晋书·华谭传》："〔华谭〕转丞相军谘祭酒，领郡大中正。谭荐干宝、范珧于朝，乃上笺求退……不听。"[⑤]这里仅称华谭荐干宝"于朝"，而未明示担任何职，葛兆光、张庆民都认为是佐著作郎。但华谭担任左丞相军谘祭酒，[⑥]是向相府而非真正的朝廷举荐干宝、范珧，就不可能是举荐他们担任著作官。

唯一表示干宝在东晋建武以前已经担任著作官的证据是《晋书·干宝传》相关记事的语序："以才器召为著作郎，平杜弢有功，赐爵关内侯。"[⑦]平杜弢在建兴三年，则著作郎之任似当在此前，学者也因此未曾怀疑干宝的著作之任不在建武以前。不过，赐爵不一定是在立功后立刻发生，另外史书中的官爵记载失序也并非罕事。单凭这一记载，还不足以断言干宝在建武以前已任著作官。

---

① 《晋书》卷五二《华谭传》，第1454页。
② 《晋书》卷六一《华轶传》，第1672页。
③ 李剑国《新辑搜神记·搜神后记》，前言第20页。
④ 曹道衡、沈玉成及张庆民等人也认为干宝不可能在永嘉五年担任著作郎，但他们将此记载称为"误书"，不如蒋方之说合理。赵冰锋《〈晋纪〉编纂与庾、王之争》(《中国史研究》2018年第3期)以《华轶传》他处可能的纰漏论证此处属"误"，亦过迂曲。
⑤ 《晋书》卷五二《华谭传》，第1453—1454页。
⑥ 《晋书》卷五二《华谭传》载华谭上笺之末提到"谨奉还所假左丞相军谘祭酒版"，李剑国已据之推断此事发生在司马睿为左丞相的建兴元年五月至三年二月之间。李剑国《新辑搜神记·搜神后记》，前言第19页。
⑦ 《晋书》卷八二《干宝传》，第2149页。

附二：关于干宝《晋纪》写作时间的史料考辨

《晋书·干宝传》叙述干宝在东晋初领国史后，又外补令守，再入为司徒右长史，迁散骑常侍，而后云："著《晋纪》，自宣帝迄于愍帝五十三年，凡二十卷，奏之，其书简略，直而能婉，咸称良史。"[1]似乎显示干宝《晋纪》的撰成奏上在干宝辗转内外、迁任散骑常侍以后。杨翼骧就将此传叙述理解为干宝在经过这些迁转以后才撰成《晋纪》，但干宝迁散骑常侍的时间无考，因此将《晋纪》撰成系于王导为司徒的明帝太宁元年（323）以后。[2]又如葛兆光、乔治忠、雷家骥等出于对干宝《晋纪》性质的不同认识，对其具体成书过程有不同推断，但显然也都受《晋书·干宝传》记载顺序的影响。[3]

但是，"迁散骑常侍"也是本传对干宝生平履历的最后记录。在撰写《晋纪》一事后，本传又记载了干宝撰作《搜神记》及其他著述之事。[4]中古正史列传中常见将生平履历与学行撰著先后分别叙述，与其认为《晋书·干宝传》是将《晋纪》之作置于"散骑常侍"之任以后，不如认为是以《晋纪》作为叙述干宝撰著的开始。巧合的是，《文选》卷四九干令升《晋纪论晋武帝革命》李善注引何法盛《晋中兴书》记干宝生平，在"迁散骑常侍"与"撰《晋纪》"之间正有一"卒"字，明确将干宝的生平与撰著隔离开来。[5]因此，《晋书》的叙述顺序不能作为推断干宝《晋纪》成书时间的凭据。就目前来看，没有对该书撰写过程与成书时间的明确记载，《晋纪》究竟完成于何时恐难确知。要之，《晋书·干宝传》的记载不能直接理解为干宝在离开领国史之任、辗转内外以后方修成《晋纪》，

---

[1] 《晋书》卷八二《干宝传》，第2150页。
[2] 杨翼骧编著，乔治忠、朱洪斌订补《增订中国史学史资料编年·先秦至隋唐五代卷》，北京：商务印书馆，2013年，第112—113页。
[3] 参见葛兆光《干宝事迹材料辑录》；乔治忠《中国官方史学与私家史学》，北京图书馆出版社，2008年，第46—47页；雷家骥《中古史学观念史》，第550页。
[4] 《晋书》卷八二《干宝传》，第2151页。
[5] （南朝梁）萧统编，（唐）李善注《文选》卷四九，上海古籍出版社，1986年，第2174页。案，注解人物生平所引使文往往节略极多，甚至有所改写，因此以注文说明原书的个别字词不是保险的做法。但是，即便此处的"卒"字是注者所增，至少说明注者对原史传文的理解，也是在此分隔生平与著述。

也难以由此印证干宝《晋纪》的性质。

二、干宝修史的改创

如上所述,东晋最初的修史活动与西晋的修史活动没有直接联系。这可能为东晋修史的改创带来了便利。《史通·载言》云:

> 昔干宝议撰晋史,以为宜准丘明,其臣下委曲,仍为谱注。于时议者,莫不宗之。①

干宝明确支持以编年体撰晋史,并受到"于时议者"的支持。需要特别注意的是,这里的"议"不是士人间自发的学术讨论,而是政务程序之"议","议者"则是参加了集议、奏上议文的官员。

干宝这次集议的发言,《史通》里至少还有两处提及。《烦省篇》云:

> 及干令升史议,历诋诸家,而独归美《左传》,云:丘明能以三十卷之约,括囊二百四十年之事,靡有孑遗。斯盖立言之高标,著作之良模也。②

《二体篇》云:

> 而晋世干宝著书,乃盛誉丘明而深抑子长,其义云:能以三十卷之约,括囊二百四十年之事,靡有遗也。寻其此说,可谓劲挺之词乎?③

---

① (唐)刘知幾著,(清)浦起龙释《史通通释》卷二《载言》,第31—32页。
② (唐)刘知幾著,(清)浦起龙释《史通通释》卷九《烦省》,第244页。
③ (唐)刘知幾著,(清)浦起龙释《史通通释》卷二《二体》,第26页。

两处的转述基本一致,而前者称"干令升史议",后者称"晋世干宝著书",史议与著书是怎样的关系?在国史修撰工作实际开始前,照例应集议讨论修史的主要原则体例,一般似由掌领国史的著作郎执笔立议,其他官员再发表意见。西晋惠帝、宋孝武帝、齐高帝时议撰国史,都留下了比较丰富的资料。[①]干宝在晋元帝即位后受命领国史,理应先就晋史的原则性问题撰写议文,经过集议和皇帝诏命的最终决策,成为此后修撰晋史的总纲。

干宝"历诋诸家,而独归美《左传》",认为晋史的编纂"宜准丘明"即应当采用编年体,[②]这些意见与东汉魏晋长期实行的修史办法大相径庭,却得到了当时参与集议者的广泛认可,恐怕已经过预先商讨,非个人一时兴起。西晋陆机、束晳修史,仅成纪、志而无传,[③]东晋史官缺少修撰西晋史的资料,以编年体修史有其便利。虽然《史通》没有再记下元帝对这次集议的诏书批复,但我们知道后来修成了编年体《晋纪》,并由"领国史"的干宝署名。

关于中古编年体史书的兴盛,《隋书·经籍志》古史类小序认为是汲冢《纪年》的出土促使"学者因之,以为《春秋》则古史之正法,有所著述多依《春秋》之体"。[④]但唐燮军已经注意到,中古编年体史书是在干宝撰

---

① 关于晋惠帝时陆机、贾谧等人修史议的资料:(唐)徐坚等著《初学记》卷二一《文部·史传》"帝书王籍"条引陆机《晋书限断议》曰:"三祖实终为臣,故书为臣之事,不可如传,此实录之谓也。而名同帝王,故自帝王之籍,不可以不称纪,则追王之义。"北京:中华书局,1962年,第503页。按,由上下文义及对仗关系判断,"不可如传"当作"不可以不如传","故自"当作"故目"。(隋)虞世南编著《北堂书钞》卷五七《设官部·著作佐郎》"难《晋书》限断"条引干宝《晋纪》:"秘书监贾谧请束晳为著作佐郎,难陆机《晋书》限断。"北京:中国书店影印孔氏三十三万卷堂本,1989年,第188页。《晋书》卷五五《潘岳传》:"谧二十四友,岳为其首,谧《晋书》限断,亦岳之辞也。"第1504页。对这次晋史议的讨论,可参周一良《魏晋南北朝史学与王朝禅代》,载于《魏晋南北朝史论集》,北京大学出版社,1997年,第427—428页。徐冲《中古时代的历史书写与皇帝权力起源》,上海古籍出版社,2017年,第5—11页。宋孝武帝大明六年(462)修史议的资料见《宋书》卷九四《恩幸·徐爰传》,北京:中华书局,1974年,第2309页,下文将详细讨论。齐高帝建元二年(480)修史议的资料见《南齐书》卷五二《文学·檀超传》,北京:中华书局,1972年,第891—892页。
② 关于《史通·载言》引文,即干宝所议具体内容的解析,请参本书第七章第三节。
③ 《晋书》卷五一《束晳传》云:"转佐著作郎,撰《晋书》、《帝纪》、十《志》,迁转博士,著作如故。"第1432页。
④ 《隋书》卷三三《经籍志》,北京:中华书局,1973年,第959页。

《晋纪》以后，而非汲冢书出土以后才陡然增多的，其间有四十年左右的差距，因此认为干宝"更该是推动编年体走向复兴的功臣"。①干宝虽有史才，然而从现存资料似乎看不出他有扭转风气的学术地位。如果意识到干宝对编年体的推崇及其《晋纪》的编纂，反映的是元帝朝廷上下对于修撰国史的共同态度，揭开了东晋一代以编年体修史的帷幕，就合理得多了。

但与干宝同时担任史官的诸人中，至少虞预、王隐、朱凤也留下了晋史的作品，而且都是纪传体，与上述国史体裁之议的意见不同。他们的作品与官修史是怎样的关系？从中古官修史的整体发展历程来说，东晋时应该不会出现几位史官同时编纂几种国史的情况。东汉开始由众史官合作修撰《东观汉记》，魏晋的官修史进一步发展为有专门机构负责的官方职能。②东晋之初朝廷虽然百废待兴，但秘书、著作的组织结构和人员配备是齐整的，应足以正常履行合作修史的职能，不大可能再依靠独立的个人修史。当然，这也不表示身为上司的干宝只是具名。《文选》收录两篇干宝《晋纪》之论，则六朝时期普遍承认这些文辞为干宝作品。小南一郎指出其中有与东晋王朝官方不大符合的观念和意识，"至少表面看来是干宝的私撰"，他解释这一现象是由于东晋是联合政权，有强烈的折衷性质，而干宝《晋纪》代表了其中一个特定部分的立场。③雷家骥则认为东晋君权低落，由王导倡导的修国史主要目的是为东晋争正统以及检讨西晋兴亡的历史以作鉴戒，而不需一味为司马氏隐恶虚美，因此才有干宝《晋纪》的"直而能婉"。④

干宝之史与同时期其他几种晋史地位的差别，在关于这些史书的记载中也可以看到一些迹象。虞预虽然曾担任著作郎，但《王隐传》明确称虞预"私撰《晋书》"。⑤王隐曾经待诏著作，但后来受黜归家，在庾亮的资助下才完成《晋书》，则该书也非秘书著作的正式作品。⑥另外，受诏修

---

① 唐燮军《两晋南北朝史体优劣论——兼评刘知幾的"二体并行论"》，《宁波大学学报》（人文科学版）2010年第4期。
② 参见牛润珍《汉至唐初史官制度的演变》，第91、118页。
③ 小南一郎《干宝『搜神記』の編纂（上）》，第45、52页。
④ 雷家骥《中古史学观念史》，第330—334、377页。
⑤ 《晋书》卷八二《王隐传》，第2143页。
⑥ 参见《晋书》卷八二《王隐传》，第2143页。

撰的国史完成后照例应奏上，《干宝传》正是称干宝"著《晋纪》自宣帝迄于愍帝五十三年，凡二十卷，奏之"，①与通常官修史的情况符合。相比之下，《晋书》对王隐《书》成称"诣阙上之"，对虞预《书》仅称"行于世"。②

作为东晋初次修史成果的干宝《晋纪》在体裁上不同于汉魏西晋的官修史书，但编年、纪传二体可以相互转换，也共享一些发展趋势。③沿着这一思路来看干宝《晋纪》及其史学主张，就会发现它与南朝以后的官修纪传史有相通之处。

干宝对于史书的体例，曾提出"五书"，见《史通·书事》转述：

> 干宝之释五志也，"体国经野之言则书之，用兵征伐之权则书之，忠臣烈士孝子贞妇之节则书之，文诰专对之辞则书之，才力技艺殊异则书之"。④

"五书"是五项关于史书内容的取舍标准，是干宝回应荀悦《汉纪》序言中的"立典有五志"而提出的。《史通》曾表示干宝以左氏为师范，自注云"事具干宝《晋纪·叙例》中"，⑤即干宝《晋纪》有《叙例》，而且其中阐述了如何以《左传》为模范进行史学编纂的问题。荀悦《汉纪》是中古编年体的开山之作，⑥干宝《晋纪·叙例》理应谈及这部作品，回应荀悦"五志"的"五书"之说应该出自《叙例》。

---

① 《晋书》卷八二《干宝传》，第2150页。
② 《晋书》卷八二《王隐传》，第2143页；同卷《虞预传》，第2147页。
③ 胡宝国在讨论《史记》与《左传》关系时已指出："我们通常把纪传体、编年体理解得过于泾渭分明了，实际上同是编年体，详载人物、事件的《左传》与缺少内容的、标题式的《春秋》就大不相同。从编年到纪传应该是一个渐进的过程，在编年与纪传之间并没有一条不可逾越的鸿沟。"《汉唐间史学的发展》(修订本)，北京大学出版社，2014年，第26页。《史》《汉》成书以来，中古时代的纪传与编年二体的关系，请参本书第七章第三节。
④ (唐)刘知幾著，(清)浦起龙释《史通通释》卷八《书事》，第212页。
⑤ 《史通·申左》云："至晋太康年中，汲冢获书，全同《左氏》……杜预申以注释，干宝藉为师范。"其下原注"事具干宝《晋纪·叙例》中"。(唐)刘知幾著，(清)浦起龙释《史通通释》卷一四《申左》，第395页。
⑥ 参见本书第七章第三节。

"五书"的内容取舍标准与两晋南朝的官修史发展颇有呼应。刘知幾称《晋令》(一般认为属西晋)有著作郎掌起居注"撰录诸言行勋伐旧载史籍者"的规定,"言行勋伐"与"五书"的前两项"体国经野之言"和"用兵征伐之权"大体对应,而这也是纪传史的官员贵族列传中多见的内容。到了南朝,官员贵族列传的体例更趋定型,以仕宦履历为主干填充其他记载。所填充者,除了此前常见的"体国经野之言"和"用兵征伐之权"外,还十分引人瞩目的是大量抄录奏表诏敕文章等,[①] 正对应"五书"的"文诰专对之辞"。剩余的"忠臣烈士孝子贞妇"、"才力技艺殊异"两项属于人物类型,又与南朝以来纪传体史书以类传的形式兼及忠义、孝行、列女、艺术等特殊人物类型的情况相应,尤其是"烈士孝子"也是南朝以来纪传史新设置的类传篇目。[②]

干宝五书标准与南朝纪传体官修史某些形态的相合,要在官修史整体运作的视角中来看。东晋时的编年体官修史作品与前后时代的纪传体官修史作品不是相互替代的关系,而是处于官修史运作的不同阶段。东晋官修史体制在编年史环节上的发展成果,为南朝所继承,且南朝又恢复了其后的纪传史编纂环节。下文将继续探讨东晋至刘宋初的这一官修史发展过程。

三、东晋的编年史序列

刘知幾说东晋史的编纂"自邓粲、孙盛、檀道鸾、王韶之已下,相次继作,远则偏记两帝,近则唯叙八朝",[③] 颇讥其零散。姚振宗则注意到这些

---

① 赵翼视此为南朝史书的一大弊病。参见(清)赵翼著《陔余丛考》卷六《宋书》繁简失当处"条,卷七《齐书》繁简失当处"条、《梁书》多载芜词"条、《陈书》亦多芜词"条,第122—123、127—128、132、134—135页;(清)赵翼著,王树民校证《廿二史札记校证》(订补本)卷九《梁书》多载饰终之诏"条,卷一〇《南史》删《宋书》最多"条,北京:中华书局,2005年,第195、204—205页。
② 参见本书第三章第三节。
③ (唐)刘知幾著,(清)浦起龙释《史通通释》卷一二《古今正史》,第325页。

零散的晋史可以拼凑出首尾完备的两晋编年史：

> 史言"太和以降世历三朝"者，乃海西公（引者按：即废帝）五年、简文帝二年、孝武帝二十五年，此三朝总三十二年。其前为哀帝，有孙盛《晋阳秋》，其后为安帝，有王韶之《隆安纪》及檀道鸾《续晋阳秋》、郭季产《续晋纪》。两晋编年之史，本志所录，犹完备无缺焉。①

"太和以降世历三朝"一语来自《宋书·徐广传》所收安帝义熙年间奏表，奏表是尚书为请求修撰国史而上，因而先陈述了东晋历代修史的情况。姚振宗用《隋志》著录的具体史书将这句简短的陈述充实起来，颇有启发，但他模糊了一个问题：奏表"太和以降世历三朝"云云是在官修国史的范围内来谈史书时段的接续性，而姚氏罗列诸史时并未考虑它们是否是国史。本节将结合相关史料，考证东晋干宝修史以后与官修国史有关的几部编年体晋史。

这里先将《宋书·徐广传》所收奏表中与东晋历代修史有关的内容引录于下：

> 〔晋安帝义熙〕二年，尚书奏曰："……自皇代有造，中兴晋祀，道风帝典，焕乎史策。而太和以降，世历三朝，玄风圣迹，倏为畴古。臣等参详，宜敕著作郎徐广撰成国史。"诏曰："先朝至德光被，未著方策，宜流风缅代，永贻将来者也。便敕撰集。"②

尚书奏请在安帝义熙二年（406），其中说自晋室中兴亦即东晋以来的史事已经有国史记载，请求继续修撰废帝太和（366—370）以下的"三朝"的国

---

① 姚振宗《隋书经籍志考证》卷一二"徐广《晋纪》"条，《二十五史补编》第4册，北京：中华书局，1955年，第5263页。
② 《宋书》卷五五《徐广传》，第1548页。按，"自皇代有造，中兴晋祀"一句，《晋书》卷八二《徐广传》作"自圣代有造《中兴记》者"（第2158页）。《宋书》"中兴晋祀"义长，又未闻有《中兴记》之书，疑"晋祀"二字误倒，再讹为"记者"。

史。废帝之后分别是简文帝、孝武帝,然后就是此时在位的安帝,因为修史对象一般不会包括本朝,所以"太和以降,世历三朝"应如姚振宗所说,指废帝、简文、孝武三朝。姚振宗提示了孙盛《晋阳秋》与这里所说的此前国史的断限正相合,①但《晋阳秋》历来很少被与官修相联系,这种巧合是否是偶然?

关于讫于哀帝的修史,还有一条记载特别值得重视。《晋书·桓温传》载桓温上疏陈便宜七事,其七曰:

> 宜选建史官,以成晋书。有司皆奏行之。②

七事中第二事为"并官省职",在《唐六典》中被记为兴宁二年(364),再参考《桓温传》的前后叙事及《哀帝纪》,这次上疏建议极可能发生在哀帝兴宁二年上半年。③《桓温传》载这次上疏后"有司皆奏行之",那么应有相应的国史修撰。虽然一般修史不包括本朝,但哀帝在桓温上疏后不

---

① 《隋书》卷三三《经籍志》注称《晋阳秋》"讫哀帝",第958页。又,《晋书》卷八二《孙盛传》称《晋阳秋》"词直而理正",并记载其书成后,桓温不满其中对枋头之战的记述,以"门户事"威胁孙盛之子,诸子遂改写其书,而孙盛也将原本寄于辽东,后来两本都被晋廷收藏(第2148页)。枋头之战在废帝时,超出了《隋志》所言"讫哀帝"的范围,因此不少学者认为《晋阳秋》并不如《隋志》所言仅止于哀帝,或推测《隋志》所记是经过孙盛子孙删节的《晋阳秋》的别本(如曹道衡、沈玉成《孙盛生卒年与〈晋阳秋〉》,《中古文学史料丛考》,第189页;饶宗颐《敦煌吐鲁番写本孙盛〈晋春秋〉及其"传之外国"考》,《汉学研究》1986年第2期,后收入《饶宗颐二十世纪学术文集》卷八上册,北京:中国人民大学出版社,2009年,第24—30页)。但是,《晋书·孙盛传》所记《晋阳秋》成书后诸事,极似六朝小说杂语,这类记载细节常不严谨,如前人早已指出其中称孙盛将原本"寄于慕容儁"即与此事时代不符(参见中华本《晋书》卷八二,校勘记四,第2160页)。由于枋头之败是桓温生平中一大转折,因此故事中的桓温语称"枋头诚为失利",象征意义很可能大于实际。总之从史料性质考虑,将桓温语中"枋头诚为失利"如实理解,并以之为判断孙盛《晋阳秋》断限的证据,值得商榷,尤其是在存在反证的情况下。而且,若严格地如实理解《孙盛传》的记载,则其中仅称孙盛诸子"遂尔改之"、与原本"多有不同",似乎难以直接推论为诸子删去哀帝以后的部分。既然《隋志》与《孙盛传》两说矛盾不易弥缝,而《隋志》材料来有自,当更为可信,且能够与本节所举各种记载相应。
② 《晋书》卷九八《桓温传》,第2574页。
③ 参见金仁义、许殿才《桓温与东晋史学》,《中国社会科学院研究生学报》2008年第4期。《唐六典》中多有哀帝时桓温省并官职的记载,其中卷一〇《史馆》"著作佐郎"注文记录了确切时间。《唐六典》,第301页。又参《晋书》卷八《哀帝纪》,第207、209页。

到一年（兴宁三年二月）即崩，而撰史工作需持续一段时间，有可能最终所成之史又将哀帝朝一并包括，从而成为前引《徐广传》所言的在安帝义熙二年时存在的国史。

如果徐广修《晋纪》前有司上奏所言至哀帝期为止的国史就是由桓温奏请修撰的，那么与桓温有密切关系的孙盛及其《晋阳秋》就特别需要注意。唐修《晋书》未载孙盛担任史官，但《晋中兴书》佚文有孙盛"常领著作"、[1]"以秘书监领著作"、[2]"既为史官，乃著《三国》《晋阳秋》"[3] 等语。孙盛一生大部分时间是在荆州军府担任僚佐，历经陶侃、庾亮、庾翼、桓温四位府主，到晚年突然能够入京为官，应有特别的契机。孙盛入京的时间史书没有明确记载，但肯定在桓温权势已重后，[4] 既然桓温曾在哀帝时上表请求修史并被采纳，恐怕随后就安排了孙盛入京担任著作官。桓温欲取司马氏而代之，必须有文史事业上的装点，因此他不得不拉拢、依靠荆州士人，乃至以威权逼迫他们为己所用。结果这批士人多对他阳奉阴违，[5] 桓温最终也未能成功。例如桓温命令"强正亮直"、"每不阿屈"[6] 的袁宏作九锡文，结果袁宏借修改的名义拖延时日，桓温遂病卒。[7] 袁宏的境遇、态度完全可以作为孙盛的参照。而孙盛《晋阳秋》虽发起于桓温的请求，却在桓温失败以后还被官方接受为国史，重要条件也应是孙盛不趋附桓温的态度。

综上所述，孙盛《晋阳秋》"讫哀帝"的断限与安帝义熙二年时有司对此前国史的描述相符；而桓温恰好在哀帝前后有修史之请，且史言"有司皆奏行之"；孙盛又是桓温所拉拢依靠的荆州文士之一——这些现象环

---

[1] 《太平御览》卷二三四引，北京：中华书局，1960年，第1110页上栏。
[2] 《北堂书钞》卷五七《著作总》引："孙盛字安国，以秘书监领著作，干宝以散骑常侍领著作，孙绰以散骑常侍领大著作。"第187页。
[3] 《北堂书钞》卷五七《秘书监》"孙盛手不释卷"条注，第186页。
[4] 据《晋书》卷八二《孙盛传》（第2148页），孙盛结束长沙太守任后入京，而他出补长沙太守是在从桓温平洛，亦即穆帝永和十二年（356）之后。
[5] 参见雷家骥《中古史学观念史》，第321页；金仁义、许殿才《桓温与东晋史学》。
[6] 《晋书》卷九二《文苑·袁宏传》，第2398页。袁宏不阿附桓温，又参见曹道衡《论袁宏的创作及其〈后汉纪〉》，《辽宁大学学报》1992年第2期。
[7] 参见《晋书》卷七九《谢安传》，第2074页；卷七六《王彪之传》，第2011页；卷九一《儒林·范弘之传》所载《与会稽王道子笺》，第2364页。

环相扣,印证孙盛《晋阳秋》即徐广《晋纪》以前的国史。

义熙二年命徐广续修国史,此后徐广的任官数经迁转,而"领著作郎皆如故",至"〔义熙〕十二年,《晋纪》成,凡四十六卷,表上之"。① 尽管最初尚书奏请的只是修撰"太和以降,世历三朝"之史,但现存徐广《晋纪》的佚文不限于太和以后,类书中的佚文绝大多数在东晋,②《世说》刘注所引则多叙述东晋成帝、穆帝时事,③ 很可能徐广最终的成书是将新修之史与旧史整合为一。

紧接徐广《晋纪》之后又有王韶之《晋纪》。据《宋书》本传,王韶之"私撰《晋安帝阳秋》,既成,时人谓宜居史职,即除著作佐郎,使续后事"。④ 虽然这里只说王韶之是由于撰史之才而被荐为史官,但还应该注意到的是,他私撰的晋史恰能与当时官方修撰的国史前后相接。《王韶之传》载该书名为《晋安帝阳秋》,《世说》注、《初学记》引有《晋安帝纪》,《南史》又载梁元帝曾称"昔王韶之为《隆安纪》十卷"。⑤ 隆安(397—401)即安帝首元,根据这些书名,该书原本记载晋安帝隆安年间历史,即上接徐广所撰截至孝武朝的国史。⑥ 被任命为史官后,王韶之又将该史续写至义熙九年。举荐王韶之入著作的"时人"就是徐广,且王韶之作为佐郎的任务不仅是续写自己的《晋安帝阳秋》,还要"助撰晋史",⑦ 说明王韶之任著作佐郎也是徐广修史的一部分,或者说是徐广主持下国史修撰

---

① 参见《宋书》卷五五《徐广传》,第1549页。
② 还有佚文所载为西晋事,但数量很少,恐怕是类书误标书题造成的。
③ 参见张忱石编《世说新语索引》,收入(南朝宋)刘义庆著,(南朝梁)刘孝标注,余嘉锡笺疏《世说新语笺疏》,北京:中华书局,2007年。类书中的徐广《晋纪》佚文也以东晋为主。刘注引文较少东晋初期,盖由于刘注对东晋初史事倾向于利用王隐、虞预《晋书》。
④ 《宋书》卷六〇《王韶之传》,第1625页。
⑤ 《南史》卷五一《萧韶传》,北京:中华书局,1975年,第1270页。
⑥ 参见姚振宗《隋书经籍志考证》卷一二,《二十五史补编》第4册,第5262—5263页;曹道衡、沈玉成《王韶之著作》,《中古文学史料丛考》,第244—245页。又,《王韶之传》称其父伟之撰录的是"太元、隆安时事",与王韶之私撰之史所涉时段似有出入。但当时有将隆安与太元末年视为一体的说法,桓玄篡位时告天皇后地文曰"太元之末,君子道消,积衅基乱,钟于隆安,祸延士庶,理绝人伦"(《晋书》卷九九《桓玄传》,第2594—2595页),则此处云王伟之撰录"太元、隆安时事"盖亦特指太元末及隆安年间的变局。
⑦ 曹道衡、沈玉成《王韶之著作》,《中古文学史料丛考》,第244—245页。《宋书》卷六〇《荀伯子传》,第1627页。

工作扩大化的一步。

　　这样，孙盛《晋阳秋》、徐广《晋纪》、王韶之《晋纪》形成了前后相接的国史修撰序列，再加上晋初干宝修西晋编年史，则东晋一朝基本连续地有修撰编年体国史之事（参见下表）。

表 5-1　东晋历次修史简表

皇帝	年号	公元	各史断限	
（西晋）			①	① 干宝《晋纪》的断限
（东晋前期）				
穆帝	永和(12)	345—356	②	② 孙盛《晋阳秋》的断限
	升平(5)	357—361		
哀帝	隆和(1)	362		③ 徐广受命修史时预定的范围
	兴宁(3)	363—365	④	
废帝	太和(5)	366—370	③	
简文帝	咸安(2)	371—372		④ 徐广《晋纪》的实际断限
孝武帝	宁康(3)	373—375		
	太元(21)	376—396		
安帝	隆安(5)	397—401	⑤	⑤ 王韶之私撰《晋安帝阳秋》（又称《隆安纪》等）的断限
	元兴(3)	402—404	⑥	
	义熙(14)	405—418		⑥ 王韶之《晋纪》的断限
恭帝	元熙(2)	419—420		

余论：编年体修史的意义

　　以上对东晋的修史进行了考察。东晋史官没有直接继承西晋，人员班底与修史工作的展开都是另起炉灶。过去对东晋早期史家、史作的探讨,很少结合两晋之间的政治局势变化,因此也忽略了这一问题。关于东晋几次修史活动的情况,最值得注意的是体裁选取的问题。东晋初期的史官中,有多人拥有晋史作品,但只有干宝《晋纪》是奉诏修撰的正式国史。到成帝时,有谢沈以纪传体修国史,但其书未成。哀帝时桓温又奏请修史,遂有孙盛入京为著作官,《晋阳秋》的撰写也是以此为缘起。东晋后期义熙革命后,应政治局势的新要求,新一轮修史再度展开,徐广在孙盛"讫哀帝"之史的基础上将国史续修至安帝以前。与之同时或稍后,王韶之撰写了安帝即位至义熙九年的国史。[1]

从官修史运作发展的角度来说,国史采取编年体抑或纪传体不是二体相争谁输谁赢的问题,而是修史运作层次细密化的发展。东晋修编年史对此后的官修史发展影响深远。干宝在《晋纪·叙例》中提出的一些具体写作要求在南朝纪传体正史中颇得体现,就暗示出晋宋延续的官修体制发展超越了体裁界限。下章还将继续讨论东晋末官修史在人员、工作、编纂流程上与刘宋的连贯性,以理解编年、纪传二体如何共同在修史运作中发挥作用。

以上对东晋官修史情况的进一步认识,为贯穿地观察汉唐间的官修史发展提供了新的切入点。如第二章所述,汉唐间官修史发展面临着官修史运作方式与纪传体体裁之间的矛盾,如何制度化地提供更丰富的资料,并将其逐步转化为史书?晋武帝泰始六年(270)七月诏:"自泰始以来大事皆撰录,秘书写副,后有其事,辄宜缀集以为常。"[2]这一规定为史料积累提供了保障,《隋志》著录大量晋代依年号单行的《起居注》,[3]恐怕就受益于这种传统的建立。然而资料规模增加,给整理和编纂带来更大挑战。

---

[1] 永田拓治近来也对东晋的修史做出饶有趣味的讨论,文中对东晋初史官王隐、虞预、朱凤等人所撰晋史与干宝《晋纪》的关系,孙盛《晋阳秋》的性质及其与徐广《晋纪》的关系等与本文有近似的认识,也有一些观点与本文所出入,敬请读者参看:永田拓治《東晉期における校書事業と晋史編纂》,九州大学文学部東洋史研究会《東洋史論集》第47号,2020年3月。
[2] 《晋书》卷三《武帝纪》,第60页。
[3] 参见《隋书》卷三三《经籍志》,第964—965页。这些年号基本涵盖了东西两晋,仅有少数施用时间很短的年号不在其列。其中一部分无撰人,另一部分则题为"李轨撰",推测是西晋历朝起居注到江左有所散乱,东晋后加以补修。

各类资料在制度保障下经年累月地汇集，其初始编排方式都应倾向于编年。东晋采取编年体修史，大概是当时官修史发展条件下比较顺畅的输出方式。与此同时，在东晋最初就由史官干宝提出的五书标准，又在引导着官修史运作中最为基本的资料积累环节，使它逐渐配合纪传体的要求，为以后纪传体史书进一步融入官修史运作体系建立了基础。由此看来，与其说东晋的编年体官修史与它前后朝代的官修史不同，毋宁说是暂时从纪传体的最终目标上回撤，更偏向前期的资料搜集、整理的基础性环节。刘宋以后官修史运作的稳定化、官修纪传史体裁的新特点，都有东晋一代官修史发展的基础。

第六章　延续与反转：东晋编年史的归宿

前章讨论了一直为人忽略的东晋的编年体国史修撰。为何相关史事隐而不彰？又该如何在汉唐间官修史发展的线索中认识这个特别的阶段？关于东晋编年史的归宿，可以分梳出两个层面。从修史实践来看，它与刘宋国史修撰相衔接，这是所谓"延续"。之所以编年体的东晋史可与纪传体的刘宋国史延续，是因为成熟的官修史运作需要多体裁配合，相互转化，从而有利于对更广泛的资料进行处理。另一方面，从晋史在后代的影响与流传来看，纪传体晋史本来多受私史杂传的影响，但却逐渐取代东晋官修的编年史成为标准晋史，也使现存晋史中的官修体制特征不甚明显，这是所谓"反转"。尽管纪传、编年二体可以相互转化，但要经过比较复杂的改编过程，因此后代修订前代史时多以相同体裁、相近规模的史著为蓝本，以期尽快完工。王隐、何法盛、臧荣绪等纪传体晋史流行已久，唐初官方重修晋史以臧书为本是很自然的选择。

在梳理了有关东晋编年史的来龙去脉后，本章也希望通过对具体文本的分析揭示史书编纂过程中纪传与编年两体的密切关系，从而理解东晋编年史在中古官修史发展中的意义，展示官修史体制中多种体裁的环环紧扣。流传至今的晋史只有继承纪传体晋史一系的唐修《晋书》，它成为我们进行文本分析的唯一资源。所幸东晋末史官的工作曾被刘宋史官继承并改编入纪传体的刘宋国史，后来又被纪传体晋史的编纂者借用，遂通过唐修《晋书》保存至今。这样，唐修《晋书》东晋末的部分在来源、文本面貌上都与东晋中前期不同，正好反映了是否依赖官修史体制编纂、编纂过程是否有编年史深度参与的差异。

一、沈约、徐爰表文所见刘宋国史中的晋末史

晋末徐广、王韶之的修史是在刘裕兴起的背景下展开的，与其视为东晋官修史的尾声，不如说是刘宋官修史的源头。[①]元兴三年（404）刘裕、刘毅、何无忌等在京口起兵反桓玄，到义熙元年（405）完全平定桓玄之乱，意味着东晋一代门阀政治的结束，[②]次年命徐广修史，可以看作舞台变换后的宣示。此后刘裕南征北战，积累威望，清除异己，最后也最关键的一步就是义熙九年讨灭在起义元勋中地位仅次于己，又颇受"朝士素望者"推重的刘毅。[③]义熙九年也是王韶之被召入史官后续写其书所至的年份。他所续写的《晋纪》既是晋末史，也是刘裕创业之史。[④]

流传至今的二十四史中，《宋书》对晋末交替之际的历史有所涉及，更多记载，尤其是大批活跃于这一时期的人物的传记还是见于唐修《晋书》。不过原本的安排却不是这样。南齐永明（483—493）年间，沈约奉命撰定《宋书》，其《上〈宋书〉表》解释该书断限：

> 臣今谨更创立，制成新史，始自义熙肇号，终于昇明三年（479）。

[①] 田余庆将晋末史事总结为"司马氏主相、王氏两支交错构成的纷争，为桓玄制造了机会；而桓玄的一时得逞，又成就了刘裕的事业"。田余庆《门阀政治的终场与太原王氏》，《东晋门阀政治》，北京大学出版社，2012年，第251页。

[②] 田余庆："在门阀政治终场的过程中出现了桓玄的兴废，这只能视为门阀政治的回光返照……桓玄终于被刘裕击败，这可以视为次等士族对于主宰东晋政治百年之久的门阀士族的决定性的胜利。"《东晋门阀政治》，第275页。

[③] 参见《宋书》卷二《武帝纪中》，北京：中华书局，1974年，第28页；《资治通鉴》卷一一六《晋纪》义熙八年条，北京：中华书局，1956年，第3649页。

[④] 王韶之后来在刘裕夺晋之路上扮演了心腹角色，《宋书》卷六〇《王韶之传》："安帝之崩也，高祖使韶之与帝左右密加鸩毒。恭帝即位，迁黄门侍郎，领著作郎，西省如故。凡诸诏黄，皆其辞也。"第1625页。

桓玄、谯纵、卢循、马、鲁之徒，身为晋贼，非关后代；吴隐、谢混、郗僧施，义止前朝，不宜滥入宋典；刘毅、何无忌、魏咏之、檀凭之、孟昶、诸葛长民，志在兴复，情非造宋。今并刊除，归之晋籍。[①]

沈约《宋书》断限的整体原则是始于义熙元年，但沈约主要说明的是一些具体人物的去取。既然说"今并刊除，归之晋籍"，则沈约以前的宋史中包括了这批人物的传记。这是些什么样的人呢？桓玄、卢循起兵反晋，谯纵割据巴蜀，都被刘裕讨平，司马休之、鲁宗之因败于刘裕而逃至北方。[②]吴隐之以清俭知名，桓玄、刘裕都对他礼遇有加，卒于义熙九年。[③]谢混、郗僧施在义熙九年讨灭刘毅时被当作刘毅的内外同党而遭诛戮，两人本来都是高门中有清望者，甚至刘裕受禅时，谢晦曾说"陛下应天受命，登坛日恨不得谢益寿（谢混小字）奉玺绂"。[④]刘毅、何无忌、魏咏之、檀凭之、孟昶、诸葛长民在最初就与刘裕一同举兵讨桓玄，刘毅与诸葛长民在义熙九年被刘裕清除，其余几人更早已经因兵乱或其他原因亡故。[⑤]这些人的政治立场、与刘裕的关系各自不同，唯一的共同点是活动于晋末，未及禅代，而他们都被囊入沈约所见刘宋旧史。或许还可以推测，沈约上表对他们的分组，就源于旧史的分卷。因为桓玄等属叛逆，吴隐之等是高门士族，刘毅等是共举义旗的旧人，与今天在沈约《宋书》中见到的列传分卷方式也很符合。

---

① 《宋书》卷一〇〇《自序》，第2467—2468页。
② 桓玄，传见《晋书》卷九九，北京：中华书局，1974年，第2582—2603页；卢循、谯纵，传见《晋书》卷一〇〇，第2634—2638页；司马休之、鲁宗之事见《晋书》卷三七《宗室·司马休之传》，第1111页。
③ 参见《晋书》卷九〇《良吏·吴隐之传》，第2342页。吴隐之曾在元兴初因孝行清节受诏书嘉奖并赐钱谷，可能因此当他被卢循俘获后，卢循上表朝廷说他"党附桓玄"。不过吴隐之在刘裕掌权时依然得到礼遇，"致事及于身没，常蒙优锡显赠，廉士以为荣"。
④ 《晋书》卷七九《谢混传》云"以党刘毅诛"，"及宋受禅，谢晦谓刘裕曰：'陛下应天受命，登坛日恨不得谢益寿奉玺绂。'"第2079页。《晋书》卷八五《刘毅传》载安帝下诏诛刘毅时，也称"尚书左仆射谢混，凭借世资，超蒙殊遇，而轻佻躁脱，职为乱阶，扇动内外，连谋万里"，诛之。第2210页。《晋书》卷六七《郗超传》："僧施，字惠脱，……刘毅镇江陵，请为南蛮校尉、假节。与毅俱诛，国除。"第1805页。
⑤ 参《晋书》卷八五全卷，第2205—2218页。

从沈约向前追溯，刘宋最后一次大规模修撰本朝史是孝武帝大明六年（462）命徐爰撰《宋书》。①徐爰在修史之初，也曾上表讨论断限和晋末人物的去取问题：

> 降逮二汉，亦同兹义，基帝创乎丰郊，绍祚本于昆邑。魏以武命《国志》，晋以宣启《阳秋》，明黄初非更姓之本，泰始为造物之末，又近代之令准，式远之鸿规。……然余分紫色，滔天泯夏，亲所芟夷，而不序于始传，涉、圣、卓、绍，烟起云腾，非所诛灭，而显冠乎首述，岂不以事先归之前录，功偕著之后撰。
>
> ……宜依衔书改文，登舟变号，起元义熙，为王业之始，载序宣力，为功臣之断。其伪玄篡窃，同于新莽，虽灵武克殄，自详之晋录。及犯命干纪，受戮霸朝，虽揖禅之前，皆著之宋策。②

徐冲在讨论魏晋南北朝国史书写的"起元"问题和"开国群雄传"问题时分别对此表从相应方面进行了解读。③但正如他所说，这两个层面"互相关联"。如果从表文本身出发，也可以认为徐爰只讨论了一个主题：国史的开端，而开端牵涉的内涵相当复杂，徐爰主要请示的是其中最明显的表征，即传记的取舍。

表文的重点是论证应当收入刘宋受禅前的历史。开篇列举三代典故，又引二汉、近代（魏晋）之事，莫不是强调王朝开创有漫长的过程，历

---

① 《宋书》卷一〇〇《自序》云徐爰书"起自义熙之初，讫于大明之末"。第2467页。
② 《宋书》卷九四《恩幸·徐爰传》，第2308—2309页。
③ 参见徐冲《中古时代的历史书写与皇帝权力起源》，上海古籍出版社，2017年，第22—23、95—97页。徐爰表文前半部分提出理据，主要是援引旧例，后半陈述他对本朝国史的设想。徐冲认为前后两部分都可以再细分为对"起元"和"开国群雄传"问题的阐述。他认为前半部分"以'明黄初非更姓之本，泰始为造物之末'一句为界，主要就是从前述'起元'与'开国群雄传'这样两个互相关联的层面上来展开讨论的"（第21页）。但相比接受宋本《册府》的异文（徐冲认为宋本《册府》作"又近代之令，远乏鸿规"意长），此处直接以"又近代之令准，式远之鸿规"一句属上为宜，"又"字不是另起，而是呼应前文"亦同"。表文后半关于本朝国史的论述，首句"起元义熙，为王业之始，载序宣力，为功臣之断"不是专指起元问题，也不好认为此句与下文构成"起元"与"开国群雄传"的并立。

史记载应溯本追源。但如此撰写历史，势必遇到一个问题：如何对待那些在两代交替之际的其他并立势力。徐爰解读了前史对这类问题的处理。《后汉书》没有把王莽"序于始传"，[1]但《汉书》对陈涉、《后汉书》对刘玄（字圣公），《三国志》对董卓、袁绍，却"显冠乎首述"，区别对待的理由是"事先归之前录，功偕著之后撰"。所谓"事先"，大体相当于历史分期，对《后汉书》来说，是将新莽的历史视为西汉阶段的末端。所谓"功偕"，大约可理解为政治史定位的共性。《汉书》列传第一篇的陈涉和刘邦一样反秦，《后汉书》列传第一篇的刘玄和刘秀一样反新复汉，《三国志·魏书》紧随《后妃传》之后的董卓、袁绍和曹操一样要终结汉朝，因此，他们都可以视为新时代的先声。[2]"事先"和"功偕"密切相关，选取怎样的事为先后分界，意味着以哪一种功（以什么为基准点的政治史定位）为异同。

在正面阐述刘宋史应如何书写时，徐爰先抛出"衔书改文，登舟变号"的典故，以赤乌衔书和白鱼登舟指代周文王、周武王，也是笼统强调王朝史应包括创业期这个大原则。在此之后，徐爰提出了对宋史的总体设想："起元义熙，为王业之始，载序宣力，为功臣之断。"这句话看来像前半针对帝纪，后半针对列传，但纪传实则一体相配，对这句话也可以作整体解读：以"宣力"作为收录功臣入传的标准，是指从"义熙"（而非受禅）以后开始"宣力"。按照这个标准，后来被沈约剔除的吴隐之、刘毅等人的确可算在内，尽管他们的宣力如沈约所言是"义止晋朝"或"情非造宋"；卢循、谯纵等"犯命干纪，受戮霸朝"者，正是义熙以来功臣宣力诛讨的对象，因此也是新历史时期的一部分，应该归入《宋书》。

---

[1] "余分紫色，滔天泯夏"一语指王莽，《汉书》卷九九下《王莽传》赞云："滔天虐民，穷凶极恶，毒流诸夏，乱延蛮貊"，"紫色蛙声，余分闰位。"北京：中华书局，1962年，第4194页。
[2] 徐冲认为徐爰肯定《后汉书》不把王莽"序于始传"的作法，但不同意两《汉书》、《三国志》对"涉、圣、卓、绍"的处理，将"事先归之前录，功偕著之后撰"解读为"本朝国史之中不当设置'开国群雄传'"，不妥（《中古时代的历史书写与皇帝权力起源》，第22页）。表文"余分紫色"以下一句和"涉圣卓绍"以下一句，看不出有一褒一贬的相反态度，表文举出的所有前代著作之例应该都是作为正面模范出现的。徐爰也想要继承前史的这一系列处理原则（详下）。

而对于刘裕等人京口起兵讨灭的桓玄,将其视同王莽,依照《后汉书》的做法归入前朝史。

　　史书开端的设定不仅体现在列传人物去取上,它渗透在纪、传各个部分的编次、体例、内容等诸多层面。从现存沈约《宋书》来看,《武帝纪》于义熙元年以前基本是列传之体,义熙元年以后基本属帝纪体例,则"起元"应该有比较丰富的体例内涵,至少其中的一面指向帝纪叙述体例。[①]对帝纪"起元义熙"的体例安排与前述列传去取标准密切相关。因为一般来说,传以佐纪,帝纪之体排斥具体情节原委,需要列传的补充。帝纪既然从义熙元年以后真正采用帝纪体例,而义熙年号标志着桓玄的诛灭,所以只有桓玄的传记被排斥于《宋书》之外,其余活动在义熙以后的功臣也好、对手也罢,都纳入《宋书》列传的范围中。

　　徐爰的这种设计没有被完全接受,孝武帝决定"桓玄传宜在宋典,余如爰议"。[②]我们设想徐爰提出这些意见以及孝武帝做出决策时所处的现实境况,可以推测出更多关于徐爰所据旧史的信息。后世修订前朝史,尤其是在拟定计划时,除了有特别缘由需要大动干戈外,一般本着尽量维持、酌情删改的原则,如此易于成事。因此徐爰的建议应该是基于旧史现有情况,进行理论推演和判断。如果旧史没有义熙以来十余年的纪传,不大可能此时要求新增,正由于其中已收入义熙以来人物,徐爰才详细阐述以创业期为一朝国史开端的合理性,及具体界限应如何划定,最后发现收入桓玄的做法过于特殊,因此建议删除。武帝刘裕的历史在文帝时被编纂,孝武帝即文帝之子,依情理,孝武帝对这段国史的更动应该抱着非常审慎的态度,即便要动,也不太可能是在旧史没有《桓玄传》的情况下要求新增如此敏感的人物。尽管徐爰提出了相当充分的排除桓玄的理据,孝武帝还是如此决定,可见其

---

① 帝纪的体例特征参见本书第一章第六节。又,徐冲认为"起元义熙"是指帝纪从义熙元年开始使用"宋元年"或"高祖元年"一类的纪元方式。《中古时代的历史书写与皇帝权力起源》,第23页。
② 《宋书》卷九四《恩幸·徐爰传》,第2309页。

维护旧史的谨慎。由此可知,桓玄传,以及沈约提到的其余诸人传记都应在刘宋旧史中。

自然应该想到,刘宋最初编纂国史时就收录了义熙时期的历史。如果考虑晋末宋初史官的具体人选,会更倾向于这一判断。义熙时期的历史撰述应始于徐广为首的晋末史官,据《宋书·荀伯子传》,义熙年间,荀伯子与王韶之同时被徐广举荐为著作佐郎参与修史,具体工作是"助撰晋史及著桓玄等传"。[①]关于刘宋国史的编纂过程,主要有三种史料记载,它们都以元嘉(424—453)年间何承天修史为刘宋修史之始。[②]而何承天五岁丧父,其母徐氏是徐广的姐妹,"聪明博学,故承天幼渐训义,儒史百家,莫不该览"。[③]考虑何承天的身世,则晋末至宋初的史官都脱不开徐广的影响,何承天也完全有理由把晋末史官的工作成果继承到宋史之中。

既然晋末与刘宋的修史一脉相承,该如何理解东晋官修史为编年体而刘宋官修史为纪传体这一明显差异呢?跳出将纪传、编年作为两种不同体裁的角度,从史书编纂过程、官修史运作的发展上,可以尝试解答这一问题。晋末到刘宋的官修史运作,最初应先形成记载历史事件的编年文献和针对人物的以履历为构架的传记两类资料,它们有两种可能的整合方式,一是成为编年附传的编年体史书,二是成为纪传体史书。前一种整合目标相对容易,而纪传史的帝纪与中古时代的编年历史文献有比较明显的区别,需要把原本在编年文献中的很多内容拆分到各人传记,工作更加复杂。东晋史官选择了较易完成的编年史,只有晋末部分由于被刘宋视为创业之史,在刘宋的官修史体制中完成了向纪传体的转化,最后辗转流传至今。

---

① 《宋书》卷六〇《荀伯子传》,第1627页。这批晋末史官修撰的人物传对唐修《晋书》的列传编排也带来影响,相关分析将在下节展开。
② 《史通·古今正史》称刘宋国史,元嘉时有何承天"草创纪传",孝建年间又有苏宝生"续造诸传,元嘉名臣皆其所撰"。(唐)刘知幾著,(清)浦起龙释《史通通释》卷一二《古今正史》,第327页。《宋书·自序》所载沈约《上〈宋书〉表》所言最详:"宋故著作郎何承天始撰《宋书》,草立纪传,止于武帝功臣,篇牍未广。"(第2467页)又见《宋书》卷九四《恩幸·徐爰传》,第2308页。
③ 《宋书》卷六四《何承天传》,第1701页。

二、纪传体晋史的编纂与
东晋编年史的淹没

上节讨论了东晋编年体国史向后世延续的一面，本节从晋史流传的角度关注东晋编年史的淹没，也是回溯今天所见唐修《晋书》的起源。后两节对唐修《晋书》的文本分析将以这些认识为基础。

唐以前的旧晋史虽多，但与唐修《晋书》关系密切的只是其中少数。关于唐修《晋书》的编纂，《册府元龟》卷五五六《国史部·采撰》载贞观二十年（646）闰三月诏云：

> 〔旧晋史〕十有八家，虽存记注，而才非良史，书亏实录。……宜令修国史所更撰《晋书》，诠次旧文，裁成义类，俾夫湮落之诰，咸使发明。①

诏书提出"诠次旧文，裁成义类"的规划，即唐代重修《晋书》当以诸家旧晋史为基础进行加工。而实际工作中，对诸家旧晋史的利用又有主次之别。《太平御览》卷六〇三引《唐书》云：

> 诏司空房玄龄等修《晋书》，以臧荣绪书为本，采撷诸家传记而益附之，爰及晋代文集，罔不毕举，为十本纪、二十志、七十列传、三十载记。②

《御览》所引的这段材料当出于比刘昫《旧唐书》更加原始的官方史料，其

---

① 周勋初等校订《册府元龟》卷五五六《国史部·采撰》，南京：凤凰出版社，2006年，第6375页。
② 《太平御览》卷六〇三，第2716页上栏。"三十载记"，原误作"十三载记"。

最初来源则应是唐初《晋书》修成后的上表。①据此,唐修《晋书》是以臧荣绪《晋书》为本,兼采十八家旧晋史及晋代文集等。王树民已详细辩证了《修〈晋书〉诏》所称的旧晋史"十有八家"不包括具有特殊地位的臧荣绪《晋书》,而之所以以臧书为底本,是由于十八家旧晋史都没能完整包括东西两晋。②

除了以臧荣绪《晋书》一本为主,唐修《晋书》对旧晋史的利用还有体裁偏向。《史通·杂说上》云:

> 近见皇家所撰《晋史》,其所采亦多是短部小书,省功易阅者,若《语林》《世说》《搜神记》《幽明录》之类是也。如曹、干两氏《纪》,孙、檀二《阳秋》,则皆不之取。故其中所载美事,遗略甚多。③

通常解读这段批评,都注意作为正史的《晋书》与小说类撰著的关系,而且由于《世说新语》及刘注得以保存,它们与唐修《晋书》的关系受到广泛关注。不过刘知幾的批评还包含另一重要信息,唐修《晋书》所"不之取"的"曹、干两氏《纪》,孙、檀二《阳秋》"都是编年体,它们为唐代史臣抛弃的原因不仅是由于部头过大,也由于它们的体裁与唐修《晋书》不同,若要在编纂中加以利用,不仅对比史文时需要前后查验,改写补入纪传体时也要重新组织篇章结构,在多人分工撰史的情况下更加不易协调。

唐代重新修纂《晋书》,尽管面对着大量旧晋史,但主要依据的只是与本次修撰计划体裁、部头相当的臧荣绪《晋书》。循此思路,臧荣绪《晋

---

① 《御览》所引的这一节《唐书》,记载与今本《旧唐书》相比翔实得多。《御览》所引《唐书》与唐代官修国史有密切关联,其中与今本《旧唐书》不同者,应是更加原始的材料。参见孟彦弘《〈太平御览〉所引"唐书"的辑校与研究》,《唐研究》第十六卷,北京大学出版社,2010年;唐雯《〈太平御览〉引〈唐书〉再检讨》,《史林》2010年第4期。而且上引《册府元龟·国史部》录《修〈晋书〉诏》后亦有类似此段记载的内容。《册府元龟》卷五五六《国史部》:"以臧荣绪《晋书》为本,捃摭诸传记而附益之,爰及晋代文集,罔不毕记,为十帝纪、十志、七十列传、三十载记。"第6375页。《册府》所据皆《实录》、国史之类,亦可证明这条材料的性质。
② 王树民《十八家晋书》,《文史》第17辑,1983年。
③ (唐)刘知幾著,(清)浦起龙释《史通通释》卷一六《杂说上》,第427页。

书》之所本也不难推想。臧荣绪《晋书》成于宋齐之间,①在它以前,采取纪传体的东晋史仅有何法盛《晋中兴书》,西晋纪传史虽有王隐、虞预两家,但在篇幅、体例上能与《晋中兴书》相称的只是王隐《晋书》。②因此当时编纂综括两晋的大部头纪传史,以王隐、何法盛两家为基础是理所当然的选择。上述推测在大约同一时期还有印证。北魏时精研晋史的宋绘曾"依准裴松之注《国志》体,注王隐及《中兴书》",③其注本无疑也有综括两晋纪传体史的意图,④而被选中的底本也正是王、何两书。

如前所述,东晋时期的官修国史活动都只修成了编年体史书,而作为唐修《晋书》蓝本的王隐、何法盛、臧荣绪一脉的纪传体晋史,与晋代官修之史的关系如何呢?

王隐《晋书》的编纂始于隐父王铨。王铨官位不显,《王隐传》仅云"父铨,历阳令"。⑤《何劭传》提到何劭曾向王铨表示,自己一生"少无可书之事,惟与夏侯长容谏授博士,可传史册耳"。⑥王铨出身陈郡,与何劭同乡,而陈郡在内的河南诸郡也是很多洛阳权贵士族的乡里,这则轶事即便细节未必完全可靠,也应反映了王铨与政治核心圈有一定交往。那么他能够"私录晋事及功臣行状"以备撰史,⑦一方面如史传所云是由于他有著述之志,另一方面也应得益于他的身份条件,使他能够接触到西晋朝廷的官方资料。相比之下,东晋朝廷并无充足的档案、文献资料来满足修

---

① 沈约云:"常以晋氏一代,竟无全书,年二十许,便有撰述之意。泰始初,征西将军蔡兴宗为启明帝,有敕赐许。"《宋书》卷一〇〇《自序》,第2466页。则宋末泰始(465—471)时臧荣绪书当未出。又《南齐书》卷五四《高逸·臧荣绪传》:"建元中,〔褚渊〕启太祖曰:'荣绪,朱方隐者……撰晋史十帙,赞论虽无逸才,亦足弥纶一代。臣岁时往京口,早与之遇。近报其取书,始方送出,庶得备录渠阁,采异甄善。'"则齐初(建元,479—482)其书入秘阁。北京:中华书局,1972年,第936页。
② 根据《隋书》卷三三《经籍志》"史部·正史类"著录,王隐《晋书》本九十三卷,虞预《晋书》本四十四卷,《晋中兴书》为七十八卷。北京:中华书局,1973年,第955页。
③ 《北齐书》卷二〇《宋显传》,北京:中华书局,1972年,第271页。引文下又云:"又撰《中朝多士传》十卷,《姓系谱录》五十篇。以诸家年历不同,多有纰缪,乃刊正异同,撰《年谱录》,未成。"
④ 这时南方的臧荣绪《晋书》虽然很可能已经完成,但看来还没有在北方流传。
⑤ 《晋书》卷八二《王隐传》,第2142页。
⑥ 《晋书》卷《何劭传》,第999页。
⑦ 《晋书》卷八二《王隐传》,第2142页。

撰西晋史之需。司马睿政权是在建康藩府的基础上发展起来的，与洛阳朝廷在具体的人员、物资上的联系都很薄弱。东晋初秘阁的藏书相比于西晋"十不一存"，① 即便是西晋时由陆机领修的国史纪志，也只有帝纪部分流传于后世。② 王隐在渡江之初谈论修晋史时说"当今晋未有书，天下大乱，旧事荡灭"，而他本人"受父遗业，西都旧事多所谙究"，③ 他的过江，给建康带来了相对可观的西晋历史资料。因此早在晋元帝正式称帝以前，丞相军谘祭酒祖纳就举荐王隐修史，但因"草创务殷，未遑史官"而作罢，至元帝即位后，"典章稍备，乃召隐及郭璞俱为著作〔佐〕郎，令撰晋史"，④ 这也就是由干宝主领的那次国史修撰。如前所述，其时秘书著作机构以华谭、干宝为首，所引著作佐郎几乎都是东南士人。⑤ 既无才望又无势援的王隐之所以受到重视，应是由于他掌握大量贴近西晋政府而获得的资料，很适合官修史的需要，王隐父子私人修撰的《晋书》与干宝主领修撰的国史《晋纪》可能共享了一些原始资料。

何法盛《晋中兴书》的情况比较特殊。首先是它的体裁与通常纪传史有所不同。根据《史通》的相关记载及《北堂书钞》、《文选》注等引用此书时保留的篇名，⑥ 可知此书将汉代以来已经通行的纪传体纪、表、志、传四部分名称分别改为典、注、说、录，⑦ 其中对应于列传的录以地望姓氏为标题，如"琅琊王录"、"陈留阮录"、"范阳祖录"等等。

---

① （南朝梁）阮孝绪《七录序》，见（唐）释道宣著《广弘明集》卷三，四部丛刊初编影明本，叶八左、九右。
② 《晋书》卷五一《束皙传》云："皙才学博通，所著《三魏人士传》、《七代通记》、《晋书》纪、志，遇乱亡失。"（第1434页）《隋志》著录陆机《晋纪》四卷，一般被认为是陆机所撰西晋国史的帝纪部分。《隋书》卷三三《经籍志》，第958页；姚振宗《隋书经籍志考证》，《二十五史补编》第4册，北京：中华书局，1955年，第5260页。
③ 《晋书》卷八二《王隐传》，第2142页。
④ 《晋书》卷八二《王隐传》，第2143页。按，原文"著作郎"当是佐郎之误，因著作郎仅设一员。
⑤ 除王隐非东南士人外，还有河东郭璞。郭璞以道术为王导、元帝信用，"作《南郊赋》，帝见而嘉之，以为著作佐郎"。《晋书》卷七二《郭璞传》，第1901页。
⑥ 参见姚振宗《隋书经籍志考证》，《二十五史补编》第4册，第5247—5248页。
⑦ 关于典、注、说详情的材料很少，（唐）刘知幾著，（清）浦起龙释《史通通释》卷四《题目》云"何氏《中兴》易志为记，此则贵于革旧，未见其能取新"（第85页），但《晋中兴书》志称"说"，王隐《晋书》志称"记"，《史通》"何氏中兴"与"易志为记"二语当有一误。同书卷三《书志》篇云"原夫司马迁曰书，班固曰志……何法盛曰说，名目虽异，体统不殊"（第52页），亦即称《晋中兴书》志的部分虽改变了题目，而内容没有实质性变动。

为什么《晋中兴书》使用了这样特别的体例？尽管门阀士族是魏晋南北朝时代重要的社会现象，[1]也并不意味着当时的纪传体史书就一定要以家族为单位编排列传，例如今日所见南朝诸史，就不大采用这样的办法。从晋史编纂的总体背景来看，东晋人修撰的东晋史都使用了编年体，何法盛撰写贯穿东晋首尾之史，放弃编年而改用纪传体，从实际操作来说是一种开拓。缺乏先行的纪传体晋史为基础，既是困难，也摆脱了约束，《晋中兴书》的编纂相对一般纪传体史书来说，更多受到魏晋以来的郡国书、杂史撰述传统的影响。

《晋中兴书》以纪为"典"，以传为"录"的用法，应与东晋虞预《会稽典录》类似。[2]《会稽典录》以会稽一地为记录对象，在《史通》中被归入记录乡里英奇的"郡书"，[3]在《隋书·经籍志》中列于"杂传"，但却没有使用六朝时这类著作一般采用的"传"或"赞"为名，恐怕是因为它具有类似纪传体的结构。虽然对于《会稽典录》的体例没有明确证据，但与之时代、性质大致相同的《华阳国志》即是如此。[4]《华阳国志》各篇可分为三部分：前四卷以地理区划为线索叙述，中五卷记两汉之际及三国至十六国时蜀地的历史，后两卷记蜀地人物。其中第一部分无疑近于"地理书"，第二、三部分分别是编年记事与人物传记。因为结构比较特殊，《史通·杂述》在"地理书"与"郡书"两个归类中重复列举了《华阳国志》，[5]

---

[1] 逯耀东探讨魏晋别传的时代性格是"社会色彩远超过政治意义"，已指出了家传流行，演变为何法盛《晋中兴书》"出现了许多家族为单位"的传记，乃至又发展为李延寿《南史》传记"不以王朝政权的嬗递为断限，而以一个家族盛衰为主"，这些"都是世家大族发展的结果"。逯耀东《魏晋别传的时代性格》，收入《魏晋史学的思想与社会基础》，北京：中华书局，2006年，第79、86页。
[2] 《晋书》卷八二《虞预传》称《会稽典录》二十篇"（第2147页），《隋书》卷三三《经籍志》则著录为"《会稽典录》二十四卷"（第975页）。
[3] （唐）刘知幾著，（清）浦起龙释《史通通释》卷一〇《杂述》，第254页。
[4] 尽管《隋书·经籍志》将《华阳国志》列入"伪史类"（《隋书》卷三三《经籍志》，第963页），而记载乡里人物的著作则归入"杂传"类，但《华阳国志》并非专记某一政权，而是通记蜀地历史、人物，与大多数"伪史"的区别显而易见。《隋志》"伪史"中与《华阳国志》情况类似的还有刘昞《敦煌实录》，《史通·杂述》将这两部书都归为"郡书"，与《会稽典录》同类（《史通通释》卷一〇《杂述》，第255—256页）。
[5] 旧来研习《史通》者多怀疑这是讹误，浦起龙释云："又按：地理与郡书略有辨，郡书主人物，地理主风土。但其中《华阳志》似阑入。"（《史通通释》卷一〇《杂述》，第260页）

如果用后代的观念表述，大概可以说此书是一种地方性史志，而它在记录地方历史时，采用了与纪传体类似的编年加人物传的形式。所以其书名为"志"，并非通常郡国书使用的名称。由此推测，《会稽典录》也是一种编年与传记相结合的地方撰述，书题的"典"与"录"即分别指代这两个部分，而后来的《晋中兴书》也采用同样的用法。

纪表志传称谓的改变蕴含了体例的变化。《晋中兴书》的"录"指向家族，很可能是取"录"字本有"谱录"之义，与家族谱牒有关。而谱牒在形式上可与表互通，因此臧荣绪《晋书》又以"录"为表之称。[①]《史通·书志》云："谱牒之作，盛于中古，汉有赵岐《三辅决录》，晋有挚虞《族姓记》。"[②]又是谱、录义近之一例。

综上所述，《晋中兴书》与郡书、家传等王朝史以外的撰述类型联系密切，如果把编年体国史视为晋史撰述原本的中心，《晋中兴书》无疑位于边缘。但以后由于纪传体的复兴，形成从王隐《晋书》《晋中兴书》到臧荣绪《晋书》，再到唐修《晋书》的传承链条，排除了采用编年体修撰的东晋国史，原本的边缘变成了主流。晋史流传中纪传体与编年体地位的"反转"，使东晋一朝官修史的发展成果不易被察觉，也使东晋南朝官修史的延续性被低估。

三、唐修《晋书》东晋部分史源蠡测：以列传编排方式为线索

《晋中兴书》以家族为传的编纂特点也为探索唐修《晋书》东晋部分的来源文献提供了线索。借助极具辨识度的家族传，可以发现唐修《晋书》哪些列传的编排源自《晋中兴书》，并反衬出来自其他史源的部分。唐修《晋书》东晋部分列传的界限大体清楚，从卷六四武帝元帝简文帝诸

[①] 臧荣绪《晋书》分为"纪、录、志、传"四个部分，显然这里的"录"应该对应一般纪传史中的表。
[②] （唐）刘知幾著，（清）浦起龙释《史通通释》卷三《书志》，第68页。

王传开始，至卷八五结束。①不计通列皇族的卷六四，其余各卷大致可以按编排原则的差异分为以下三组：卷六五至七二为第一组，卷七三至八〇为第二组，卷八一至八五为第三组。家族传主要集中在第二组，而第一、三组更重视事迹、地位等个人因素，这种不平均是东晋各时期历史的史源情况不同所导致的。下面从特点最鲜明、情况最简单的第二组展开讨论。第二组八卷传目如下：②

表6-1 《晋书》卷七三至卷八〇传目

卷数	传 目
七三	庾亮子彬 羲 龢 弟怿 冰 条 翼
七四	桓彝子云 云弟豁 豁子石虔 虔子振 虔弟石秀 石民 石生 石绥 石康 豁弟秘 秘弟冲 冲子嗣 嗣子胤 嗣弟谦 谦弟修 徐宁
七五	王湛子承 承子述 述子坦之 祎之 坦之子恺 愉 国宝 忱 愉子绥 承族子峤 袁悦之 祖台之 荀崧子蕤 羡 范汪子宁 汪叔坚 刘惔张凭③ 韩伯
七六	王舒子允之 王廙弟彬 彬子彪之 王棱④ 虞潭孙啸父 兄子骏 顾众 张闿
七七	陆晔晔弟玩 玩子纳 何充 褚翜 蔡谟 诸葛恢 殷浩顾悦之 蔡裔
七八	孔愉子汪 安国 弟祗 从子坦 严 从弟群 群子沈 丁潭张茂 陶回
七九	谢尚 谢安安子琰 琰子混 安弟万 万弟石 安兄奕 奕子玄 石兄子朗 朗弟子邈⑤
八〇	王羲之子玄之 凝之 徽之 徽之子桢之 徽之弟操之 献之 许迈

① 这以前的卷六一至六三是永嘉前后在北方为晋作战的军阀，这以后是地位较为特殊的前凉、西凉及诸类传、四夷、逆臣。
② 传目在传抄、刻印过程中容易出现讹误，因此下文对《晋书》传目的确认，除比校几种刻本外，还参考了正文传记的内容和体例。
③ 诸本传目"张凭"皆作大字。但此传十分简短，所述主要事迹，与上文刘惔相关，且第一次出现刘惔时，径称"欲诣惔"而不出惔姓。凡此种种，说明此传实附于《刘惔传》，目中应作小字。
④ 诸宋本（杨本、池州本）作大字，南监本、汲本无，局本作"彬从兄棱"。从内容上看此传应为附传。
⑤ 传目中的谢安弟，各刻本顺序与文中不相应。文中谢奕、谢玄父子在谢万之前，谢石又在谢朗之后。以传目所出的诸人关系，怎样都无法与正文顺序调和。

这一组中除卷七七以外，都明显是以家族为传，尽管有些卷次在主要家族之外还列有一些相关人物或其他篇幅较短的家族。而如果依次检视同卷或相邻卷次的各位传主，难以看出他们在事迹上的联系，而且时代关系也十分跳跃。如卷七五第一位传主王湛卒于晋惠帝元康五年（295），完全是西晋人物，而且其兄王浑在卷四二有传。同卷第二位传主荀崧，大约出仕于惠帝中期，卒于成帝咸和三年（328）。同卷第三位传主范汪，弱冠值苏峻之难，主要活跃于东晋成帝至穆帝时期。同卷的三位传主的生活年代几乎完全错开。又如卷七五最后的刘惔与韩伯都是简文帝藩府的座上宾，以清谈知名，而卷七六开始的王舒、王廙则是王敦、王导从兄弟，属永嘉（307—313）末、东晋早期人物，两卷之间完全无法体现时代顺序。三组之中，这组列传的编排保留《晋中兴书》家族传面貌最多。

接下来看第三组，五卷传目如下：

表6–2　《晋书》卷八一至卷八五传目

卷数	传　　目
八一	王逊　蔡豹　羊鉴　刘胤　桓宣族子伊　朱伺　毛宝子穆之　安之　孙璠　宗人德祖　刘遐　邓岳子遐　朱序
八二	陈寿　王长文　虞溥　司马彪　王隐　虞预　孙盛　干宝　邓粲　谢沈　习凿齿　徐广
八三	顾和　袁瓌子乔　乔孙山松　瓌弟猷　从祖准　准孙耽　耽子质　质子湛　豹　江逌从弟灌　灌子绩　车胤　殷顗　王雅
八四	王恭　庾楷　刘牢之子敬宣　殷仲堪　杨佺期
八五	刘毅兄迈　诸葛长民　何无忌　檀凭之　魏咏之

卷八一通记东晋诸将，卷八二通记两晋史家，两卷的编排意图十分明显。最后三卷与前引沈约《上〈宋书〉表》提及的人物传对应。沈约云"刘毅、何无忌、魏咏之、檀凭之、孟昶、诸葛长民，志在兴复，情非造宋"，[①]唐修《晋书》中除了孟昶无传，其余五人列传都在卷八五。这些人最初与

---

① 《宋书》卷一〇〇《自序》，第2467—2468页。

刘裕一道讨灭桓玄，后来与刘裕分道扬镳，唐修《晋书》把他们作为东晋列传的结尾。而卷八四收录的是更早出场的一批人物，卷末赞语总结了这段政治斗争："孝伯怀功，牢之总戎。王因起衅，刘亦惭忠。殷杨乃武，抽箭争雄。庾君含怨，交斗其中。猗欤群彦，道睽心异。是曰乱阶，非关臣事。"①

八四、八五两卷符合一般纪传体史书列传编排方式，不同于《晋中兴书》的家族传原则。按照沈约《上〈宋书〉表》的提示，这些传记本见于刘宋国史，尤其是沈约所列"志在兴复，情非造宋"的人物几乎完全与《晋书》卷八五相合，卷八四的王恭、刘牢之等人虽未被沈约直接提及，但既然刘宋国史本来也有桓玄、谯纵、卢循等传，那么与之时代相同、实际关联密切的王恭等人也不应被遗漏。由此可以判断，唐修《晋书》这几卷列传不是来自《晋中兴书》，而是来自刘宋国史。

卷八三的情况略为复杂，前三位传主顾和、袁瓌、江逌皆属大族，顾和主要活跃于成帝至穆帝时，袁瓌在元帝至成帝，江逌在穆帝、哀帝时，如果算上他们的子侄，则时间跨越整个东晋。同卷后三位传主车胤、殷顗、王雅之间的联系却很明显，都是晋末动乱中的人物。附列于江逌之下的江绩，事迹实可与车胤比列，其传云："元显闻而谓众曰：'江绩、车胤间我父子。'"②二人并因此而卒。顾和、袁瓌、江逌三传的出现，或许可以解释为这一卷中混杂了刘宋国史与《晋中兴书》两种编排因素：即因江绩而缀入江氏家族传，又由江氏家族传而缀入顾氏、袁氏家族传。像卷八三这样，在一卷之中同时表现出《晋中兴书》的家传因素和一般列传编排因素的情况，在第一组列传中更加多见。

总之，唐修《晋书》东晋的第三组列传主要以事迹编排，但其中稍稍混杂了家族传的因素。由沈约《上〈宋书〉表》可知，这几卷传记与刘宋国史有密切关系，应是其中家族传因素退居次席的原因。

最后来看东晋部分的第一组列传，八卷传目如下：

---

① 《晋书》卷八四，第2202页。
② 《晋书》卷八三《江绩传》，第2177页。

表 6-3 《晋书》卷六五至卷七二传目

卷数	传　目
六五	王导子悦 恬 洽 协 劭 荟 洽子珣 珉 劭子谧
六六	刘弘　陶侃兄子臻 臻弟舆
六七	温峤　郗鉴子愔 愔子超 愔弟昙 鉴叔父隆
六八	顾荣　纪瞻　贺循杨方　薛兼
六九	刘隗孙波 刁协子彝 彝子逵 戴若思弟邈 周顗子闵
七〇	应詹　甘卓邓骞　卞壸从父兄敦　刘超　钟雅
七一	孙惠　熊远　王鉴　陈頵　高崧
七二	郭璞　葛洪

王导于东晋的功业已不待言；刘弘、陶侃、温峤、郗鉴也是在两晋之际及东晋早年掌握兵权，[①]佐成及巩固了江东政权的重要人物；顾荣、纪瞻、贺循、薛兼，都是江左士族名士，司马睿初镇江东时极力拉拢，有了他们的支持，司马睿才得以在江东立足。[②]以上卷六五至六八诸人，无疑是东晋的元勋。卷六九、七〇所载，是东晋前期在王敦、祖约、苏峻等几次兵乱中忠于皇权的义臣。卷七一除高崧外的四人，虽名位不甚高，但在永嘉末、江左初皆有所匡谏，但高崧活动于穆帝时期，列于此卷比较突兀。卷七二郭璞、葛洪都是很早就进入江东政权的术士。总的来看这八卷，以门第而论，卷六九中周顗的出身和清望显然高于同卷的另外几人，卷七一的孙惠、王鉴皆官宦之后，陈頵、高崧父祖可能没有官爵，熊远的祖父则是被石崇放免归乡的苍头。由此看来，这几卷列传的编排是不问身世，而以个人事迹论的。这显然也不同于《晋中兴书》的做法，而与一般纪传体史书列传编排的规则一致。

---

① 王敦无疑也曾是他们中的一员，但后来称兵向国，今本《晋书》中以逆臣而置于列传最后。这种次序是否在旧晋史中已如此，则难以确证。
② 参见田余庆《东晋门阀政治》，第19—22页。

王隐《晋书》成于庾亮在武昌时，亦即咸和六年（331）以后，而上述八卷传主除郗鉴、高崧、郭璞外都卒于咸和六年以前，[①] 总体来看这一组列传有可能属于王隐《晋书》的记载范围，而汤球辑王隐《晋书》，也正有不少东晋前期人物事迹的佚文，而且大多来自裴注、刘注，较为可靠。[②] 因此，这一组八卷列传绝大部分的记载对象应当包括在王隐《晋书》之内。同时，这组列传所表现出来的按个人事迹编排的倾向也与唐修《晋书》西晋史部分相合，由此推测，这组列传的编次依然以王隐《晋书》为基础。但王导、陶侃、郗鉴、应詹、卞壸、刘超等人之后附列大量子孙，时段降及东晋中后期，看来是在大致继承王隐《晋书》数卷列传人物次序的基础上，又插入了《晋中兴书》相应家族传的内容。

以上讨论可以与前节概括的从王隐《晋书》、何法盛《晋中兴书》到臧荣绪《晋书》、再到唐修《晋书》的文献传承过程相印证。唐修《晋书》东晋诸传能够依编纂原则的差异大致划分为三组，究其缘由，是修史者在改编东晋不同时期的历史时面对的史源情况有别。专记东晋一朝的纪传体史书只有《晋中兴书》，但王隐《晋书》下涉两晋之际及东晋初年，东晋末的历史编纂又与刘宋国史有密切关联，因此，东晋前期、后期的列传编纂存在较多取舍缀合的可能，而东晋中期若不依据《晋中兴书》，就需要改编者重头来过。最终，改编者在东晋前、后期没有以《晋中兴书》为本，但在东晋中期还是采用了体例颇为特殊的《晋中兴书》，使唐修《晋书》部分地继承了《晋中兴书》的家族传编排特色。

四、由编年文献改编的晋末、刘宋官修史

唐修《晋书》一些晋末人物列传继承自刘宋国史，本节将通过对比唐修《晋书》与《宋书》的文本，说明在编纂流程上，唐修《晋书》晋末部分

[①] 郗鉴卒于咸康六年（340），仅在庾亮之后一年，郭璞虽卒年较晚，但西晋末已出仕。
[②] 一些从类书中辑出的异文可能由于类书标目讹误而不可靠，汤球辑本中不少条目显然在王隐之后，即属此类。

也与《宋书》类似。这种编纂流程的重要特点是编年文献作用的突出,在汉唐间官修史运作的发展中具有重要意义。

根据上文考察结果,唐修《晋书》东晋中期的列传多来自《晋中兴书》,其来源可能是家传等,前期列传来自王隐《晋书》,也不是真正的官方撰著,它们的形成路径都不像东晋末及宋代史事是源自国史。因此以下分别选取东晋前、中、末期及刘宋前期事件进行文本分析,可以覆盖到不同的史源情况,从而更能突显在编年文献影响下的晋宋官修史的特征。事件选取的另一个要求是重大性,需涉及重要人物较多,才能够在不同纪、传中有较丰富的记载以资比对。最终选择的四个事件是讨平桓玄余党(晋末)、废宋少帝(宋)、讨华轶(两晋之际)、桓温殷浩之争(东晋中期)。

(一)关于讨平桓玄余党的记载

前文已经提及,刘宋的建国之路是从刘裕等人起兵讨灭桓玄,兴复晋祚开始的。桓玄败亡后,其子侄桓振、桓谦等继续以江陵为基地对抗刘裕军队(史籍称为义军)。义军溯江进平江陵,护卫着被桓氏劫持的安帝返回建康,拨乱反正之功告成。这段史事正是晋末史官记录,后来被刘宋国史继承的。因为沈约从刘宋国史中剔除掉一些晋末人物,现在保留相关记载较多的正史篇目包括唐修《晋书》的《桓玄传》《刘毅传》《何无忌传》(三人皆在沈约所列剔除名单中),[①]以及《宋书》的《武帝纪》《刘道规传》《刘怀肃传》。[②]对这段史事的记载进行对比,能有效说明唐修《晋书》与刘宋国史的关系。

综合六传(纪)内容,可以划分出二十条事项(详见下文引录),下表先简要列出这二十条事项在各篇中的分布情况,同一事项中内容相对详尽者作为"基准文本"。

---

① 《晋书》卷九九《桓玄传》,第2602页;卷八五《刘毅传》,第2206页;卷八五《何无忌传》,第2215页。
② 《宋书》卷一《武帝纪上》,第11页;卷四七《刘怀肃传》,第1403—1404页;卷五一《临川烈武王道规传》,第1471—1472页。

图例：

★、☆：基准文本（★为以下复原所引用的文本）；

◎：较为简略的文本；

△：同一事项的其他细节；

空格：无相关记载。

表6-4 《晋书》《宋书》各纪传记载事项的对比

	桓玄传	刘毅传	何无忌传	武帝纪	刘道规传	刘怀肃传
1				★	◎	
2				★	◎	
3	★		☆		☆	
4	☆	☆+△	◎	★	◎+△	◎
5	★					
6	★					☆
7	★					
8	★					
9	★					
10	★	☆				
11	★	☆				
12	★	☆+△	◎	◎	☆	☆
13	★	☆+△	☆		☆	
14	★					
15			☆		★	
16	★	☆			☆	
17	★	☆		◎		
18	★	◎			◎	
19	★+△	☆	◎	◎	☆	△
20			◎		★	

限于篇幅，无法将六篇纪传相关内容全部引录。为便于查验，仅将各项的"基准文本"（具体出处为上表中★号者）和一些篇目中独有的"细节文本"抄录如下。对照上表和以下抄录的部分，可以大致清楚各篇的文本情况。

（1）初玄败于峥嵘洲，义军以为大事已定，追蹑不速。玄死几一旬，众军犹不至。

（2）玄从子振逃于华容之涌中，招聚逆党数千人，晨袭江陵城，居民竞出赴之。腾之、康产皆被杀。桓谦先匿于沮川，亦聚众以应。振为玄举哀，立丧廷。谦率众官奉玺绶于安帝。

（3）何无忌等攻桓谦于马头，桓蔚于龙洲，皆破之。

（4）无忌、道规既至江陵，与桓振战于灵溪。玄党冯该又设伏于杨林，义军奔败，退还寻阳。（△《刘毅传》：刘裕命何无忌受毅节度，无忌以督摄为烦，辄便解统。毅疾无忌专擅，免其琅邪内史，以辅国将军摄军事，无忌遂与毅不平。毅唯自引咎，时论韪之。△《刘道规传》：无忌欲乘胜直造江陵，道规曰："兵法屈申有时，不可苟进。诸桓世居西楚，群小皆为竭力，振勇冠三军，难与争胜。且可顿兵养锐，徐以计策縻之，不忧不克也。"无忌不从，果为振所败。）

（5）毛璩自领梁州，遣将攻汉中，杀桓希。

（6）江夏相张畅之、高平太守刘怀肃攻何澹之于西塞矶，破之。

（7）振遣桓蔚代王旷守襄阳。

（8）道规进讨武昌，破伪太守王旻。

（9）魏咏之、刘藩破桓石绥于白茅。

（10）义军发寻阳。

（11）桓亮自号江州刺史，侵豫章，江州刺史刘敬宣讨走之。

（12）义军进次夏口。伪镇东将军冯该等守夏口，扬武将军孟山图据鲁城，辅国将军桓山客守偃月垒。刘毅攻鲁城，道规攻偃月垒，无忌与檀祇列舰中流，以防越逸。义军腾赴，叫声动山谷，自辰及午，二城俱溃，冯该散走，生擒山客。（△《刘毅传》：毅督众军进讨，未至夏口,遇风飘没千余人。)

（13）毅等平巴陵。(△《刘毅传》：以毅为使持节、兖州刺史,将军如故。毅号令严整,所经墟邑,百姓安悦。)

（14）毛璩遣涪陵太守文处茂东下,振遣桓放之为益州,屯夷陵,处茂距战,放之败走,还江陵。①

（15）谦、振遣使求割荆、江二州,奉归晋帝,不许。

（16）义熙元年正月,南阳太守鲁宗之起义兵袭襄阳,破伪雍州刺史桓蔚。

（17）无忌诸军次江陵之马头,振拥帝出营江津。

（18）鲁宗之率众于柞溪,破伪武贲中郎温楷,进至纪南。振自击宗之,宗之失利。

（19）时蜀军据灵溪,毅率无忌、道规等破冯该军,推锋而前,即平江陵。振见火起,知城已陷,乃与谦等北走。是日,安帝反正。(△《桓玄传》：大赦天下,唯逆党就戮,诏特免桓胤一人。△《刘怀肃传》：义熙元年正月,振败走,道规遣怀肃平石城,斩冯该及其子山靖。)

（20）无忌翼卫天子还京师,道规留夏口。

可以看到,《桓玄传》所载最为全面、详尽,其中不少事项属它所独有,而且所有事项皆属基准文本,亦即没有明显删减。其余纪传的事项取舍则相对接近,但《刘怀肃传》略少,而且除《刘毅传》外的其他纪传中较基准文本简略的条目较多。同时,尽管这里涉及的史事、人物十分复杂,但各篇之间相似的文本很多,而且事件排序毫无错乱；各篇之间也没有史实的矛盾（字词讹误所致除外）,只是一些传记在少数事项中有关于传主的细节记载,较为特别。根据这些现象,可以推测这些纪传都是在同一底本的基础上删改而来,这一底本虽然不能遽定为编年纪抑或列传体裁,但可

---

① 第14、15条难以从诸传文本次序中判断其先后,但从所载史事考虑,毛璩军控制江陵上游,似是推动桓谦、桓振求和的原因,姑且如此排序。

以肯定其中编年记事的意味十分强烈。

尽管根据沈约的说法，包括《桓玄传》《刘毅传》《何无忌传》等在内的纪传本来都属于刘宋国史，但显然这些记载最初的形成不是在刘宋，而是在刘裕掌权的东晋之末。也就是说，上述文本现象所反映的纪传编纂方式，即是晋末官修史编纂的做法。这种编纂方式也被刘宋官修史继承，这一点可以通过对比沈约《宋书》对刘宋时期史事的记载加以确认。

（二）关于废宋少帝的记载

刘裕正式受禅后仅三年就去世，即位的太子义符只有十六岁，[①]多狎群小，居丧无礼。[②]徐羡之、傅亮、檀道济、谢晦四位顾命辅臣废少帝，从湘州迎立宜都王义隆，是为文帝。这个宋初政治史的重大事件在《宋书·少帝纪》及诸位大臣的传中皆有涉及。《宋书》卷四三《徐羡之传》云：

> 帝后失德，羡之等将谋废立，而庐陵王义真轻动多过，不任四海，乃先废义真，然后废帝。时谢晦为领军，以府舍内屋败应治，悉移家人出宅，聚将士于府内。镇北将军、南兖州刺史檀道济先朝旧将，威服殿省，且有兵众，召使入朝，告之以谋。事将发，道济入宿领军府。中书舍人邢安泰、潘盛为内应，其日守关。道济领兵居前，羡之等继其后，由东掖门云龙门入，宿卫先受处分，莫有动者。先是帝于华林园为列肆，亲自酤卖，又开渎聚土，以像破岗，率左右唱呼引船为乐。是夕，寝于龙舟，在天渊池。兵士进杀二人，又伤帝指。扶帝出东阁，收玺绶。群臣拜辞，卫送故太子宫，迁于吴郡。侍中程道惠劝立第五皇弟义恭，羡之不许。遣使杀义真于新安，杀帝于吴县。时为帝筑宫未成，权居金昌亭，帝突走出昌门，追者以门关击之倒地，然后加害。[③]

[①] 《宋书》卷四《少帝纪》："晋义熙二年生于京口。"第63页。
[②] 《南史》卷一三《庐陵王义真传》："初少帝之居东宫，多狎群小。"第365页。
[③] 《宋书》卷四三《徐羡之传》，第1331—1332页。

《少帝纪》的文字与此多同,[1]而同时参与此事、列传与徐羡之相次的傅亮、檀道济、谢晦等人传中记此事均甚简略,甚至毫不提及,只有《檀道济传》载檀道济及谢晦夜宿领军府之事,不见于它处。不过《檀道济传》那段记载的开头"羡之等谋欲废立,讽道济入朝,既至,以谋告之,将废之夜,道济入领军府就谢晦宿"[2]一节,还是与《徐羡之传》"召使入朝,告之以谋。事将发,道济入宿领军府"极为接近,可知《檀道济传》中多出的内容本来也很可能与《少帝纪》《徐羡之传》的内容同出一源。

对一个涉及了多位重要人物的事件,仅在一人传中详加记载,而记载文字又多同于帝纪,这说明这一记载最初就是以时间而非人物为纲目撰写的,因此不易被拆分入各位相关人物的传记中,改写为纪传体时,便将整段记载集中于其中一人的传记。上文考察讨平桓玄余党的记载,发现尽管相关记载分见于多位人物传记,但是各篇传记的文本却几乎相同,也和这里一样是反映出其原始记载不便于按人物区分,亦即其史源是一种编年记事的文献。

通过对以上两个事件记载的对比可以看出,晋末国史与刘宋国史的编纂过程几乎一样,都是先形成某种编年文献,再将它按纪传体的要求分插入各篇纪传。

(三)关于讨江州刺史华轶的记载

华轶是魏太尉华歆曾孙,怀帝时出为江州刺史,受征东将军周馥之督。永嘉四、五年之交的冬天,司马睿出兵寿春,攻破周馥,但华轶不愿承认司马睿的都督。几个月后东海王越卒,怀帝被俘,司空荀藩推司马睿为盟主,华轶又不从命。司马睿遂遣王敦等讨平华轶。[3]讨华轶虽然发生在西晋末,但主要是对后来的东晋政权有重要意义,相关史事见于《晋书·元

---

[1] 《宋书》卷四《少帝纪》,第66页。
[2] 《宋书》卷四三《檀道济传》,第1343页。
[3] 参见《晋书》卷五《怀帝纪》,第121—123页;卷六《元帝纪》,第144页;卷六一《华轶传》,第1671—1672页。

帝纪》《华轶传》《周访传》《赵诱传》《王敦传》。为了便于排版,以下分节对比各纪传记载,将前后各节相连则是该传(纪)的完整内容。

1. 周馥之败:

> 《华轶传》:轶自以受洛京所遣,而为寿春所督,时洛京尚存,不能祗承元帝教命,郡县多谏之,轶不纳,曰:"吾欲见诏书耳。"
>
> 《元帝纪》:受越命,讨征东将军周馥,走之。

周馥之败是华轶与司马睿矛盾的缘起,《华轶传》有详细记载。《元帝纪》仅记讨周馥之事,[①]没有涉及此后华轶的抗命,虽然接下来就讲到讨华轶,但从字面上看不出讨周馥与讨华轶的关联。其余纪传未涉及此事。

2. 元帝遣周访屯备江州:

> 《华轶传》:时帝遣扬烈将军周访率众屯彭泽以备轶,访过姑孰,著作郎干宝见而问之,访曰:"大府受分,令屯彭泽,彭泽,江州西门也。华彦夏有忧天下之诚,而不欲碌碌受人控御,顷来纷纭,粗有嫌隙。今又无故以兵守其门,将成其衅。吾当屯寻阳故县,既在江西,可以捍御北方,又无嫌于相逼也。"
>
> 《周访传》:寻以为扬烈将军,领兵一千二百,屯寻阳鄂陵。

此事仅见于《华轶传》和《周访传》,但文句、情节不同。《华轶传》详细记载了周访关于屯驻地的考虑。

3. 讨华轶:

> 《华轶传》:寻洛都不守,司空荀藩移檄,而以帝为盟主。既而帝承制改易长吏,轶又不从命,于是遣左将军王敦都督甘卓、周访、宋

[①] 元帝讨周馥之事也见于《怀帝纪》,但文字与《元帝纪》不同,且一作"镇东将军",一作"征东将军"。《晋书》卷六《怀帝纪》,第122页。

典、赵诱等讨之。

　　《周访传》：与甘卓、赵诱讨华轶。

　　《王敦传》：寻与甘卓等讨江州刺史华轶。

　　《赵诱传》：左将军王敦以为参军，加广武将军，与甘卓、周访共讨华轶。

　　《元帝纪》：及怀帝蒙尘于平阳，司空荀藩等移檄天下，推帝为盟主。江州刺史华轶不从。

《华轶传》《元帝纪》都提到了讨华轶的直接原因。《元帝纪》文字与《怀帝纪》非常相似，[①]但后者没有提及华轶；《华轶传》则有自己的表述。

元帝派出的将领，四篇传记都有记录，详略、文辞不同但不存在矛盾。

4. 战争经过：

　　《华轶传》：轶遣别驾陈雄屯彭泽以距敦，自为舟军以为外援。
　　武昌太守冯逸次于湓口，访击逸，破之。
　　《周访传》：所统厉武将军丁乾与轶所统武昌太守冯逸交通，访收斩之。逸来攻访，访率众击破之。逸遁保柴桑，访乘胜进讨。轶遣其党王约、傅札等万余人助逸，大战于湓口，约等又败。
　　访与甘卓等会于彭泽，与轶水军将朱矩等战，又败之。
　　《赵诱传》：破之。

攻讨华轶的战争经过见于《华轶传》和《周访传》，但所述很不相同。如果说陈雄屯彭泽以距王敦、周访及甘卓军于彭泽破朱矩两事，是由于仅与一方有关，因此仅见于《华轶传》或《周访传》，但武昌太守冯逸与周访的对战两传都有记载，也只是基本信息能够对应，而且《华轶传》侧重冯

[①]　《晋书》卷六《怀帝纪》永嘉五年六月，"帝蒙尘于平阳，刘聪以帝为会稽公。荀藩移檄州镇，以琅邪王为盟主"。第123页。

逸败于溢口,《周访传》则称援军王约等败于溢口。

5. 华轶之死:

> 《华轶传》:前江州刺史卫展不为轶所礼,心常怏怏。至是,与豫章太守周广为内应,潜军袭轶,轶众溃,奔于安城,追斩之,及其五子,传首建邺。
>
> 《周访传》:轶将周广烧城以应访,轶众溃,访执轶,斩之,遂平江州。
>
> 《王敦传》:斩之。
>
> 《元帝纪》:使豫章内史周广、前江州刺史卫展讨禽之。

《华轶传》和《周访传》有关华轶溃败被杀的基本过程一致,但具体文字完全不同,而且《周访传》没有提到卫展。《元帝纪》提到的人物和《华轶传》一样,但直接说"使"二人"讨擒之"显然是不合适的,应是删削改写时的失误。《元帝纪》文字过于简略,也很难说它与《华轶传》《周访传》有较近的史源关系。

综合上述比较,可以确认如下史实:华轶不从司马睿教命,司马睿先遣周访防备华轶,又令王敦督诸军进讨。双方在溢口发生激烈会战,此后豫章太守周广与前江州刺史卫展背叛华轶,华轶军溃被杀。然而五篇纪传的具体情节各有详略,文字也完全不同,展示了多个源头记录同一历史事件的形态,也可以反衬出前举两例各纪传的高度相似。参照上文对《晋书》史源的考察,这几篇纪传可能来自王隐《晋书》或《晋中兴书》。

(四)关于桓温殷浩之争的记载

桓温是桓玄之父,是东晋中期的权臣。他于穆帝初镇荆州,灭成汉,威震一时。当时的辅政大臣会稽王昱引褚裒、殷浩与桓温相抗,但褚、殷北伐皆告失利,桓温终于独大。这些东晋中期政局的大事,在桓温、褚裒、殷浩三人传记中的记载各有侧重,与《穆帝纪》也不相同。

《桓温传》云:

> 及石季龙死,温欲率众北征,先上疏求朝廷议水陆之宜,久不报。时知朝廷杖殷浩等以抗己,温甚忿之,然素知浩,弗之惮也。以国无他衅,遂得相持弥年,虽有君臣之迹,亦相羁縻而已,八州士众资调,殆不为国家用。
>
> 声言北伐,拜表便行,顺流而下,行达武昌,众四五万。殷浩虑为温所废,将谋避之,又欲以驺虞幡住温军,内外嚣沓,人情震骇。简文帝时为抚军,与温书明社稷大计,疑惑所由。温即回军还镇,上疏曰:……进位太尉,固让不拜。
>
> 时殷浩至洛阳修复园陵,经涉数年,屡战屡败,器械都尽。温复进督司州,因朝野之怨,乃奏废浩,自此内外大权一归温矣。[①]

前半叙述"朝廷杖殷浩等以抗己",双方相持的情况,在褚裒和殷浩的传记中亦有涉及,但记载很不相同,参见下文引文和说明。上引内容第二段与《穆帝纪》永和七年(351)"十二月辛未,征西大将军桓温帅众北伐,次于武昌而止"相应,但史源、叙述重点也明显不同。后半对殷浩北伐失败被废之事的叙述,与《殷浩传》也很不相同,参见下文。

《外戚·褚裒传》云:

> 永和(345—356)初,复征裒,将以为扬州、录尚书事。吏部尚书刘遐说裒曰:"会稽王令德,国之周公也,足下宜以大政付之。"裒长史王胡之亦劝焉,于是固辞归藩,朝野咸叹服之。进号征北大将军、开府仪同三司,固辞开府。裒又以政道在于得才,宜委贤任能,升敬旧齿,乃荐前光禄大夫顾和、侍中殷浩。疏奏,即以和为尚书令,浩为扬州刺史。

[①] 《晋书》卷九八《桓温传》,第2570—2571页。

及石季龙死,裒上表请伐之,即日戒严,直指泗口。朝议以裒事任贵重,不宜深入,可先遣偏师。裒重陈前所遣前锋督护王颐之等径造彭城,示以威信,后遣督护麋嶷进军下邳,贼即奔溃,嶷率所领据其城池,今宜速发,以成声势。于是除征讨大都督青、扬、徐、兖、豫五州诸军事。(具体北伐经过,略。)裒以远图不就,忧慨发病。及至京口,闻哭声甚众,裒问:"何哭之多?"左右曰:"代陂之役也。"裒益惭恨。永和五年卒,年四十七。远近嗟悼,吏士哀慕之。①

这里讲述褚裒在永和年间的事迹,并未提及与桓温相抗的背景,而重在褚裒与建康朝廷的会稽王昱的关系、褚裒的个人履历、所引荐之人。此下叙述褚裒北伐之事颇为详细,兹不备引,而褚裒的北伐完全不见于桓温、殷浩两人传记。《褚裒传》北伐的一部分史事亦见《穆帝纪》:

《外戚·褚裒传》:先遣督护徐龛伐沛,获伪相支重,郡中二千余人归降。鲁郡山有五百余家,亦建义请援,裒遣龛领锐卒三千迎之。龛违裒节度,军次代陂,为石遵将李菟所败,死伤太半,龛执节不挠,为贼所害。②

《穆帝纪》:〔永和五年〕二月,征北大将军褚裒使部将王龛北伐,获石季龙将支重。……秋七月,褚裒进次彭城,遣部将王龛、李迈及石遵将李农战于代陂,王师败绩,王龛为农所执,李迈死之。八月,褚裒退屯广陵。③

传与纪史事大体对应,但文句明显不同,且"徐龛"、"李菟",《穆帝纪》分别作"王龛"、"李农"。二者明显有不同的史源。

《殷浩传》从相抗之始至殷浩北伐以前的记载如下:

---

① 《晋书》卷九三《外戚·褚裒传》,第2416—2417页。
② 《晋书》卷九三《外戚·褚裒传》,第2416—2417页。
③ 《晋书》卷八《穆帝纪》,第195页。

建元初，庾冰兄弟及何充等相继卒。简文帝时在藩，始综万几，卫将军褚裒荐浩，征为建武将军、扬州刺史。浩上疏陈让，并致笺于简文，具自申叙。简文答之曰：……浩频陈让，自三月至七月，乃受拜焉。时桓温既灭蜀，威势转振，朝廷惮之。简文以浩有盛名，朝野推伏，故引为心膂，以抗于温，于是与温颇相疑贰。会遭父忧，去职，时以蔡谟摄扬州，以俟浩。服阕，征为尚书仆射，不拜。复为建武将军、扬州刺史，遂参综朝权。颍川荀羡少有令闻，浩擢为义兴、吴郡，以为羽翼。王羲之密说浩、羡，令与桓温和同，不宜内构嫌隙，浩不从。

（三次北伐具体经过，略。）桓温素忌浩，及闻其败，上疏罪浩曰：……竟坐废为庶人，徙于东阳之信安县。[①]

此传对永和初建康朝廷与桓温的相抗，也仅以殷浩为中心进行叙述，包括了他与褚裒的关系，他向朝廷上疏陈让，与简文帝的交往，援引荀羡，与王羲之的交流等，并穿插了殷浩在这段时间内的政治履历。此后叙述殷浩北伐，亦见于《穆帝纪》《王羲之传》《王彪之传》等，但文字和情节侧重也完全不同，甚至存在颠倒矛盾。

以上三传的具体文本毫无关联，这些叙述分别建立在大量与传主相关的表奏书函及传主履历的基础上。读者除了能够大体感知会稽王昱为首的建康朝廷与桓温的上下游之争外，并无在"重大问题"上统一口径的历史叙述。即便褚裒北伐与殷浩北伐这样的重要史事，也只分别见于两人各自传内，而且与帝纪的具体文字也不相同。三篇列传旁涉的其他人物，如荀羡、蔡谟、王胡之、顾和等，亦别有传，其中相关记载也是分散独立的。《晋书》对永和前期这段历史叙述的分散程度，不仅超过晋末宋初的两例，也超过两晋之际的例子。这些记载最初形成时就以各个人物为中心分别撰写，读者的困难在于将各自的记载还原为一段完全的史事。

如上文所述，唐修《晋书》的东晋部分主要来自《晋中兴书》，而《晋中兴书》又颇受杂史郡书家传等的影响，与东晋国史的关系较为疏离。唐

[①] 《晋书》卷七七《殷浩传》，第2044—2047页。

修《晋书》中关于桓温与殷浩之争的记载正反映出《晋中兴书》的这些特性。《晋中兴书》的记载能覆盖东晋所修国史流传后世,赖于纪传体史书地位的恢复和臧荣绪、唐修《晋书》的编纂。而原本东晋国史系统的文本,经过刘宋史臣的加工,曲折地保留在唐修《晋书》最末的几篇列传中,并显示出具有官修史发展特色的根据统一编年记载拆分纪传的史书形态。

国史系统文本的消亡,掩盖了官修史体制本身的发展状态。唐宋以来的官修史编纂,最重要的两方面是作为先行成果的编年文献和以此为基础进一步编纂的纪传体国史。从东晋末及刘宋国史的记载情况来看,一套编年系事、十分翔实的记录在官修史运作中发挥了巨大作用,以至于即使最后改编为纪传体,依然能看到原来编年叙事的史源痕迹。这种系统的编年系事记录在官修史运作中地位的确立,与东晋历代编年体国史密不可分,由此也可以理解干宝撰《晋纪》时提出的"五书"何以在南朝纪传史中颇得体现(见本书第六章)。唐以后的官修史运作中《实录》是重要的一环,具有沟通编年系日文献与纪传体文献的作用。一般将《实录》的起源追溯至南朝梁武帝时,[①]而东晋的编年体国史在性质、作用上已有与后代《实录》相似之处。

---

① 参见雷家骥《中古史学观念史》,第386—387页。又参见谢贵安《中国已佚实录研究》,上海古籍出版社,2013年,第7—11、49—53页。

第七章 释"宋齐书带叙法": 南朝纪传史中的编年体痕迹

中古时期的纪传体与编年体有交互影响、共同发展的一面。此前两章讨论了东晋刘宋官修史的延续性及官修史运作中的体裁转换,也通过成组纪传中史事记载的异同说明了晋末刘宋纪传史中的编年体痕迹。本章再举一例,通过被赵翼称为"带叙法"的一种体例特征,略窥南朝纪传史在人物编次方面受编年体影响而产生的新变。这些证据意味着南朝的官修机制中,编年与纪传的体裁联系更为紧密。

一、《宋书》带叙法

赵翼《廿二史札记》有不少关于史书体例、写法的讨论,其中谈到《宋书》《南齐书》有"带叙法":

> 《宋书》有带叙法,其人不必立传,而其事有附见某人传内者,即于某人传内叙其履历以毕之,而下文仍叙某人之事。[1]

在叙述传主事迹时涉及了其他人物,便顺带将该人小传插附于文中,就是

---

[1] (清)赵翼著,王树民校证《廿二史札记校证》卷九,北京:中华书局,2005年,第184—185页。下文引此条内容不再一一出注。

带叙法。插附的小传与正文的关系,可以从两个角度把握:一是顺带插附的小传内容与该传本来的叙事没有关联,只是"叙其履历以毕之";二是带叙的部分结束后,又回到正文本来的叙述上,"以完本传"。这两方面其实互为表里,质言之,是带叙的内容与上下文叙事没有直接关系。

笔者草草翻检《宋书》,找到十余条带叙法实例,可说明带叙小传的特点。

表7–1　《宋书》带叙法实例

	《宋书》卷次	传主事迹(非原文)	带叙人物(引录原文)
1	卷四三《傅亮传》	高祖创业以来,辞笔先后委于滕演、王诞、傅亮。	演字彦将,南阳西鄂人,官至黄门郎,秘书监。义熙八年卒。(第1337页)
2	卷五一《临川烈武王道规传》	以刘遵为游军,破徐道覆。	遵字慧明,临淮海西人,道规从母兄萧氏舅也。官至右将军、宣城内史、淮南太守。义熙十年,卒,赠抚军将军。追封监利县侯,食邑七百户。(第1474页)
3	卷五一《临川王义庆传》	陆展、何长瑜、鲍照等并辞章之美,义庆引为佐史国臣。	鲍照字明远,文辞赡逸,尝为古乐府,文甚遒丽。元嘉中,河、济俱清,当时以为美瑞,照为《河清颂》,其序甚工。其辞曰:……世祖以照为中书舍人。上好为文章,自谓物莫能及,照悟其旨,为文多鄙言累句,当时咸谓照才尽,实不然也。临海王子顼为荆州,照为前军参军,掌书记之任。子顼败,为乱兵所杀。(第1477—1480页)
4	卷六一《庐陵孝献王义真传》	义真从关中逃回,藏匿草中,值段宏来寻,始得就路。	宏,鲜卑人也,为慕容超尚书左仆射、徐州刺史,高祖伐广固,归降。太祖元嘉中,为征虏将军、青冀二州刺史。追赠左将军。(第1635页)
5	卷六一《庐陵孝献王义真传》	刘义真镇关中,诸将相杀,义真又杀长史王脩。	脩字叔治,京兆灞城人也。初南渡,见桓玄,玄知之,谓曰:"君平世吏部郎才。"(第1634页)
6	卷六四《何承天传》	何承天与谢元不睦,竟坐得罪。	元字有宗,陈郡阳夏人,临川内史灵运从祖弟也,以才学见知,卒于禁锢。(第1711页)

续 表

	《宋书》卷次	传主事迹(非原文)	带叙人物(引录原文)
7	卷六六《何尚之传》	诏书有"羊、孟"之语。	孟即孟顗,字彦重,平昌安丘人。兄昶贵盛,顗不就征辟。昶死后,起家为东阳太守,遂历吴郡、会稽、丹阳三郡,侍中,仆射,太子詹事,复为会稽太守,卒官,赠左光禄大夫。子劭,尚太祖第十六女南郡公主,女适彭城王义康、巴陵哀王休若。(第1737页)
8—10	卷六七《谢灵运传》	谢灵运东还,与族弟惠连、何长瑜、荀雍、羊璿之为"四友"。①	荀雍字道雍,官至员外散骑郎。璿之字曜璠,临川内史,为司空竟陵王诞所遇,诞败坐诛。长瑜文才之美,亚于惠连,雍、璿之不及也。临川王义庆招集文士,长瑜自国侍郎至平西记室参军。尝于江陵寄书与宗人何勗,以韵语序义庆州府僚佐云:"陆展染鬓发,欲以媚侧室。青青不解久,星星行复出。"如此者五六句,而轻薄少年遂演而广之,凡厥人士,并为题目,皆加剧言苦句,其文流行。义庆大怒,白太祖,除为广州所统曾城令。及义庆薨,朝士诣第叙哀,何勗谓袁淑曰:"长瑜便可还也。"淑曰:"国新丧宗英,未宜便以流人为念。"庐陵王绍镇寻阳,以长瑜为南中郎行参军,掌书记之任。行至板桥,遇暴风溺死。(第1774—1775页)
11	卷七四《鲁爽传》	使程天祚劝鲁爽兄弟归降。	天祚,广平人,为殿中将军,有武力。元嘉二十七年,助成彭城,会世祖遣将刘泰之轻军袭虏于汝阳,天祚督战,战败被创,为虏所获。天祚妙善针术,焘深加爱赏,或与同舆,常不离于侧,封为南安公。焘北还蕃,天祚因其沉醉,伪若受使督切后军者,所至轻罚。天祚为焘所爱,群虏并畏之,莫敢问,因得逃归。后为山阳太守。太宗初,与四方同反,事在《薛安都传》。(第1923页)

---

① 四友中,谢惠连小传附于其父之下,在《宋书》卷五三,其余三人带叙于此。

续　表

	《宋书》卷次	传主事迹（非原文）	带叙人物（引录原文）
12	卷七九《竟陵王诞传》	竟陵王诞起兵，记事参军贺弼死节。	弼字仲辅，会稽山阴人也，有文才。赠车骑参军、山阳海陵二郡太守，长史如故。（第2034页）
13	卷七九《竟陵王诞传》	竟陵王诞起兵，左司马范义死之。	义字明休，济阳考城人也。早有世誉。（第2034页）
14	卷八四《孔觊传》	庾徽之性豪丽，孔觊代之为御史中丞，服用粗率，而台史屏气。	庾徽之字景猷，颍川鄢陵人也，自中丞出为新安王子鸾北中郎长史、南东海太守，卒官。（第2155页）
15	卷九四《佞幸·阮佃夫传》	阮佃夫与孟次阳与二卫员直。	次阳字崇基，平昌安丘人也。泰始初，为山阳王休祐骠骑参军。薛安都子道标攻合肥，次阳击破之，以功封攸县子，食邑三百户。历右军、骠骑参军。六年，出为辅师将军、兖州刺史，戍淮阴，立北兖州，自此始也。进号冠军将军。元徽四年，卒。（第2314页）
16	卷九五《索虏传》	魏军攻河南，竺夔固守，以功受封。	夔字祖季，东莞人也。官至金紫光禄大夫。（第2327页）
17	卷九五《索虏传》	魏军克洛阳诸城，尹冲死节。	冲字子顺，天水冀人也。先为姚兴吏部郎，与兴子广平公弼结党，欲倾兴太子泓。泓立，冲与弟弘俱逃叛南归。至是追赠前将军。太祖与江夏王义恭书曰："尹冲诚节志概，继踪古烈，以为伤惋，不能已已。"（第2333页）

以上诸例，绝大部分都包含名、字、籍贯（族属）、主要履历等纪传史人物传记的基本要素。而且即使简略，也基本概括一生，或是"卒"、"卒官"，或是"官至"，或是讲述更具体的经过。例外的三处，卷七九《刘诞传》带叙贺弼、范义时，正文内容即两人之死；卷六一《刘义真传》带叙王脩，而王脩主要的事迹都与刘义真有关，已见于该传上文，传文此处则讲到王脩之死，因此带叙的小传只有王脩名字籍贯和早年经历。

带叙小传也有更丰满的活动言论等的记述。像王脩小传中的人物品评轶事,或尹冲小传在尹冲死后引太祖书信赞扬尹冲诚节,孟颛小传末记其子尚主、女适宗王,何长瑜小传记其以韵语讥讽人士,鲍照小传收录鲍照所作《河清颂》,程天祚小传记其在魏行事等,已经包含了一般纪传史人物传可能记载的各种内容。综合以上几方面来看,带叙小传内容体例与一般的正传或附传无异,其中心是小传传主本人,与所附之正传的前后叙述内容无直接关联。所谓"带叙法"等于在一篇普通的传记中包含了另外一个(或多个)极为精简但自成一体的传记,它们之间唯一的逻辑关联是在本传叙事中提及被带叙的人物。

二、带叙法的界定:合传、附出与带叙

赵翼提出带叙法为《宋书》所首创。其札记下文云:

> 盖人各一传,则不胜传;而不为立传,则其人又有事可传,有此带叙法,则既省多立传,又不没其人,此诚作史良法。但他史于附传者,多在本传后,方缀附传者之履历。此则正在叙事中而忽以附传者履历入之,此例乃《宋书》所独创耳。

赵翼强调史书附载人物多是缀于本传之后,以此说明《宋书》"带叙法"的独特性。纪传体史书中的列传虽然基本以人名为题目,但历来不是严格地单叙一人,有多种方式可以在一传中记载多位人物,卢文弨说"或以行可比伦,或以事相首尾,或以先世冠篇,或以子孙殿后,丝牵绳贯,端绪可寻"。[①]《史通·列传》的论述更加全面:

> 又传之为体,大抵相同,而述者多方,有时而异。如二人行事,首

[①] (清)卢文弨《读史札记》"附传"条,北京:中华书局,2010年,第198页。这里说的"附传"是泛指在一篇传记中附载其他人物。

尾相随,则有一传兼书,包括令尽。若陈余、张耳合体成篇,陈胜、吴广相参并录是也。

亦有事迹虽寡,名行可崇,寄在他篇,为其标冠。若商山四皓,事列王阳之首;庐江毛义,名在刘平之上是也。自兹已后,史氏相承,述作虽多,斯道都废。其同于古者,唯有附出而已。

寻附出之为义,攀列传以垂名,若纪季之入齐,颛臾之事鲁,皆附庸自托,得厕于朋流。然世之求名者,咸以附出为小。盖以其因人成事,不足称多故也。①

这里提到了三种多人同在一传的列传体例,浦起龙概括为"合传"、"寄传"与"附出"。其一"合传",主要是《史记》的特色。归有光形容《史记》列传"或数人合传,皆联书不断",②刘咸炘云:"史之一篇,首尾浑成……一事为一篇,而名之曰传,初不计其中所载人之多少,亦不分孰主孰宾。传乃纬体之称,非某传乃某人所据有,如墓志、行状也。所谓连附合分,皆后人臆分耳。"③《史记》很多列传的人物之间没有明确界限,一篇传记总为一个主题,人物相互关联,叙述也是穿插进行的。其二"寄传",是在传序中提及的人物,其事迹德行可以与传主比类,因而"为其标冠"。这种做法只见于两《汉书》。其三"附传",就是赵翼所说的"他史于附传者,多在本传后方缀附传",是最常见的一种形式。

上述三类中,"寄传"自然与"带叙"不同,但"合传"与"附出"可能与"带叙"有些许关联。以叙述逻辑而言,"带叙"与"附出"一样,都脱离正传的叙述,转以附出人物为中心,而"合传"则是以事牵连数人;在体例上,"带叙"与"附出"差别鲜明,但与"合传"可能容易混淆。"合传"和"带叙"都穿插在正传之内,如果"合传"比较短小,只有一段,就会与"带

---

① (唐)刘知几著,(清)浦起龙释《史通通释》卷二《列传》,上海古籍出版社,2009年,第43页。
② [日]泷川资言会注考证《史记会注考证》卷六三《老子韩非列传》传目下注引,北京:新世界出版社,2008年,第3256页。
③ 刘咸炘《太史公书知意》,收入黄曙辉编校《刘咸炘学术论集·史学编》,桂林:广西师范大学出版社,2007年,第21—22页。

叙"在形式上一样。在《宋书》以前的正史中可以看到一些在传记行文之中插入他人小传的形式,仔细分析,都应属于这种短小的"合传"。

例如,《三国志·魏书·吕布传》在叙述吕布与袁绍反目之后,插入对张邈的叙述,称张邈在曹操麾下,袁绍则施压使曹操杀张邈,于是吕布与张邈被迫合兵共抗袁、曹一派,但战事不利。在这段最后,张邈为属下所杀,对他的叙述也到此结束。① 同书《管宁传》叙述管宁与王烈至辽东投公孙度,后曹操征辟管宁,而使命未达,接着插入王烈,简要叙述了他在辽东的情况,以曹操征辟、未至而卒结束。② 从形式上看,似乎是《吕布传》带叙张邈,《管宁传》带叙王烈。不过"张邈小传"中记录的事迹其实与对吕布的叙述合为一体不可分离,"王烈小传"的叙述也与对管宁的叙事同步,因此本质上都是"合传"。

又如,《三国志·蜀书·宗预传》云廖化欲与宗预共诣诸葛瞻,随后插入廖化早年经历,末云两人内徙洛阳,于道病卒。③ 同书《董允传》记载后主爱宦官黄皓,董允匡正之。在董允死后插入对陈祗、黄皓的叙述,陈祗代董允为侍中,与黄皓相表里,终至覆国,后主追怨董允,亦由祗、皓。④ 此篇围绕董允、陈祗、黄皓的斗争与蜀国兴亡展开叙述,颇有《史记》中《魏其武安侯列传》的意味。同书《周群传》中周群与张裕皆以术数占候登堂入室,对他们的叙述皆围绕占问,在先后记述群、裕事后,以"群卒,子巨颇传其术"结束全篇。⑤ 此篇围绕方术占卜,更是有《史记》中《游侠》《刺客》《扁鹊仓公列传》那样的意味。相比《魏书》部分的两例直接在具体叙事层面产生联系,《蜀书》部分的"合传"更加接近《史记》的状态。

总的来说,《三国志·魏书》的两例及《蜀书·宗预传》由于"合传"开始不久就不得不以叙述对象之死而宣告结束,《蜀书》另外两例则由于

---

① 《三国志》卷七《魏书·吕布传》,北京:中华书局,1971年,第221页。
② 《三国志》卷一一《魏书·管宁传》,第354—355页。
③ 《三国志》卷四五《蜀书·宗预传》,第1077页。
④ 《三国志》卷三九《蜀书·董允传》,第986—987页。
⑤ 《三国志》卷四二《蜀书·周群传》,第1020—1021页。

各人之间虽有深层联系,但所述具体事迹交叉不多,于是这些"合传"在形式上呈现出一般附传那样的明显起讫。不过,真正既在叙述逻辑上是本传与附带的小传间相互独立、只是前者叙事中提及了附带之人,又在体例上是随附文中的"带叙",确实是首见于《宋书》。

三、带叙法的编年体渊源及其意义

如果把视线放到纪传史以外,会发现中古编年体史书中的附传颇与"带叙法"相似。中古编年史的体例特点是"编年附传",即不仅以编年系月为主要叙述框架,通常也在其中混排人物小传,类似唐宋的实录体。荀悦《汉纪》混排人物小传自不待言,晋代编年体史现在虽然不传,但其中存在人物传记,亦有验证。《史通·杂说上》原注云:"刘遗民、曹缵皆于檀氏《春秋》有传,至于今《晋书》,则了无其名。"[①]刘知幾直称檀道鸾《续晋阳秋》有刘、曹二人之"传",说明当时对编年体史书中插入的人物记载即可直言为"传"。与此相应的是,裴松之注《三国志》、刘孝标注《世说新语》,都曾大量引用编年体晋史以注释人物。此外,敦煌和吐鲁番出土文书中保存了两种编年体晋史残卷,吐鲁番写本残卷内容是西晋惠帝时贾后杀愍怀太子、赵王伦又废杀贾后这一期间的史事,其中既有在叙事过程中插入的对相关人物的简短介绍,也有在整个事件告一段落后附入的长篇传记。前者即第8至10行的张林、张衡、路始,第34—36行的王舆、谢恢;后者是在记载赵王伦政变善后安排之后接入的张华传记,残卷至传中引录的《鹪鹩赋》中止。[②]总之,中古编年史会在叙事中提及某人时插入其小传,与以上讨论的"带叙法"十分相似。只是编年体没有所谓的本传,也就无所谓附传,所有人物传记对于编年系月的

---

① (唐)刘知幾著,(清)浦起龙释《史通通释》卷一六《杂说上》,第427—428页。
② 参见本书附录,及王素《吐鲁番所出〈晋阳秋〉残卷史实考证及拟补》,《中华文史论丛》1984年第2辑,后收入《汉唐历史与出土文献》,北京:紫禁城出版社,2011年,第352—368页。

"主"框架而言都是"附"。

纪传史《宋书》中的体例与编年体有相似之处,是由于这两种体裁本来有密切的关联。以时间顺序记录历史是一种很古老的方式,编年体有着悠久的历史,而随着文献世界总体的发展,不同时代的编年体经历巨大变化,它们与同时代其他体裁著作的关联和共性同样值得重视。胡宝国曾指出,在处理更丰富和详细的资料的意义上,《左传》与《春秋》不同,而《史记》大量沿用《左传》,"在编年与纪传之间并没有一条不可逾越的鸿沟"。[1] 这可以说是在先秦秦汉之际综合性撰著的风气下,编年体与纪传体具有的时代共性。而自《史》《汉》开创了纪传体后,编年体就成为与纪传体密切关联、相互影响的体裁,这是理解中古时代编年体的重要一点。中古的编年体史书首推荀悦《汉纪》,它本来就是从纪传体的《汉书》改编而来。其《序》云:

> 诏给事中秘书监荀悦抄撰《汉书》……悦于是约集旧书,撮序《表》《志》总为《帝纪》,通比其事,列系年月,其祖宗功勋、先帝事业、国家纲纪、天地灾异、功臣名贤、奇策善言、殊德异行、法式之典,凡在《汉书》者,本末体殊,大略粗举。……凡为三十卷,数十余万言,作为《帝纪》。[2]

荀悦《汉纪》是将《汉书》中散在纪传表志的材料拣选汇总入帝纪,[3] 这使它必须处理一些纪传史中常见的时间无考的事件及更为丰富的人物、制度等内容,它确立了一套将这些内容置于一个编年系月的框架之内的方式。[4] 就这一意义而言,说荀悦《汉纪》开启了中古时期的新编年体裁亦

---

[1] 胡宝国《汉唐间史学的发展》(修订本),北京大学出版社,2014年,第24—26页。
[2] (汉)荀悦、(晋)袁宏著,张烈点校《两汉纪》上册《汉纪》序,北京:中华书局,2002年。另外,卷一开篇也有类似叙述,但相对简略,见同书,第1页。
[3] 参见彭久松《我国古代编年史体及编年史籍发展分期问题》,《四川师范大学学报》1987年第3期。
[4] 参见尹达《中国史学发展史》,郑州:中州古籍出版社,1985年,第110、117页;瞿林东《中国史学史纲》,北京出版社,1999年,第216—217页。

不为过。

中古的史家还用经学上经传的关系来比拟理解纪传体,它与编年体的差别就是经与传编次位置不同。这类论述在《史通》中最为详明。《史通·列传》云:

> 夫纪传之兴,肇于《史》《汉》。盖纪者,编年也;传者,列事也。编年者,历帝王之岁月,犹《春秋》之经;列事者,录人臣之行状,犹《春秋》之传。《春秋》则传以解经,《史》《汉》则传以释纪。[1]

刘知幾将《史》《汉》的本纪理解为《春秋》经文,列传理解为《左传》之文,[2]后来学者更认为《史记》之所以称"列传",就源于解经之"传"。[3]事实上,《史记》与《左传》《春秋》体裁的关系未必如此简单,但这种理论阐述确实反映了中古时期两种体裁史书在编纂实践中的关系,即纪传体与编年体之间的转换,主要是调整配"经"而行的"传文"的位置。《史通·载言》篇末云:

> 昔干宝议撰晋史,以为宜准丘明,其臣下委曲,仍为谱注。[4]

一些学者将此句理解为干宝《晋纪》中有注文,不过这里所谓的"注"不是今人通常理解的小字注文,而是指阐释性的内容,也就是上文说的"传"。干宝的发言是针对东晋以前修史已采取纪传体的情况,"以为宜准丘明"即主张采取编年体,"其臣下委曲仍为谱注"一句,则是再次强调改

---

[1] (唐)刘知幾著,(清)浦起龙释《史通通释》卷二《列传》,第43页。
[2] 逯耀东对《史记》与经的关系有详细讨论,参见《列传与本纪的关系》,收入《抑郁与超越:司马迁与汉武帝时代》,北京:三联书店,2008年,第235—263页。文中指出:"本纪是统领众事的纲领,其目的为了叙述一个时代的重大历史事件,及历史发展的主要趋向。所以本纪仅记其大端。至于列传则委曲细事以释本纪。""司马迁父子因校书秘阁,选择了传以释经的经传关系,转变为本纪和列传的历史解释。"第263页。
[3] 参见(清)赵翼《陔余丛考》卷五"史记一"条,北京:商务印书馆,1957年,第85页。
[4] (唐)刘知幾著,(清)浦起龙释《史通通释》卷二《载言》,第31—32页。

纪传为编年之意。"臣下委曲"即指一般纪传体史书中列传所记载的内容,不仅"臣下"在魏晋以后的史学语境中对应于列传,①"委曲"指代列传的用法在《史通》中也还能见到。《史通·本纪》云:

> 纪者,既以编年为主,唯叙天子一人。有大事可书者,则见之于年月;其书事委曲,付之列传。此其义也。如近代述者魏著作、李安平之徒,其撰《魏》《齐》二史,于诸帝篇,或杂载臣下,或兼言他事,巨细毕书,洪纤备录,全为传体,有异纪文。②

这里认为"书事委曲,付之列传"是纪传体当然的原则,配合下文所举的魏收《魏书》、李百药《北齐书》两例来理解,"书事委曲"是指"或杂载臣下、或兼言他事"等各种具体琐细的记载,上引《载言》篇的"臣下委曲",也应是同样的意思。

"臣下委曲"可以指纪传体中应编入列传的各种具体记载,也可以指编年体中各个系时的条目之下的具体记载。结合上述以经传关系理解史书体裁的总体认识背景,"其臣下委曲,仍为谱注"一语,就是说将纪传体中单独成篇、置于本纪之后的"臣下委曲"改为《左传》释《春秋》那样随时的注释,是对前一句"宜准丘明"的具体做法的解释,③也反映出中古史家对纪传体与编年体转换关系的理解。

纪传与编年两体之间有相互转换的关系,则两体的发展也有共享的一面。如果说荀悦《汉纪》是体现汉代新出的纪传体对更为古老的编年体的影响、并且造就了中古时期的新的编年体,那么《宋书》所见的带叙法,又是表现了这种新的编年体对纪传体的反哺。如前所述,荀

---

① 魏晋以来普遍认为皇帝对应纪,臣民对应传。如《文心雕龙》则称《史记》"本纪以述皇王,列传以总侯伯"。(南朝梁)刘勰著,(清)黄叔琳注,李详补注,杨明照校注拾遗《增订文心雕龙校注》卷四《史传》,北京:中华书局,2012年,第205页。参见本书第二章第五节。
② (唐)刘知幾著,(清)浦起龙释《史通通释》卷二《本纪》,第35页。
③ 中古时期多见独立成书的《某谱》或《某注》,但将这两种意义上的"谱"、"注"合称的例子很少。根据以上分析,这里的"谱注"应是泛指注解的、可以比类"经传"之"传"的含义。

悦《汉纪》由于是将纪传体改写为编年体，就不得不开创出新的办法容纳它以前的编年体史书中不大出现的内容，人物传记就是其中重要的一种。《汉书》列传对人物的记载，有不少难以确定年月，荀悦《汉纪》遂将这类内容附载于该人物出现的条目之下，这种方式又为其后的编年体史书所继承。当这种形式再被引入纪传体中，就变成了《宋书》中的带叙法。

第八章　魏书前史：十六国修史杂考

十六国时期存在大量性质、实力不同的政权，之所以称为"十六国"，是由于《十六国春秋》一书的提倡。[1]该书源自诸国旧史，则跻身十六国之列的国家实际上是拥有史书的国家。这些国家大多形成了记录自己历史的机制，为后人撰史提供了基础。十六国各政权的修史机制继承西晋的发展动向，又随着北魏延续至北朝，是整体认识魏晋南北朝隋唐官修史发展不可或缺的一环。

有关十六国修史的资料主要集中在两处：《隋书·经籍志》史部霸史类著录史籍，[2]《史通·古今正史》叙述修史过程。[3]散见的相关资料经过前代学者搜罗，也已基本完备。[4]牛润珍曾从职官制度的角度出发梳理十六国官修史，区分出复汉、魏晋与藩镇三种类型，并勾勒了魏晋型的传承过程。本章将以体裁和成书过程为考察重心，从修史运作的视角观察十六国时期官修史的发展。

---

[1] 参见三崎良章《五胡十六国の基礎的研究》，东京：汲古书院，2006年，第30页。
[2] 《隋书》卷三三《经籍志》，北京：中华书局，1973年，第962—964页。下文引《隋志》史部霸史类所录，不再一一出注。
[3] （唐）刘知幾著，（清）浦起龙释《史通通释》卷一二《古今正史》，上海古籍出版社，2009年，第332—335页。下文引此篇"十六国史"条，不再一一出注。
[4] 关于十六国诸书的基本情况，可参见章宗源《隋书经籍志考证》及姚振宗《隋书经籍志考证》(皆见《二十五史补编》第4册，北京：中华书局，1955年)；各史佚文的辑录，有［日］関尾史郎编《五胡十六国霸史辑佚》，東京：燎原书店，2012年；牛润珍、王志刚研究十六国修史，对相关材料又有进一步搜罗（牛润珍《汉至唐初史官制度的演变》，石家庄：河北教育出版社，1999年，第129—141页；王志刚《家国、夷夏与天人：十六国北朝史学探研》，北京师范大学出版社，2013年，第3—16页）。

一、汉赵的两阶段修史(附成汉之史)

《史通·古今正史》所载汉赵的修史活动有刘聪、刘曜时期的两次:

> 前赵刘聪时,领左国史公师彧撰《高祖本纪》及功臣传二十人,甚得良史之体,凌修谮其讪谤先帝,聪怒而诛之。刘曜时,平舆子和苞撰《汉赵记》十篇,事止当年,不终曜灭。

公师彧所撰不见著录,和苞《汉赵记》十卷,见《隋志》霸史类。刘聪死后平阳爆发内乱,刘曜在关中继立,改国号为赵,汉赵历史由此分为两个阶段。[1] 汉赵的修史在此前后亦有重大变化,牛润珍从史官制度的角度将前半期的公师彧以左国史修史作为"复汉型",后半期的和苞为著作官修史作为"魏晋型"。[2]

1. 公师彧修史所见的"复汉"

众所周知,刘渊起兵打出的是汉室嫡裔的旗号,这一方针直到刘聪嘉平之末并无改变。[3] 公师彧修史,据《史通》所言正是在刘聪嘉平年间(311—314),因此它也应是绍汉旗帜下的产物。公师彧修史时担任的职官、所修史书的体裁都与东汉有相似之处。

《史通·史官建置》云:"以太中大夫领左国史,撰其国君臣纪传。"[4] 牛润珍称"复汉型"即在于"太中大夫"一职,并援引陆贾为太中大夫而

---

[1] 参见罗新《从依傍汉室到自立门户——刘氏汉赵历史的两个阶段》,《王化与山险:中古边裔论集》,北京大学出版社,2019年,第122—129页。
[2] 参见牛润珍《汉至唐初史官制度的演变》,第129—130页。公师彧为左国史、和苞为著作官,见《史通通释》卷一一《史官建置》,第289—290页。
[3] 上引罗新文根据《金石录》所录《刘雄碑文》论证了这一点。参见(宋)赵明诚著,金文明校证《金石录校证》,桂林:广西师范大学出版社,2005年,第348页。
[4] 浦起龙云,公师彧"见《晋书》载记刘元海、聪二传,止书'太中大夫',无领左史撰记传之文"。(唐)刘知幾著,(清)浦起龙释《史通通释》卷一一《史官建置》,第291页。

撰《新语》《楚汉春秋》之例。汉代纪传体官修史的传统与西汉早期陆贾的撰作关系不大，而是源自武帝时司马迁撰《史记》，东汉班固父子续写为《汉书》并奉命撰写东汉史，再逐渐发展为东观修史。东汉的东观修史对西晋人而言不算遥远，刘渊政权的修史应是受此影响，"复汉"的主要体现应在于"领左国史"。牛润珍推测左国史"似由《汉书》所言'左史'而来"，即《汉书·艺文志》所谓的"左史记言，右史记事，事为《春秋》，言为《尚书》"，这本是来自《礼记》对上古三代制度的描述。除了这一经典渊源外，还应注意到孙吴亦设有左、右国史。刘渊政权的史官头衔为什么会与孙吴相近？源头或在东汉。东汉一代修史活动延续不辍，实际运作的积累催生制度形态上的调整，因而到了三国时期，可以在曹魏见到著作官，在孙吴见到东观令、左右国史。① 刘渊的政权建立于西晋末，虽然在名义上继承两汉，其具体行政运作不可能脱离魏晋的时代特性。那么，东汉官修史在三国时期的两种新发展中，曹魏的著作郎制度更具变革的意味，又被西晋直接继承，刘渊政权自然要努力避开；而孙吴制度与东汉较为连贯，可以为刘渊政权所接纳，抑或孙吴的制度本就不是首创，而是源自汉末的变化。

关于公师彧所修史书的体裁，《史通》将其所撰称为"《高祖本纪》及功臣传二十人"，这一表达方式惯用于纪传体国史。例如《后汉书·班固传》云："与前睢阳令陈宗、长陵令尹敏、司隶从事孟异共成《世祖本纪》。……固又撰功臣、平林、新市、公孙述事，作列传、载记二十八篇，奏之。"② 《史通·古今正史》对于《东观汉记》此后的续写及其他一些朝代的纪传体国史的编纂也都使用这种表述方式。

据《史通》记载，公师彧所撰之史被诬陷为"讪谤先帝"，获罪被杀。但公师彧之死有政治斗争背景，不是单纯的国史问题，其史也未必有意与刘渊政权对立。据《晋书·刘聪载记》和《资治通鉴》，刘聪时的政争一在群臣与阉宦小人之间，一在刘粲与刘乂之间。公师彧和另外几位同时

---

① 蜀国的情形不甚清晰，但也设有东观机构。参见《史通通释》卷一一《史官建置》，第289页；同书卷七《曲笔》，第183页。
② 《后汉书》卷四〇上《班固传》，北京：中华书局，1965年，第1334页。

被杀的大臣都是"群阉所忌",①他们的被杀又引来朝臣表谏,结果侍中卜榦被免为庶人,刘聪之子太宰刘易愤恚而亡,陈元达自杀。抛开史书中展现的善恶形象,可以看到刘聪即位后在力求摆脱过去围绕在刘渊周围的旧势力,构建新的政治核心。②而《刘元海载记》云刘渊早年与公师彧、崔懿之等"深相崇敬,推分结恩"。③刘渊成长于太原、洛阳,所交游的本多汉人,尽管后来他的起兵极具民族色彩,但这些他早年结交的汉人也在他的政权中有重要地位,公师彧与崔懿之如此,④刘渊的"同门生"范隆、朱纪也是如此。

十六国前期称"汉"的政权,除了匈奴刘氏的汉赵,还有巴氐李氏的成汉。李雄在蜀地建国,初号大成,至李寿改国号为汉,年号汉兴,⑤应是借地缘关系攀附汉家正统,不承认与之并立的魏晋,与匈奴刘渊建国后追谥刘禅,认同蜀汉乃三国正统的做法异曲同工。成汉的史书有常璩所撰《汉书》,又称《汉之书》、《蜀李书》,⑥从书名看是纪传体。不过参照《华阳国志》的情况推测,成汉本来可能也以编年体撰史。

据《华阳国志·大同志》篇首序文,在常璩之前,有常宽、杜龚"并作《蜀后志》,书其大同,及其丧乱",常璩又补充续写,成为今天《华阳

---

① 《晋书》卷一〇二《刘聪载记》:"聪临上秋阁,诛其特进綦毋达,太中大夫公师彧,尚书王琰、田歆,少府陈休,左卫卜崇,大司农朱诞等,皆群阉所忌也。"北京:中华书局,1974年,第2671页。《资治通鉴》记公师彧之死还有"少府陈休、左卫将军卜崇,为人清直,素恶沈等,虽在公座,未尝与语,沈等深疾之"的铺垫。《资治通鉴》卷八九晋愍帝建兴四年,北京:中华书局,1956年,第2828页。
② 陈勇对汉赵政治史进行更深入的分析,认为刘聪破坏了刘渊时建立的五部屠各与氐人的联盟。陈勇《汉赵史论稿》,北京:商务印书馆,2009年,第163—188页。
③ 《晋书》卷一〇一《刘元海载记》,第2646页。
④ 据《晋书》卷一〇二《刘聪载记》,公师彧死后不久,崔懿之因为进谏刘聪立宦官养女为后而被杀。第2676—2677页。
⑤ 《资治通鉴》卷九六晋成帝咸康四年:李寿"遂即皇帝位,改国号曰汉,大赦,改元汉兴",第3017页。(晋)常璩著,任乃强校注《华阳国志校补图注》卷九《李特雄期寿势志》:"寿亦producing生心,遂背思明所陈之计,称汉皇帝。……下赦,改元汉兴。"上海古籍出版社,1987年,第500页。
⑥ (北齐)颜之推撰,王利器集解《颜氏家训集解》卷六《书证》:"《李蜀书》一名《汉之书》……南方以晋家渡江后,北间传记,皆名为伪书,不贵省读,故不见也。"北京:中华书局,1993年,第440页。案此所谓"北间传记"当指十六国诸政权之史传,"伪书"意与《隋志》"伪史"相类,指僭伪政权之史。任乃强称此书由成汉传入石赵(见下注),或因将颜之推此语理解为在北间流传之传记。

国志》中的《大同志》和《李特雄期寿势志》两卷。①但《李特雄期寿势志》的题目与内文颇不相符：一是李特事迹并不在此卷，李雄事迹则此卷与《大同志》并见；反观《大同志》十章，除首尾序赞两章外，只有二、三章述司马氏平蜀以后事，堪称"大同"，此后六章皆述李特、李雄起兵之事。二是《李特雄期寿势志》的叙事仅至李寿汉兴二年（晋咸康五年，339）而止，李寿在位的后四年与李势在位的四年付之阙如，与《序志》称全书叙事终于李势灭国（成汉嘉宁二年，晋永和三年，347）矛盾。任乃强由此推测，《大同志》应是常璩在李雄立国稳固以后撰写，后来又续撰其事，至汉兴二年为止，②称《汉书》。③常璩入晋后改撰《华阳国志》时，本欲续写至李氏之亡，但因故未果，留下了《序志》及篇题与正文的矛盾。简而言之，《华阳国志》的这两卷内容据常璩在成汉所撰霸史而来。不过《华阳国志》这两卷文字编年叙事，颇具委曲，与纪传体中标准的帝纪之体记事简略细碎有很大差别，不大像是由标准的纪传史改编。再加上常璩序言对常宽、杜袭的《蜀后志》评价为"逮在李氏，未相条贯，又其始末，有不详第"，似乎两旧史都是比较粗疏的编年记事之体，常璩初在李雄时撰成汉前期史，可能也沿用其体，至李寿称汉后才分别纪传，改为"书"体。若然，则十六国前期诸国之修纪传史与追绍汉室、拒绝承认魏晋法统密切相关。回到匈奴刘氏之汉赵，其撰纪传史亦限于前半称

---

① （晋）常璩著，任乃强校注《华阳国志校补图注》卷八《大同志》，第433页。
② 任乃强云："其撰《大同志》在玉衡年代，至汉兴年代又更以《蜀先主后主纪》与李特、流、雄、期、寿事纂为《蜀汉书》，至汉兴三年以后，慵未赓续。"（晋）常璩著，任乃强校注《华阳国志校补图注》，前言第3页。案，玉衡（311—334）即李雄年号。又，任氏称汉兴年间所撰还包括刘备、刘禅事，似是以其书名"蜀汉书"之"蜀"对应刘备刘禅。任氏还认为崔鸿撰《十六国春秋》时称"常璩所撰李雄父子据蜀时书寻访未获"，但李氏"起兵僭号事之始末乃亦颇有"，所"颇有"的就是常璩先撰之《蜀汉书》；因为史载李寿汉兴二年曾与石勒通使往还，他推测《蜀汉书》就是在这个时候传至石赵，遂流传于北方，因此崔鸿很早就已获得（见前言第4、5页）。任氏对崔鸿父子表奏的解读及其书如何传至北方的解释都只是推测，李氏起兵的梗概借晋史应该也可以知晓，未必非要李氏霸史，且《华阳国志》记李氏之事颇简略，崔鸿寻访未获的更可能是常璩《汉书》。更重要的是，《史通》《隋志》、两《唐志》皆无"蜀汉书"，但有"蜀李书"或"汉之书"、"汉书"，从这些名称很难认定常璩在撰《华阳国志》前已将三国蜀汉之史与李氏成汉之史合为一编。因此这里不取任氏这方面的观点。
③ 《史通通释》卷一二《古今正史》："李势散骑常侍常璩撰《汉书》十卷，后入晋秘阁，改为《蜀李书》。"第333页。

"汉"的时期,刘曜时代则转而修撰编年史,十六国前期其他政权亦以编年体修史。

2. 和苞与《汉赵记》

刘聪死后,汉国爆发严重内乱,刘曜在长安即位,虽然还承认刘渊、刘聪的皇统,但已易国号为赵,也不再尊奉汉室,而是直接承晋德运。刘曜时期政权的地域范围、人员构成都较此前变化很大,修史亦受此影响而进入新的阶段。刘曜时担任著作官撰写《汉赵记》十卷的和苞,[①]是来自前凉政权的降人。目前可以在史书中见到的和苞最早的事迹是太兴元年(318)张寔派遣和苞等将领援救秦州的晋宗室南阳王保。[②]此外《刘曜载记》有和苞与乔豫进谏事,此时和苞已在前赵任官侍中,又领谏议大夫,《资治通鉴》系此事于太兴三年。[③]这样看来,和苞很可能就是在太兴元年出征时归降刘曜的。

和苞《汉赵记》无论从书名或是现存佚文来看,都可知是综合了并州的刘渊刘聪时期与关中的刘曜时期的历史。[④]不过汉与赵的修史在至少三个方面有明显区别:其一,牛润珍已经指出和苞担任的是来自魏晋传统的著作官,不同于汉赵此前的制度;[⑤]其二,《汉赵记》的书名显示此书当为编年体裁,与刘聪时公师彧所撰不同;其三,此书以"汉赵"为名,但史料中几乎不见将该政权称为"汉赵"者,书名如此,很可能是有意体现汉与赵的某种分别。

关于《汉赵记》为编年体,分析《太平御览》所存《汉赵记》佚文亦可

---

① 和苞担任著作官,见《史通通释》卷一一《史官建置》,第290页。
② 案晋元帝即位于江东,改年太兴,张寔犹用晋愍帝年号,称建兴六年。参见《晋书》卷八六《张寔传》,第2230页。又,对于张寔的遣军,《晋书》卷三七《南阳王保传》云"寔使兵迎保,实御之也"。第1099页。
③ (宋)李昉等编《太平御览》卷一一九《偏霸部》引《十六国春秋》此事在刘曜光初四年,即太兴四年。北京:中华书局,1960年,第577页上栏。
④ 关于汉国时期史事,上述公师彧或所撰纪传主要记载刘渊时期,而今天《晋书·载记》对刘聪诛杀公师彧等人之事记述详细,此后的记载也条理分明,看来在公师彧死后汉政权应依然有国史撰录。
⑤ 参见牛润珍《汉至唐初史官制度的演变》,第129—130页。

印证。《御览》引书常保留篇章原有的总体结构,传记则以人物姓字起首,编年叙事则以时间起首。下表列出了《御览》所引各条《汉赵记》佚文的基本情况及引文首句:

表8-1 《太平御览》引《汉赵记》佚文

	出　　处	内 容 小 结	时期	引文起首句
1	卷一七六,第857页下栏	陈元达极谏	刘聪	刘聪嘉平三年
2	卷三三六,第1543页上栏	郭默袭刘粲营	刘聪	麟嘉三年[①]
3	卷三三六,同上	刘曜与石勒战于平阳	刘曜	光初二年
4	卷四四〇,第2025页上栏	梁纬妻辛氏自杀	刘聪[②]	今上杀晋散骑常侍梁纬
5	卷四四〇,同上	王广女自杀	?	鲁阳侯王广字广之
6	卷四九六,第2267页下栏	陇上为陈安语	刘曜	陈安奋刀左右俱发
7	卷五五九,第2526页上栏	上洛男子张卢冢被盗案	刘曜[③]	上洛男子张卢死二十七日

以上七条中有三条以年份起首、三条径述事件(则原本篇章的体例不明),只有第5条起首句标志着列传体例,但此条很可能是误标书题,而非《汉赵记》佚文。[④]

《汉赵记》背后应是两种修史传统:前一阶段是以纪传体标准撰写的

[①] 《资治通鉴》卷九〇载此事在晋元帝建武元年底(第2851页),则为刘聪麟嘉二年(317)。
[②] 案此事在刘曜攻长安、俘愍帝时,即刘聪建元二年(316)。
[③] 案此条中云"豫州牧呼延谟",而《晋书》卷一〇三《刘曜载记》云:"曜遣刘岳攻石生于洛阳……济自盟津。镇东呼延谟率荆司之众自崤渑而东。"(第2697—2698页)由此推测此条为刘曜时事。
[④] 案此条又见《太平御览》卷五一九(第2361页下栏),引在《华阳国志》下,而今本《华阳国志》无此事。唐修《晋书》卷九六《列女传》亦载此事(第2520页),且云王广"仕刘聪",但此云王广为"西扬州刺史",封"鲁阳侯",为蛮酋梅氏所破,皆不似西晋末事,所谓"晋末聚众避世",似应指东晋末。因此此条很可能本不出于《汉赵记》。

汉国旧史，后一阶段是关中时期新撰的编年史，和苞改编了前者以配合后者。但汉国与赵国时期的史料来源本就各成一体，即便经过和苞改编，也很难完全融合，以"汉赵"为名，很可能也是该书依然呈现汉与赵两部分区隔的反映。

二、以编年体修史的前燕、后赵、前凉

上节探讨了汉赵和蜀汉修史的转变。本节关注同一时期前燕、后赵、前凉的修史。

1. 前燕的《起居注》与编年史

前燕修史的情况比后赵、前凉更为明确。《史通·古今正史》云："前燕有《起居注》，杜辅全录以为《燕纪》。"尽管只是寥寥数语，已可见由《起居注》到编年体国史的过程。杜辅全及其书不见于其他文献记载，但从《史通》对燕史的整体叙述来看，此书极可能是前燕当时所撰，与董统奉后燕主慕容垂之命所撰的后燕国史一道，成为后来申秀、范亨合撰前后燕史的蓝本，并在两燕合史出现后逐渐亡散。[①]

除了杜辅全的前燕史，《魏书·崔逞传》载崔逞"慕容暐时，郡举上计掾，补著作郎，撰《燕记》。迁黄门侍郎"。[②]崔逞《燕记》亦不见于《隋志》。此书书名显示为编年体，可能与杜辅全《燕纪》分别是前燕不同时期编纂的国史。

2. 一个时间断面所见的后赵官修史运作体系

后赵的修史在《史通·古今正史》与《晋书·石勒载记》中都有集中记载，涉及问题很多，而两处记载又颇有歧异，使相关情况不易明晰。据

---

① 《史通》引文见下文。《史通》此节提到的四部史书，只有范亨之书著录于《隋志》霸史类，应是后世最为通行的燕史。
② 《魏书》卷三二《崔逞传》，北京：中华书局，1974年，第757页。

《石勒载记》,太兴二年石勒称赵王,推出一系列政令,也包括修史方面的安排:

> 命记室佐明楷、程机撰《上党国记》,中大夫傅彪、贾蒲、江轨撰《大将军起居注》,参军石泰、石同、石谦、孔隆撰《大单于志》。①

《上党国记》《大将军起居注》《大单于志》三书分别与石勒的上党王、大将军以及大单于身份对应,但石勒的这三种身份并非同时。刘聪以上党国封石勒始于永嘉六年(312),至太兴二年石勒称赵王,告别了上党国的时代。他在这时下令编撰《上党国记》,相当于下令编撰创业时期的国史,"上党国记"这种命名形式其实与后赵的"汉赵记"、前燕的"燕纪"等无异。

太兴二年石勒称赵王,同时也是大将军、大单于。这一点《石勒载记》所载不明确,②而《太平御览·偏霸部》引《十六国春秋》称此前石勒群臣上疏请石勒"改称大将军、大单于,领冀州牧、赵王",③《魏书·石勒传》亦云"勒乃自称大都督、大将军、大单于、赵王"。④另外,虽然十六国有不少君主本人不亲任大单于的例子,但石勒在称赵王的同时"署石季龙为单于元辅",不久后又"命徙洛阳胥靡于襄国,列之单于庭",⑤说明这时的大单于确实是石勒本人。《大将军起居注》与《大单于志》应该是分别对应汉、胡两重体制,⑥但将"大将军"而非凉州牧或赵王作为汉制的代表,乍看有些意外。陈琳国注意到石勒称赵王时期的行政制度中有"王朝制与府制

---

① 《晋书》卷一〇五《石勒载记下》,第2735—2736页。
② 《晋书》卷一〇四《石勒载记上》转录群臣请石勒称赵王的上疏,提到了"以大单于镇抚百蛮"(第2730页),但不明确此职应由谁担任;卷一〇五《石勒载记下》在叙述石勒称赵王时则完全没有提及其他官称(第2735—2736页)。
③ 《太平御览》卷一二〇《偏霸部》引《十六国春秋》,第578页下栏。
④ 《魏书》卷九五《石勒传》,第2050页。
⑤ 《晋书》卷一〇五《石勒载记下》,第2735、2742页。
⑥ 牛润珍讨论此事,指出"是由政治上的胡汉分治导致史学上的胡汉分记",但对于如何分治与分记,他只是指出两套班子分别由胡汉人士担任,并将撰写《大单于志》简单理解为"为羯族单于、部落首领立纪传"。牛润珍《汉至唐初史官制度的演变》,第136页。

混杂"的特点,[①]因为石勒以臣附汉赵的武将起家,历经平东、镇东、征东大将军,直至大将军,历任将军府属僚系统充当了其政权的文官系统,即便在已称赵王后,其朝臣还多保留府制的职官,例如右长史程遐就"总执朝政"。因此,石勒称赵王时依然为"大将军",有特别的意义,其将军府在很大程度上行使着中央政府的职能。如此,便可以理解《大将军起居注》的得名了。它与《大单于志》相对,是胡汉两套行政系统的日常记录,两书的基本性质应该一致,只是后者没有以"起居注"为名,而是使用了亦有"记录"含义的"志"。

综上所述,石勒称赵王时下令修撰的三种书中,《上党国记》是此前的国史,它的修撰需要依据更原始的材料;而《大将军起居注》与《大单于志》则是日常记注,将是未来国史修撰的材料基础。于是,在称赵王的这一时间断面上,可以看到对此前时期的编年体国史的修撰,也可以看到面向未来的《起居注》的更新。这暗示着后赵政权从《起居注》到编年体国史的修史运作(或至少是运作规划)的存在。

3. 石勒称帝以后的官修史

《史通·古今正史》叙述后赵修史云:

> 后赵石勒命其臣徐光、宗历、傅畅、郑愔等撰《上党国记》《起居注》《赵书》。其后又令王兰、陈宴、程阴、徐机等相次撰述。至石虎,并令刊削,使勒功业不传。其后燕太傅长史田融、宋尚书库部郎郭仲产、北中郎参军王度追撰二石事,集为《邺都记》《赵记》等书。

《史通》对石勒时期修史的记载与上引《石勒载记》有很多矛盾之处:一方面,《史通》与《石勒载记》都记载了多位人物,却鲜少重合,只有

[①] 陈琳国《中古北方民族史探》第五章《汉及前后赵、诸燕国、前秦政治制度》,北京:商务印书馆,2010年,第336—337页。陈琳国认为这是石勒为了平衡胡汉关系,有意压制汉人文官的品阶。但一般来说,中央官系统在地方藩镇应以府僚的形式存在,藩镇"备百官"是极为特殊的情况,因此后赵此时的府制亦非不可理解。不过,西晋末的宗室、晋臣藩镇之府多是丞相、三公府,而石勒则使用了大将军府。

《石勒载记》的"程机"被校勘者怀疑是见于《史通》的"程阴、徐机"之误;另一方面,《史通》记载石勒时的两阶段修史,前一阶段似即《石勒载记》所载太兴二年之事,而"程阴、徐机"却出现在后一阶段。《石勒载记》的记载只反映某一时间点的情况,《史通》应有超出《石勒载记》、今已不传的其他根据,但刘知幾对不同来源史料的整合也经常增加误解。

《史通》称石勒命群臣修撰"《上党国记》《起居注》《赵书》"三书,其中只有第一种与《石勒载记》所载的书名完全相符,如上所述,是石赵创业阶段的国史。"《起居注》"与"《赵书》"也应属后赵官修史,下面结合其他材料,加以考察。

石勒称赵王时设立《大将军起居注》与《大单于志》作为两种行政系统的日常记录,它们存在的时间应是有限的。因为石勒在咸和五年(330)称赵天王,不久又即皇帝位,日常记录便不可能再以"大将军"、"大单于"为名了,但同样性质的工作应该还在继续。《石勒载记》载:"命郡国立学官,每郡置博士祭酒二人,弟子百五十人,三考修成,显升台府。于是擢拜太学生五人为佐著作郎,录述时事。"[①]其事在石勒称帝以后。"录述时事"的表述一般用于随时编录时事的编年类或起居注的修撰,上引《史通》谓石勒命徐先等撰"《起居注》",可能是总指《大将军起居注》《大单于志》与石勒称天王及皇帝以后的这类日常记录。

《史通》的所谓"《赵书》"很可能是在上述"《起居注》"的基础上编纂的石勒称赵王以来的国史。但如果这一国史是纪传体的"书",则与此前《上党国记》之例不合,也与同一时期十六国乃至东晋普遍的修史情况不同。参考《史通》下文对石虎以后修史的叙述,看起来在石勒时已经编纂了纪传体史书,后代陆续重撰的后赵史书却都名为"记",即主要是编年记事的体例。《隋志》霸史类著录有田融《赵书》,并注云"一曰《二石集》",[②]又著录有王度所撰《二石传》《二石伪治时事》两书,与《史通》的

---

① 《晋书》卷一〇五《石勒载记下》,第2751页。
② 《二石集》显然不是标准的史书名称,很可能是早期之名,后经修改规范,遂改称为《赵书》。

记载人名相符而书名不符。《史通》的"《赵记》"似与《隋志》所载田融《赵书》是同一书，而且《御览》的引用中，也称此书为《赵书》。似乎存在一种可能，即《史通》前一处的《赵书》与后一处的《赵记》误倒了，若前一处改作《赵记》，则与石勒此前编纂《上党国记》相符，而后一处改作《赵书》，又与《隋志》的著录以及类书引用情况相符。① 当然，上述结论只是推测，由于《史通》并非一手史料，而《石勒载记》又无相关记载，石勒称帝以后的国史情况无法完全明确。

4. 前凉修史的实质

关于前凉的修史，《史通·古今正史》云：

> 前凉张骏十五年，命其西曹边浏集内外事以付秀才索绥，作《凉国春秋》五十卷。又张重华护军参军刘庆在东苑专修国史二十余年，著《凉记》十二卷。

张骏十五年即晋成帝咸康四年（338），前凉在名义上臣属于晋，制度多是"拟于王者而微异其名"。② 张骏令西曹边浏集内外事以付秀才索绥作《凉国春秋》，就是整理藩镇小朝廷行政运作中积累的资料再交付专人据以修史，和中央朝廷先修《起居注》、再由著作官据以撰史的过程实质类似。秀才索绥曾在前凉任记室、儒林祭酒等官，后来"以著述之功封平乐亭侯"，③ 说明史书撰作的环节也在前凉政府掌控之下。

---

① 佚文情况，《法苑珠林》引有一条"田融《赵记》"，但《太平御览》与日本的《秘府略》各引有一条"田融《赵书》"。参见［日］関尾史郎编《五胡十六国覇史輯佚》。另外，《太平御览》引有大量未标撰人姓名的《赵书》，所载皆石赵史事，应该是在《隋志》中还有著录的田融《赵书》之文。不标撰人，恐怕是因为隋唐时所名为《赵书》者仅此一种了。
② 《晋书》卷八六《张轨传》，第2237—2238页。罗布淖尔所出《李柏文书》就反映出前凉的这种体制，参见陈世良《李柏文书新探》，《新疆社会科学》1987年第6期。
③ 《太平御览》卷一二四《偏霸部》"张玄靖"条引《前凉录》，先载"儒林祭酒索绥"谏言，又云："绥字士艾，敦煌人。父戢，晋司徒。绥家贫好学，举孝廉，为记室、祭酒，母丧去官，又举秀才。著《凉春秋》五十卷，又作《六夷颂》《符命传》十余篇，以著述之功封平乐亭侯。"（第601页上栏）案，这里说的晋司徒索戢未见于《晋书》及其他史书记载。

关于上引《史通》后一修史之事,《史官建置》亦有记载:

> 前凉张骏时,刘庆迁儒林郎中常侍,在东苑撰其国书。[1]

但两处记载一称"张重华护军参军",一称"张骏时"、"儒林郎中常侍",似乎矛盾。《晋书·张轨传》中"刘庆"仅一见,为张骏从事。案,张骏在位二十余年,子重华袭,在位八年,综合考虑,恐怕是刘庆从张骏时开始修史,历经二十余年撰成《凉记》,《古今正史》举出的是他在张重华时担任的官职。《古今正史》称"在东苑专修国史二十余年"的所谓"专修",应不是指刘庆在二十余年间仅仅担任史官,而是指修史工作有专人负责。刘庆修史应该是接续张骏十五年令索绥撰《凉国春秋》之后,索绥修史有边浏"集内外事"的支持,刘庆"在东苑专修国史",更应该有类似官方资料的基础。除了这两种史书,《隋志》还著录有"记张重华事"的《西河记》,但该书性质异于王朝史(参见附考),在此可以不论。综上,前凉时期可以明确的修史活动有张骏十五年的边浏、索绥修史,张骏及张重华时期的刘庆修史,其中反映出从行政记录到编年体史书的运作过程,与前述前燕、后赵等国的修史运作实质相同。

三、前秦史的编纂

1.《起居注》、"著作所录"与车频《秦书》

前秦建国经历了先由关中东迁再西返关中的过程,关东十八年促成了苻洪集团在社会、政治、文化等方面的快速发展,[2] 至苻坚先后灭前凉、前燕,完成了北方的统一,更使前秦文化制度盛极一时。关于前秦当朝

---

[1] (唐)刘知幾著,(清)浦起龙释《史通通释》卷一一《史官建置》,第289页。案,"中"字属上属下似难确定,原标点在"儒林郎"与"中常侍"间有顿号。
[2] 参见罗新《枋头、滠头两集团的凝成与前秦、后秦的建立》,《王化与山险:中古边裔论集》,第131—144页。

之修史，最直接的记载是苻坚焚灭国史事件，《御览·偏霸部》引《前秦录》云：

> 〔建元十七年〕八月，坚收《起居注》及著作所录而观之，见苟太后、李威之事，惭怒，乃焚其书。著作郎董朏虽更书时事，然十不留一。①

《晋书·苻坚载记上》亦载此事云：

> 初，坚母少寡，将军李威有辟阳之宠，②史官载之。至是，坚收《起居注》及著作所录而观之，见其事，惭怒，乃焚其书而大检史官，将加其罪。著作郎赵泉、车敬等已死，乃止。③

则前秦官修史有"《起居注》"与"著作所录"两类成果。

《起居注》在此前的后赵、前燕都肯定存在，前凉似亦有类似之制，前秦官修史存在《起居注》并不令人意外。除《起居注》外，还另有"著作所录"，说明前秦修史也分为《起居注》与后续编纂两个环节。焚史事件的记载没有提示出"著作所录"是怎样的形态，可以继续关注此后前秦史的编纂。《史通·古今正史》云：

> 及宋武帝入关，曾访秦国事，又命梁州刺史吉翰问诸仇池，并无所获。先是，秦秘书郎赵整参撰国史，值秦灭，隐于商洛山，著书不辍，有冯翊车频助其经费。④整卒，翰乃启频纂成其书，以元嘉九年

---

① 《太平御览》卷一二二《偏霸部》，第590页下栏。事亦见《史通通释》卷一二《古今正史》，第333页，"董朏"作"董谊"。
② 据《太平御览》卷一二二《偏霸部》引《前秦录》建元十年三月条（第589页下栏），李威是苻坚母苟氏之亲，同时也是苻坚父苻雄的"刎颈之交"。苻雄早亡，苻坚母子颇仰赖李威，苻坚得以即位，李威也起到了重要作用。至建元十年死前，李威对于苻坚的重要性毋庸置疑。
③ 《晋书》卷一一三《苻坚载记上》，第2904页。案，"赵泉"即《史通·古今正史》之"赵渊"，为唐人避讳改。
④ 案，原标点在"冯翊"与"车频"间有顿号，误。

起,至二十八年方罢,定为三卷。而年月失次,首尾不伦。河东裴景仁又正其讹僻,删为《秦纪》十一篇。

姚振宗《隋书经籍志考证》指出这里的三卷"疑是'三十卷'之讹"。[①]裴景仁《秦纪》的卷数,此处所载为"十一篇",《隋志》著录为"十一卷",《宋书·沈昙庆传》称为"《秦记》十卷",[②]相差不多。如果它确实是由车频之书"删"成,那么后者仅有三卷确实不合理。同时,《史通》说车频的编纂"以元嘉九年(432)起,至二十八年方罢",他的工作不是随时撰录,而是在前人所撰的基础上改定史书,这一过程历经二十余年,所成之书也不应只有三卷。

车频之史是以前秦秘书郎赵整所撰为基础,而赵整隐居著史的基础又是他曾在前秦时"参撰国史"。《资治通鉴》记赵整官职为"秘书侍郎",又云"整,宦官也,博闻强记,能属文,好直言,上书及面谏前后五十余事",[③]所载三条赵整进谏事迹,分别见于宁康二年(374)、太元三年(378)及五年,约当苻坚在位的后三分之一期间。《史通》又云车频在赵整卒后撰史,"以元嘉九年起",已在苻坚败亡后近五十年,也印证赵整主要活动在前秦后期。赵整所担任的秘书官与著作密切相关,他参撰国史应该是在此时。因此,车频之史可以追溯至前秦后期的国史。

《太平御览》引用了大量"车频《秦书》",从书名看应是纪传体。但佚文鲜少以人物开头,大多直叙其事,《御览》卷七五六引作"苻坚建元十八年,新平县民耕地获玉器"云云,卷三七三引作"苻坚建元十八年,新罗国献美女"云云,还有数条以"苻坚时"开头,这样的引文体例一般指向编年体。《水经注》卷八《济水》注引此书称"苻坚时,沙门竺僧朗尝从隐

---

① (清)姚振宗《隋书经籍志考证》,《二十五史补编》第4册,第5289页。
② 《宋书》卷五四《沈昙庆传》云:"时殿中员外将军裴景仁助成彭城,本伧人,多悉戎荒事。昙庆使撰《秦记》十卷,叙苻氏僭伪本末,其书传于世。"北京:中华书局,1974年,第1539页。
③ 《资治通鉴》卷一〇三晋孝武帝宁康二年,第3268页。

士张巨和游"云云,《御览》卷三七七引称"苻坚时有申香,长十尺以上,为拂盖郎",①如果原书为纪传体,这些条目更可能以"某人字某"开始。再联系《史通》评价该书"年月失次,首尾不伦",其书似乎是体例不甚规范的编年体,之所以如此,可能是改编过程中增补了其他来源的资料,抑或前秦史官的记录本来就存在缺陷。

2. 梁熙《秦书》

《隋志》著录的前秦史书两种,其一即上述据车频书删削而成的裴景仁《秦记》,另一部则是"《秦书》八卷",作者是"何仲熙"。中华本《隋志》校勘记云,"何仲熙,《前秦录》作'何熙仲'",②所据之"《前秦录》"当为屠本《十六国春秋》:"何熙仲,仕秦记事参军,撰《秦书》八卷,多记苻健等事。"③屠本对"何熙仲"的记载仅此一句,显然是来自《隋志》,又加入"仕秦记事参军"一语。而宋人高似孙《史略》、郑樵《通志·艺文略》载此书,都将作者写作"何仲熙",则屠本作"熙仲"不足为据。史书中除对何仲熙所撰《秦书》的著录外,不见关于此人生平事迹的任何记载,《史通》亦未曾提及。

另一方面,《史通·古今正史》对前秦史,一开始便说"前秦史官,初有赵渊、车敬、梁熙、韦谭相继著述",而后叙述了苻坚焚毁国史之事。赵渊、车敬两人亦见前引《晋书》载记,为国史案以前的史官,事发时二人已故,因此苻坚没有穷追当事官员之责。但是,我们知道梁熙在此时并未亡故,他从前秦建元十二年(376)起任凉州刺史,直到淝水之战以后被吕光所攻而死。④如果他确实牵涉在建元

---

① 《太平御览》卷七五六,第3354页下栏;卷三七三,第1722页上栏;卷三七七,第1741页上栏。《水经注疏》卷八,南京:江苏古籍出版社,1989年,第741页。
② 《隋书》卷三三《经籍志》,第993页。
③ (明)屠乔孙、项琳之《屠本十六国春秋》卷四二《前秦录》,乾隆竹书山房本,叶五二至五三。
④ 据《晋书》卷一一三《苻坚载记上》(第2897—2898页)、《资治通鉴》卷一〇四晋孝武帝太元元年(第3273—3276页),建元十二年苻坚伐前凉,所遣将领中即有"中书令梁熙",同年"九月,以梁熙为西中郎将、凉州刺史、镇姑臧"。此后梁熙一直担任凉州刺史,直到淝水之战后,凉州陷于吕光,梁熙亦被杀。《晋书》卷一二二《吕光载记》云"武威太守彭济执熙请降"(第3056页),而卷一二六《秃发傉檀载记》载孟祎进谏语又有"梁熙据全州之地,拥十万之众,军败于酒泉,身死于彭济"(第3150页)。

十七年的国史案之中,就不可能再继续出镇一方,因此刘知幾应是看到了关于梁熙修撰前秦史的资料,但错误地将他归入前秦早期的史官行列中。那么,刘知幾根据的是怎样的记载呢?"梁"字与竖排的"何仲"形近,仅见于《隋志》而他处无考的"何仲熙",很可能就是"梁熙"的讹写——梁熙撰有《秦书》,因而《史通》将他列为前秦史官。

梁氏是氐族贵姓,苻生皇后即为梁氏。梁熙与其兄梁谠则是前秦最具代表性的文士。《太平御览》引《前秦录》载当时人称颂梁氏兄弟的歌谣云"关东堂堂,二申两房,未若二梁,瑰文绮章",《周书》云"宋谚、封奕、朱彤、梁谠之属,见重于燕、秦",[1]《晋书·苻生载记》载秦使在凉,向张天锡介绍前秦人物时又有"文史富赡,郁为文宗,则尚书右仆射董荣,秘书监王飏,著作郎梁谠"。但他兄弟两人不是仅以文士的面貌出现在前秦政权中,如上所述梁熙曾长期镇守凉州,梁谠也在苻坚分遣氐人出镇四方时被任命为幽州刺史,说明他们还是受到苻坚信赖的氐人旧臣。尽管《史通》以外的文献中没有梁熙出任著作或秘书类官职的记载,但以他兄弟二人的出身与文名,理应与前秦国家的文史事业有密切联系,这也应是梁熙撰写前秦史的重要条件。但是,《史通》称"宋武帝入关,曾访秦国事",即义熙十三年(417)七月刘裕克长安灭后秦时曾"收其图籍",[2]大概在这一过程中还特别寻访过前秦史书。这次寻访无获,说明后秦秘阁中并无前秦史书,当时关中也没有流行的前秦史,因此梁熙的《秦书》应该不是前秦正式的国史,甚至是在梁熙离开长安、出镇凉州姑臧以后才完成的。《隋志》注此书为"记苻健事",但这应是以苻健代指前秦政权(参见附考),而此书具体时段范围如何则无从可知。

---

[1] 《周书》卷四一《王褒庾信传》史臣曰,北京:中华书局,1971年,第743页。案,此语又为《北史》卷八三《文苑传》序所采用,北京:中华书局,1974年,第2778页。"朱彤",《北史》《晋书》同,《资治通鉴》此人皆作"朱彤"。
[2] 《隋书》卷四九《牛弘传》载牛弘上表中称:"刘裕平姚,收其图籍,五经子史,才四千卷。"第1299页。

四、十六国后期及北魏前期的修史

前秦短暂统一了北方地区,但在淝水之战中崩溃,北方又先后出现了多个政权。十六国后期的这些政权中,后燕慕容垂诏董统撰成纪传三十卷,而其余诸国史所能考知者皆为编年体。

1. 后燕的纪传体国史与南燕的《起居注》

《史通·古今正史》:

> 后燕建兴元年(386),董统受诏草创后书,著本纪并佐命功臣、王公列传,合三十卷。慕容垂称其叙事富赡,足成一家之言,但褒述过美,有惭董、史之直。其后申秀、范亨各取前后二燕合成一史。

如上所述,十六国前期诸国国史大多是编年体,但后燕董统受诏所撰的史书却是纪传体。范亨合前后二燕史而撰《燕书》,是将编年体的前燕史改为纪传体以配合董统的后燕史。《资治通鉴考异》引用范亨《燕书》有《武宣纪》《文明纪》《征虏仁传》《慕容翰传》,《太平御览·天部》所引又有《烈祖后纪》,都是前燕时代君臣的篇目。[①]

十六国政权中明确的纪传体国史只有前赵公师彧的"《高祖本纪》及功臣传二十人"和后燕董统所作。但公师彧是在刘聪时追录刘渊君臣,应该能够参考刘汉政府中的档案资料,董统的后燕史似乎没有这样的条件。

---

① 参见章宗源《隋书经籍志考证》,《二十五史补编》第4册,第4970—4971页。前燕慕容廆为高祖武宣帝,慕容皝为太祖文明帝,慕容儁为烈祖景昭帝,参见《晋书》卷一一〇《慕容儁载记》,第2834、2842页;慕容翰为慕容皝庶兄,慕容仁为慕容皝母弟,见《晋书》卷一〇九《慕容皝载记》,第2815页。《资治通鉴考异》在晋武帝太康二年条首次引用《燕书》时标为"范亨《燕书》",此后皆仅云"《燕书》"(见《资治通鉴》卷八一胡注引,第2577页);《太平御览》卷一五所引未标撰者(第76页下栏—77页上栏)。《通鉴考异》所引帝纪以谥号为题,《御览》引则以庙号为题,原书很可能是庙号、谥号同时写出的。

慕容垂从淝水之战后的秦建元十九年（383）底才开始反秦复燕，次年初称燕王，立年号燕元，两年后称帝，改元建兴。董统受诏撰后燕史不过在慕容垂起兵后两三年，其三十卷书所记"佐命功臣王公"之事肯定涵盖了他们在前秦时期甚至是前燕政权中的经历。其修史虽然是受诏进行，但所据资料、编纂方式与正常制度运作中的国史应有比较明显的差异。

后燕的《起居注》未见史书直接记载，但通观诸燕政权情况，很可能后燕亦有《起居注》。后燕主慕容垂是前燕末代君主慕容暐的叔父，在前燕时就身居要职，颇具威望。后燕的建立距离前燕灭国不过十三年，依靠的还是前燕旧人。慕容垂晚年，后燕受到北魏南下的严重威胁，慕容垂死后北魏很快占领河北地区，后燕疆域被从中截断，慕容垂嗣子宝北奔，而镇守邺城的慕容垂幼弟德带领一批后燕人士南迁建立南燕。《史通·古今正史》云"有赵郡王景晖尝事德、超，撰二主起居注"。《隋志》"起居注类"著录有《南燕起居注》，①但仅一卷，恐怕是亡散之余。前燕、后燕、南燕政权一脉相承，前燕与南燕都有《起居注》，后燕理应亦然，何况慕容垂在位十余年，是诸燕历史中一段重要的时期。

2. 南燕、后秦、后凉、南凉、北凉的国史体裁

上文已经讨论了南燕的《起居注》。南燕只存在十余年，因为太过短暂，很难说它是否存在国史编纂的制度。不过，为南燕二主编纂了《起居注》的王景晖后来进入北燕冯氏政权，撰写了《南燕录》六卷。②将"录"这一名称用于王朝史，此前比较少见，但《十六国春秋》中各国部分皆以"录"为名，③当可作为参照。除了王景晖的南燕史名为"录"，《隋志》还著录有《托跋凉录》。托跋即秃发，指南凉，对该国史书，《史通·史官

---

① 《隋书》卷三三《经籍志》，第965页。该类小序亦云："其伪国起居，唯《南燕》一卷，不可别出，附之于此。"第966页。
② （唐）刘知幾著，（清）浦起龙释《史通通释》卷一二《古今正史》："有赵郡王景晖，尝事德、超，撰二主起居注。超亡，仕于冯氏，官至中书令，仍撰《南燕录》六卷。"（第333页）《隋书》卷三三《经籍志》"史部霸史类"著录王景晖《南燕录》六卷（第963页），与《史通》记载相合。
③ 类书引《十六国春秋》称"某录"者甚多。此外，《魏书》卷六七《崔鸿传》载崔鸿上表，亦称"区分时事，各系本录"（第1504页）。

建置》云:"南凉主乌孤初定霸基,欲造国纪,以其参军郭韶为国纪祭酒,使撰录时事。"① "国纪"之名再次指向编年体,而专门设立"国纪祭酒"一职,又体现出编纂编年体国史在南凉政权中的制度化。参考这些旁证,应可认为《南燕录》与《托跋凉录》都属编年史。

与南凉同在西北地区的后秦、后凉、北凉政权,其史书也是编年体。《隋志》著录了"记吕光事"的段龟龙《凉记》十卷,即后凉的编年史,但不知是否当时官修。后秦,《古今正史》云:"扶风马僧虔、河东卫隆景并著秦史。及姚氏之灭,残缺者多。泓从弟〔姚〕和都,仕魏为左民尚书,又追撰《秦纪》十卷。"姚和都《秦纪》十卷亦见《隋志》著录,这也是编年史,可惜后秦当时的马僧虔、卫隆景所著秦史的性质与体裁已无从稽考。北凉的史书,在《隋志》中著录的有"沮渠国史"《凉书》十卷。姚振宗已经指出此书当即高谦之所谓的北凉"国书",作者是曾仕于沮渠蒙逊,后来入魏的宗钦。②《魏书·宗钦传》明确记载"钦在河西,撰《蒙逊记》十卷",③《蒙逊记》卷数与沮渠国史《凉书》相同,应即其本名。编年史才会以君主之名命名,称《蒙逊记》说明北凉国史亦应是编年史。至北魏孝明帝时,高谦之"以父舅氏沮渠蒙逊曾据凉土,国书漏阙,谦之乃修《凉书》十卷,行于世"。④

3. 北魏前期的编年体《国记》

淝水之战以后的北方地区,除了列于十六国的诸政权外还有一个重要政权,即道武、明元、太武帝时期的北魏。北魏本来也是它们中的一员,后来逐渐强大,统一北方,开启了北朝时代。探讨后期的十六国历史,不能将早期的北魏排除,过去学者在北魏及北朝修史的课题下对北魏早期国史已有不少讨论,⑤ 这里主要着眼于北魏早期修史与十六国修

---

① (唐)刘知幾著,(清)浦起龙释《史通通释》卷一一《史官建置》,第289—290页。
② (清)姚振宗《隋书经籍志考证》,《二十五史补编》第4册,第5290页。又,《魏书》卷五二《宗钦传》:"仕沮渠蒙逊为中书郎、世子洗马。"第1154页。
③ 《魏书》卷五二《宗钦传》,第1157页。
④ 《魏书》卷七七《高谦之传》,第1710页。
⑤ 关于北魏修史基本过程的研究可参周一良《魏收之史学》,《魏晋南北朝史论集》,北京大学出版社,1997年,第256—292页(原载《燕京学报》第18期,1934年);〔日〕内田吟风《魏書の成立について》,《東洋史研究》第2卷第6号,1937年。

史的联系。

《魏书·邓渊传》云：

> 太祖定中原，擢为著作郎。……入为尚书吏部郎。渊明解制度，多识旧事，与尚书崔玄伯参定朝仪、律令、音乐，及军国文记诏策，多渊所为。……太祖诏渊撰《国记》，渊造十余卷，惟次年月起居行事而已，未有体例。①

《魏书·崔浩传》又云：

> 初，太祖诏尚书郎邓渊著《国记》十余卷，编年次事，体例未成。逮于太宗，废而不述。神䴥二年（429），诏集诸文人撰录国书，浩及弟览、高谠、邓颖、晁继、范亨、黄辅等共参著作，叙成国书三十卷。②

太祖道武帝于参合陂大胜后燕，很快平定并冀，进入中原，其时约当东晋安帝初。为了适应新的疆域和政权规模，需要文教制度的帮助。邓渊是苻秦名将邓羌之孙，其父又仕于后燕，他既参与了朝廷制度的创立，又受命撰《国记》，应该都是借鉴前秦、后燕等十六国政权的经验。邓渊《国记》属编年史，史称其"惟次年月起居行事而已，未有体例"，所谓"未有体例"，应是与后来崔浩所撰国史相比，体例书法精细不及，但这种状态可能在十六国政权中较为普遍。崔浩史也是编年体，③关于其书名，周一良先生已指出有多种称法如"国书"、"国记"、"太祖记"、"先帝记"、"今记"等。他认为《国书》《国记》得互称，分称之曰《某帝记》，综名之则曰《国书》"。④这里对"国记"的定位比较含糊，"国记"是否和"国书"一样也是"综名"的一种？《魏书》中称邓渊、崔浩所撰为"国记"之例甚

---

① 《魏书》卷二四《邓渊传》，第635页。
② 《魏书》卷三五《崔浩传》，第815页。"国书"原加书名号，恐不妥，详见下文。
③ 直到孝文帝时李彪、高祐才上表请求将编年国史改为纪传体，参见第九章第一节。
④ 周一良《魏收之史学》。

多,其书的正式名称应是《国记》,各篇名为《某帝记》,"国书"应是与"国史"类似的统称。[①]以"记"为名的十六国史书已在上文屡屡出现,尤其值得注意的是上文提到南凉还有"国纪祭酒"一职,因此邓渊、崔浩所撰的《国记》实即十六国的编年体国史之一。

余 论

本章以修史运作及所成史书体裁为线索梳理了十六国诸国的修史。有关诸国《起居注》的记载很少,可确认者仅后赵、前燕、前秦、南燕,前凉也有类似机制,[②]其他政权限于资料无法讨论,但十六国诸国的起居注之制应当比今日所知更普遍。

诸国史书的情况稍可展开,尤其值得注意的是体裁之选取。刘渊建国以继汉为名,不承认魏晋法统,刘聪因而不改,其国史也效法东汉修纪传史。无独有偶,十六国前期另一个打出"汉"的旗帜的政权李氏成汉,其史称"书",可能也是纪传体。刘聪死后,刘汉遭受重创,刘曜于关中即位,改国号为赵,以水德承晋,国史则从纪传体变为编年体。而十六国前期的前凉、后赵、前燕也都以编年体修史,只有前秦情况不甚明确。前章讨论东晋之初有干宝议以编年体修史,而后赵石勒命撰《上党国记》在东晋初太兴二年,前赵和苞撰《汉赵记》、前凉张骏命索绥作《凉国春秋》也不会晚于东晋成帝时。也就是说在不晚或稍晚于东晋干宝修史时,北方的多个十六国政权也存在编年体修史的现象,反而修撰纪传史总与复汉的特殊背景挂钩。由此推测,十六国前期的编年体修史大概不是受东晋

[①] "国书"一词在《魏书》中十余见,多似泛指,这里仅举尤为明显的一例,即卷六七《崔鸿传》云:"以刘渊、石勒、慕容儁、苻健、慕容垂、姚苌、慕容德、赫连屈丐、张轨、李雄、吕光、乞伏国仁、秃发乌孤、李暠、沮渠蒙逊、冯跋等,并因世故,跨僭一方,各有国书,未有统一,鸿乃撰为《十六国春秋》,勒成百卷。"(第1502页)此处是用"国书"泛指十六国各国的史书。

[②] 王志刚对文献中出现的十六国《起居注》进行了讨论,参见王志刚《家国、夷夏与天人:十六国北朝史学探研》,第3—4、7页。

影响，而是源自西晋。

西晋朝廷在计划中是要修撰纪传体国史的，但到惠帝时完成的只有帝纪和十志，[①]最能体现纪传体特色的列传部分全无踪影。从修史时间来说，惠帝时修成的帝纪有可能是宣景文三祖及武帝四篇，但《史通》称著作郎陆机所撰的是"三祖纪"，[②]不知刘知幾是亲见其书还是推论。可能推致这一结论的资料是陆机议晋史时对三祖纪的设想："三祖实终为臣，故书为臣之事，不可〔以不〕如传，此实录之谓也。而名同帝王，故〔自〕〔目〕帝王之籍，不可以不称纪，则追王之义。"[③]则三祖纪并非标准的纪传史帝纪体例，不是俯瞰全国事务，而是以三祖个人经历为中心，也就是依时间先后铺叙事件，有细节原委，[④]这其实反而比标准的帝纪更接近编年体史书。除了编纂国史帝纪，西晋开国后不久还落实了缀集大事、秘书写副的制度。[⑤]这样看西晋武惠时期的修史工作，与石勒称大将军、大单于、赵王后一面编纂此前为上党王时的历史，一面注记现时大将军府与大单于台经手大事的做法实质上非常相似。西晋修史的初衷虽不如此，但执行的结果是一面加强日常记注，一面将此前史事以编年方式整理成篇，[⑥]这样的既成做法延续到其后的十六国和东晋。而若说谁能在此基础上继续向纪传史的最终目标推进，当然是东晋更具条件，相关讨论已见本书第五、六章。

---

① 《晋书》卷五一《束皙传》云："转佐著作郎，撰《晋书·帝纪》、十《志》，迁转博士，著作如故。"第1432页。
② 《史通通释》卷一二《古今正史》："洛京时，著作郎陆机始撰三祖纪，佐著作郎束皙又撰十志。会中朝丧乱，其书不存。"（第324页）又同书卷二《本纪》："陆机《晋书》列纪三祖，直序其事，竟不编年。"（第34页）
③ （唐）徐坚等著《初学记》卷二一《文部·史传》"帝书王籍"条引陆机《晋书限断议》，北京：中华书局，1962年，第503页。
④ 唐修《晋书》中的《宣》《景》《文帝纪》，尤其是《宣帝纪》，还明显保留这种特征。刘知幾称陆机三祖纪"竟不编年"（见前注引），应该不是指不按照时间顺序叙述，因为无论帝纪、列传，大体都要按时间叙述。中古纪传史中帝纪的"编年"有比较严格的规范，每事皆需有准确时间，刘氏所指应是未达帝纪标准。
⑤ 《晋书》卷三《武帝纪》："自泰始以来大事皆撰录，秘书写副，后有其事，辄宜缀集以为常。"第60页。
⑥ 除了帝纪，某些志书也是将同一主题史事依时间顺序编排。束皙所撰十《志》缺乏相关记载，这里难以详细讨论。

北方的淝水战后诸国中,后燕开国之初诏修纪传史,北凉、南凉、北魏国史是编年体,南燕、后凉、后秦也只留下了编年史。其余各政权的修史虽或有记载,但体裁不详。总体上看,十六国诸国史无论当时之官修抑或后人编录,都以编年体居多。《隋书·经籍志》霸史类小序云:

> 后魏克平诸国,据有嵩、华,始命司徒崔浩,博采旧闻,缀述国史。诸国记注,尽集秘阁。尔朱之乱,并皆散亡。①

北魏统一北方后,秘阁收藏有十六国各国的《起居注》与国史等书,②只是经过北朝后期的动乱,这些史书所剩无几。崔鸿在宣武、孝明间撰《十六国春秋》,应受益于秘阁的这些藏书。他采用编年体将诸国书统合为一,当即源于诸国史本多编年体。相比南方在晋末宋初已见纪传体国史之复兴,修撰纪传史的做法在北方并没有因分裂战乱的结束而很快到来。直到魏孝文帝太和中,也就是北方统一近五十年后,北魏才开始将编年体国史改撰为纪传史,并建立一套更为复杂的修史机制。

附考:《隋书·经籍志》霸史类的小注国别问题

《隋志》史部霸史类所录诸书不少注有"记某君事"。仅从字面理解,这是指该书记载某位君主之事,但综合所有注释的情况看,应是以某君指代某国。

带有"记某君事"注文的霸史有如下数种:

---

① 《隋书》卷三三《经籍志》,第964页。
② 在崔浩以前,道武帝破后燕、占据河北后已有集书之意,《魏书》卷三三《李先传》载李先建议"严制天下诸州郡县搜索备送",道武帝于是"班制天下,经籍稍集"(第789页),其中或许已经包括一些十六国史书。崔浩撰述国史又大集诸国记注,盖北魏早期史亦颇取资其中。

《赵书》十卷。一曰《二石集》,记石勒事。伪燕太傅长史田融撰。

《燕书》二十卷。记慕容儁事。伪燕尚书范亨撰。

《南燕录》五卷。记慕容德事。伪燕尚书郎张诠撰。

《南燕录》六卷。记慕容德事。伪燕中书郎王景晖撰。

《燕志》十卷。记冯跋事。魏侍中高闾撰。

《秦书》八卷。何仲熙撰。记苻健事。

《秦纪》十卷。记姚苌事。魏左民尚书姚和都撰。

《凉记》八卷。记张轨事。伪燕右仆射张谘撰。

《凉书》十卷。记张轨事。伪凉大将军从事中郎刘景撰。

《西河记》二卷。记张重华事。晋侍御史喻归撰。

《凉记》十卷。记吕光事。伪凉著作佐郎段龟龙撰。

《凉书》十卷。沮渠国史。

田融《赵书》下注明"记石勒事",但它"一曰《二石集》",至少应包括石勒、石虎两位后赵君主。姚振宗云:"章氏《考证》,《开元占经》《北堂书钞》《太平御览》并引《赵书》,皆称'前石'、'后石',亦有称'石勒'、'石虎'者,当是征引所改也。"[1]参考日本学者的辑佚成果,[2]更可以确认上述多种霸史的覆盖范围都超出了小注中所写的君主。

《史通》说"申秀、范亨各取前后二燕合成一史",其书应是既包括前燕也包括后燕,而范亨《燕书》下却注云"记慕容儁事"。本章第四节已经提到后燕慕容垂与前燕的密切关系,这条注文可以说承用了范亨《燕书》统合前后二燕的历史认识,以慕容儁一人代指了前后二燕。

另外较为特殊的是《西河记》称"记张重华事"。张谘《凉记》、刘昞(即刘景)《凉书》下都已注称"记张轨事",以两位君主指代同一政权不大合理。但《晋书·张重华传》载"诏遣侍御史俞归拜重华护羌校尉、凉州刺史、假节",[3]则本书作者是东晋派往前凉的使节,又本书书名与一般霸

---

① (清)姚振宗《隋书经籍志考证》,《二十五史补编》第4册,第5287页。
② 参见[日]関尾史郎编《五胡十六国霸史辑佚》。
③ 《晋书》卷八六《张重华传》,第2244页。

史亦有所差异,姚振宗推测"此盖喻氏奉使时所记",[1]很有道理。此书的性质体例恐怕与其余霸史有所不同。

总之,《隋志》史部霸史类的小注应是以君主指代政权,这种做法与《魏书·崔鸿传》崔鸿《上〈十六国春秋〉表》列举十六国诸国的方式一致,[2] 也与《魏书》为十六国及东晋诸政权标目的方式一致:

表8-2 《隋书·经籍志》、崔鸿《上〈十六国春秋〉表》、《魏书》僭伪诸国传篇目对十六国政权的表述

崔鸿《上〈十六国春秋〉表》	《魏书》标目	《隋书·经籍志》小注
刘渊	匈奴刘聪	
石勒	羯胡石勒	记石勒事(田融《赵书》)
慕容儁	徒何慕容廆	记慕容隽事(范亨《燕书》)
苻健	临渭氐苻健	记苻健事(何仲熙《秦书》)
慕容垂	(附慕容廆)	
姚苌	羌姚苌	记姚苌事(姚和都《秦纪》)
慕容德	(附慕容廆)	记慕容德事(张诠《南燕录》、王景晖《南燕录》)
赫连屈孑	铁弗刘虎	
张轨	私署凉州牧张寔	记张轨事(张谘《凉记》、刘景《凉书》)
		记张重华事(喻归《西河记》)
李雄	賨李雄	
吕光	略阳氐吕光	记吕光事(段龟龙《凉记》)
乞伏国仁	鲜卑乞伏国仁	

---

[1] (清)姚振宗《隋书经籍志考证》,《二十五史补编》第4册,第5290页。
[2] 《魏书》卷六七《崔鸿传》:"以刘渊、石勒、慕容儁、苻健、慕容垂、姚苌、慕容德、赫连屈孑、张轨、李雄、吕光、乞伏国仁、秃发乌孤、李暠、沮渠蒙逊、冯跋等,并因世故,跨僭一方,各有国书,未有统一,鸿乃撰为《十六国春秋》,勒成百卷。"第1502页。

续　表

崔鸿《上〈十六国春秋〉表》	《魏书》标目	《隋书·经籍志》小注
秃发乌孤	鲜卑秃发乌孤	
李暠	私署凉王李暠	
沮渠蒙逊	卢水胡沮渠蒙逊	沮渠国史(《凉书》)
冯跋	海夷冯跋	记冯跋事(高闾《燕志》)
	僭晋司马叡	
	岛夷桓玄	
	岛夷刘裕	
	岛夷萧道成	
	岛夷萧衍	

第九章　北魏国史与魏收《魏书》

南北朝诸史中受到关注最多的是北魏史的编纂。崔浩国史之狱、魏收秽史之争，以及魏收《魏书》具录各家子孙枝叶、创立《释老志》《官氏志》等编纂上的特色，都是引人议论的话题。前章讨论十六国修史时已经涉及北魏早期的编年体国史，这是一种比较疏阔的制度，符合东晋十六国的普遍状态。随着孝文帝时期的改革，北魏在太和以后一面将过去的编年史改撰为纪传史，一面建立了与南朝相仿的更严密的资料撰录与史书编纂机制。严密的官修史机制既是保障也是束缚，按部就班的流程悄然形塑出整齐的史书内容和体例，也是南北朝另外几部在官修史环境下完成的史书缺少话题性的原因。北齐时魏收掌撰《魏书》，或许是由于北魏前期及末期史料情况不尽如人意，或许由于魏收个人恃才不羁，其撰史颇有些大胆的尝试。北魏史的编纂浓缩了官修史体制中规范化的体裁转换以及后期史家个性化的改创，既体现出中古官修史体制的发展，又体现出在此背景下史家的进一步发挥。

关于北魏的修史至魏收《魏书》的形成，内田吟风《魏書の成立について》、周一良《魏收之史学》、尾崎康《魏書成立期の政局》、佐川英治《東魏北齐革命と『魏書』の編纂》等文章勾稽史料，[①]考证颇详。前章已经补充讨论了道武帝时邓渊初撰《国记》与太武帝神䴥二年（429）崔浩撰《国记》之事，

---

① ［日］内田吟風《魏書の成立について》，《東洋史研究》第2卷第6号，1937年。周一良《魏收之史学》，收入《魏晋南北朝史论集》，北京大学出版社，1997年，第256—292页（该文原载《燕京学报》第18期，1934年）。［日］尾崎康《魏書成立期の政局》，《史学》第34卷第3·4号，1962年。［日］佐川英治《東魏北齐革命と『魏書』の編纂》，《東洋史研究》第64卷第1号，2006年。

这里参考史料记载和前人成果,略叙其后北魏续撰编年体国史的梗概。

太武帝太延五年(439)平北凉沮渠氏后,诏崔浩续修国史,高允、张伟助之,崔浩又引段承根、阴仲达等同撰。然而这部史书后来成为政治斗争的把柄,崔浩被诛死,大量人士受到牵连,史官亦废。[1]到文成帝和平元年(460)六月,复置史官,以游雅任之。不幸游雅次年亡故,本传云"不勤著述,竟无所成"。[2]继游雅之后,高允总修史之任,同时参与的还有程骏、程灵虬、江绍兴、刘模等人。高允在崔浩修史时已预其事,他主持修史也是"大较续崔浩故事,准《春秋》之体,而时有刊正"。[3]他是参与北魏编年体国史修撰时间最长的人物,直到以老疾告归又被征还后,"犹心存旧职,披考史书"。[4]而随着太和十一年(487)高允亡故,北魏的官修史也很快要迎来新的一页。

一、"区分书体":北魏纪传体国史的初创

在文成帝和平元年复置史官的时候,南朝刘宋的纪传体国史已经大规模修撰了两次。[5]太和十一年,亦即高允亡故的同年,高祐、李彪奏请将成帝以来至于太和的编年体国史改为纪传体,巧合的是,沈约也是在这一年春天受齐武帝之命修撰《宋书》的,次年即告修成。[6]如内田吟风所说,在高祐李彪的请求下改撰的纪传史是"以后北魏国史编修体系的基础"。[7]

---

[1] 对于崔浩所修国史是否被废,周一良、内田吟风两位的观点完全相反。但无论如何,崔浩所修国史当是以后史书对早期历史记载的主要来源。
[2] 《魏书》卷五四《游雅传》,北京:中华书局,1974年,第1195页。
[3] 《魏书》卷四八《高允传》,第1086页。
[4] 《魏书》卷四八《高允传》,第1088页。
[5] 何承天撰宋武帝及其功臣纪传,苏宝生撰元嘉名臣传都在此前,这以后三年,徐爰又奉命续修《宋书》。参见《宋书》卷一〇〇《自序》,北京:中华书局,1974年,第2467页。
[6] 《宋书》卷一〇〇《自序》,第2466页。
[7] 内田氏指出:"他(李彪)最初奏请编修纪传体国史而得到许可,以后依其方针综理国籍一事,是以后北魏国史编修体系的基础,应予以重视。"[日]内田吟风《魏書の成立に就いて》,第8页。何德章还注意到李彪、崔光修史与孝文帝时议定五德正统的关系,指出魏收《魏书》中编东晋朝及十六国政权于列传之中等同于僭逆的做法,也始于李彪、崔光之国史。何德章《〈魏书〉正统义例之渊源》,原载《北朝研究》1996年第2期,收入何德章《魏晋南北朝史丛稿》,北京:商务印书馆,2010年,第376—380页。

尽管前人对这一时期的北魏官修史已有不少讨论，但对其具体运作方式，如国史编纂原则、材料基础、工作进展情况等问题犹有进一步认识的可能与必要。

《魏书·李彪传》云：

> 迁秘书丞，参著作事。自成帝以来至于太和，崔浩、高允著述国书，编年序录，为《春秋》之体，遗落时事，三无一存。彪与秘书令高祐始奏从迁固之体，创为纪传表志之目焉。
>
> 彪在秘书岁余，史业竟未及就，然区分书体，皆彪之功。①

把李彪修史之功总结为"区分书体"，说明崔浩、高允时代所修编年体《国记》已经提供了纪表志传所需的基本内容，改编纪传体国史最重要的工作是将旧国书中仅以时间顺序编排的历史记载拆分重组。对这一过程，《魏书·高祐传》所录高祐、李彪请求修史的奏表也有说明：

> 高祖拜秘书令。后与丞李彪等奏曰："……臣等疏陋，忝当史职，披览《国记》，窃有志焉。愚谓自王业始基，庶事草创，皇始以降，光宅中土，宜依迁固大体，令事类相从，纪传区别，表志殊贯，如此修缀，事可备尽。……著作郎已下，请取有才用者，参造国书，如得其人，三年有成矣。……"②

帝纪简记大事，列传以人物为纲目记载具体史事，③首先要把《国记》的这两类内容分门别类。表和志是专题记录，也要在《国记》的编年记事中拣出同主题记载，合为一编，使之"殊贯"。通过高祐、李彪的描述，可进一步理解纪传体国史为何往往需要以编年体为基础或中间环节。

高、李表请改修纪传史得到孝文帝批准，其事主要由时任秘书丞的李

---

① 《魏书》卷六二《李彪传》，第1381、1398页。
② 《魏书》卷五七《高祐传》，第1260页。
③ 参见第七章第三节。

彪负责,《高祐传》云:"时李彪专统著作,祐为令,时相关豫而已。"① 此次修史的细节又见于《李彪传》李彪于宣武帝初请复修史的上表:

> 至于太和之十一年,先帝、先后远惟景业,绵绵休烈,若不恢史阐录,惧上业茂功始有缺矣。于是召名儒博达之士,充麟阁之选。于时忘臣众短,采臣片志,令臣出纳,授臣丞职,猥属斯事,无所与让。高祖时诏臣曰:"平尔雅志,正尔笔端,书而不法,后世何观。"臣奉以周旋,不敢失坠,与著作等鸠集遗文,并取前记,撰为国书。假有新进时贤制作于此者,恐闱门既异,出入生疑,弦柱既易,善者或谬,自十五年以来,臣使国迁,频有南辕之事,故载笔遂寝,简牍弗张,其于书功录美,不其阙欤?②

奏请改作在太和十一年。由于崔浩、高允旧史"遗落时事,三无一存",在改编体裁的同时还"鸠集遗文",加以补充,进度也比原先计划的"三年有成"迟缓得多。到太和十五年,李彪奉使萧齐,③十七年迁都洛阳,而后连年对南方用兵,即所谓"臣使国迁,频有南辕之事"。《魏书·韩显宗传》有太和十八年九月孝文帝亲考百官时与著作郎韩显宗的对话,④但主要是评价其文章优劣,"校卿才能,可居中第",当时修史工作在进行中,没有成稿奏上,所以孝文帝说"著述之功,我所不见,当更访之监、令"。⑤ 李彪提到迁洛后"频有南辕之事",韩显宗也在太和二十一年参

---

① 《魏书》卷五七《高祐传》,第1261页。
② 《魏书》卷六二《李彪传》,第1394—1395页。
③ 见《魏书》卷六二《李彪传》,1389页,及同书卷七下《高祖纪下》"太和十五年四月"条,第168页。
④ 《魏书》卷六〇《韩显宗传》云:"太和初举秀才,对策甲科,除著作佐郎。"第1338页。《隋书》卷三五《经籍志四》集部别集类有"后魏著作佐郎《韩显宗集》十卷",北京:中华书局,1973年,第1079页。赵超《汉魏南北朝墓志汇编》收太和二十三年韩显宗墓志,为小碑型,额题"魏故著作郎韩君墓志",天津古籍出版社,2008年,第39页。本传未说明对话发生时间,《魏书》卷七下《高祖纪下》太和十八年九月"壬午,帝临朝堂,亲加黜陟",第175页。
⑤ 《魏书》卷六〇《韩显宗传》,第1342页。

加南伐,立有军功。可知修史拖延日久,又遇南伐频繁,遂渐趋停滞。①《李彪传》既称"区分书体,皆彪之功",则这一时期的工作成果是确定了篇目与大要,而所谓"史业竟未及就"大概是"鸠集遗文"、折中润色一类的工作尚未完成。

二、"徒有卷目":崔光所修国史

孝文末、宣武初的修史围绕崔光、李彪二人展开。《魏书》卷六七《崔光传》所叙甚明:

> 太和之末,彪解著作,专以史事任光。彪寻以罪废。世宗居谅闇,彪上表求成《魏书》,诏许之,彪遂以白衣于秘书省著述。光虽领史官,以彪意在专功,表解侍中、著作以让彪,世宗不许。②

又,李彪请复修史表中云:

> 故著作渔阳傅毗、北平阳尼、河间邢产、广平宋弁、昌黎韩显宗等,并以文才见举,注述是同,皆登年不永,弗终茂绩。前著作程灵虬同时应举,共掌此务,今从他职,官非所司。唯崔光一人,虽不移任,然侍官两兼,故载述致阙。③

太和末年著作诸人,或登年不永,或寻转他任,而崔光才高位重,兼任数职,没有太多精力顾及修史。到宣武帝即位后,修史之事复委于已被废黜

---

① 据此,改撰纪传体国史的工作稳定进行了五年左右,而《李彪传》云"彪在秘书岁余",大概指李彪担任秘书令的时间。李彪迁秘书令之诏,载于本传,与使齐事在同年,即太和十五年,距迁洛正合岁余。迁洛后,李彪遂转任御史中尉,领著作郎。
② 《魏书》卷六七《崔光传》,第1488页。
③ 《魏书》卷六二《李彪传》,第1397页。

的李彪,他得以"在秘书省同王隐故事,白衣修史"。但李彪"会遘疾累旬,景明二年(501)秋,卒于洛阳",这次修史也不会有太大成绩。①

关于李彪以后纪传体国史的修撰,《魏书·崔鸿传》云:

〔崔〕光撰魏史,徒有卷目,初未考正,阙略尤多。每云此史会非我世所成,但须记录时事,以待后人。临薨,言鸿于肃宗。〔正光〕五年(524)正月,诏鸿以本官修缉国史。孝昌初,拜给事黄门侍郎,寻加散骑常侍、齐州大中正。鸿在史甫尔,未有所就,寻卒。②

史称崔光所修"徒有卷目",按字面理解是只有标题,显然不太可能。这句话要结合国史列传的编纂方式才能充分理解。南北朝后期,官员请谥的资料上报朝廷,可以作为国史列传的依据(参见本书第三章)。这些资料或许单独存放,或许也已编入《起居注》中,史臣将其改定为列传时除了要确定入选传记及其卷次分合,还要对传记内容加以考辨、补充。崔光只完成了前一项最基本的工作,即所谓"徒有卷目,初未考正,阙略尤多"。既称崔光史"阙略尤多",又说"但须记录时事,以待后人",看似矛盾。其实前一句指纪传体国史,后一句当指《起居注》(崔光掌史期间的《起居注》修撰情况见下节讨论),谓当代人之责在于完备记录《起居注》。崔光嘱修史之事于弟子鸿,惜鸿亦寻卒,未有所就。

关于崔光所修国史的列传编排,《北史》卷一八《元顺传》云:

〔元顺〕后除吏部尚书,兼右仆射,与城阳王徽同日拜职。舍人郑俨于止车门外先谒徽,后拜顺。顺怒曰:"卿是佞人,当拜佞王。我是直人,不受曲拜。"俨深怀谢。顺曰:"卿是高门子弟,而为北宫幸臣,仆射李思冲尚与王洛诚同传,以此度之,卿亦应继其卷下。"③

---

① 参见《魏书》卷六二《李彪传》,第1397—1398页。
② 《魏书》卷六七《崔鸿传》,第1502页。
③ 《北史》卷一八《元顺传》,北京:中华书局,1974年,第664页。

这件事发生在孝昌年间(525—527)胡太后反政以后。当时人读到的国史,李冲与王叡同列一传,与魏收《魏书》不同,而该卷标准是:高门子弟而为北宫(谓太后)幸臣。王叡卒于太和五年,[①]李冲卒于孝文之末,[②]这一时期功臣传应由崔光编定(详见下节)。这种"事类相从"的列传编排原则正符合南朝以来纪传体史书列传的一般做法。

以上两节考察了太和十一年至孝明帝时以李彪、崔光为中心的纪传体国史编纂,尤其是史官改编纪传史的具体方法。还有待讨论的问题是崔光所修纪传史的下限。由于太和十四年起居注制的定立,修史成为环环相扣、按部就班的过程,因此需要先考察相关起居注的情况。

三、孝文帝以来的起居注与国史

《北史》卷五六《魏收传》中记载了魏收受诏编纂《魏书》时面对的史料情况,也可以视为对北魏官修史工作情况的综述:

> 始,魏初邓彦海撰《代记》十余卷,其后崔浩典史,游雅、高允、程骏、李彪、崔光、李琰之郎知世修其业。浩为编年体,彪始分作纪、表、志、传,书犹未出。宣武时,命邢峦追撰《孝文起居注》,书至太和十四年。又命崔鸿、王遵业补续焉,下讫孝明,事甚委悉。济阴王晖业撰《辨宗室录》三十卷。收于是与通直常侍房延祐、司空司马辛元植、国子博士刁柔、裴昂之、尚书郎高孝幹博总斟酌,以成《魏书》。辨定名称,随条甄举。又搜采亡遗,缀续后事,备一代史籍,表而上闻之。[③]

这里分三条脉络叙述了魏收所据的史料:"始魏初"以下叙述先为编年后为纪传体的国史,"宣武时"以下叙述起居注,此外又有元晖业所撰《辨宗

---

① 《魏书》卷七上《高祖纪上》,太和五年六月王叡卒,第150页。
② 参见《魏书》卷五三《李冲传》,第1188页。
③ 《北史》卷五六《魏收传》,第2030页。

室录》。太和十四年二月"戊寅,初诏定起居注制",[1]这一制度在这时形成,不能不认为纪传体国史的编纂有推动之功。牛润珍、陈识仁等考察北魏的修史机构,都指出北魏修国史由隶属秘书省下的著作省承担,起居注则由集书省承担,可见两者迥然有别。[2]因此从太和十四年定起居注制开始,北魏官修史就有起居注与纪传体国史两条线索可循。

对于编纂《魏书》来说,国史是比起居注更加直接的素材,就记载的形成过程而言,起居注则在国史之先。以往对北魏迁洛以后修国史有详细考察,而对起居注的修撰情况则关注较少,[3]以下先考察起居注的撰录。

魏收首先提到的是"宣武时命邢峦追撰《孝文起居注》",其事不见于邢峦本传,《李彪传》云:

> 高祖崩,世宗践祚,彪自托于王肃,又与邢峦诗书往来,迭相称重,因论求复旧职,修史官之事,肃等许为左右。[4]

王肃是孝文顾命之臣中唯一的汉臣,[5]李彪请托于他理所当然,但史料中又特别提到"与邢峦诗书往来",很可能是因为这时邢峦已受诏修《孝文起居注》,李彪欲撰纪传体国史,亦需与之密切合作。这样的话,邢峦受诏也在宣武帝即位之初。

邢峦所修止于太和十四年,应是由于"诏定起居注制"后日常撰录大事皆有定制,因此这一年以后已有《起居注》。《魏书》载李伯尚"稍迁通直散骑侍郎,敕撰《太和起居注》",[6]事在孝文帝时,应该就是指太和十四

---

[1] 《魏书》卷七下《高祖纪下》,第165页。
[2] 参见牛润珍《汉至唐初史官制度的演变》,石家庄:河北教育出版社,1999年,第194—198页。陈识仁《〈水经注〉与北魏史学》第二章第一节,台北:花木兰文化出版社,2008年,第10—29页。
[3] 对北魏后期修国史情况的详细考察,见佐川英治《東魏北斉革命と『魏書』の編纂》一文。陈识仁《〈水经注〉与北魏史学》一书中表列了《魏书》中出现的修起居注者,但分析不多。第24—25页。
[4] 《魏书》卷六二《李彪传》,第1393页。
[5] 顾命大臣中本有宋弁,但已先孝文帝而亡。
[6] 《魏书》卷三九《李宝传附伯尚》,第893页。

年以后依制随时撰录的《起居注》。

宣武帝即位后诏令邢峦补撰前朝《起居注》所阙的部分，宣武本朝的《起居注》也另有撰集，如《崔鸿传》云"景明三年，迁员外郎、兼尚书虞曹郎中，敕撰起居注"。①此时崔鸿以兼尚书虞曹郎中的身份修撰起居注。以郎中之职撰起居注者屡见，②《北史》卷八三《文苑传·温子昇》云：

> 及孝庄即位，以子昇为南主客郎中，修起居注。曾一日不直，上党王天穆时录尚书事，将加捶挞，子昇遂逃遁。天穆甚怒，奏人代之。③

虽然不知道元天穆之怒与起居注是否有直接关联，但这条记载至少说明郎中递值尚书省，而尚书省每日处理的政务，正是起居注的重要记录对象，因此以尚书郎中修起居注，很可能就是将尚书省每日要务记入起居注，属于日常起居注记录的工作。

日常撰录的《起居注》还要经过进一步删削，形成更正式的一朝《起居注》。史官修撰纪传史，主要参考后者，因此上述李伯尚、崔鸿、温子昇集注起居的工作皆不见魏收回顾，实际上《魏书》中还散见更多修撰《起居注》的记载，大概多是当日之撰录。而魏收所云"命崔鸿、王遵业补续焉"，是孝明帝时将孝文、宣武两朝的《起居注》进一步删削定稿。关于这件事，《魏书·王遵业传》云：

> 位著作佐郎，与司徒左长史崔鸿同撰《起居注》。迁右军将军、兼散骑常侍，慰劳蠕蠕。乃诣代京，采拾遗文，以补《起居》所阙。④

---

① 《魏书》卷六七《崔光传附鸿》，第1501页。
② 参见陈识仁《〈水经注〉与北魏史学》，第24—25页列表。
③ 《北史》卷八三《文苑传·温子昇》，第2784页。
④ 《魏书》卷三八《王慧龙传附遵业》，第878页。

虽然没有提及与崔鸿同撰《起居注》的时间，但"慰劳蠕蠕"据《蠕蠕传》在正光二年（521）八月。① 崔鸿撰《起居注》，本传云：

> 其年（延昌四年，515）为司徒长史。正光元年，加前将军。修《高祖世宗起居注》。②

与《王遵业传》两相参照，可确认正光元年命司徒左长史崔鸿、著作佐郎王遵业同撰孝文、宣武两朝《起居注》，以继宣武初年邢峦所修的太和十四年以前的《孝文起居注》。

崔光从宣武帝时受命修史，先与李彪一起，李彪卒后主掌其事，至孝明帝正光四年卒，临终时上言把修史之任托付给侄子崔鸿。宣武帝时的撰史任务主要是孝文朝纪传，更早的纪传此前已经李彪等编纂。到孝明帝时，纪传史的编纂很可能又下延到宣武朝，因为孝文、宣武两朝《起居注》在此时也已编定。

孝明以后的修史情况见于《北史·山伟传》：

> 国史自邓渊、崔琛、崔浩、高允、李彪、崔光以还，诸人相继撰录。綦儁及伟等谄说上党王天穆及尔朱世隆，以为国书正应代人修缉，不宜委之余人，是以儁、伟等更主大籍。守旧而已，初无述著。故自崔鸿死后，迄终伟身，二十许载，时事荡然，万不记一，后人执笔，无所凭据，史之遗阙，伟之由也。③

这一段起始追述诸人撰录国史，至"守旧而已，初无述著"以上的内容无疑是叙述在代人掌领下的纪传体国史的编纂情况。据上引《北史·魏收传》，国史的修撰在"李彪、崔光"之后还继以"李琰之"。李琰之亦是当

---

① 《魏书》卷一〇三《蠕蠕传》云："〔正光二年〕八月，诏兼散骑常侍王遵业驰驿宣旨慰阿那瓌，并申赐赉。"第2301页。
② 《魏书》卷六七《崔光传附鸿》，第1502页。
③ 《北史》卷五〇《山伟传》，第1835页。

初李彪所引参修史者，但"前后再居史事，无所编缉"。[1]山伟等代人继崔光史之后，应该续修孝明帝时期的纪传史。"守旧而已"当指其工作只是简单地根据编年系日的《起居注》等资料调整体裁，而在内容上皆因循旧稿，"初无述著"。

从语气上看，"故自崔鸿死后"云云直承上文，似乎仍然在叙述纪传体国史，实则不然，此下所述乃是起居注。证据之一是引文首句提到的撰录国史之人并无崔鸿，而崔鸿长期担任的是起居注的修撰。二是"时事荡然，万不记一，后人执笔，无所凭据"的描述与上文"守旧而已，初无述著"如果都指纪传史，则嫌重复，而该句又与前引崔光"但须记录时事，以待后人"之语如出一辙，都是用来形容最为基础的随时记录"时事"的起居注。三是魏收云起居注之作"下讫孝明，事甚委悉"，与这里说崔鸿死后"时事荡然"对应，崔鸿即卒于孝明帝晚期（正光五年）。一朝《起居注》可考者仅前述的孝文、宣武两朝，孝明朝《起居注》即便未能编成定稿，但关于这一时期史事至少也还有大量日常起居注资料可做依据，而代人修史以来，从日常起居注开始一概付之阙如。

《南》《北史》引文往往经过大幅删削，容易引起误会，《魏书》此卷亡佚，更无参考。综合上述三点可知，《北史·山伟传》的这段话实际上也是从前朝国史、起居注两个方面总结綦儁、山伟等代人修史的成果。"守旧而已，初无述著"指编纂纪传体国史时只简单调整体裁，未能进一步考订补充，"二十许载，时事荡然，万不记一"指日常的起居注亦疏于撰录。

四、魏收《魏书》对国史列传的改编

通过以上考察，可以明确魏收修《魏书》时的国史及起居注基础。纪传体国史主要由李彪、崔光相承编纂，崔光以后事遂停废，因此魏收面对的纪传体国史，特别是卷次系目，主要是崔光时代的面貌，内容至少应至

---

[1] 参见《北史》卷一〇〇《李琰之传》，第3337—3338页。

宣武时期，编排原则是人物身份地位。崔光之史阙略甚多，而起居注在孝明朝以前记载尚属完善，可资补充。因此魏收修《魏书》，对崔光时代以前的部分是加以改补；其后的部分为新撰，惟孝明以后史料缺遗，难免巧妇之累。

关于《魏书》"列传之类列与次第"，周一良先生已有总结。[①]但与南北朝至唐初的其他正史相比，《魏书》诸传的编次无论是时代还是事类，都显得较为杂乱，有些列传无论从任何角度，也很难找到所有入传者的共同点，也有些列传从时代上看，明显与前后列传不合。上节已经说明，魏收以前，北魏的纪传体国史主要由李彪、崔光修撰，从前引李彪"假有新进时贤制作于此者，恐闱门既异，出入生疑，弦柱既易，善者或谬"的话来看，他的工作很注重一以贯之的原则与思路，崔光一开始就在李彪手下参与修史，因此李、崔二人所修国史，应是一部整体性很强的史书，而绝非如今日所见。由此可以猜想，《魏书》列传编排混乱源于魏收以家族的新标准改造旧稿编次，新旧牵扯，导致混乱。

但是这样的猜想过于笼统，于事无补。对于李彪、崔光所修国史的原貌，除前引《北史·元顺传》的一段材料能够说明其中一卷的编目之外，再无其他记载。如何从今日《魏书》中区分出经魏收修改的部分，以及魏收继承早期国史的部分，从而了解魏收如何对列传编排进行了调整，本节将以历朝"降臣诸传"为线索作出尝试。

《魏书》诸传中，值得注意的是一些自身主题明确，却与前后列传主旨迥异的列传。例如卷五二叙太武帝灭夏、凉后入魏者，其上一卷却是文成、献文朝大将，仿佛关公战秦琼。卷六〇、六二的韩麒麟、程骏、李彪、高道悦，皆孝文史臣，但中间却赫然插入卷六一叙献文、孝文朝自南方入国者，不仅有武人，还有蛮人。这样的编次令人无法理解。这里涉及的几卷都是入魏降臣之传，这是《魏书》列传辨识度最高的一种主题，具体情况表列如下：

---

① 周一良《魏收之史学》，《魏晋南北朝史论集》，第282页。本节下文涉及周氏总结，不再一一注明。

表9-1 《魏书》入魏降臣传

卷三二、三三	旧仕慕容、道武帝朝入魏者
卷三七、三八	明元帝时由于南方和关中发生的动乱而入魏的晋臣
卷四三	时代上有些混乱,但亦皆归降于魏者
卷五二	太武帝灭夏、凉后入魏者
卷六一	献文、孝文朝自南方入魏者
卷七一	宣武帝时自南朝降魏者

《魏书》列传若不计宗室、皇后诸传,是从卷二三开始,如果暂时不考虑卷三七、三八,可以说几乎每隔十卷就会出现一次降臣传,卷五二、卷六一的编次合理性只有从这里得到解释。纪传体正史有一定的时期划分,因此,原本的北魏纪传体国史很可能正是以十卷为一代,而以入国降臣为每一代之结束的,在降臣传之后,应该就是下一朝的开始。这样,原本国史的框架就浮出水面了。以下通过对道武、明元、太武三朝降臣传前后诸卷列传的分析,考察魏收《魏书》对国史列传系目的改动。

1. 卷三二至三三

表9-2 《魏书》卷三二及卷三三传目

卷三二	高湖　崔逞　封懿
卷三三	宋隐　王宪　屈遵　张蒲　谷浑　公孙表　张济　李先　贾彝　薛提

周一良先生已经指出这两卷所列人物皆"长于政事学术诸臣,自慕容氏来归者"。高湖、封懿事迹皆简,崔逞亦不算丰富,可以肯定,崔光所修国史中即便有这三人,也不可能构成完整一卷。现在三人能成一卷篇幅,是由于高湖为高隆之先,崔逞为崔休、崔㥄之先,封懿为封隆之先,魏收为这几位在北齐贵达的后人作家传,在传主下附列了大量子孙,其中不

少人仅有名字官爵,正是所谓"论及诸家枝叶亲姻,过为繁碎"者。[①]然而这卷会列于卷三三之前,或者因为三位传主事迹与卷三三诸人相类,更有可能三人(或其中某一、二人)原本就在卷三三中。

2. 卷三七至四三

表9-3 《魏书》卷三七至卷四三传目

卷三七	司马休之 司马楚之 司马景之 司马叔璠 司马天助
卷三八	刁雍 王慧龙 韩延之 袁式
卷三九	李宝
卷四〇	陆俟
卷四一	源贺
卷四二	薛辩 寇赞 郦范 韩秀 尧暄
卷四三	严棱 毛修之 唐和 刘休宾 房法寿

周一良先生对卷三七至四三的归纳是,"卷三七至三八皆晋臣避刘裕而奔姚兴,复自姚氏来归者","卷三九至四二皆其父若祖尝领部落,据一方,破灭而来归命者","卷四三乃来降之宋臣"。这七卷大体来看皆是降臣,但由于家族传的设立,原本的各传主题有些扰乱,现在暂且抛开卷次,来看看这些人物入魏的情况。陆俟、郦范、韩秀、尧暄并不属于降臣。刘裕灭姚泓后,司马休之与刁雍、袁式、韩延之等同时诣长孙嵩降;又有王慧龙来降;又有薛辩、寇赞率众归降。明元帝末年,奚斤南伐,司马楚之、严棱降。明元时,还有司马景之、司马天助归降。刘裕灭姚泓后,司马叔璠奔夏,毛修之为夏所俘,太武帝平统万,二人入魏。太武帝世,西凉、南凉为他国所灭,二国之子唐和、李宝、源贺来降。献文时,慕容白曜定三齐,刘休宾、房法寿来降。

根据这些人物的事迹,再看各传编目。现在所见的卷三七、三八主题

[①] 《北史》卷五六《魏收传》,第2032页。

十分明显,正如周一良先生总结。不过,卷三八诸人中唯刁雍传后罗列子孙不厌其烦,盖由雍曾孙柔与魏收同修《魏书》。卷三九、四一的李宝、源贺子孙显赫,其传记成为家族传,各扩充为一整卷,中间又列入了陆俟的家传。卷四二的薛辩、寇赞是率众归款之臣,比起同卷中仅能称为是文臣的郦范、韩秀、尧暄,他们与卷四三的严棱等人倒更加相类。卷四三诸人虽皆率众来降者,但时代却跨越了明元到献文四朝,唐和与卷三九李宝、卷四一源贺相类,刘休宾、房法寿更是明显应与卷六一薛安都、毕众敬、沈文秀、张谠等人同卷。

明元帝时期入国者较多,其中亦不乏后来在北魏政权中地位重要者,因此明元朝的入国者传原本可能就不止一卷,或是其中一些人并不作为入国降臣附于最末。但是,像现在所见的卷四二、四三的人物编排绝不可能是原貌,而应该是由于家族传的出现,使明元朝原有的诸列传被打乱,导致太武、甚至献文时期的降臣都被上提,编入这一传中。献文降臣刘休宾、房法寿会跳过卷五二的太武帝朝降臣而改置于此,可能是由于他们都是来自南朝政权,情况更加相似。卷四二将降臣与郦范、韩秀、尧暄三位文臣混合编排,或许暗示着为了有足够空间插入家族传,对一些早期文武大臣的传记有所删减,这几位虽得以保留,但与入国降臣被同列一卷,原本的编排原理被破坏。

3. 卷五〇至五三

表9–4 《魏书》卷五〇至卷五三传目

卷五〇	尉元　慕容白曜
卷五一	韩茂　皮豹子　封敕文　吕罗汉　孔伯恭
卷五二	赵逸　胡方回　胡叟　宋繇　张湛　宋钦　段承根　阚駰　刘昞　赵柔　索敞　阴仲达
卷五三	李孝伯　李冲

卷五〇的尉元、慕容白曜是献文时平三齐之将。卷五一中韩茂为明元、太武、文成三朝大将;皮豹子、封敕文为太武、文成两朝大将;

吕罗汉为文成、献文两朝大将，文成之立有力焉；最末的孔伯恭为献文时平三齐之将，本宜与上卷的尉元、慕容白曜相次。这两卷武将，时代囊括明元至献文四朝，而以文成、献文朝为主，但下一卷（卷五二）却载录太武时灭赫连昌、沮渠牧犍后的归魏之臣，在时代上明显不对应。这一方面是由于一些代人武将已附见于更早出现的先人传下，减少了太武、文成时期武将传的人数。另外，考虑到自卷五三至卷六四的献文、孝文朝列传中，除卷六一降臣传外再无武人，也可能是为了给献文、孝文时期的诸文臣和名族留下足够空间，因而将武将的篇幅压缩，一些人上移，使本来的太武朝武将传成为太武、文成、献文三朝武将传，另一些人则下移作为宣武、孝明朝列传。如果卷五二是太武朝的结束，卷五三则应是下一朝的开始。案太武之后的文成、献文二朝皆较短，人物亦多与前后代相通，这两朝并不单列，而分别附于太武、孝文朝的可能性较大，因此卷五三可视为献文、孝文时代的开始。但现在卷五三的李孝伯、李冲，一为太武、文成朝重臣，一为献文、孝文朝重臣。从前引《北史·元顺传》的史料记载中可知，李冲原本与王叡同卷，而这两人皆文明太后宠臣。卷三三道武朝降臣传下亦继以"太宗世祖忠勤谨愿之近臣"（卷三四），亦即明元朝以近臣开篇，以此例之，李冲、王叡作为献文朝之首亦极有可能。但现在李孝伯会下移与李冲同卷，可能是太武朝卢玄、高允、李灵、崔鉴等大批文臣家族传篇幅过大，挤压所致。

　　列传编次混乱的原因是魏收为家族立传，家族传本身就意味着打乱了其他列传围绕个人地位、以时代为序的规律，但还不仅如此。以上对诸组列传系目的分析显示，将同一家族的子孙附于其先祖传下，使得这位先祖所属时期的家族传中实际包含了很多后代历史的内容，于是早期传记篇幅扩大，后期传记篇幅缩减，各卷所系人物需要进行调整。调整时还需顾忌纪传体列传文臣武将的一般分类原则，因此人物大致只能在自己所属类别的各传中上提下移。而家族传与不同类别人物的关系并不相同，亦即家族传的出现，对于不同主题列传的影响并不均衡，遂造成列传整体呈现出混乱的时代顺序。

小　结

　　北魏道武帝平定中原以来,断续修撰了编年体国史,最主要的史臣有三位:邓渊、崔浩,以及最初曾作为崔浩修史助手的高允。高允死后,太和十一年,高祐、李彪等奏请将编年史"区分书体",改修为纪传史。经过李彪、崔光的相承编纂,纪传史的篇章构架初具规模,但具体内容的考辨补充还比较欠缺。其内容至少应至宣武时期史事与人物,列传基本依人物的政治地位编排。在"区分书体"展开后不久,太和十四年,又"诏定起居注制",从此北魏国史编纂就有了纪传体国史与起居注两条线索。《孝文帝纪》所谓"起居注制",应是指将日常对皇帝行止、国家大事的撰录制度化,而将日常撰录的《起居注》编定为正式的一朝《起居注》还需临事特命。北魏的这类《起居注》有邢峦奉宣武帝之命追撰的《孝文起居注》,孝明帝时崔鸿、王遵业同修的《高祖世宗起居注》。前者仅书至太和十四年,正是由于此年之前并无完备的日常集注起居之制,修撰正式《起居注》的条件比较特殊。自魏末代人修史以来,各方面工作都陷入停滞,因此魏收修史以前,纪传史主要是崔光编定的成果,正式《起居注》修成了孝文、宣武两朝,孝明帝时期的日常起居集注应该也比较充分。

　　魏收编纂《魏书》,对崔光时代以前的部分是加以改补,其后的部分为新撰,同时还大幅调整了旧有列传的编排。魏收《魏书》列传编排混乱源于魏收在传统原则之外加入了家族传因素,虽然更新了原则,工作却是在旧稿基础上展开,新旧牵扯,导致混乱。通过今本《魏书》中十卷左右即出现一次的"降臣传",可以确认早期国史列传的年代框架,与此时代不合者则是魏收改作所致。因为将同一家族的子孙附于其先祖传下,使得这位先祖所属时期的家族传中实际包含了很多后代历史的内容,于是早期传记篇幅扩大,后期传记篇幅缩减,各卷所系人物需要进行调整。调整时还需顾忌纪传体列传文臣武将的一般分类原则,因此人物大致只能在自己所属类别的各传中上下移动,导致列传整体在时代顺序上出现混乱。

在官修史机制的运作流程中,列传素材以个人为单位收集,分期续修,不会导致长时段家族传的形成。南北朝诸史大多维持官修机制塑造的体裁面貌,但私人编纂的《晋中兴书》、李延寿《南》《北史》则有明显的以家族为传的意图,魏收《魏书》也是如此。不过在官修史体制越来越发达、提供的史书蓝本规模越来越大的情况下,逆流的尝试也面临更大挑战。

结语：官修史体制与官方编纂

本书的最终目标不是提供一个关于中古官修史发展历程的答案，受限于资料条件，想要详细、全面地描绘出这幅图景非常困难，不过我们还是有可能提出对**官修史体制**的分析框架，至少是几个有益的观察角度。

官修史体制是"**政务运作与修撰运作的联结**"，这个描述中既包含它作为国家运作体制之一部分的基本定位，也包含史书编纂的基本规律，官修史体制的很多特征都可以由此申发出来。"修撰运作"是本书提出的概念，第四章涉及过它的定义，在此还有必要更充分地说明它与本书指称的"政务运作"的区分。刘后滨述评相关研究时，界定"政务"是国家或官府事务的总称，政务等同于国家和官府事务；"政务文书"是指皇帝和各级官府处理各种事务的文书以及围绕官府事务的处理而产生的百姓呈于官府的文书。[1]如果细分，"政务"中还有"行政运作"与"事务运作"的区别，即围绕文书的流程性工作与实践性工作之分。[2]由于修史依托于文本，因此与上述"行政运作"关系最直接，借由文书再与具体事务运作产生关联。政务运作支撑了国家实施其统治，是国家政治体制最核心的机能，而史书修撰的相关环节，本书称之为"修撰运作"，是

---

[1] 刘后滨《汉唐政治制度史中政务运行机制研究述评》，《史学月刊》2012年第8期。
[2] 在不同学者的研究中，指代这三个范畴的语词不尽相同。例如严耕望将尚书六部与寺监分别为政务机关和事务机关，前者负责制定、传达命令、节制监督，后者实际执行，并认为它们都属于行政系统。他对"政务"与"行政"两词的使用大体和刘后滨相反。严耕望《论唐代尚书省之职权与地位》，收入《严耕望史学论文选集》，北京：中华书局，2006年，第404—421页。正如刘氏指出的，这是由于严氏对中国古代政治体制的理解受到西方三权分立概念的影响，因此借用了三权分立中的"行政"一词作为包含"政务"与"事务"的总体概念。

一种从文本到文本的工作。政务运作虽然也涉及文本（即文书），但其最终目标是完成某件具体事务，而修撰运作则始终以文本为主角，也更加受到文献编纂规律的制约。

官修史体制牵涉了多种机构、长时期的运作、丰富的文本。为了便于观察这个盘根错节又不断生长的体系，可以提出两个切入点：一是在横截面中考虑这个体系如何根据体裁模板在官方体制内解决**史源问题**，二是沿着纵切面考虑**编纂流程**的细化。

一、史源问题

《史记》的体裁因应总结丰富多样文献的需求而出现。后代王朝修史要模仿《史记》的体裁，也就牵连出与体裁密不可分的史源问题。史书体裁与史源是彼此最基本的底色，虽然史家会在其间编纂加工，但这些处理是附加的、有限的，如果史源与理想中的成书体裁差距过大，不可能完全依靠改编者的工作来弥合。在史源问题上，官修史体制下的史书编纂与《史记》编纂的情形大不相同：资料来源总体上要在官方运作内产生，也许最终成书时还会旁采博收，但体制内部的资料源应该为成书提供基本保障。为此，纪传体的各类内容逐渐与一些特定政务挂钩，相关文书档案被有意搜集整理，成为编纂史书的基础，本书称之为"政务—修撰运作联动机制"。这样形成的纪传史虽然在大体上符合包罗万象的体裁特征，但作为其主体史源的文书档案形成于制度化的体系中，内容体例相当规整，甚至有同质化的倾向，会影响成书的体裁使之偏离史学传统。因此若将官修史体制较成熟后出现的纪传史与《史》《汉》相比，即便一些篇目设置有明显的传承意图，内文的体例结构、内容侧重往往有所不同。第一章讨论的列传总体布局与编次方式的变化，第二章涉及的从以行记为主干的《西域传》到各国平行排比的"列国传"的体例变化，第三章涉及的类传中"孝"与"义"定位的偏转，都反映了官修史体制下的资料来源对纪传史体裁的形塑。

对"政务—修撰运作联动机制"，本书以纪传史的三个板块为例进行了讨论：一是四夷列国传与蕃夷朝贡的联动，二是孝义类传与旌表孝节、封赠忠烈的联动，三是一般的宗王臣僚列传与赐谥助葬的联动。相关结论在各章最后已有总结，这里想再通过两个问题回顾这些讨论，进一步认识官修史体制在国家政治体制中居于怎样的位置。

一个问题是政务运作与修史运作谁居于主导。与一般列传相关的丧葬事务、与孝义类传相关的旌表封赠等事务，都不是由于修史才出现的。国家本有此类职能，而其中产生的文书资料内容恰好符合史书传统所需，因而被用作编纂史书的资料，并逐渐形成常规。这之中修史虽然也发挥了反作用力，即前史褒美之事对于现时的评议表彰来说具有示范意义，但政务运作还是居于主导。对当时人来说，请求谥号的行状、请求旌表的文书被写作呈递，主要是为了现实的政务目标即获得赠谥、旌表，由此可以提升社会地位，还可能获得连带的政治、经济益处。相比之下，修入史书是比较遥远和不确定的副产品，同一类文书中只有很小的一部分能够最终现身于王朝史中。史书中常见的经国大事的论议、战争进程的记录等也是如此，这些文件是由于国家要通过文书行政体系解决现实问题而出现的。

但相反的情况也存在。汉魏以来，通过远使或远征者的汇报，中央朝廷会不定期地获得有关异域的信息。这些汇报与其他很多种资料一起被当作修撰四夷传记的资料。到南北朝后期，开始以文献撰著为目的，在开展对外事务的同时主动搜求这类资料，由此编成的使图类文献也往往成为这一时期纪传史四夷传的基础。到了唐代，为修史搜求四夷资料更成为负责接待蕃夷使臣的鸿胪寺的常规职能之一，这些资料同时要奏闻天子、副上尚书，并报送史馆。鸿胪自汉代以来即掌夷狄朝贡，但访问记录夷狄风俗的职能则很晚才出现，是由于撰史需求的推动。在官修史体制发展过程中，四夷列国传逐渐成为王朝史不可或缺的一个板块，有很强的象征意义，[1]修史在此对政务运作形成反作用力，是比较特殊的情况。综观纪传史修撰中的"政务—修撰运作联动机制"，政务运作中的文书记录通常都有明确的政务功能，政务与修史，还是前者居于主导。

---

[1] 唐初修五代史，于北齐、北周、南陈三史中只为《周书》立四夷传记，体现了这一板块的重要象征意义。并参胡鸿《能夏则大与渐慕华风：政治体视角下的华夏与华夏化》，北京师范大学出版社，2017年，第133—162页。

在政务运作与修史运作的联动中，原始资料被一步步处理加工，直到撰成史书。如果把修史最粗略地划分为提供资料与编纂史书两大阶段，后一阶段任归修史机构毋庸置疑，前一阶段中修史机构是否发挥机能呢？在本书讨论的三种联动机制中，史传篇章都以政务运作提供的文本为骨干，即史传之主体结构在政务运作范围内已经形成了。[①]因此，尽管官修史体制在利用文书档案上有天然优势，但并不意味着修史官员能够任意取用所有中央档案。一方面，常规流程下提供给修史机构的档案资料是特定的、有限的，另一方面，即便史官有意主动索求，也要受制于各部门档案存储情况，未必能有求必应。

纪、传、表、志中，体量最大的"传"基本如此，"志"也部分地如此，如《地理志》依据郡国户口簿编纂，《百官志》《舆服志》依据官簿、律令等，《礼志》部分依据仪注等。"表"在中古正史多付之阙如，姑且不论。"纪"是大事汇编，无所谓骨干结构，不过很多大事是以一份文书档案为基础。中央朝廷日理万机，要把难以计数的档案转化为纪传史的帝纪，需要经常性地加以选择、汇集、删减，晋武帝诏曰"自泰始以来大事皆撰录，秘书写副"，则最初撰录"大事"者似非秘书省官员，秘书省得到的大事记副本应当是修撰《起居注》的重要基础。今天类书中保存的晋宋《起居注》佚文，诏令占有相当比例，而且很多还保存着明确的日期。由此看来，无论对于传还是纪，政务运作中形成的文书档案都在很大程度上构成了史官编纂加工的基本单位，官修史体制中相关政务运作领域可谓占有半壁江山，基本解决了史源的问题。如此，史书成为国家文书行政体制的一种总结，后期的史书修撰无论是在官修史体制内完成，抑或私人执笔，都无法完全脱离这一方向，因此汉魏以下的纪传史总让人们感受到"官"，感受到"正"。

二、编纂流程

本书第五至九章关注官修史体制中编纂流程的进展。官修史体制可

[①] 虽然在具体的史书中存在跳出联动机制撰成的篇章，但属于较少数的情形，也是史学写作中的"变例"。这里是就史传编纂的一般、整体情况而言。

以被视为很多次史书编纂的集合。史家修史，本是在某一时点回溯地搜求资料，官修史体制则同时是资料的生产者与维护者，一批批史官在规范化流程下对资料进行处理，直至修成史书，这样的连续运转正是"体制"应有之义。官修史的最终目标一般是编纂纪传体史书，但参与到这一体制之中的有更多种体裁的文献，最显而易见的是《起居注》，它以时间顺序连缀皇帝行止、朝廷大事。学者注意到编年体史书在魏晋南北朝时期颇为活跃，其实也与官修史体制的发展有关。不仅有明确的史料证明干宝、徐广、王韶之的《晋纪》乃朝廷命史官所修，孙盛《晋阳秋》的缘起似亦是朝命，东晋官方应该认可以编年史为国史的做法。与东晋同时的十六国诸国也有官方修撰编年史之事。编年、纪传二体的相互改编十分常见，因此东晋十六国修编年体国史与南北朝政权修纪传体国史并无窒碍：干宝编纂编年体晋史时的一些倡导，在后来南朝的纪传史中会有所反映；北魏之初与诸多十六国政权一样编纂编年史，到孝文帝时期被"区分书体"为纪传史。

  编年体，或者更宽泛来说依时间顺序编排的记录体裁在官修史体制中影响的增加，恐怕是官修史体制同时生产与处理资料的特性所必然导致的。资料积累的天然顺序就是时间，汉唐时期官方机构按时序收藏档案似乎也相当普遍，[①]这种规律从整理延续到编纂的环节，编年系日的文献也成为纪传史之前的重要基础。来自不同机构、初期可能经过不同整理步骤的资料被汇集到同一个时间线下，可以起到两方面作用。一是筛去不甚重要的内容，二是加强叙事的统一性。如第六章后部的分析，在编年的呈现方式中，一个时期的大事更易突出，而且叙述通常是统一的（除非作者有意加以考辨或备录异闻），由编年记载转化而来的纪传体史书，内在一致性也会大大提高。体制内材料生产收集能力的大幅提高，促使编年类文献作用加强，使得官修史体系较为成熟后，历史叙事会高度统一，但像南北朝这样存在不同政权、不同的官修史体系，彼此之间的历史叙述依然是

[①] 本书第四章讨论有关人的档案时已经涉及这一点。此外，在户籍、地理等方面，也都能看到根据时间整理档案的证据。有关这一问题当另文讨论。

歧异的。这个视角或许也可以成为对继唐以后的北宋出现《资治通鉴》的一种理解：接受了统一王朝唯一官修史体系下的历史呈现状态，可能很难对历史的聚讼纷纭置之不顾，而编年体裁是一种相当高效的结案手段。①

对编纂流程的讨论主要限于修史运作范围内，并不是说它无关于政务运作。档案的整理无疑可以视为史书编纂的前序阶段，但要讨论这一话题，涉及到更多文书与文书行政的研究，本书难以覆盖。总的来说，资料生产收集能力的提高与编纂流程的细化相辅相成，从纵向的环环紧扣的史书形成流程中，也可以认识到政务运作与修史运作的紧密联系。

对官修史体制的上述认识还可以推而广之到对**官方编纂**的思考。这里说的官方编纂不是着眼于作品，将官方主持修撰的作品视为一个整体的对象范畴，而是着眼于汉代以来帝国中以文书行政为基础、从档案整理纵贯到文献编纂的一种**机制**。②除了官修史书，法典、礼典、政典、官修地志等也都孕育诞生于这样的机制中。③不同的典籍涉及的政务运作、文书

---

① 史学传统更鼓励史家对多种说法下一定论，史书的写法基本是叙述，不允许过多的考辨和旁白。虽然在修撰《通鉴》的过程中也形成了三十卷《考异》，但这种形式本身就说明对历史实事求是的存疑是附属的、次要的、有待完善的。《通鉴》正文是通畅的叙事，尽管如果复盘《通鉴》的取材与剪裁的话，会发现其中也有大量在今天看来证据并不充分的取舍。
② 需要说明的是，并非所有官方编纂都可以纳入这一体系中，诗赋集、类书等常见的官方编纂类型就不需要政务运作和文书的基础。以下所说的"官方编纂机制"是就以政务运作为基础的狭义意义而言的。
③ 汉代诏书的保存、汇编情况在法典编纂问题的视角下受到极大关注，日中学界都取得丰富成果。楼劲对魏晋以下诏令汇编的考察也是在法制史的视角下展开。礼典是中国古代另一类重要官方典章，史睿、刘安志、吴丽娱等的研究揭示出唐代的礼典与仪注文书的关联。尹湾汉简、郴州晋简中的上计文书使学者关注到地方上计制度对中古的地理书、先贤耆旧传、正史地理志、正史百官志等编纂的影响作用。参见：陈梦家《西汉施行诏书目录》，收入《汉简缀述》，中华书局，1980年，第275—284页；[日]宫宅潔《漢令の起源とその編纂》，（日）中国史学会《中国史学》第5号，1995年；[日]冨谷至著，朱腾译，徐世虹校译《通往晋泰始律令之路（Ⅰ）：秦汉的律与令》及《通往晋泰始律令之路（Ⅱ）：魏晋的律与令》，并收入中国政法大学法律史学研究院编《日本学者中国法论著选译》，北京：中国政法大学出版社，2012年；[日]大庭脩著，徐世虹等译《秦汉法制史研究》第三章《居延出土的诏书断简》、第五章《关于"制诏御史长沙王忠其定著令"》，上海：中西书局，2017年，第181—197、216—229页；赵晶《〈天圣令〉与唐宋法典研究》，《中国古代法律文献研究》第5辑，北京：社会科学文献出版社，2012年；楼劲《魏晋南北朝隋唐历法与法律体系：敕例、法典与唐法系源流》，（转下页）

种类与史书不尽相同，法典、礼典、政典主要源于规章制度，还涉及断狱、举行礼仪的专门文书；地志主要和州郡上计文书相关。

皇皇巨制的官修典籍本身最容易吸引人们的目光，尤其是作为相应领域的代表性作品，其内容、思想备受关注，但通向这个终点背后的机制则往往被忽视。例如，这些典籍的外在形式一般有上古经典的源头，人们也乐于从学术史、思想史的追根溯源中解释它们的出现，但若从官方编纂机制的视角，还可以发现另外一些问题。如上所述，通过日常行政积累的文书资料自然地会以时间顺序加以整理编排。这种方式不便于查阅使用，无论作为日常统治实践不可或缺的规章，[①]抑或作为昭示正统与国威的象征、引领知识与思想的旗帜，都难以发挥效用。因此，建立一个更具逻辑的体系来重新组织材料，本是文书档案整理自然会衍申出的需求，而借鉴文化学术传统中的撰著形式也就顺理成章。换句话说，这些学术传统获得新生不仅是由于它们的经典意义，也有现实、实用的要求。律的鼻祖是李悝《法经》六篇，已经以事类划分，令的篇目到晋代也整理为以事类划分；礼典以五礼为纲，根据不同礼仪编排；政典以职官为单位编排；[②]

（接上页）北京：中国社会科学出版社，2014年；吴丽娱《从唐代礼书的修订方式看礼的型制变迁》，《中国古代法律文献研究》第8辑，北京：社会科学文献出版社，2014年；吴丽娱《以法统礼：〈大唐开元礼〉的序例通则——以〈开元礼·序例〉中的令式制敕为中心》，《中国古代法律文献研究》第4辑，北京：法律出版社，2010年；刘安志《关于〈大唐开元礼〉的性质及行用问题》，《中国史研究》2005年第3期；史睿《〈显庆礼〉所见唐代礼典与法典的关系》，收入高田时雄主编《唐代宗教文化与制度》，京都大学21世纪CEO"东亚世界人文信息学研究教育基地"，2007年；林昌丈《汉魏六朝"郡记"考论——从"郡守问士"说起》，《厦门大学学报》（哲学社会科学版）2018年第1期；林昌丈《观念、制度与文本编纂——论魏晋南北朝的"州记"》，《唐研究》第25卷，北京大学出版社，2020年；孔祥军《从新出土湖南郴州苏仙桥晋简看〈汉书·地理志〉之史源》，《南京晓庄学院学报》2014年第4期；[日]永田拓治《上计制度与"耆旧传"、"先贤传"的编纂》，《武汉大学学报》（人文科学版），2012年第4期；徐冲《〈续汉书·百官志〉与汉晋间的官制撰述》，《中华文史论丛》2013年第4期；周文俊《中古制度文献的名与实——以〈晋官品令〉〈晋令〉〈晋官品〉为对象的文本考察》，《中国中古史研究》第七卷，上海：中西书局，2019年。

① 律令在日常统治实践中不可或缺，使用便利性的需要最为迫切，律令编纂在官方编纂诸领域中也最为发达、早熟。早期律令往往在编纂相当草率的情况下就被使用，汉律的逐渐繁冗错杂在当时饱受诟病，是整体的资料整理、编纂能力尚不足够所致。

② 陈寅恪谓《唐六典》"其书在唐代行政上遂成为一种便于征引之类书"，见《隋唐制度渊源略论稿》三《职官》，收入《隋唐制度渊源略论稿·唐代政治史述论稿》，北京：生活·读书·新知三联书店，2001年，第91页。

地志仿《禹贡》,以行政区划编排,全都便于搜检。至于史书方面,编年体的《左传》也拥有官方认可的经学地位,且编年类文献在官修史体制中作用重要,但正式的官修史书最终还是固定为汉代才开创的纪传体,正因为纪传体才是"事类相从"的。[1]

在官方典籍背后,学术文化渊源与现实政务运作呈现怎样的关系,《唐六典》的成书是个很好的例子。《六典》之缘起,陈寅恪云"唐玄宗欲依《周礼·太宰》'六典'之文,成唐六官之典,以文饰太平"。[2]然而其书的实际编纂不可脱离唐代之政务运作,因此受命修撰者"历年措思,未知所从",不知如何将唐代职官制度与遥远的周官合而为一。最终《六典》的编纂采取了"以令式入六司,象《周礼》六官之制,其沿革并入注"的办法,[3]即以当时职官体系为纲,将令式中的相关内容系于各官职之下。这和玄宗最初手书,[4]也是采自《周官·太宰》的理、教、礼、政、刑、事六典名目已全然不同。这一是说明官方编纂要以文书档案(在这个例子中主要是令式)为资料基础;二是说明官方编纂很难大幅超越历来的文书档案整理经验,横空创作出全新的体系,《六典》最终采用的编纂构架实际上在汉魏以来的正史百官志和机构令式的编纂中都有所实践。从《六典》的例子中可以看到,官方编纂机制中的政务运作与修撰也密不可分,而政务运作具有基础性的地位,与我们对官修史体制的观察近似。因此,这些官方典籍的编纂不仅仅是学术问题,现实政务运作为之提供了怎样的基本条件也值得重视。在这些典籍所涉及的法学、礼学、制度、地理之学等等以外,关注它们背后共通的一些规律,将政务与修撰相结合、制度史与文献学的视角相结合,可以发现更多有趣的问题。

档案整理与文献编纂具有相当的延续性,它们都以对文字资料进行

---

[1] 北魏史臣谈及改编年体为纪传体时语。
[2] 陈寅恪《隋唐制度渊源略论稿》三《职官》,第109页。
[3] (宋)陈振孙著、徐小蛮、顾美华点校《直斋书录解题》卷六"《唐六典》三十卷"条引韦述《集贤记注》,上海古籍出版社,1987年,第172页。又见(唐)刘肃《大唐新语》卷九《著述》,北京:中华书局,1984年,第136页;《新唐书》卷五八《艺文志》,北京:中华书局,1975年,第1477页。
[4] 手书之说见陈振孙《直斋书录解题》卷六"《唐六典》三十卷"条引韦述《集贤记注》,第172页。

编辑剪裁为主,[①]从这个角度,还可以对**史部**的性质与形成有所认识。编辑剪裁可以说是《隋书·经籍志》史部的特性和共性,因为史书不能凭空"创作",需要根据既有资料编纂改写,在此之上才可能"立空言,设褒贬"。而"史"字本意为记录官,又史部中刑法、职官、仪注等与档案关联特深的文献与各类史书同列,都暗示着中古国家的文书行政体系在资料整理(也就是编纂)技术与实践上的深厚影响。毕竟在中古社会中,很少有哪个系统能够比国家文书行政体系拥有更庞大的文本存量、迫切的实用需求,又拥有人力物力资源进行大规模作业。史部在汉魏以下蔚为大观,除了《春秋》开其源,《史记》张其目,也应有中古较上古社会某些整体变化的推动,文书行政的官僚帝国体系的建立是这种基础性动力之一。不过这种基础性动力只能说是将历史推向一个大致的走向,就像是制造出高原的力量,而最为高峻的山峰在哪里、究竟多高,抑或这片高原上是水草丰美还是黄沙漫漫,则是另外的问题了。

[①] 本书附录一对吐鲁番出土晋史的研究也能够体现古代史家是如何通过编辑剪裁的手法来达成他对历史叙述的理想。

附录一

吐鲁番出土晋史残卷再考

1972年吐鲁番阿斯塔那151号墓出土一批写本残片,经整理者拼接复原,得到了一件存八十六行、行约二十三字的写本。[①]写本既无首尾亦无题,1983年的释文本《吐鲁番出土文书》第四册在发表其录文时定名为"古写本《晋阳秋》(?)残卷",94年图文本《吐鲁番出土文书》亦沿用此题。围绕写本是否是《晋阳秋》,学界有不少讨论,町田隆吉、岩本笃志皆认为尚无足够证据断定为《晋阳秋》,应以保守称作"晋史"为宜。[②]本文也同意町田、岩本的意见,暂笼统称之为"晋史"。

写本残存内容为晋惠帝永康元年(300)三月至四月贾后杀愍怀太子于许昌、赵王伦又废杀贾后及朝臣诸事,在编年记事中混有人物传记,记载的详细程度超过唐修《晋书》。同时,写本不避隋唐讳字,陈国灿、李征认为写本字体"有六朝前期特征",町田隆吉也认为写本"与吐鲁番出土的十六国时代写经的书体类似"。[③]写本记载了一些传世文献中未见的重

[①] 唐长孺主编《吐鲁番出土文书》[二],北京:文物出版社,1994年,第112—115页;国家文物局古文献研究室等编《吐鲁番出土文书》第四册,北京:文物出版社,1983年,第199—206页。

[②] [日]町田隆吉《補修吐鲁番出土「晋史」残卷》,《東京学芸大学附属高等学校大泉校舍研究紀要》第8卷,1984年;[日]岩本篤志《敦煌・吐鲁番発見〈晋史〉写本残卷考》,《西北出土文献研究》第2号,2005年。参与整理工作的陈国灿、李征发表论文对定名为《晋阳秋》有详细讨论,陈国灿、李征《吐鲁番出土东晋(?)写本〈晋阳秋〉残卷》,《出土文献研究》第1集,北京:文物出版社,1985年,第152—158页,后收入陈国灿《陈国灿吐鲁番敦煌出土文献史事论集》,上海古籍出版社,2012年,第15—23页。饶宗颐则以此为基础发表了关于《晋阳秋》的论考。饶宗颐《敦煌与吐鲁番写本孙盛〈晋春秋〉及其"传之外国"考》,《汉学研究》第4卷第2期,1986年。

[③] 见上引陈国灿、李征论文与町田隆吉论文。

要史事，又是极为难得的中古史书文本实物，对西晋史、史学史、历史文献学等的研究都具有重要价值。

写本残损情况较为严重，几乎没有整行保存，在整理组拼接残片、进行录文的基础上，町田隆吉与王素都对写本内容进行了复原。①町田补修的范围仅限于与传世史料字句相合之处，王素则网罗了各种可与写本内容比照的文献，对写本进行了全面的考证和拟补。经过这些工作，零散的残片已基本成章，可以通读。不过此前工作的难点与重心在逐字逐句的梳理，对文本整体的结构与体例还有所忽视。在前人工作的基础上，通过理解写本前后文的叙述逻辑、结构、体例，可以对写本文本进行补充讨论，同时也可以深入追踪当时史家如何根据不同类型的资料、以一定的体例规则编纂一部史书。本文先梳理写本内容并重新讨论少数具体文字的拟补，再对写本整体的编纂过程、方法作综合讨论。本文中的"原录文"指《吐鲁番出土文书》[二]录文，所有图版亦据此书，"原拟补"指王素《吐鲁番所出〈晋阳秋〉残卷史实考证及拟补》一文，不再一一出注。本文正文引录写本文本时，以"□"表示写本阙字；字外加"□"表示据残笔补出的文字；②其余拟补文字括注于"〔 〕"中。附录抄录《吐鲁番出土文书》[二]录文，并附出了一些传世文献中的相关段落，以便读者参考。

一、文本考证与叙述结构分析

以下首先对写本的文本进行全面清理，以明确其叙述逻辑、层次结构、体例特征。写本记事大致可以划分为九段，以下逐段讨论，各小标题中写明段落大意及所对应的行数。

---

① 町田隆吉文见前注。王素《吐鲁番所出〈晋阳秋〉残卷史实考证及拟补》，《中华文史论丛》1984年第2辑，后收入《汉唐历史与出土文献》，北京：紫禁城出版社，2011年，第352—368页。
② 王素文中仅论述了拟补方案，未重新誊写。本文引录王素拟补时，对文中提到有原件残墨可据的文字则在字外加框。

（一）太子旧党密谋起兵（1—10行前半）

　　本段记载太子被废，朝臣多同情太子，其旧部司马雅、许超等游说孙秀，希望倚仗赵王伦废贾后、复太子，并联络了殿中诸人。至第8行"皆以为然"以前，写本都与《晋书》卷五九《赵王伦传》及卷五三《愍怀太子传》的相关记载字句基本相同。第8行后半至10行前半对上文提及的张林、张衡、路始三人作简短介绍，传世文献中未见这种叙述安排。这种在叙事中随时对人物进行介绍的体例常见于当时史书，无论编年、纪传体史书皆可有此类做法（参见本书第七章）。

　　关于写本第3行"还宣〔太〕子与王妃书"，原拟补参考《御览》引《晋惠帝起居注》"愍怀以体上白绢单衣一领，因士寄与妃"，①认为佚文的"士寄"即《赵王伦传》的"殿中中郎士猗"，亦即写本第2行上部的"殿中〔典〕兵中郎济"，此人从太子至许昌，还宣太子书。一方面，围绕贾后杀太子、赵王伦杀贾后一系列事件涉及的人物姓名，在各种传世文献与写本之间都没有出现过如此复杂的异文情况；同时核对宋本《御览》，"领"与"寄"间只是约两字空白，《御览》原文是否有"士寄"之名似可怀疑。从事态发展看，《赵王伦传》中的士猗是太子旧人，当时不大可能再有机会接近太子。《愍怀太子传》载太子被废，先从东宫徙至金墉，再徙至许昌，都由身为贾后姻亲的东武公澹领兵防送，到许昌后，还专门"令治书御史刘振持节守之"，②可见对太子防卫之严。在这种情势下，不应允许太子的旧宿卫随至许，使他得以借机为太子传递信物和书信。总之，《惠帝起居注》佚文所载与写本此处的情节不一定是对应的。不过写本中出现的"殿中典兵中郎济"确实在传世文献中难以找到其他对应人物，对于写本中是谁还宣太子书的问题，恐怕还要存疑。

---

① 《太平御览》卷六九三《服章部》，北京：中华书局，1960年，第3095页下栏。
② 《晋书》卷五三《愍怀太子传》，北京：中华书局，1974年，第1460页。关于东武公澹与贾后之亲，《晋书》卷三八《武陵王澹传》云："澹妻郭氏，贾后内妹也。"见第1122页。

（二）孙秀的谋划（10行后半—21行前半）

本段叙述了孙秀的全盘谋划，他故意拖延举兵行动、泄露风声，以促使贾后先杀太子。本段叙述可以分为三层，第一层是总述，第二层倒叙了此前孙秀的全盘计划及其促使太子被废的行动，第三层再详细叙述孙秀泄露举兵的风声而促使贾后杀太子。

第一层总述一句，即第10至11行的"〔事将〕克期，而秀等以太子〔还宫，已必不〕得志，〔乃〕不即决，谋〔遂〕泄"。补出的文字为原拟补参照《晋书》记载所补。

关于第二层，这里首先要对写本第11—14行的文字再作探讨。原拟补指出此节"系倒述孙秀早期的阴谋及其对以后政变的计划。史籍没有相应、系统的文字可以印证，但其事并非完全无征"，参考《通鉴》《晋书》各传，将此节补全为两个分句，分别叙述"伦初入洛阳时孙秀的阴谋"和"秀恐事泄而欲政变的计划"：

11　（前略）　初，秀阴谋逆乱，〔劝赵王伦亲善〕

12　贾后，〔劝〕后增疾太〔子〕，故构令成太子罪。今〔废贾后，若谋泄，〕

13　则天下〔更〕怨毒以己，囗伦乘此衅，得奋其诈，〔害太子，废贾后，〕

14　除执〔政〕，然后济〔伦谋〕篡。　（后略）

这一拟补尝试在第13行第9字上遇到困难，因而怀疑原文有所脱漏。

造成第13行一字未能补出的根本原因，应是原拟补对第二分句内容的构想受到《晋书·赵王伦传》所载孙秀之语的影响，逻辑较为复杂，与写本残损字数不多的情况形成矛盾。而且写本13行第7字"以"旁注一"已"或"己"字（见图10-1），敦煌吐鲁番写本旁注含义的灵活也给拟补带来很大干扰。原拟补将此字释为"己"，加在"以"字之下，即将此句理解为孙秀先前劝赵王伦诣事贾后、诬陷太子，恐怕这些事情在废贾后以后败露，会引来天下人对"己"方的怨毒。但写本下一句是"□伦乘此衅，得奋其诈"，对"此衅"比较顺畅的理解应是指上句"天下"的"怨毒"，那么"怨毒"就应是针对贾后一方，这与将旁书之字理解为"己"方矛盾。此字在原录文中作"已"，而旁注除了可能是加字，也可能表示替换，甚至像写本这样位于文字正右方的旁注，以表示替换的可能性为高。① 也就是说，还可以理解为写本是用"已"代替"以"字。与此同时，第12行16字虽然原录文与原拟补皆作"今"，但从图版看应是"令"字（见图10-2），② 改变这两个关键词的释读，进而将这一小句补全为"令贾后废杀太子，则天下之怨毒已甚"这样的语句，便能够与下句"伦乘此衅，得奋其诈"较好地衔接。

不过，如果将第16字改补为"令"，则与前句"故构令成太子罪"之"令"字颇为重复。"故构令成太子罪"一句也不够通顺，"令"字是根据残存的人字头笔划补出。中古文献中有"构会（會）"一词，如《三国志》卷五二《吴书·顾谭传》有"寄父子益恨，共构会谭"，③《晋书》卷八一《桓伊传》有"以安功名盛极，而构会之，嫌隙遂成"等，④ 则写本此处更可能为"构会"。"故构会成太子罪"七字，似乎当与前一字相连成为一组四字句，或可补"故"前一字为"因"。再向上回溯，因为12行前部及11行末残缺处过多，又没有较为相近的传世记载，可以有太多种补字的办法，很难坐实，要之，其大意当如原拟补所言，是孙秀劝赵王伦亲善贾后，参与废太子之谋。

综上，重新拟补、点断12行后半及13行前半的文字，可以作：

---

① 关于敦煌写本的抄写体例，张涌泉指出："一般来说，脱字通常补在其前一字的右下侧，而旁注正字则多在误字的右侧，二者位置略有不同。"他也指出位置不是判断补脱或改正的绝对根据，"应进一步参酌文意来定夺"。张涌泉《敦煌写本文献学》，兰州：甘肃教育出版社，2011年，第318—319页。在吐鲁番写本晋史中，将旁注理解为补脱所造成的文意的阻碍，已见上述。
② 从图版看，"令"字的末笔虽然不完整，但确实存在，且倒数第二笔为横折，因此也不会是人字头两横一竖的"今"字。
③ 《三国志》卷五二《吴书·顾谭传》，北京：中华书局，1971年，第1230页。
④ 《晋书》卷八一《桓伊传》，第2118页。

12　（前略）〔因﹞故﹞构﹞会﹞，成太子罪，令〔贾后废杀太子，〕
13　则天下〔之〕怨毒已〔甚，〕伦乘此衅，得奋其诈，（后略）

以这一逻辑拟补此句，可以在遵守写本每行字数的前提下读通。

写本中"初"字有标志倒叙或插叙段落的体例意义。依照原拟补的方案，11行"初"字的这一体例意义不明显，更像是与下文"今废贾后"（12行末原拟补所补）相对。根据上文重新思考原拟补中未能补出的一字，可以发现自"今废贾后"至"怨毒以已"一段拟补的方向有误，重新拟补后，"初"字便并非与下文相对，而是作为本段第二层（11行至19行）倒叙的总标志。这层倒叙又可分为两部分，一是以上讨论的11—14行所述的孙秀全盘计划，二是此前发生的孙秀密谋推动贾后废太子的具体过程，即第14行"时后屡遣"至第19行的"故遂废太子"。

本段第三层（19行至21行前半）"太子既废，秀又令（下残）"诸语又回到了前文叙述的时间顺序中，即太子被废以后。本层对第一层所谓"谋口泄"的具体情况进行了叙述，孙秀令人散布殿中人将举兵迎还太子的谣言，从而使贾后决心杀掉太子以绝后患。

本段值得注意的叙述体例，一是总分结构，二是第二层以"初"字起首的插叙。

（三）贾后派人杀太子于许昌宫的具体经过
　　（21行后半—25行前半）

这段文字之内没有总分或插叙的层次。关于其文字与叙述逻辑，有两点需要讨论。

一是对原拟补在第21行补出"三月乙亥"这一日期的再考虑。写本21行下半至22行上半谓贾后遣人杀太子，原拟补补为：

21　（前略）　使太医令程〔据合药，三月乙亥，使〕
22　黄门孙虑煞太子〔于许〕。　（后略）

补出这句的依据是《晋书·愍怀太子传》云:"贾后闻之忧怖,乃使太医令程据合巴豆杏子丸。三月,矫诏使黄门孙虑赍至许昌以害太子。"①写本行文与此传接近,但不是完全相同。原拟补在压缩字数的同时,还补入了"乙亥"这一日期,依据是王隐《晋书》佚文中"三月"下有"十四日",转写为写本例用的干支形式,即为"乙亥"。

因为现存文献不能与写本文字严格对应,一般来说也就无需细究拟补的字词,但是补出部分的"三月乙亥"对探讨编年体例非常重要,因此有必要谨慎一些。从图版看(见图10–3),第21行最下残留的"程"字与第22行最下的"午"、第23行最下的"虑"基本齐平,都是第17字。这几行所存部分疏密差距不大,在第22、23行之下分别补出五字和六字,而21行下却补出八字,明显过多。参照前后所存的文字,不补出时间亦可成句,且原拟补为加入月日,已将其他文字压缩至最简。即便写本此处原有时间,也不应是月日齐全的"三月乙亥"四字之多。

第二个问题是原拟补在本段第22至23行补出了两处灾异记载。原拟补据原件残墨确认第22行残存的最后两字应是"壬午",其下一字还残留左上一小部分。原拟补根据《晋书·惠帝纪》载"三月,尉氏雨血",《五行志中》又以此为太子冤死之兆,②认为这处残墨即"尉"字,全句应补为"壬午尉氏雨血",其后一字与23行首两字相连,当是"甲申夜",并认为这句与"壬午尉氏雨血"类似,都是记灾异天变以警喻人事。不过,"甲申夜"后仅可容下一字,对于描述灾异而言似过少,原拟补未能补出;第22行"壬午"下的残笔视为"尉"字亦有可疑(见图10–3)。唐修《晋书·惠帝纪》将灾异与贾后杀太子两事相连记载,尽管《五行志》证明这两件事之间有事理上的关联,但从帝纪的叙述结构上说,这两条记载彼此独立——叙事的碎片化正是帝纪体例的重要特征。帝纪和《五行志》简略支离的叙述,相较一般史传的叙述体系颇为不同,写本明显应接近于后者,而且写本的原拟补工作也已经在正史列传中找到了很多文本层面的

---

① 《晋书》卷五三《愍怀太子传》,第1462页。
② 《晋书》卷四《惠帝纪》,第96页;同书卷二八《五行志中》,第866页。

参照。结合列传记载，可以对写本本段的文字与叙述重新进行讨论。

正史列传如何处理灾异记载与太子被杀事件的记载呢？唐修《晋书》卷五三《愍怀太子传》中与太子废死有关的灾异，或是出现在叙述太子被废以前，或是出现在叙述太子被废与被杀两事之间，并未直接插入对任何事件的具体叙述中。与唐修《晋书》的《愍怀太子传》有密切史源关系且叙述体系相仿的还有《御览》卷四一八《皇亲部·太子三》引录的王隐《晋书》大段佚文。从其内容及出处的特殊位置，可以判断这段引文来自王隐《晋书》中的愍怀太子传记，且不是单独节引某一段落，而是兼顾传记首尾完整的摘抄。在这段引文中，也出现了天文灾异的记载，总计有七条之多，其中包括唐修《晋书·愍怀太子传》中的灾异事件，也包括唐修《晋书》帝纪及志书中提到的"尉氏雨血"，然而这些灾异记载全部位于对贾后废太子过程的具体叙述之前。相比帝纪或志书，上述两种《愍怀太子传》与写本的叙述体系、文本源流更加接近，而它们都没有将关于灾异的记载插入到对具体事件的叙述中间，这对于考虑写本的文本更具参考价值。

进一步分析几种愍怀太子传记对愍怀之死具体过程的记载，可以提出拟补写本的新方案。唐修《晋书》卷五三《愍怀太子传》载：

（A）贾后闻之忧怖，乃使太医令程据合巴豆杏子丸。三月，矫诏使黄门孙虑赍至许昌以害太子。初，太子恐见酖，恒自煮食于前。虑以告刘振，振乃徙太子于小坊中，绝不与食，宫中犹于墙壁上过食与太子。虑乃逼太子以药，（B）太子不肯服，因如厕，虑以药杵椎杀之，太子大呼，声闻于外。①

原拟补还指出《御览》卷七六二引王隐《晋书》也记载了太子之死：

（A）贾后使小黄门孙虑徙愍怀太子于坊中，不与食。乃劫服杏子黑丸，其夜薨。（B）或传太子不肯服药，伺至厕，以药杵橦害

---

① 《晋书》卷五三《愍怀太子传》，第1462页。

之，唤声闻于外。①

我们先比较这两种记载的叙述结构。以上两种记载中被分别标示为（A）与（B）的部分，尽管字数多寡有异，但所述情节基本可以相应。两种记载的主要差别在于情节（A）与情节（B）的衔接关系：唐修《晋书》中（A）与（B）顺承连贯，而王隐《晋书》佚文在（A）与（B）之间有"或传"，整段的结构就变成先叙述从孙虑来到许昌至太子被害的总体过程，再具体写出太子被杀时的细节。比较唐修《晋书》与王隐《晋书》的这两种叙述结构，前者应较晚出，是对后者叙述的进一步整合。不过，原来的文本不应比整合后的文本大为简洁，王隐《晋书》佚文之所以较为简短，大概是类书引录时造成的。

这样，我们得到了关于愍怀太子被杀的新旧两类记载。写本中有"或曰"，暗示其叙述的重叠，属王隐《晋书》佚文所代表的早期叙述结构的特征。模仿这一叙述结构，既然写本"或曰"之前第22行已经说孙虑"绝太子食"，则此下理应继续交代至太子最终被杀。22行末所残应是说孙虑逼太子服毒，首字有左上部，从图版看应是横竖交叉的笔划（见图10–3），此字或即与佚文相同的"劫"字，此下所残除末字为"甲申"之"甲"字外，仅余三字的位置，难以容下具体的药名，大约只是"令服药"一类的笼统叙述。22行末至23行初"甲申夜"，与《惠帝纪》称贾后矫诏杀太子的癸未日仅差一日，②由于史籍中的日期在改编过程中常常因为数字易讹或不同写法的转换而出现误差，一日之差可以接受，因此推断写本此处应是说太子于甲申夜"薨"（或"卒"）。如此，写本中的缺字都可以较为通顺地补出。

不过按照这种方式拟补也有一些疑问，按王隐《晋书》佚文的说法，太子被"劫服杏子黑丸"后在"其夜"即卒，而写本22行如为"壬午"，是在甲申前两日。或许写本就是记载太子服毒后两日方卒，但也可能"午"

---

① 《太平御览》卷七六二《器物部》，第3383页下栏。
② 《晋书》卷四《惠帝纪》，第96页。

字之前有所残沥的字不是"壬",亦即壬午这一日期不成立(例如可能是"正午"),或者写本在绝食与太子卒之间的情节并不是逼迫太子服毒等。由于暂时找不到其他印证,姑且存疑。要之,此处所残文字,当不是如《晋书·惠帝纪》所载的灾变,而应是对太子被杀过程的正面、具体的记载。

(四)孙秀、赵王伦起兵前夕(25行后半—30行前半)

写本在记载太子被杀与赵王伦起兵的具体经过之间,还有一系列较为零散的记载,大体是赵王伦起兵前夕之事。姑且将这些记载作为一段,并分为并列的三层。

第一层为25行后半至26行,虽然只残留了很少的文字,但其中包括"路始"与"间和"两个人名,与传世史料印证,可以推知此句应记载孙秀与殿中人约定起兵。

第二层为27行前半的"四月辛〔卯〕朔,日有食之"。

第三层记载张华拒绝了孙秀的联络、又拒绝了逊位的建议,为此下记载张华死于政变做出了铺垫。

(五)赵王伦起兵,攻入宫中(30行后半—36行前半)

本段以"癸巳"开始,承接上文"四月辛卯朔",明确记载了赵王伦起兵为四月癸巳日。参照《晋书》等传世史料,可知此段记载赵王伦矫诏许三部司马以爵赏,率领他们进攻宫城,斩关开门而入,宫内又有王舆、谢恢接应。

本段第34行中部有"以白虎幡率厉将",后残约六字,原拟补参考《晋书·职官志》记载白虎幡为夹护乘舆之旗,补"将"后两字为"夹护",实应以作"士"字为宜。"率厉"为率领鼓舞之意,用例如《晋书·卞壶传》谓卞壶"力疾而战,率厉散众及左右吏数百人,攻贼麾下",[1]又如《吴隐之

---

[1] 《晋书》卷七〇《卞壶传》,第1872页。

传》"及卢循寇南海,隐之率厉将士,固守弥时"。[1]关于白虎幡,《晋书·职官志》确实称"武帝每出入,〔陈〕飈持白兽幡在乘舆左右,卤簿陈列齐肃",但白虎幡也有其实际的指挥之用,《职官志》其后就记载武帝出猎欲合函,当时陈飈以都水使者散从,而特诏"飈举白兽幡指麾,须臾之间而函成"。[2]

本段体例上值得注意的是在最后补充了王舆、谢恢的简短事迹,与第一段记载张林、张衡、路始其人的体例相同。

又按,自本段开始笼统而言都是记载赵王伦起兵废贾后、杀大臣的情形,但因记载详细,篇幅较长。为了论述方便,自此开始分段较细,分段依据在此稍作说明。赵王伦政变的实际情况十分复杂,写本的记载也很丰富,但还是有一条若隐若现的叙事线索,即赵王伦的行动。写本在赵王伦矫诏起兵、入宫门、陈兵马道南、坐端门的几步政变推进中填充了对各方行动及背景事件的记载。因此以下第六、七段的划分主要是根据"赵王伦陈兵马道南"和"伦坐端门,屯兵北向"两条记载。

(六) 赵王伦陈兵马道南,使齐王冏入中宫废贾后 (36行后半—41行前半)

本段分三层。第一层简明地叙述了事件经过:赵王伦使齐王冏入中宫,与内应骆休控制了惠帝,因而废贾后。第二层以"初"字起首,插叙了齐王与贾后的仇隙,这是赵王伦使齐王冏废后的背景。第一、二层之间的文字有所残缺,原拟补在此补出的内容存在问题。下面对相关文句的拟补进行讨论。

本段开始至第38行"帝曰"以上的部分,残余的字句几乎与《晋书·赵王伦传》相同,问题主要围绕"帝曰"。原拟补的方案是:

---

[1] 《晋书》卷九〇《良吏·吴隐之传》,第2342页。
[2] 《晋书》卷二四《职官志》,第741页。

36　（前略）　伦陈兵马 太 道南，使游击将军 齐〔王冏将三部司〕

37　马百〔人入〕中宫，华林 令 黄门骆休为内应，〔迎帝幸东堂，遂废〕

38　皇后〔为〕 庶 人。帝曰："贾〔后〕 与 齐王嫡母　（后略）

自第38行"帝曰"以下，原拟补认为是"记惠帝所说伦遣齐王冏废贾后的原因的话"，并根据"曰"下与"齐"上的残墨，在这之间补出"贾后与"三字。但是写本残存的上下文看不出有人与惠帝对话，而且惠帝在史书中向来以不惠、傀儡的形象出现，分析复杂的人事关系与其形象相去甚远。要说明贾后与齐王冏的纠葛，也未必要借谁之口。

写本多次出现以"初"字起首插入背景介绍的体例，本段先记载齐王冏废贾后，又记载齐王冏之母与贾后的仇隙，也很可能采用这种体例。参照图版（见图10-4），原来视为简体"与"字的残笔，恰好也符合写本中常用以标志插叙的"初"字。这样一来，"帝曰"二字就应划入前面对齐王入中宫废后的叙述中。原拟补对37行下残部分是完全按照《赵王伦传》补出七字，但如果将其中的"遂废"改为"请废"，则下句可补为"帝曰'可'"，"可"字也符合残墨笔势（见图10-4）。在"曰"与"齐"之间所残字数上，原录文作两字，原拟补则视为三字。不过对比图版中38行与37行文字的位置，38行"曰"字在37行"华林"两字之间；38行"齐"字较37行"门"字略高，可知"曰"与"齐"之间容下两字较为从容，三字则颇拥挤，仅补"可初"两字应可接受。

根据以上的讨论，第一、二层交接处可重新拟补为"请废皇后〔为〕 庶 人，帝曰 可 。 初 ，齐王嫡母　（后略）"。第二层是以"初"字开始的一段插叙，叙述赵王伦用齐王冏废贾后的背景原因，即齐王嫡母与贾后母女的仇隙。

第二层写本的文字残损较为严重，第38行"齐王嫡母"之下还残缺约八字，第39行前部也仅存"母还□反相仇恨□□□伦"几字。如原拟补所指出的，《惠贾皇后传》在记载贾后被废时仅云"后与冏母有隙，故伦使之",[1]而没有具体说明是怎样的仇隙,对我们理解残文断句的帮助十分有限。原拟补联系齐王攸还国之事,认为38行"嫡母"下残墨为"少时"二字,39行"母还"下为"国"字,此句谓齐王嫡母少时本与贾后相善,后因还国而"反相仇恨",这些解读也比较牵强。

唐修《晋书·贾充传》末云:

> 初,充前妻李氏淑美有才行,生二女褒、裕,褒一名荃,裕一名浚。父丰诛,李氏坐流徙。后娶城阳太守郭配女,即广城君也。武帝践阼,李以大赦得还,帝特诏充置左右夫人,充母亦敕充迎李氏。郭槐怒,攘袂数充曰:"刊定律令,为佐命之功,我有其分。李那得与我并!"充乃答诏,托以谦冲,不敢当两夫人盛礼,实畏槐也。而荃为齐王攸妃,欲令充遣郭而还其母。……充自以宰相为海内准则,乃为李筑室于永年里而不往来。荃、浚每号泣请充,充竟不往。会充当镇关右,公卿供帐祖道,荃、浚惧充遂去,乃排幔出于坐中,叩头流血,向充及群僚陈母应还之意。众以荃王妃,皆惊起而散。充甚愧愕,遣黄门将官人扶去。既而郭槐女为皇太子妃,帝乃下诏断如李比皆不得还,后荃恚愤而薨。[2]

贾充先娶李氏为妻,所生之女荃为齐王攸妃,亦即写本所说的齐王囧嫡母;后来贾充又娶郭氏,生贾后。郭氏坚决拒绝贾充迎还李氏,齐王妃姐妹力争不果,齐王妃为此"恚愤而薨",这就是齐王囧与贾后之间的家仇。

尽管可以借助《贾充传》的记载确认写本这两行的大致内容,但由于残损过多,又没有真正文本意义上的参照文献,写本所残的大量具体文字目前难以补出。关于有残墨的少数几字,原录文在39行补出一"反"字(见图10-5),原拟补在38行"嫡母"之下补出"少时"两字(见图10-6),

---

[1] 《晋书》卷三一《惠贾皇后传》,第966页。
[2] 《晋书》卷四〇《贾充传》,第1171—1172页。

但都与上引《贾充传》所载不合,恐非。39行第11字残留右下部(见图10–7),原拟补拟为"齐王不平"的"平"字,但残字右上部一撇一点的组合十分明显,更像"卒"字。作"卒"字也可与《贾充传》"荃恚愤而薨"的记载印证。

本段第三层补充了关于废后的两个细节,一是尚书郎师畧的被杀,二是贾后向惠帝求情。

本段在体例上值得注意的,一是总分结构,二是第二层以"初"字起首的插叙。

(七)赵王伦坐端门,处分贾后及其党羽 (41行后半—59行前半)

本段是写本所有段落中篇幅最长、结构层次最为复杂的。

第一层为41行中下部的"伦坐端门,屯兵北〔向〕"。此后七层叙述了赵王伦对各方的处置,有些层内还可以进一步区分层次。

第二层记载送贾后于金墉城,只有第41行下部至42行上部的"〔遣尚书和郁〕等持〔节〕送后于金墉城"一句。

第三层记载收后宫中贾后亲党赵粲、贾午、午女等,也只有第42行下部至43行上部"收赵粲、贾午、午女〔……〕暴室考竟"一句,中间残缺大约六字。

第四层记载杀诸大臣张华、裴頠、解结、贾谧等,自第43行"以诏"开始至第48行中下部结束,结构较为复杂,需结合对拟补的讨论重新梳理。总体来说,本层具有总分结构,先是总述诛杀张华等大臣,又分别记载了与贾谧、裴頠、张华被杀相关的情形。总起一句即写本第43行后部"以诏诸大臣"以下至第44行。如原拟补指出的,可以作为此节重要参照的是《晋书·赵王伦传》与《太平御览》引《晋朝杂事》的两段记载。《赵王伦传》云:

> 仍收捕贾谧等。召中书监、侍中、黄门侍郎、八坐皆夜入殿,执张

华、裴𬱂、解结、杜斌等,于殿前杀之。①

《御览》卷六四六引《晋朝杂事》云:

> 收中书监张华、侍中朝谧、尚书裴𬱂、解结、侍郎杜斌等,斩之于东钟下。②

写本的叙述与上引两段不完全相同,第43行末残缺的人名和官名参考上下文较易确认,而44行末所残则没有确切的对照,可以推知的一点是,上引两条材料都提及贾谧,写本下文也叙述贾谧被杀之事,则残缺处应有关于贾谧的文字。原拟补此段作:"以诏诸大臣司空、中书监、壮武公〔张华,侍中、尚〕书仆〔射〕、巨鏕公裴𬱂,尚书解结,黄门侍郎杜斌〔及贾谧等入,执之。〕"如此拟补有两点可以斟酌。一是"以诏诸大臣"云云语气不很通顺;③二是列举诸人时皆举官衔,只有贾谧单称姓名,且即便如此,44行末补出的"及贾谧等入执之"共七字,也超出了所残字数。④

从上下文的叙述看,此下至第48行数句分别是叙述贾谧、裴𬱂、张华三人被杀的细节,而此句一气列出张华、裴𬱂、解结、杜斌的人名,则此句应是对此事件的总述。按照原拟补对此节的理解,"以诏诸大臣"的"以"字显得冗余,但如果将"诸"视为同音形近的"诛"字的讹写,"以诏"便可以读通,第43—44行全句谓凭借诏书诛杀大臣张华等人,句末即第44行末应以列举贾谧及其职衔结束,而不需补"入执之"三字,在字数上也更为合理。

综上所述,对写本43至44行可拟补为:"以诏(诸)〔诛〕大臣司空、中

---

① 《晋书》卷五九《赵王伦传》,第1599页。
② 《太平御览》卷六四六《刑法部》,第2893页上栏。
③ 在"以诏诸大臣"之上的第42行下半至43行上部,据残文可知是收捕宫中贾氏党羽赵粲、贾午、午女等付"暴室〔考〕竟",这与诏令诸大臣入宫没有因果联系,则"以"字似不应理解为衔接前后两句的"从而"之意。
④ 43行"公"字下补入五字,全行共二十二字,与写本平均每行字数符合。据图版(见图10-8),44行"斌"字位置在前一行"公"字之下,则此行所残字数,当在四至五字为宜。

书监、壮武公〔张华,侍中、尚〕书仆〔射〕、巨鹿公裴颜,尚书解结,黄门侍郎杜斌,〔侍中贾谧。〕"这样拟补后第43、44行皆为二十二字,与每行平均字数基本符合。结合上下文看,此句是本层总述,列举所杀大臣官爵姓名。之后一句记载贾谧奔逃呼救而被杀的情形;再后一句记载对裴颜儿子的原赦;再后几句记载张华被杀前与张林的对话。

张华死前的对话从46行后半残去的部分开始,至48行前部结束,残存文字与《晋书·张华传》及《御览》卷六四六引《晋朝杂事》载张华将死时与张林的对话相似,[①]可知46行末至48行所载即此事。但47行前部的"林指曰'在此'"不对应《张华传》的记载,写本细节当与之有所不同。原拟补认为这里有"两问两答",涉及赵王伦、张林、张华三人,将46行下部拟补作"初,司空被收,赵王伦问曰:'张华何在?'张",后接写本47行前部的"林指曰'在此'"。但此下内容据残存字句可以确定是张华与张林的对答,即张华责问张林是否要残害忠良,而张林斥责张华阿意苟免,此上若出现赵王伦,似嫌突兀。《张华传》云张华质问张林,而"林称诏诘之"。[②]受此启发,写本张林云"在此"之所指或是诏书,则46行下部残缺的内容可能是张华责问张林收捕大臣是否有诏命。

第五层记载赐贾后死,对应第48行后部及49行前部。这里虽然残损也较多,但因49行上部有"书刘弘、典台事程咸以"的字样,可以与《惠贾皇后传》记载赵王伦矫诏赐死贾后之事对应。对此下残缺的文句,原拟补为"持节赍金屑酒赐贾后死",其中"持"字有残墨。不过,"以持节"的说法很少见,而从图版看,"以"字下残墨虽然与"持"字右半"寺"字上部的笔画相似,但位置居中,与写本他处出现的右半有"寺"字的"持"、"侍"等不同(参见表10-1)。这处残墨或许是"毒",谓"以毒酒"或"以毒药"之类赐贾后死。

第六层记载族灭贾氏党羽韩寿、赵浚等。这一层内也有总分结构,先总述被杀之人,再分述他们为何成为贾氏党羽,最后又有总述。

---

① 《晋书》卷三六《张华传》,第1074页;《太平御览》卷六四六《刑法部》,第2893页上栏。
② 《晋书》卷三六《张华传》,第1074页。

开头总述一句对应49行末尾至51前部,虽然残损较多,但拟补较为明确。一是《晋书·赵王伦传》有"诛赵粲叔父中护军赵浚及散骑侍郎韩豫等"之语,[①]与写本文字相似;二是写本下文第53行有"浚兄虞女粲"云云,提示前文已出现"赵浚"之名,因此在这部分中应补出赵粲叔父赵浚之名。此句大致可补为:"〔……〕韩寿弟散骑侍郎〔预、……中护军赵浚,〕皆族灭之,贾氏之党〔……〕。"

此后分别插叙赵浚、诸韩与贾氏的渊源,以解释他们何以被族灭。原拟补对这些记载的理解皆有偏差,以下依次讨论。

写本第52行首为"母子形于言色"六字,应与51行下半所残部分连为一句。此下至55行前半所载为赵粲等为贾妃求情之事,其中残存"且贾妃虽妒妇"六字,与《晋书·惠贾皇后传》所载的求情之语可以对照,[②]而该传在此前是叙述贾氏杀孕妾,因此使武帝产生了废黜贾氏的想法。原拟补参考这些记载,将51行后半至52行前半补全为"初,贾后为太子妃,尝杀人,郭槐母子形于言色"。但最后的"郭槐母子形于言色"之语显然不够通顺,写本存有的"母子形于言色"六字,其实很难置于《惠贾皇后传》的叙述体系之中。

《惠贾皇后传》后所附的《谢夫人传》记载武帝以才人谢玖赐惠帝,有孕,"贾后妒忌之,玖求还西宫,遂生愍怀太子"。又云"贾后不听太子与玖相见,处之一室,及愍怀遇酷,玖亦被害焉"。[③]可见有贾后嫉恨愍怀太子母谢夫人之事。由此可知,写本51行下部所残当为贾后为太子妃时,忌惮谢氏、愍怀"母子,形于言色"。

贾后触怒了武帝,又有人为贾后求情,这一段文字写本残损也较严重,但至少留下了"浚兄虞女粲"(即赵粲)与"吴太妃"(吴王晏之母)两个人名,《晋书·惠贾皇后传》记载的这一情节则仅及赵粲。如上所述,"浚兄虞女粲"的表达是为了与上文列举的被族灭者有赵浚相呼应,写本这里记载赵粲为贾后求情一事也是为该事提供背景。

---

① 《晋书》卷五九《赵王伦传》,第1599页。
② 《晋书》卷三一《惠贾皇后传》,第964页。
③ 《晋书》卷三一《谢夫人传》,第968页。

此后应是解释韩氏与贾氏的渊源,但写本相关文句残损严重,行文又不与传世文献对应,不参考写本上下文就很难理解。第56行"故粲"以前十字当与55行下部残缺的文字相连为一事,原录文在"帝"下注称"疑此处有讹脱",原拟补仅在55行末补"又尝议"三字,而没有讨论56行"帝"前所残之字。

本层总述提及"韩寿",如果从与此相关的方向考虑,此处残文提到"立世子",又提到贾充之名,可以联想到贾充以外孙贾谧为世子的风波,这正能够解释韩氏何以卷入这场动乱。《晋书·贾充传》载:

> 及薨,〔郭〕槐辄以外孙韩谧为黎民子,奉充后。……〔韩〕咸等上书求改立嗣,事寝不报。槐遂表陈是充遗意。①

贾充与郭槐之女贾午嫁给韩寿,生子韩谧。太康三年(282)四月贾充薨,无嗣,欲以外孙韩谧为嗣,此事虽然引起朝臣争议,但后来武帝下诏确定了韩谧的嗣孙地位,韩谧也改姓贾。写本55行后部及56行"立世子"应为一小句,交代贾充欲取贾午子韩谧立为世子;56行"充称□帝"中所缺可能是"之"、"诸"一类的字。但唐修《晋书》所载关于贾充立嗣的争端发生在贾充死后,是郭槐提议、武帝下诏定夺,而如上对56行的理解是贾充在世时已向武帝作此请求。不过这类故事也很可能有多种版本流传。

综上,重新梳理本层即第49行末至57行的叙述,可以分为四个小层次:第一小层是49行末至51行中部,总述族诛贾后亲党之事;第二小层是51行后部至55行前部,插叙赵粲、吴太妃与贾后的渊源;第三小层是55行后部至56行前部,插叙贾谧及韩氏与贾后的渊源;最末的"故粲〔……〕以旧恩,遂豫成乱谋"一句残缺较多,但似乎是再次总结赵氏、韩氏因为与贾氏的"旧恩"而成为贾后党羽,回应第一小层的总述。

第七层对应第57至59行,记载赵王伦杀解系兄弟,并插叙他们之所以结怨。原拟补据《晋书·解系传》的两段材料将此节补全为:

---

① 《晋书》卷四〇《贾充传》,第1171页。

57　（前略）〔又〕煞前雍州刺史〔解系。初，孙秀与系争〕

58　军事，华等直系，〔故〕伦陷系、结以〔秀扰乱关中，在都议秀罪，谓〕

59　疏当遭出，故及于难。（后略）

对于解系兄弟与孙秀、赵王伦结怨，《解系传》云："伦信用佞人孙秀，与系争军事，更相表奏。朝廷知系守正不挠，而召伦还。系表杀秀以谢氐羌，不从。伦、秀谮之，系坐免官，以白衣还第，阖门自守。"又《解系传》云："孙秀乱关中，〔解系弟〕结在都，坐议秀罪应诛，秀由是致憾。"[①] 都说解系兄弟表请杀孙秀，这一要求虽然没有实现，但导致朝廷征赵王伦还京，这个过程与"遭出"并不相合，而且"疏当遭出"一语本身也难以读通。这四字在公布的图版中十分模糊（见图10-9），但"当（當）"与"书（書）"、"遭"与"遗（遺）"皆字形极近，[②] 有原录文因字迹不清辨认失误或者原写本已经讹写的可能，如果四字是"疏书遗出"，则似乎可以解释。传世文献中虽然很少见到"疏书"，但有"书疏"一词指书信。包括政治、军事斗争中相互联络、策划甚至是交通情报的密函，都可以称为"书疏"。如《三国志·魏书·董昭传》载董昭陈时弊云"往来禁奥，交通书疏，有所探问"，[③] 同书《赵俨传》裴注引《魏略》谓李通不通于袁绍，"及绍破走，太祖使人搜阅绍记室，惟不见通书疏"，[④]《晋书·谯闵王承传》载王敦遣魏乂攻谯王承时"送所得台中人书疏，令乂射以示承"，[⑤] 这样的"书疏"最后往往成为区别敌我的证据。虽然《解系传》称解系、解结上表请杀孙秀，但这些表奏不一定公开，即便公开，表面上也没有引起朝廷要诛杀孙秀的决定，可能在这些表奏之外，还有其他激怒孙秀、赵王伦的证据，因此写本称某种"疏书遗出，故及于难"。《晋书·张华传》载："初，赵王伦为镇西

---

① 《晋书》卷六〇《解系传》，第1631—1632页；同卷《解系附结传》，第1633页。
② 另据《敦煌俗字典》，敦煌写本中"当"字小字头的两点常相连似小横，则整体字形与"书"字更为接近。参见黄征《敦煌俗字典》，上海教育出版社，2005年，第76页。
③ 《三国志》卷一四《魏书·董昭传》，第442页。
④ 《三国志》卷二三《魏书·赵俨传》，第669页。
⑤ 《晋书》卷三七《谯闵王承传》，第1106页。

将军，挠乱关中，氐羌反叛，乃以梁王肜代之。或说华曰：'赵王贪昧，信用孙秀，所在为乱，而秀变诈，奸人之雄。今可遣梁王斩秀，刘赵之半，以谢关右，不亦可乎！'华从之，肜许诺。"[1]虽然不知游说张华的人是谁，但可以看出孙秀最危险的处境是张华与梁王肜定议，在梁王肜入关中代赵王伦时杀掉孙秀，只是后来梁王肜没有执行。藩镇交代的杀伐属于机密，亦即朝廷（或仅是其中一部分大臣）杀孙秀的决定不是公开的，孙秀、赵王伦当时未必知道全部内幕，后来相关的文书、信件流出，他们可能才意识到真实的事态，从而更痛恨解系兄弟。

另外，如果这样理解"疏书遗出"四字，第58行"伦陷系、结以"之后的拟补也要略作调整。因为此行残损部分需要交代关于"疏书遗出"的前情，所以"伦陷系、结以"之下需要较快结句，这种要求也可以满足，如接"重刑"、"逆乱"等词皆可通。

以上对本段七层的内容逐一进行了解说。七层中，第四、六、七层之内还有总分（或总分总）的结构：第四层分述了与贾谧、裴頠、张华被杀相关的情形；第六层分述了赵浚、韩寿被灭族的背景原因；第七层分述了解系兄弟被杀的背景原因。第一、二、三、五层的结构单纯，基本相当于前述几层的总述部分。总的来看，这一段无论是层与层之间，还是每层内的分述，都是以人物为单位区分。由此可见，写本虽然是编年记事，但也受到了以人物为中心的记载的影响。

（八）下诏大赦（59行后半—70行上部）

在叙述了赵王伦起兵废贾后、诛杀大臣及贾氏党羽后，写本云"甲午，诏曰"，并长篇引录了诏书文字。这一部分每行上半残留，因此还能够大致了解诏书内容。

甲午诏书的具体文字虽不见于文献，但其事在史书中有所记载。原拟补指出《晋书·惠帝纪》所载赵王伦矫诏内容有三项，而《赵王伦传》

---

[1] 《晋书》卷三六《张华传》，第1073页。

仅载其中的令赵王伦辅政及封拜官爵一项,[①]并认为残卷所存的诏书内容即是《惠帝纪》余下的"大赦"与"追复太子"两项。

推测此诏不涉及《赵王伦传》所载内容应可成立,但此诏恐怕也没有包含"大赦"与"追复太子"之事。诏书残文第61行有"华专权",应是问罪张华,65行有"构煞太",应是罪责贾郭杀太子之事,67行"与朕协势"、69行"子惟城"(当谓宗子维城),应是表彰身为宗室的赵王伦清君侧的功绩。可见诏书是先数张华等人之罪,再表彰赵王伦之功,对此次政变及涉及的人物给予官方定论,并大赦,即尘埃落定、安稳人心之意。诏书的现存部分没有封拜赵王伦的明确痕迹,各行残缺的字数恐怕也不足以容纳他此时获得的头衔。同时,残存部分中也没有空间容纳追复太子的内容。

因为此诏的主旨是给新旧两党定性,稳定大局,那么紧随此诏之后插入张华小传,而不是在上文记载张华被杀时,或待下文将赵王伦、孙秀的一系列处分叙述完毕后再插入,也就可以理解了。还可以推测,在张华小传之后,很可能还有其他同时遇难的大臣的小传。

(九)张华小传(70行后半—残卷结束)

上面通过探讨写本中甲午诏书的内容,已经说明了为何将张华的传记附载于此。此传有部分文字可以与《晋书·张华传》及其他传世文献进行对比,町田隆吉和岩本笃志已经进行了细致讨论。这里再对两处残文进行讨论。

第77行后部"初秀等谋"至80行前半"俄而难作"之间,记载了赵王伦政变之前关于张华的一段对话,尽管写本上文及传世文献中也记载了好几种类似的故事,但都与这里的记载细节不同。从残存文字可以判断,这里记载的是政变前有人劝说张华,而张华引某事作为回答,没有听从其劝说。第79行残存有"魏明帝"及"关中"两个关键词,原拟补据此推测其事可能是指太和二年春魏明帝欲西征,而朝臣皆谓不可,并补79行中部

---

① 《晋书》卷四《惠帝纪》,第96页;同书卷五九《赵王伦传》,第1599页。

一句为"时远〔近群臣〕皆谓为〔不可伐〕"。但此事看不出与张华当时的处境有明显联系，不知张华何以引此响应劝告，因此对拟补方案可再斟酌。

写本此事在传世文献中找不到文本意义上的参照，再加上文字残损较多，亦不知劝诫者为谁，只能从所存部分称"初秀等谋"云云判断应发生在孙秀、赵王伦等谋废贾后时。因此即便是作史事的考证，也较有难度。考虑与写本此事类似的事件，可以发现还有两种关于他人劝诫张华的记载，一是写本及《张华传》中已记载张疑以中台星坼劝张华逊位而不果之事，此外，《张华传》还载有刘卞以计干张华而不见用一事，谓贾后废太子以前，刘卞劝张华联合太子先废贾后，而张华认为此计亦终难全济，未采取行动。① 这两事都反映了张华身处元康（291—299）之末以来的政治漩涡中，因"权戚满朝，威柄不一"② 而不愿轻举妄动的立场，与写本此处所载虽然具体事实不同，但意图表达的张华的态度很可能是一致的，也可以算作当时政治传闻同事异辞的一种形式。因此，这一意涵可以作为进一步考证写本内容的提示。

另一方面，写本明确有"魏明帝"和"关中"两词，指向魏明帝西征关中一事，而此事中还有一插曲。据《三国志·魏书·明帝纪》载，当时明帝于正月丁未幸长安，四月丁酉方还宫。裴注引《魏略》曰："是时讹言，云帝已崩，从驾群臣迎立雍丘王植。京师自卞太后群公尽惧。及帝还，皆私察颜色。卞太后悲喜，欲推始言者，帝曰：'天下皆言，将何所推。'"③《魏略》记载中的魏明帝的处境与态度，与上述张华的处境与态度有相通之处。魏明帝在长安时，京师出现了皇帝已崩的谣言，但后来没有出现大乱，明帝亦未追究，张华或借此比喻时局，认为当时形势复杂，千钧一发，虽有各式传言，但若尽力维持，或可平稳过渡。第79行可据此大意重新拟补。同行上半的"魏明帝业关中"六字实难通晓，"业（業）"字可能是

---

① 《晋书》卷三六《张华传》，第1073页。
② 《晋书》卷三六《张华传》所载张华答刘卞语，第1073页。
③ 《三国志》卷三《魏书·明帝纪》，第95页。

"幸"或"发(裴)"之讹(参见图10-10)。①第80行首"山之"二字亦显然不与下文"俄而"相接,但也不似句末,恐怕有脱字。这里应是张华之语的最后,原拟补认为此谓"岐山之胜",但根据以上所述的理解方案,这里可能谓"泰山之安"。

又,第80至81行记载了张华死后家中财产唯有藏书之事,参照《晋书·张华传》"雅爱书籍,身死之日,家无余财,惟有文史溢于机箧",②原拟补将写本补全为:"华身〔死,家〕囗薄阅,家无〔余财,惟有文史溢〕于枷藏。"其中"家口薄阅,家无余财"两句略嫌艰涩。

"薄阅"即"簿阅",指根据簿记检视,从当时情势考虑,应是赵王伦、孙秀诛杀张华并夷其三族后,遣人至其家簿阅财产,也就是抄家。"簿阅"的类似用例在唐修《晋书》记载石崇之死时也曾出现,石崇欲图孙秀、赵王伦,事泄被杀,《石崇传》云"有司簿阅崇水碓三十余区,苍头八百余人,他珍宝货贿田宅称是"。③因此"簿阅"之上应断句,即以"华身囗囗囗"为一句。检视图版(参见图10-11),"囗"字确然无疑,但在此处实在难以理解。《张华传》云"身死之日",写本"囗"字也很可能是"日"字之讹。综上,可补写本全句为"华身〔死之〕(囗)〔日〕,薄阅,家无〔余财,惟有文史溢〕于枷藏。"

二、写本中的插叙

写本一个值得注意的叙述特点是插叙,频繁的插叙会使时间感模糊。较为严格的编年体史书对于时间明确且较为重要的事件一般会按照时间排列,在时间顺序与叙事连贯性之间,编年体史书一般优先考虑前者。残

---

① 据《敦煌俗字典》,敦煌写本中"幸"字下部的"干"有写作三横一竖者,则与"业"字更为相似。黄征《敦煌俗字典》,第459页。"幸"的类似字形在中古碑刻中亦多见,参见臧克和主编《汉魏六朝隋唐五代字形表》,广州:南方日报出版社,2011年,第222页。又,写本第67行"发"字写法为"裴",与"业(業)"亦形近。
② 《晋书》卷三六《张华传》,第1074页。
③ 《晋书》卷三三《石崇传》,第1008页。

卷也大体是按照时间次序记事，但所见的插叙内容都没有与前文呼应的提示，是这些插叙事件发生的时间不在该书的记述范围之内？还是该书并非严格按照时间次序编排？上文已经逐一指出了插叙的段落，下面对这些段落所载事件再进行探讨，了解它们的发生时间和事件性质，从而对写本史书叙事编次的原则有更深入了解。

写本残卷的开始，是愍怀太子被废后其旧党欲起兵复太子，并与孙秀、赵王伦联络，但孙秀却有自己的计划，遂故意拖延、微泄其谋，即第11行上部的"不即决，谋□泄"之语。在此之下，写本插入了很长一段内容，直到第19行云"太子既废，秀又令（下残）"，配合第20行有"当起兵如许"等字样，可知是具体叙述孙秀在太子被幽禁于许昌后，又令人散布有人将起兵迎还太子的谣言，这才接回到第11行"不即决，谋□泄"的叙述，并继续讲述孙秀最终促使贾后鸩杀太子。那么，在11至19行之间插入的内容是怎样的呢？它们总体可以分为两段：一是以"初，秀阴谋逆乱"云云插入叙述了孙秀的全盘计划（第11—14行），如何欲挑拨贾后、太子，使赵王伦从中得利；二是以"时后屡遣宫（下残）"至"遂废太子"一段叙述了孙秀实施第一步计划的具体经过（第14—19行），即散布谣言，促使贾后废黜太子。这里插叙的两事，如果从一般的编年体的标准来看，似乎都可以独立叙述，而不应与杀死太子合为一条。即便退一步说，插叙的前半内容，即孙秀的全盘谋划，可能缺乏明确时间点而需要附于他事叙述；但至少插叙的后半内容即太子被废，是一件极其重大也应能知晓具体时间的事件，有必要也有可能被独立系于相应时日叙述。而且，太子被废与被杀有三个多月间隔，通过《晋书·惠帝纪》《通鉴》的记载，其间发生有太子之子的亡故，[1]也是较为重要且相关的事件。

写本第38—39行追溯了齐王冏与贾后的宿怨，是附在叙述齐王冏带兵入中宫废贾后时。据《晋书·贾充传》，齐王冏嫡母与贾后分别是贾充前妻与后妻之女，两房之间有激烈矛盾。而自从后妻之女即后来的贾后

---

[1] 《晋书》卷四《惠帝纪》，第96页；《资治通鉴》卷八三晋惠帝永康元年，北京：中华书局，1956年，第2637页。

被武帝立为太子妃,齐王冏之母彻底丧失了抗争的可能,遂"恚愤而薨"。^①贾氏立为太子妃在武帝泰始年间(265—274),这距离贾后在惠帝掌权、又被废,相距数十年。

写本在记载尽灭贾氏亲党后,在第51—57行追溯了赵粲、吴太妃、诸韩等与贾后的渊源。赵粲、吴太妃在武帝之时对当时还是太子妃的贾氏有保护之力。唐修《晋书》对贾后被立为太子妃、谢氏为太子(即惠帝)生子(即愍怀太子)、贾妃地位不稳等事,记载颇多,这些是影响到武帝以后政治走向的重要事件,如果是编年体的晋史,似乎应在它们本来发生的时期进行独立记载,而不是仅在贾后被废杀后给予简单追述。与此类似,以韩谧继贾充为嗣发生在贾充在世或刚去世时,贾充卒于武帝太康三年(282)四月,^②而写本也是在贾后被废杀后才予以交代。

写本记载杀解系兄弟后,插叙了解氏兄弟与孙秀、赵王伦的宿憾。元康六年五月关中匈奴叛,解系与孙秀、赵王伦因军事更相表奏,致赵王伦被征还京,对此《解系传》云"朝廷知系守正不挠,而召伦还",^③"朝廷"当指张华、裴頠等人。^④这些事情,距贾后被废也有数年。

综观以上四处插叙,基本是可以确定独立时间点、且颇为重要的事件。尤其是对于相隔三个月、各自有明确日期的太子被废和太子被杀两事,将前者的细节作为后者的背景予以插叙,如果以一般编年史的标准来看较难理解。其余三处插叙属于武帝及惠帝前期史事,与写本残存部分所载的时间也相隔较远。总之,写本的叙述更专注于一个主题事件,对时间顺序的把握则较为灵活。同时,尽管写本的很多内容可以与传世文献对照,但插叙部分却多与传世文献的叙述不同,亦即这些叙述安排很可能是写本较为独特之处,也是其编纂者拼缀史料、重新叙述的结果。

---

① 《晋书》卷四〇《贾充传》,第1171—1172页。
② 《晋书》卷三《武帝纪》,第73页;同书卷四〇《贾充传》,第1170页。
③ 《晋书》卷六〇《解系传》,第1631—1632页。
④ 《晋书·张华传》也记载了张华欲令代赵王伦镇关中的梁王肜杀孙秀以谢关中之事(《晋书》卷三六《张华传》,第1073页)。关中叛、征还赵王伦的时间见《晋书》卷四《惠帝纪》,第94页。

三、以人物为中心的记载在写本编纂过程中的作用

整理者已经指出写本是混有人物传记的编年体史书,但在理解、分析写本的具体内容后,会发现写本与人物传记相关的因素绝非附有张华传记一点而已,写本的叙述整体上也明显呈现出以人为中心的叙述结构与以事(时间)为中心的叙述结构之间的交融。两种叙述结构的交融,必然是后来史家重行编纂的结果,简单来说,是将原有的叙述拆分为许多零件,再以新的逻辑和结构进行组装。从写本的具体内容上,可以感到其作者对所据材料的分割、重组颇为细致。

写本以人物为中心进行叙述,在上述第七段表现得特别明显。第七段记载赵王伦政变后的诸项处置,其叙述不是严格按照事件发生的先后顺序,而主要是根据不同人物分别叙述。此段内后六层分别记载幽禁贾后、收捕后宫的贾氏党羽、诛杀大臣、赐贾后死、杀贾氏党羽、杀解系兄弟,各层与人物的对应关系十分明显。更值得注意的是,从写本第五段开始叙述赵王伦政变,一直是以赵王伦为中心,"事"的线索较为明显,事件经过的顺序也与传世史料差异不大。第六段与第七段前两层依然如此,而从第七段第三层开始,叙事多不依时间先后,变为平铺开来分头叙述各方人物的情况。这里先结合其他史料,说明从第七段第三层开始写本叙述未依时间顺序之处。

一是写本各种收捕、诛杀贾后党羽及大臣的记载都在幽禁贾后于金墉一事以后,而《晋书·赵王伦传》反称幽禁贾后在收捕宫中后党及诛杀大臣的"明日"。[1]金墉城在洛阳城外,政变者应该在牢固掌控局面后才会将贾后送至金墉城,《赵王伦传》的记载是合理的。同时,写本中对大臣、贾后及其党羽被杀的叙述都在"癸巳"与"甲午"之间,亦即两天之内,恐怕也非实情。例如贾后之被赐死,在《晋书·惠帝纪》中有明确的

---

[1]《晋书》卷五九《赵王伦传》,第1599页。

日期,^①已经在赵王伦起兵的癸巳日以及甲午下诏以后数日。其余诸人被杀的时间史料并无明确记载,其中地位重要者理应迅速被杀,但其他一些人物似未必皆要在两日内处置完毕。

写本诛杀大臣一层之内,对贾谧、裴頠、张华三人的分述也很不协调,对贾、张皆是详载被杀之状,对裴頠则是说"原其二子",这显然是由人及事,而非由事及人。这种叙述面貌应是后来作者将对几个人物的记载从它们原来的叙述中抽出,再缀合于此的结果,缀合的逻辑在于三项记载大体都与三人之死相关。缀合之后,虽然大致都是围绕诛杀大臣一事,但叙述上呈现不协调,或者可以称为支离感。

总的来说,政变时的各项处置应该因时制宜,其实际过程不可能如写本五个层次之齐整。那么,追求政变实情的叙述应该是怎样?《晋书·惠贾皇后传》的一个段落似乎有所启发。该传记载了一些贾后被废时的具体情形,其中一段说贾后被带至宫西,"见谧尸,再举声而哭遽止"。^②在写本中被区分为两个层次的废贾后与诛大臣(贾谧),在这一叙述中交织在一起。这里不讨论其事实的正确与否,但这种叙述,与写本所呈现的依类排比、错落有致的结构不同。

从上面这些情况来看,写本第七段前两层与其上文应是来源于一种对赵王伦政变经过的叙事记载,从赵王伦起兵动员依次叙述至幽禁贾后。此后编纂者则参考了很多以相关人物为中心的记载,加以缀合,形成了第七段后五层。

写本所载的不少内容都可与传世文献参照,其中张华与其子祎对话的故事就是如此。这类名人轶事一般很难确定其时间点,如何编次这样的内容也能够突显编纂者的思路。对比写本与唐修《晋书》、《通鉴》对这一记载的位置安排,也能看出写本的叙述掺有以人物为中心的因素。写本第27—30行记载张华与其子祎的对话,张祎因中台星坼的灾变劝说张华逊位,张华不

---

① 《晋书》卷四《惠帝纪》永康元年四月云"己亥,赵王伦矫诏害贾庶人于金墉城",第96页。《资治通鉴》也把此事单作一条,根据四月己亥这一时间排在当年第10条。《资治通鉴》卷八三晋惠帝永康元年,第2643页。
② 《晋书》卷三一《惠贾皇后传》,第966页。

从。写本的这段对话在张华拒绝孙秀邀约的对话之后,两段对话都没有具体时间,但其后紧接着的是叙述癸巳日赵王伦起兵的过程,由此推断,是因为两段对话都表现了张华在事变前夕的态度,所以放在对事变的正式叙述之前。而唐修《晋书·张华传》也是将这两段对话相次,与写本做法相似。[1]

唐修《晋书》对此事没有记载明确时间,诸家旧晋史佚文中,《开元占经》卷六七引王隐《晋书》载有此事,亦未言具体时间,[2]或许这一记载本来就欠缺明确的时间坐标。但是,《通鉴》借助来源有所差异的天象记录为此事找到了时间坐标。《宋书·天文志》云:"晋惠帝永康元年三月,妖星见南方,中台星坼,太白昼见。"[3]《晋书·惠帝纪》云:"三月,尉氏雨血,妖星见于南方。"[4]《通鉴》将以上两处所见三月灾异合而为一,再补入《晋书·张华传》所载的与中台星坼有关之事,并以"三月"作为这一条目的系时依据。[5]这种现象如果只是独立发生,或许应看作不过是写本不了解某个细微事件的具体发生时间,是在史实认知层面与《通鉴》的差异。但结合上文所述写本对时间之外的叙述逻辑的重视、受到以人物为中心的编排方式的影响,则不能认为写本此处与《通鉴》的差异、与唐修《晋书》的相似是偶然。同时,这一相似不是仅仅指向唐修《晋书》,唐修《晋书》是继承自旧晋史中的纪传体史书,尤其是臧荣绪《晋书》和王隐《晋书》,甚至还可追溯至更早的以人物为中心的记载。总之,这处叙述仍然显示出写本与以人物为中心的西晋历史叙述的联系。

余 论

本章首先对吐鲁番出土晋史写本的文本进行了全面清理,在理解

---

[1] 《晋书》卷三六《张华传》,第1074页。
[2] 《开元占经》卷六七《石氏中官·三台占》,《影印文渊阁四库全书》子部第807册,台湾商务印书馆,1986年,第657页。
[3] 《宋书》卷二四《天文志二》,北京:中华书局,1974年,第700页。
[4] 《晋书》卷四《惠帝纪》,第96页。
[5] 《资治通鉴》卷八三晋惠帝永康元年,第2637—2638页。

文字的基础上明确了它的叙述结构,再以结构、体例为线索探讨写本的编纂过程。可以发现,写本虽然大体为编年系事,但在以时间为序的叙述主干之上附加了大量围绕个人的记载。这一方面说明写本是经过了多重编纂的文献;另一方面说明它背后的原始记载有不少是以人物为中心,可能是别传、家传、正史列传,甚至也可能是小说轶事。这些记载来自不同体系,因此后来的编纂者尽管进行了颇为精细的拆分加工,力图将它们组织在新的结构与逻辑之中,但还是无法完全将它们融为一体。

随着简帛典籍的不断发现,研究先秦文献的学者逐渐认识到对于先秦史书而言,有一种掌故类文献极为重要,一般称为"语"或"事语"。《左传》《国语》《国策》等都出自这类文献,诸子书乃至后世的辞赋、类书也与它们有一定关系。[1]近来还有学者径称这类以短章形式独立存在的"事语"为一种"公共素材",是先秦秦汉间诸子记事、说理的重要资源。[2]类似的现象在中古时期的文献世界中同样存在。中古史书有"八家后汉书"、"十八家旧晋史"之称,后汉魏晋的历史经过了反复编纂,作品数量繁多,被《隋志》划为"杂史"的不少史书也应被计入同一队列。这些史书编纂者的工作实际是在近似的资源库中进行编辑加工——对比今天存世的《晋书》《世说新语》以及前人所辑诸家旧晋史,立刻能够发现大量类似的内容会出现在多种文献中,又常常略有变化。但存在于《世说》或类书、旧注中的旧史佚文都是片段,今人只能看到这些片段之间的异同,无法了解它们在史书中原本的环境,也就难以具体了解当时史家如何进行编纂工作。从这个角度来看,吐鲁番写本提供了一种包含有多个完整情节、能够反映原书结构体例的晋史文本,而且内容也多能与今存文献对比,弥足珍贵。借由吐鲁番写本,可以了解当时史家如何分割、重组素材,编成新的史书。通过这类深入细节的考察,或可对中古时期"史学"与"史部"的发展提出新的问题。

---

[1] 李零《简帛古书与学术源流》,北京:生活·读书·新知三联书店,第202、278页。
[2] 徐建委《战国秦汉间的"公共素材"与周秦汉文学史叙事》,《中山大学学报》(社会科学版),2012年第6期。

附录一　吐鲁番出土晋史残卷再考　331

附录1：重点文字图版1—11

图 10–1　第 12、13 行间夹字

图 10–2　第 12 行第 16 字

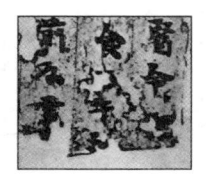

图 10–3　第 21、22、23 行所存部分下端

图 10–4　第 38 行"帝日"及以下残笔

图 10–5　第 39 行"相"及其上残墨

图 10–6　第 38 行"嫡母"及其下残墨

图 10–7　第 39 行第 11 字残笔

图 10–8　第 43、44 行所存部分下端

图 10–9　第 59 行上四字

图 10–10　第 79 行"业关中"

图 10–11　第 80 行"口"字

附录2：第49行第10字残笔与写本"侍"、"持"、"毒"的对比表

表10–1　写本第49行第10字残笔与写本"侍"、"持"、"毒"的对比

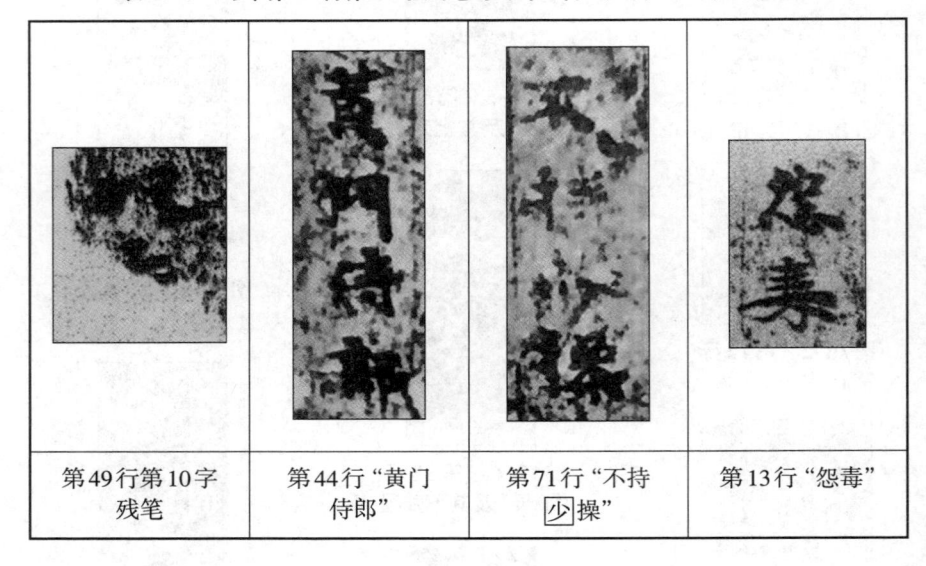

第49行第10字残笔	第44行"黄门侍郎"	第71行"不持⿵⺍操"	第13行"怨毒"

附录3：吐鲁番出土晋史残卷录文

说明

以下抄录《吐鲁番出土文书》[二]提供的写本录文，并酌情添加标点。写本每行约21—23字，残缺较多时仅括注"上残"、"中残"或"下残"，不注明具体字数。

写本的一些段落与传世文献非常接近，前人已经指出，本文未再作讨论。为便于读者把握写本内容，对本文讨论未能涉及之处，将传世文献中与写本文本十分相近、且有一定规模的段落附于录文之下。

1 　廢,天□爲之慎　（下殘）
2 　壓中□兵中郎濟　（下殘）
3 　還宣□子與王妃畫　（中殘）　心。超、雅説曰秀:"中
4 　宮殞妒無道,与賈　（中殘）　太□,今國□儲副,社稷
5 　將危,大□□起事□□□□事中宮,与賈郭親善,太子
6 　之廢,□云与知,一旦□□□必豫及□先謀之。"□□於倫,
7 　＝納焉,□告通事令□□□、省事張衡、兼壓中□御史
8 　殷渾、□衛司馬督□□等,皆以爲然。林,常山人張□□

以上可参《晋书》卷五九《赵王伦传》(亦见卷五三《愍怀太子传》):
　　時左衛司馬督司馬雅及常从督許超……與殿中中郎士猗等謀廢賈后,復太子……乃說伦嬖人孙秀曰:"中宮凶妒无道,與賈謐等共廢太子。今国无嫡嗣,社稷將危,大臣將起大事。而公名奉事中宮,與賈、郭親善,太子之廢,皆云豫知,一朝事起,禍必相及。何不先謀之乎?"秀許諾,言于伦,伦納焉。遂告通事令史張林及省事張衡、殿中侍御史殷渾、右衛司馬督路始,使爲内應。

9 　之曾孫,□車騎主□□。衡,趙王在鄴,以奸利□孫□□
10　善。始,路蕃之弟子。□□尅期,而秀等以太子　（下殘）
11　得志□不即決,謀□泄。初,秀陰謀逆乱　（下殘）
12　賈后□□增疾□□故構□成太子罪。今　（下殘）
13　則天下□怨毒以□倫乘此釁,得奮其詐　（下殘）
14　除執□□後濟□□篡。時后屢遣宮　（下殘）
15　市道,聽察群言。□妹午及趙粲亦數　（下殘）
16　人,以糸審風謡。秀知其然,乃使其私竪　（下殘）
17　説皇后妒而太子非皇后所生,憂怖不自　（下殘）
18　后。午、粲及諸宮人聞之,還白后。＝既聞　（下殘）
19　言益□,故遂廢太子。＝既廢,秀又令　（下殘）
20　者,尅□當起兵如許迎□或未兵杖　（下殘）

21　又懼□欲速煞太□□□衆望。使太醫令程　（下殘）
22　黄門孫慮煞太子□□。慮至，絶太子食。□午　（下殘）
23　申宛□。或曰，太子慮見鴆，常煮食於前。及慮　（下殘）
24　□乃□太子如厠，於□□杵歐而煞之。太子大　（下殘）
25　□。太子既卒，賈后表　（下殘）
26　路始、右□次譁督閒和　（下殘）
27　四月辛□朔，日有食之。孫秀　（下殘）
28　危，趙□欲与公共匡朝廷。司空　（下殘）
29　吐言□此乎。司空□子韙曰：中　（下殘）
30　天道玄□，當脩德以應之。癸巳，　（下殘）

　　以上可参《晋书》卷三六《张华传》:
　　　少子頲以中台星坼，劝华逊位。华不从，曰："天道玄远，惟修德以应之耳。不如静以待之，以俟天命。"
　　　及伦、秀将废贾后，秀使司马雅夜告华曰："今社稷将危，赵王欲与公共匡朝廷，为霸者之事。"华知秀等必成篡夺，乃距之。雅怒曰："刃将加颈，而吐言如此！"不顾而出。

31　司馬曰：中宫与賈謐等煞吾　（下殘）
32　中宫□□定賜若爵　（下殘）

　　以上可参《晋书》卷五九《赵王伦传》:
　　　至期，乃矫诏敕三部司马曰："中宫与贾谧等杀吾太子，今使车骑入废中宫。汝等皆当从命，赐爵关中侯。不从，诛三族。"

33　入，因□□吏車肇截關開門。倫帥梁王　（下殘）
34　壓上□兵将軍王□、謝恢以白虎幡率屬将　（下殘）
35　孝廉□通事令史，稍遷爲将軍。恢者，本　（下殘）
36　之孫□。倫陳兵馬道南，使遊擊将軍　（下殘）

37 馬百□中宮,華林令黃門駱休爲內應, （下殘）
38 皇后□庶人。帝曰□□齊王嫡母 （下殘）

以上可參《晉书》卷五九《赵王伦传》：
　　伦又矫诏开门夜入,陈兵道南,遣翊军校尉、齐王冏将三部司马百人,排合而入。华林令骆休为内应,迎帝幸东堂。遂废贾后为庶人,幽之于建始殿。

39 母還□反相讎恨 （中殘） 卒。倫 （下殘）
40 之入,尚□郎师景露□請手詔,斬以徇 （下殘）

以上可參《晉书》卷五九《赵王伦传》：
　　尚书始疑诏有诈,郎师景露版奏请手诏。伦等以为沮众,斩之以徇。

41 帝,人□□婦,不能救耶。倫坐端門,屯兵北 （下殘）
42 等持□送后于金墉城。收趙粲、賈午、=女 （下殘）
43 暴室□竟。以詔諸大臣司空、中書監、壯武公 （下殘）
44 書僕射、鉅鹿公裴頠、尚書解結,黃門侍郎杜斌 （下殘）
45 賈謐走入西鐘下,喚 （中殘） 牽□斬之。皆 （下殘）

以上可參《晉书》卷四〇《贾谧传》：
　　走入西钟下,呼曰:"阿后救我!"乃就斩之。

46 頒功臣後,原其二子。 （下殘）
47 林指曰:在此。司空曰:□害忠良 （下殘）
48 爭,阿意苟勉,何以爲忠 （下殘）
49 書劉弘、典臺事程□以 （下殘）
50 韓壽弟散騎侍郎 （下殘）
51 皆族滅之,賈氏之黨 （下殘）

52　母子,形於言色。武帝　（下殘）
53　之。浚兄虞女粲爲　（下殘）
54　之吳太妃□叩頭流涕　（下殘）
55　耶！且賈妃雖妬,婦　（下殘）
56　立世子有疑議充稱□帝。故粲　（下殘）
57　以舊恩,遂豫成亂謀。□煞前雍州刺史　（下殘）
58　軍事,華等直系,□倫陷系、結以　（下殘）
59　疏當遣出,故及於難。甲午,詔曰：朕以不德　（下殘）
60　閽,實任楊□, ＝作奸慝,既　（下殘）
61　華專權,漸再□□,遂　（下殘）
62　永制,專樹異姓,公前　（下殘）
63　丹書之制,而弼違　（下殘）
64　闇而不周,吾不明之　（下殘）
65　勸獎妬忿,構煞太　（下殘）
66　德,而凶黨復教内立　（下殘）
67　震駭,与朕協努,群奸翦　（下殘）
68　人,更擇良妃,備列六宮,皆　（下殘）
69　子惟城,其大赦天下,增位二等,使　（下殘）
70　七廟。華字茂先,范陽　（下殘）
71　志好學,不恥□操。初　（中殘）　人劉□□□欽　（下殘）
72　以其子妻之。欽數稱□,拜佐著作郎。太祖如長　（下殘）
73　郎從軍,掌書疏表檄,太祖善之,還即正。晉興　（下殘）
74　華博學洽聞,圖籍無不貫練。世祖嘗問漢事　（下殘）
75　萬戶,華畫地成圖,應對如流,雖張安世不　（下殘）
76　之。遷中書令,加散騎□侍。在朝忠肅,謀謨慎　（下殘）

以上可参《晋书》卷三六《张华传》(又颇见于《世说》刘注、《书钞》、《初学记》、《御览》等引诸旧晋史佚文,可参町田隆吉及王素论文)：

　　华少孤贫,自牧羊,同郡卢钦见而器之,乡人刘放亦奇其才,以女妻焉。……卢钦言之于文帝,转河南尹丞,未拜,除佐著作郎。顷之迁长史,兼中书郎。朝议表奏,多见施用,遂即真。晋受禅,拜黄门侍郎,封关内侯。华强记默识,四海之内,若指诸掌。武帝尝问汉官室制度及建章千门万户,华应对如流,听者忘倦,画地成图,左右属目。帝甚异之,时人比之子产。数岁,拜中书令,后加散骑常侍。

77　其闕,軍國政事,多所□□。初,秀等謀　（下殘）
78　聞群小欲爲不善公曰:（中殘）。華對　（下殘）
79　魏明帝業關中,時遠（中殘）謂爲　（下殘）
80　山之。俄而作難。華身□□□薄閱家無　（下殘）
81　於枷藏。好屬文,而無□難之才。其《鶺鴒□》（下殘）
82　化之多端,播群形於□類。惟鶺鴒之微虫,亦攝　（下殘）
83　翩翻之陋體,無玄黄以自貴,毛弗施於器用,肉弗　（下殘）
84　鷃過猶俄翼,尚何懼置罻。翳薈蒙籠,是焉　（下殘）
85　飇揚,翔不禽習。其（中殘）,其求易給,巢林不過　（下殘）
86　□數粒。栖無所滯遊　（下殘）

本文原刊于《古典文献研究》第二十辑上卷,南京:凤凰出版社,2017年。收入本书时略有修订。另外,为与全书统一体例,附录一正文和其后附录1、2涉及的写本录文都改为简体字,附录3中的写本录文保持繁体字,并保留原写本中的一些俗体、异体写法。

附录二

裴松之的存在感

——官修前代史的传统是怎样形成的

作为历史编纂的裴注

裴松之《三国志注》由于其开创性的"史注"特质而成为魏晋南北朝史学研究中倍受重视的作品。在《上〈三国志注〉表》里,裴松之把他的注文概括为补阙、备异、惩妄、论辩四类。前两类注文补充陈寿漏载之事、存录一事的不同说法,在裴注中占绝大多数,所以清人的《四库全书总目提要》把这两类又细分为四项。后两类注文对显然的失误加以驳正、对史事或陈寿书加以评论,一般会冠以"臣松之案"或"臣松之以为",虽然总体数量不多,但由于更能凸显裴松之的史学意识,很受学者重视。

前两类"补阙""备异"的注文,很早就被视为辑佚中古史书的渊薮。今天中古史论文引用裴注,习惯上也要指明是裴注引用的哪一部书,甚至可以只说是某书之语,而把"裴注引"放进注脚。可以说,人们通常不把裴注的这两类注文当作裴注来用。

这种观念由来已久,一个反映是宋刻本《三国志》的格式。在现存南宋初期刊刻的裴注本《三国志·吴书》里,注文在"某书曰"、"某人曰"、"臣松之案"等语前都留下空格。古人没有标点,也很少分段,宋刻本中的空格是什么意思呢?宋本《史记》或《文选》的合注本,会在原本不同的各家注前以空格相分别,宋本《艺文类聚》中,摘引自各书的片段之间也有空格。空格意味着强调前后文字之间的独立性,便于读者摘取利用。

但同一种注,例如《世说新语》刘注、《汉书》颜注、《后汉书》章怀注等,即便一条注文之内引用了不同文献,在宋本里并不会空格。这样看来,在《三国志》裴注同一条注文之内用空格区分各书引文,是把裴注当作类书来看了。

笔者从学生时代起参加二十四史修订工作,按照统一要求,修订组要先完成"修订长编",详细列出每处问题的参考史料。去哪里找史料、把哪些列出、用什么顺序排列,都不是随意而为,背后是我们的思考过程甚至观点趋向。由此不由得想到,裴注里罗列大量史料,背后有没有逻辑呢?

《三国演义》有个著名的故事,在第四回《废汉帝陈留践位　谋董贼孟德献刀》里,曹操因行刺董卓失败逃亡,途中杀故人吕伯奢一家,说"宁教我负天下人,休教天下人负我"。这个故事不见于《三国志》正文,而见于裴注。这条裴注引用了三份文献,一是王沈《魏书》,一是西晋郭颁的《世语》,一是东晋孙盛的《杂记》。这个顺序,从书的种类来看,先正史,后杂说,符合一般思路;从书的年代来看,也是由早到晚。除此之外,还可以注意三份文献的内容:

　　《魏书》曰:太祖以卓终必覆败,遂不就拜,逃归乡里。从数骑过故人成皋吕伯奢。伯奢不在,其子与宾客共劫太祖,取马及物,太祖手刃击杀数人。

　　《世语》曰:太祖过伯奢。伯奢出行,五子皆在,备宾主礼。太祖自以背卓命,疑其图己,手剑夜杀八人而去。

　　孙盛《杂记》曰:太祖闻其食器声,以为图己,遂夜杀之。既而凄怆曰:"宁我负人,无人负我!"遂行。

《魏书》的引文先交代曹操逃亡的背景,与陈寿正文衔接,再引出过故人吕伯奢之事;后两条引文则只描述关于吕伯奢的故事,而且越来越细节,《世语》包括曹操来到伯奢家直至夜杀八人而去的全部经过,《杂记》则专门描述了曹操因听到异响起疑杀人,又发出"宁我负人,无人负我"

的感慨。三份文献在内容上也构成层层递进的关系。

兴平元年（194）曹操征陶谦，《三国志》正文记是由于曹操父曹嵩"避难琅邪，为陶谦所害，故太祖志在复仇东伐"。在这句话下面裴注先后引用了《世语》和韦曜《吴书》，从部类或时代来说都不符合一般顺序。不过《世语》的引文情节完整，而且和《三国志》正文口径一致，说是由于"陶谦密遣数千骑掩捕"而导致曹嵩"阖门皆死"。《吴书》则说陶谦本是派遣都尉护送曹嵩，但途中这位都尉杀掉曹嵩，劫取财物逃走，曹操由此归咎于陶谦。多看一些裴注，就会发现裴松之排列文献的实质依据不是种类、时代，而是内容的逻辑联系。换句话说，裴注由始至终蕴含着注释者的意志，只是在多数情况下没有特别说明，直接体现在对引文的剪裁排列中了。

顺着这样的思路再读裴注，会发现它注事、注人、注家族，依事实之同异、视角之远近或时间之先后展开叙述，和编纂史书的要求相仿，只是它还在尽量保持所引资料的原有属性。如果抛开这层顾忌，删去重复，加以润饰，不难摇身一变成为一部新的三国史。关于中古时代编纂史书的具体操作方式，没有什么直接资料，不过可以想象，搜集资料以后需要一个排比整理的过程，裴注完成的就是这种工作。裴注本《三国志》，可以说是一种历史编纂的阶段性成果。

所以，当陈寅恪先生讨论"合本子注"时，把裴注、《洛阳伽蓝记》自注、《世说》刘注、《水经注》等中古史注与《续资治通鉴长编》《三朝北盟会编》《建炎以来系年要录》等宋人的史书著作放在同一脉络里。这三种书的题目与体例都含有阶段性成果、未定稿的意味，中古几种以注的形式排比资料的作品的确与之有相通之处。而后者中除了《水经注》普遍被视为一种独立著述外，其余几种注，尤其是裴注自身的主体性却常常被人忽略（参见陈寅恪《陈述辽史补注序》，收入《金明馆丛稿二编》）。

逯耀东先生尤为关注裴注中带有"臣松之案"的注文，把它与《史记》的"太史公曰"、孙盛的《魏氏春秋异同杂语》、司马光的《资治通鉴考异》勾连起来，指出虽然它们形式不同，但都包含对材料的处理，即搜集材料、考辨异同真伪，并在此基础上引申出论断史书得失的史学评论。这类作品的出现显然与历史编纂有密切关系,而且"太史公曰"、孙盛《异同杂语》和《通鉴考异》各自都对应着一部史书:《史记》《魏氏春秋》《资治通鉴》。实际上,我们也完全可以说裴注中的"臣松之案"对应着整部裴注本《三国志》,而裴注本《三国志》有一定的"撰著"意味(参见逯耀东《司马光〈通鉴考异〉与裴松之〈三国志注〉》,收入《魏晋史学的思想与社会基础》;《史传论赞与"太史公曰"》,收入《抑郁与超越:司马迁与汉武帝时代》)。

不仅是以"臣松之案"或"臣松之以为"开头的条目能反映出裴注的史学方法和思想,它的所有注文都含有注释者的主体性。裴注中的引文,首先是构成这条注文(而注文又是配合正文)的叙述的一部分,其次才是它所由出的文献的吉光片羽。不过,由于六朝史书到隋唐以后几乎亡佚殆尽,而裴注引书"多首尾完具,不似郦道元《水经注》、李善《文选注》皆剪裁割裂之文",也可以理解人们会忘记这一点,一打开裴注之门,目光便全被中古佚史吸去,"考证之家取材不竭,转相引据者,反多于陈寿本书焉"(《四库提要》语)。

注《三国志》与修《晋书》

《宋书·裴松之传》:

> 上使注陈寿《三国志》,松之鸠集传记,增广异闻,既成奏上。上善之,曰:"此为不朽矣。"

宋文帝谓裴松之《三国志注》可以"不朽",这不太像是在评价一部经史注解。魏晋时期的正史注家以注音释义为主,裴松之的儿子裴骃作《史记集解》,也是这一类作品。裴注能被称为"不朽",离不开它近于史著的特性。裴松之为什么会采用这种特别的作注办法呢?《上注表》称:"臣前被诏,使采三国异同,以注陈寿《国志》。"可见在下达给裴松之的诏书里,已经规定下这种详列史料、被后人评价为开"史注"先河的注释方式了。

《上注表》的署日为"元嘉六年七月二十四日",表中称"自就撰集,已垂期月,写校始讫,谨封上呈",则受诏在元嘉五年(428)。这和《宋书》对裴松之生平的记载也基本符合(参见逯耀东《魏晋史学的思想与社会基础》,曹道衡、沈玉成《中古文学史料丛考》"裴松之《三国志注》成书之速"条)。因为成书迅速,逯耀东先生推断这部注不完全是裴松之个人的功劳,而是"在一批助手协助下进行的",助手们的工作是抄撮整理大量的三国史料,裴松之的贡献在于发凡起例与最后的案语论断。这种多人分工、一人总裁的方式的确常见于官方编纂。

裴松之受诏的元嘉五年,又是六朝著名文学家谢灵运自认为怀才不遇,称病东归会稽,与四友共山泽之游的时间。不过我们之所以把话题转向谢灵运,是因为他在东归之前担任过秘书监、侍中,受诏修撰《晋书》,而元嘉五年谢灵运东归,基本上是刘宋撰定晋史的项目宣告失败的时间。

《宋书·谢灵运传》云,"太祖登祚,诛徐羡之等,征为秘书监"。杀徐羡之等与征谢灵运,不光是时间的巧合,也有因果联系。宋文帝是武帝刘裕的三子,是徐羡之等大臣废掉武帝长子少帝后迎立的。废少帝以前,徐羡之等人担心皇位依次将由次子庐陵王义真继承,因此首先废杀义真。《宋书》云义真"聪明爱文义,而轻动无德业。与陈郡谢灵运、琅邪颜延之、慧琳道人并周旋异常,云得志之日,以灵运、延之为宰相,慧琳为西豫州都督"。义真被废的同时,与他关系亲密的谢灵运、颜延之都被贬为外任。文帝消灭了徐羡之等三位辅臣,立刻迎谢、颜归朝,以谢灵运为秘书监,整理图书,"又以晋氏一代,自始至终,竟无一家之史,令灵运撰《晋书》"。

在此之前,晋人编纂的晋史数量很多。西晋史官修撰的晋史纪与志不传于江左,但东晋初年,王隐、虞预、朱凤、干宝等人编纂了多部纪传或编年体的西晋史。比较特别的是,东晋人撰写的东晋史似乎都是编年体,可惜"远则偏记两帝,近则唯叙八朝"(刘知幾语),没有一部能涵盖东晋首尾。我们熟悉的东晋纪传史《晋中兴书》,这时很可能也还没出现(关于其作者何法盛,只知道他在宋孝武帝年间与谢超宗、沈伯玉等校书东宫,而谢超宗是谢灵运的孙子)。

随着晋祚正式告终,全面总结一代史事越发显得必要。从各方面看,谢灵运都是修撰晋史的适当人选。他不仅文才独步当世,而且是东晋名臣谢玄的嗣孙,刘宋受禅后,有五位东晋功臣国祀被特准保留,谢灵运是当时的嗣爵者之一。就与刘宋政权及宋文帝的关系而言,他在晋末就曾出任刘裕、裕弟道怜、世子义符府佐,后与庐陵王义真亲密,在徐羡之的问题上与文帝同一阵线,且才学深为文帝所爱。综合身份、才能和政治可靠,没有人比谢灵运更适合修撰晋史了。

不过谢灵运的自我期待却是"应参时政"。元嘉三年他初回建康时,满心想要在政治上一展拳脚,结果却"唯以文义见接",只得到整理秘阁图籍、编纂晋史的任务,"每侍上宴,谈赏而已",心理落差不小。《宋书》说他"意既不平",便多称病不上班,"穿池植援,种竹树果",而且这些打理私家花园的活计还是靠"驱课公役"。也有时毫无交代便扔下差事,"出郭游行,或一百六七十里,经旬不归"。后来文帝只好给他放长假,让他回到会稽养病,而他在会稽依然"游娱宴集,以夜续昼",最终被劾免官。在建康期间奉命修撰的《晋书》,也只是"粗立条流,书竟不就"。

谢灵运免官,《宋书》明确写到"是岁,元嘉五年"。如果考虑到他正式免官前还消极怠工了一段时间,那么文帝任命裴松之作《三国志注》,一方面与下诏修撰晋史相隔不远,一方面又是在晋史项目已受阻滞的情况下。相隔不远,则文帝撰定前朝史的打算是一致的;晋史受阻,则似又与"使采三国异同,以注陈寿《国志》"的规划有关。

刘知幾《史通》说三国史的撰写,自陈寿《三国志》以后:

> 孙盛撰《魏氏春秋》,王隐撰《蜀记》,张勃撰《吴录》,异闻错出,其流最多。宋文帝以《国志》载事,伤于简略,乃命中书郎裴松之兼采众书,补注其阙。由是世言《三国志》者,以裴《注》为本焉。

诸家史作层出不穷(除了刘知幾提到的,我们还能举出习凿齿、孔衍、阴澹、常璩等等)→皇帝命注《三国志》→"世言《三国志》者以裴《注》为本",这个模式和《史通》说唐修《晋书》的编纂几乎一样:"皇家贞观中,有诏以前后晋史十有八家,制作虽多,未能尽善"→"乃敕史官更加纂录"→"自是言晋史者,皆弃其旧本,竟从新撰者焉"。文帝命谢灵运撰晋史,也已经符合了前两步,可惜谢灵运中途辍止。

总之,由于前代史纷纭未定而下诏更作新本,是谢灵运撰《晋书》与裴松之注《三国志》背后的相通之处。也许由于谢灵运《晋书》的"竟不就",也由于三国史已有了一部"善叙事","虽文艳不若相如,而质直过之"的《三国志》,宋文帝并未要求完全重撰一部三国史,而是用撰史的方式给《三国志》作注。

官修前代史

中国古代的官方历史记录有很久远的传统。班彪云:

> 唐虞三代,《诗》《书》所及,世有史官,以司典籍,暨于诸侯,国自有史,故《孟子》曰:"楚之《梼杌》,晋之《乘》,鲁之《春秋》,其事一也。"定、哀之间,鲁君子左丘明论集其文,作《左氏传》三十篇,又撰异同,号曰《国语》,二十一篇,由是《乘》《梼杌》之事遂暗而《左氏》《国语》独章。

五经和其他记先秦之事的文献,大多与先秦的官方档案、官方记录有些关联,甚至"史"字的本意就是书记之官。然而历史写作的基本规律,是"书事记言,出自当时之简;勒成删定,归于后来之笔"(《史通·史官建置》)。最近发生之事的记录会不断产生,当新记录逐渐停止出现,旧资料被回顾、整理、阐释,相应时期的历史叙述才能渐趋稳定。早期政权对史学的参与主要在于"当时之简",而不能把握"后来之笔",正如班彪说"《乘》《梼杌》之事遂暗而《左氏》《国语》独章"。

西汉时,司马迁父子以"太史"的身份撰写《史记》,开此后纪传体王朝史撰写的先河。不过其书本名"太史公书",体裁、义法的创设都充满个人精思,并不是履行官员本职工作、按照一定规章流程而完成的。我们可以通过这部书探究作者的学术与思想,但很难把它作为官方涉足"后来之笔"的代表。

东汉的官修史也停留在当代史范围内。班固以续写《史记》获罪,却因祸得福受到汉明帝赏识,奉命撰写东汉史。他与同僚撰成《世祖本纪》和关于功臣、平林、新市、公孙述事的列传、载记二十八篇,确认了东汉历史写作继续在纪传体的框架内展开。此后他获准继续西汉史的续写,所完成的《汉书》成为此后通行两千年的权威西汉史。尽管西汉的历史独立成书,但不大好算作是东汉官方修撰的"先朝史"。这部书并不由东汉政府发起,反倒是经过东汉政府的禁止和解禁才得以完成,这正是由于东汉朝廷把它视为本朝历史,忌讳私人随意议论列祖列宗。至于对此前王朝的追述与评价,很长时间里官方并未真正关心。

在班固以后,东汉史官陆续修撰国史纪表志传,到汉末累积百余篇,称《东观汉记》。这部官方主持修撰的史书成为此后数百年东汉史编纂潮流的起点。西晋时出现了两部颇重要的东汉史,一是司马彪《续汉书》,一是华峤《汉后书》,而两位作者分别有秘书丞和秘书监的身份,那么是否可以说西晋朝廷已有修撰前代汉史的意图了呢?司马彪《续汉书》序云:

> 先王立史官以书时事,载善恶以为沮劝,撮教世之要也。是以《春秋》不修,则仲尼理之;《关雎》既乱,则师挚修之。前哲岂好烦哉?盖不得已故也。

司马彪明确说"史官"的职责只在于"书时事",删削整理成为良史,则要靠后来的学者,这个观念和班彪那时一样。司马彪改作东汉史的基础与缘由,是《东观汉记》"记述烦杂",蜀汉大儒谯周"虽已删除,然犹未尽",而且东汉安帝顺帝以后的部分"亡缺者多",有必要进一步整理补充。序言表明,司马彪是以个人身份撰写《续汉书》的。至于他当时恰好担任秘书丞,恐怕是由于这一职务接近大量秘阁文籍,为他著史提供了保障。而华峤的情况与司马彪一样,本传云"峤以《汉纪》烦秽,慨然有改作之意。会为台郎,典官制事,由是得遍观秘籍,遂就其绪"。《汉后书》的撰写从华峤早年在曹魏任尚书郎时就开始筹备了,直到晋惠帝元康(291—299)初才基本完成,这时华峤已迁任秘书监,将此书奏上,朝臣会议后认为"有迁、固之规,实录之风",决定"藏之秘府"。

以上这些,都还不是官方自上而下地决意进入前代史的撰述领域。元嘉之初,当刘宋政权渡过第一个交接期,基本巩固以后,宋文帝便令谢灵运撰《晋书》、又令裴松之注《三国志》,这就显露出官方伸入"后来之笔"的撰述领域的新动向。可是谢灵运《晋书》未成,裴注与真正的史书也还有一步之遥,比较标准的官修前代史到南齐才正式出场,亦即沈约《宋书》。

沈约于南齐永明五年(487)春被敕撰《宋书》,来年二月就完成了纪传七十卷。这部官修前代史能够顺利并迅速完成,离不开刘宋一代比较完善的当代史编纂。根据沈约的《上〈宋书〉表》,宋文帝元嘉年间何承天、山谦之撰开国功臣与诸志,孝武帝时苏宝生续作元嘉名臣传,后来徐爰又续修并删定成书,"起自义熙之初,讫于大明之末",亦即刘宋开创期的十五年左右到受禅以来的四十五年左右都有了较好的纪传史基础,只有最后的十余年尚无撰作(《上〈宋书〉表》见《宋书·自序》)。相比之下,刘宋时修撰前代史的机遇不佳——晋朝缺少纪传史基础,三国则已有评价颇高、通行已久的《三国志》,因此尽管刘宋官方萌生了编撰前代史的意识,却未能很好地实现。

对前代史的编定是历史编纂的收官环节,官修史进入这一领域方才完整。隋代出现禁止私人撰史的政策,宋代又将朝廷指定的正史校定刊板,进一步巩固了官修正史在历史叙述中的绝对统治地位,使之成为中国古代确立政权合法性的一种重要手段。从技术上说,如汉代、曹魏都有较好的当代史编纂基础,此后的朝代编定前代史本非难事,却为何迟至宋齐,国家才显示出此种意愿?这恐怕与官方编纂撰述的整体发展趋势有关。早期官方以编定与行政运作直接相关的法典、礼典为主,其余更具文化性的编纂活动虽亦有出现,难成气候。南北朝以来,官方编纂明显兴盛,参与人员、作品数量、所涉领域皆非往日可比,首部顺利完成的官修前代史沈约《宋书》,也是同时期活跃的官方编纂的一分子。

余论:中古时代的官修与私撰

胡宝国先生考察南朝的学术风尚,认为裴松之《三国志注》的出现可能是由于那一时代"贵能博闻",重视知识的风气(胡宝国《知识至上的南朝学风》)。这里所要"博闻"的知识是特指以文本为依据的知识,所以这种风气本质上是关于文本处理的风气,指导着文本的汇集、整理和编纂。这种风气似乎与官方编纂天然地贴近。南朝以来官方编纂在很多文献类型领域卓有成绩,或许是乘此东风,可能还反过来为之助力。

官方编纂有两个值得注意的倾向。一是多以集体工作、多人分修的方式进行,这带来编纂思路、效果的根本变化。这种变化在古代史学评论家眼中非常糟糕,用内藤湖南的话深入浅出说来(《中国史学史》第七章,马彪译),就是"一人著作的序例,由于是总括自己的编纂主旨,所以序例意思得以贯穿于全书",而多人分修"就有必要机械地约束众多的作者……结果是分纂者很难通盘贯彻编纂的主旨精神,司马迁以来那种已经成为历代史书主旨的,即史书乃一家之言的精神完全泯灭了"。章学诚说《史记》"近于圆而神",《汉书》"近于方以智",中古以下史书则"同于科举之程式,官府之簿书",大抵是这种意思。不过说后代史书同于官府档案,当然是一种愤怒的夸张,即便相对潦草或刻板,也终究是史书而非资料集。集体分工难以求精,但胜在规模,很适合汇集、整理、重编这种工作思路。裴注仅用时一年完成,就把《三国志》扩大了一倍,有喧宾夺主之势。而梁武帝据说因不满恃才傲物的学者刘峻,得知他编成一部一百二十卷的类书以后,立刻召集学者编纂了六倍规模的《华林遍略》"以高之"(见《南史·刘峻传》)。《华林遍略》卷数,这里采纳胜村哲也先生的观点）。

　　二是在材料上，倾向于利用官方档案。既然是官方编纂，最方便查阅的资料自然是档案，尤其是在中古重视"近例成比"的决策传统中，各行政部门出于工作需要，对档案有基本的汇集、整理。现代人都熟知，档案是上佳的历史资料。不过中古编纂对档案的利用，有时很难说是为了追究最准确的记录、发掘历史的真相，还是由于近水楼台，便随手以档案资料来填充既有的体裁框架。像兰克那样乐此不疲地奔波于各地图书馆、档案馆间调查一手资料，跟中古的编纂官员们的工作状况是不一样的。不过档案当然也不是万能的，像《四部要略》这样的类书，或文集、经解等的编纂就与文书档案有天然的距离了。

　　上述两个方面不可分割。我更愿意把官方编纂定义为官僚制向传统的学术领域扩展：集体编纂方式意味着多人分工、流程固定、决策分层（总裁官负责凡例、史论等关键工作），这也是官僚制的基本内涵；对文书档案的利用则是官方编纂活动与其他官僚部门有机结合的桥梁；而且，由于文书档案都是产生于官僚制的运作中，它们所具有的规整特性，又特别有利于编纂方式的官僚制化。这样，一部著作从资料、编纂方式，到最后形成的面貌，都会烙下官僚制的痕迹，而与纯粹的私人撰述不同。

　　但是当我们把上述理解带入具体作品，不免感到问题重重。例如《宋书》记王伟之"少有志尚，当世诏命表奏，辄自书写"（《王韶之传》），其子王韶之在此基础上所作的《晋安帝阳秋》当属官修还是私撰？而裴注增补的资料几乎没有文书档案，反而多有异闻杂语，它又应属官修还是私撰？如果说裴注从多人协助的编纂方式来看当属官修，那么范晔"广集学徒，穷览旧籍，删烦补略"而作《后汉书》，算是官修还是私撰？

　　退一步想，一部书中既有受到官方制度运作影响的因素，又有体现撰写者个人意志之处，应是撰述的常态。一方面，一部著作可以经历多手编纂，未必每次编纂都同样是官修或私撰；另一方面，中古时代官修体制尚未完善，而且学者与官员的身份常常重叠，必然导致官与私的交织。还不能忘记的是，这里讨论的"官"是官僚制意义上的，而官僚制从来不是政府的专属，只是在古代中国，政府无疑是最高级的官僚组织，也是在整体上推动官僚制对编纂与文献领域影响的主体。对中古时代来说，在对立的官修与私撰框架下理解文献与编纂有其困境，或许可以重新提问：官僚制下行政运作的逻辑、行政文书的样态等，对中古文献世界整体造成了怎样的影响？

本文原刊于《文汇学人》第369期，2018年11月30日

参 考 文 献

一、古　籍

《史记》,(汉)司马迁著,北京:中华书局,1959年。
《史记会注考证》,泷川资言会注考证,北京:新世界出版社,2008年。
《汉书》,(汉)班固著,北京:中华书局,1962年。
《汉书补注》,(清)王先谦补注,收入《汉书补注(外二种)》,影印本,上海古籍出版社,2008年。
《汉书西域传补注》,(清)徐松补注,收入《汉书补注(外二种)》,影印本,上海古籍出版社,2008年。
《后汉书》,(南朝宋)范晔著,北京:中华书局,1965年。
《后汉书集解》,(清)王先谦集解,影印虚受堂本,北京:中华书局,1984年。
《东观汉记校注》,(汉)刘珍等著,吴树平校注,北京:中华书局,2008年。
《八家后汉书辑注》,周天游辑注,上海古籍出版社,1986年。
《三国志》,(晋)陈寿著,北京:中华书局,1971年。
《三国志集解》,卢弼集解,钱剑夫整理,上海古籍出版社,2009年。
《晋书》,(唐)房玄龄著,北京:中华书局,1974年。
《晋书斠注》,吴士鉴、刘承幹注,影印本,北京:中华书局,2008年。
《宋书》,(南朝齐)沈约著,北京:中华书局,1974年。
《南齐书》,(南朝梁)萧子显著,北京:中华书局,1972年。
《梁书》,(唐)姚思廉著,北京:中华书局,1973年。
《陈书》,(唐)姚思廉著,北京:中华书局,1972年。
《魏书》,(北齐)魏收著,北京:中华书局,1974年。
《北齐书》,(唐)李百药著,北京:中华书局,1972年。

《周书》，（唐）令狐德棻著，北京：中华书局，1971年。

《隋书》，（唐）魏征著，北京：中华书局，1973年。

《南史》，（唐）李延寿著，北京：中华书局，1975年。

《北史》，（唐）李延寿著，北京：中华书局，1974年。

《旧唐书》，（后晋）刘昫著，北京：中华书局，1975年。

《新唐书》，（宋）欧阳修、宋祁著，北京：中华书局，1975年。

《唐书辑校》，吴玉贵辑校，北京：中华书局，2008年。

《旧五代史新辑会证》，陈尚君辑证，上海：复旦大学出版社，2005年。

《资治通鉴》卷七五，（宋）司马光著，北京：中华书局，1956年。

《两汉纪》，（汉）荀悦、（晋）袁宏著，张烈点校，北京：中华书局，2002年。

《九家旧晋书辑本》，（清）汤球辑，杨朝明校补，郑州：中州古籍出版社，1991年。

《众家编年体晋史》，（清）汤球、（清）黄奭辑，乔治忠校注，天津古籍出版社，1989年。

《汉晋春秋辑本》，（清）汤球辑，《丛书集成初编》本，上海：商务印书馆，1937年。

《晋阳秋辑本》，（清）汤球辑，《丛书集成初编》本，上海：商务印书馆，1937年。

《建康实录》，（唐）许嵩著，张忱石点校，北京：中华书局，1986年。

《屠本十六国春秋》，（明）屠乔孙、项琳之辑，乾隆竹书山房本。

《五胡十六国霸史辑佚》，関尾史郎编，東京：燎原書店，2012年。

《汉官六种》，（清）孙星衍等辑，周天游点校，北京：中华书局，1990年。

《唐律疏义笺解》，（唐）长孙无忌著，刘俊文笺解，北京：中华书局，1996年。

《唐六典》，（唐）李林甫著，陈仲夫点校，北京：中华书局，1992年。

《通典》，（唐）杜佑著，王文锦等点校，北京：中华书局，1988年。

《唐会要》，（宋）王溥著，上海古籍出版社，1991年。

《五代会要》，（宋）王溥著，上海古籍出版社，1978年。

《通志二十略》，（宋）郑樵著，王树民点校，北京：中华书局，1995年。

《华阳国志校补图注》，（晋）常璩著，任乃强校注，上海古籍出版社，1987年。

《沙州记》，（南朝宋）段国著，张澍辑，《丛书集成初编》本，上海：商务印书馆，1936年。

《舆地志辑注》，（南朝陈）顾野王著，顾恒一等注，上海古籍出版社，2012年。

《水经注疏》，（北魏）郦道元注，杨守敬、熊会贞疏，段熙仲、陈桥驿整理，南京：江苏古籍出版社，1989年。

《洛阳伽蓝记校注》，（北魏）杨衒之著，范祥雍校注，上海古籍出版社，1978年。

《史通通释》，（唐）刘知幾著，（清）浦起龙释，王煦华整理，上海古籍出版社，2009年。

《读史札记》，（清）卢文弨著，北京：中华书局，2010年。
《廿二史札记校证》，（清）赵翼著，王树民校证，北京：中华书局，1984年。
《陔余丛考》，（清）赵翼著，北京：中华书局，1963年。
《廿二史考异》，（清）钱大昕著，方诗铭、周殿杰点校，上海古籍出版社，2004年。
《十驾斋养新录》，（清）钱大昕著，杨勇军整理，上海书店出版社，2011年。
《文史通义校注》，（清）章学诚著，叶瑛校注，北京：中华书局，1985年。
《隋书经籍志考证》，（清）章宗源著，收入二十五史刊行委员会编集《二十五史补编》，北京：中华书局，1955年。
《补三国艺文志》，（清）侯康著，收入二十五史刊行委员会编集《二十五史补编》，北京：中华书局，1955年。
《越缦堂读史札记全编》，（清）李慈铭著，北京图书馆出版社，2003年。
《隋书经籍志考证》，（清）姚振宗著，收入二十五史刊行委员会编集《二十五史补编》，北京：中华书局，1955年。
《史记探源》，（清）崔适著，北京：中华书局，1986年。
《直斋书录解题》，（宋）陈振孙著，徐小蛮、顾美华点校，上海古籍出版社，1987年。
《四库全书总目》，（清）永瑢等著，影印浙刻本，北京：中华书局，1965年。
《中国古佚书辑本目录解题》，孙启治等编，上海古籍出版社，2009年。

《世说新语笺疏》，（南朝宋）刘义庆著，（南朝梁）刘孝标注，余嘉锡笺疏，北京：中华书局，2007年。
《金楼子校笺》，（南朝梁）萧绎著，许逸民校笺，北京：中华书局，2011年。
《颜氏家训集解》，（北齐）颜之推撰，王利器集解，北京：中华书局，1993年。
《大唐新语》，（唐）刘肃著，北京：中华书局，1984年。
《北堂书钞》，（隋）虞世南著，影印孔氏三十三万卷堂本，北京：中国书店，1989年。
《初学记》，（唐）徐坚著，北京：中华书局，1962年。
《艺文类聚》，（唐）欧阳询著，上海古籍出版社，1982年。
《册府元龟》，（宋）王钦若著，影明本，北京：中华书局，1960年。
《册府元龟》，（宋）王钦若著，周勋初等校订，南京：凤凰出版社，2006年。
《太平御览》，（宋）李昉著，影宋本，北京：中华书局，1960年。
《文苑英华》，（宋）李昉著，影印本，北京：中华书局，1966年。
《玉海》，（宋）王应麟著，合璧本，东京：中文出版社，1986年。

《开元占经》,(唐)瞿昙悉达著,《影印文渊阁四库全书》子部第807册,台北:台湾商务印书馆,1986年。
《广弘明集》,(唐)释道宣著,四部丛刊初编影明本。
《集古今佛道论衡》,(唐)释道宣编,大正新修大藏经本。

《文选》卷六〇,(南朝梁)萧统编,(唐)李善注,上海古籍出版社,1986年。
《全上古三代秦汉三国六朝文》,(清)严可均辑,影印光绪王毓藻刻本,北京:中华书局,1958年。
《日藏弘仁本文馆词林校证》,(唐)许敬宗编,罗国威整理,北京:中华书局,2001年。
《江文通集汇注》,(南朝)江淹著,(明)胡之骥注,李长路、赵威点校,北京:中华书局,1984年。
《庾子山集注》,(北周)庾信著,(清)倪璠注,许逸民校点,北京:中华书局,2006年。
《增订文心雕龙校注》,(南朝梁)刘勰著,(清)黄叔琳注,李详补注,杨明照校注拾遗,北京:中华书局,2012年。
《解春集诗文钞》,(清)冯景著,清乾隆卢氏抱经堂丛书本。

二、出土文献、考古报告与工具书

《尹湾汉墓简牍》,连云港市博物馆等编,北京:中书书局,1997年
《鸣沙石室佚书正续编》,罗振玉编,北京图书馆出版社,2004年。
《吐鲁番出土文书》第四册,国家文物局古文献研究室等编,北京:文物出版社,1983年。
《吐鲁番出土文书》[二],唐长孺主编,北京:文物出版社,1994年。
《金石录校证》,(宋)赵明诚著,金文明校证,桂林:广西师大出版社,2005年。
《金石萃编》,(清)王昶著,影印扫叶山房本,北京:中国书店,1985年。
《北京图书馆藏中国历代石刻拓本汇编》,北京图书馆金石组编,郑州:中州古籍出版社,1989年。
《汉魏南北朝墓志汇编》,赵超编,天津古籍出版社,2008年。
《汉魏六朝碑刻校注》,毛远明著,北京:线装书局,2009年。
《新出魏晋南北朝墓志疏证》(修订本),罗新、叶炜著,北京:中华书局,2016年。
《六朝建康冢墓碑志考证》,朱希祖著,收入《六朝陵墓调查报告》,长沙:岳麓书社,2010年。
《刘岱墓志简述》,镇江博物馆著,《文物》1977年第6期。

《陈朝名将黄法氍墓志辨析》,邵磊著,《东南文化》2015年第2期。
《陈黄法氍墓志校证》,王素著,《文物》1993年第11期。
《新出土北周建德二年庾信撰〈宇文显墓志铭〉勘证》,王其祎、李举纲著,《出土文献研究》第八辑,上海古籍出版社,2007年。

《湖南郴州苏仙桥遗址发掘简报》,湖南省文物考古研究所、郴州市文物处著,《湖南考古辑刊》第8辑,长沙:岳麓书社,2009年。
《南京梁桂阳王萧融夫妇合葬墓》,南京市博物馆、阮国林著,《文物》1981年第12期。
《南京郊区两座南朝墓的清理简报》,南京市文物管理委员会著,《文物》1980年第2期。
《南京尧化门南朝梁墓发掘简报》,南京博物院著,《文物》1981年第12期。
《南京市灵山南朝墓发掘简报》,南京市博物馆著,《考古》2012年第11期。
《梁朝桂阳王萧象墓》,南京博物院著,《文物》1990年第8期。
《南京西善桥南朝墓》,南京市博物馆著,《文物》1993年第11期。
《河北景县封氏墓群调查记》,张季著,《考古通讯》1957年第3期。
《北周田弘墓》,宁夏文物考古研究所著,北京:文物出版社,2009年。

《敦煌俗字典》,黄征编,上海教育出版社,2005年。
《汉魏六朝隋唐五代字形表》,臧克和主编,广州:南方日报出版社,2011年。

三、今人论著

B C

白鸟库吉《大秦国及び拂菻国について》,《白鸟库吉全集·西域史研究》下册,東京:岩波書店,1971年。
白寿彝主编,瞿林东著《中国史学史》第三卷《魏晋南北朝隋唐时期》,上海人民出版社,2006年。
保罗·维纳著,韩一宇译《人如何书写历史》,上海:华东师范大学出版社,2018年。
布罗著,黄煜文译《历史的历史:从远古到20世纪的历史书写》,桂林:广西师范大学出版社,2012年。
曹书杰《王隐家世及其〈晋书〉》,《史学史研究》1995年第5期。

陈登原《古今典籍聚散考》，上海：华东师范大学出版社，2009年。
陈国灿、李征《吐鲁番出土东晋（？）写本〈晋阳秋〉残卷》，收入陈国灿《陈国灿吐鲁番敦煌出土文献史事论集》，上海古籍出版社，2012年。
陈侃理《〈史记〉与〈赵正书〉——历史记忆的战争》，日本中国史学会《中国史学》第26卷，2016年。
陈琳国《中古北方民族史探》，北京：商务印书馆，2010年。
陈梦家《西汉施行诏书目录》，收入《汉简缀述》，北京：中华书局，1980年。
陈民镇《〈系年〉"故志"说——清华简〈系年〉性质及撰作背景刍议》，《邯郸学院学报》2012年第6期。
陈其泰、张爱芳编《〈汉书〉研究》，瞿林东主编《20世纪二十四史研究》，北京：中国大百科全书出版社，2009年。
陈鹏《世系与门第：中古谱牒新论》，北京大学博士论文，2015年。
陈爽《出土墓志所见中古谱牒研究》，上海：学林出版社，2015年。
陈爽《纵囚归狱与初唐的德政制造》，《历史研究》2018年第2期。
陈世良《李柏文书新探》，《新疆社会科学》1987年第6期。
陈识仁《〈水经注〉与北魏史学》，台北：花木兰文化出版社，2008年。
陈伟《清华大学藏竹书〈系年〉的文献学考察》，《史林》2013年第1期。
陈勇《汉赵史论稿》，北京：商务印书馆，2009年。
陈寅恪《隋唐制度渊源略论稿·唐代政治史述论稿》，北京：生活·读书·新知三联书店，2001年。
陈寅恪《金明馆丛稿初编》，北京：生活·读书·新知三联书店，2001年。
陈寅恪《金明馆丛稿二编》，北京：生活·读书·新知三联书店，2001年。
程章灿《从碑石、碑颂、碑传到碑文——论汉唐之间碑文体演变之大趋势》，荣新江主编《唐研究》第13卷，北京大学出版社，2007年。
曹道衡《论袁宏的创作及其〈后汉纪〉》，《辽宁大学学报》1992年第2期。
曹道衡、沈玉成《中古文学史料丛考》，北京：中华书局，2003年。

D F G

大庭脩著，徐世虹译《秦汉法制史研究》，上海：中西书局，2017年。
戴卫红《魏晋南北朝得谥官员身份的重大转变——魏晋南北朝官员谥法、谥号研究（一）》，《南都学坛》（人文社会科学学报）2010年第6期。

戴卫红《魏晋南北朝官员给谥程序——魏晋南北朝官员谥法、谥号研究(三)》,《南京晓庄学院学报》2011年第2期。

戴卫红《魏晋南北朝时期的谥法与墓志谥号刻写》,"社会史视野下的魏晋制度变迁"工作坊,华东师范大学,2019年5月。

嶋崎昌《隋書高昌伝解説》,《隋唐時代の東トゥルキスターン研究》,東京大学出版会,1977年。

杜希德著,黄宝华译《唐代官修史籍考》,上海古籍出版社,2010年。

杜希德著,张书生译,王毓铨校《中国的传记写作》,《史学史研究》1985年第3期。

冨谷至著,朱腾译,徐世虹校译《通往晋泰始律令之路(I):秦汉的律与令》,收入中国政法大学法律史学研究院编《日本学者中国法论著选译》,北京:中国政法大学出版社,2012年。

冨谷至著,朱腾译,徐世虹校译《通往晋泰始律令之路(II):魏晋的律与令》,收入中国政法大学法律史学研究院编《日本学者中国法论著选译》,北京:中国政法大学出版社,2012年。

冨谷至著,徐世虹译《王杖十简》,收入杨一凡、寺田浩明主编《日本学者中国法制史论著选·先秦秦汉卷》,北京:中华书局,2016年。

福原啓郎《魏晋政治社会史研究》,京都大学学術出版会,2012年。

高恒《汉代上计制度考论——兼评尹湾汉墓木牍〈集簿〉》,《东南文化》1999年第1期。

高敏《试论魏晋南北朝时期史学的兴盛及其特征和原因》,《史学史研究》1993年第3期。

葛兆光《干宝事迹材料辑录》,《文史》第7辑,1979年。

宮宅潔《漢令の起源とその編纂》,日本 中国史学会编《中国史学》第五号,1995年。

H J K

何德章《〈魏书〉正统义例之渊源》,收入何德章《魏晋南北朝史丛稿》,北京:商务印书馆,2010年。

赫尔穆特·海米茨著,刘寅译《罗马帝国与加洛林帝国之间的历史与历史书写》,收入王晴佳、李隆国主编《断裂与转型:帝国之后的欧亚历史与史学》,上海古籍出版社,2017年。

胡宝国《知识至上的南朝学风》,《文史》2009年第4期。

胡宝国《汉唐间史学的发展》(修订本),北京大学出版社,2014年。

胡宝国《东晋南朝的书籍整理与学术总结》,《中国史研究》2017年第1期。

戶川芳郎《四部分類と史籍》,《東方学》第84号,1992年。

胡鸿《能夏则大与渐慕华风——政治体视角下的华夏与华夏化》,北京师范大学出版社,2017年。

黄曙辉编校《刘咸炘学术论集·史学编》,桂林:广西师范大学出版社,2007年。

黄永年《唐史史料学》,上海书店出版社,2002年。

黄桢《制度的书写与阅读——对汉唐间政治文化的一项考察》,北京大学博士学位论文,2017年。

吉本道雅《史記原始:戰国期》,《立命館文学》547,1996年。

榎一雄《梁職貢図について》,《東方学》第26辑,1963年。

蒋方《关于干宝——读〈干宝事迹材料辑录〉后》,《湘潭大学社会科学学报》1984年第3期。

金德建《司马迁所见书考》,上海人民出版社,1963年。

金仁义、许殿才《桓温与东晋史学》,《中国社会科学院研究生学报》2008年第4期。

金维诺《"职贡图"的时代与作者》,《文物》1960年第7期。

金毓黻《中国史学史》,北京:商务印书馆,1999年。

津田資久《『魏略』の基礎的研究》,北海道大学東洋史談話会《史朋》第31号,1998年。

金子修一《南朝期の上奏文の一形態について——『宋書』礼儀志を史料として》,《東洋文化》第60号,1980年。

孔祥军《从新出土湖南郴州苏仙桥晋简看〈汉书·地理志〉之史源》,《南京晓庄学院学报》2014年第4期。

L

雷家骥《中古史学观念史》,台北:台湾学生书局,1990年。

李慧《试议墓志铭变格破体的文学现象》,《文学遗产》2005年第3期。

李惠仪著,文韬、许明德译《〈左传〉的书写与解读》,南京:江苏人民出版社,2016年。

李剑国《新辑搜神记·搜神后记前言》,《新辑搜神记·搜神后记》,北京:中华书局,2007年。

李锦绣《〈西域图记〉考》,《欧亚学刊》国际版第1辑,北京:商务印书馆,2011年。

李锦绣《试论〈西域图记〉的编纂原则和主要内容》,收入中国人民大学国学院主编

《国学的传承与创新:冯其庸先生从事教学与科研六十周年庆贺学术文集》,上海古籍出版社,2013年。

李金阳《〈孝义传〉的成立与汉唐间社会政治秩序的重构》,华东师范大学博士论文,2017年。

李零《简帛古书与学术源流》,北京:生活·读书·新知三联书店,2004年。

林昌丈《汉魏六朝"郡记"考论——从"郡守问士"说起》,《厦门大学学报》(哲学社会科学版)2018年第1期。

林昌丈《观念、制度与文本编纂——论魏晋南北朝的"州记"》,叶炜主编《唐研究》第25卷,北京大学出版社,2020年。

刘安志《关于〈大唐开元礼〉的性质及行用问题》,《中国史研究》2005年第3期。

刘长旭《两晋南朝赠官研究》,北京师范大学博士学位论文,2002年。

刘范弟《〈三国志〉四夷传偏缺原因试探》,《长沙水电师院社会科学学报》1994年第3期。

刘后滨《唐代中书门下体制研究:公文形态、政务运行与制度变迁》,济南:齐鲁书社,2004年

刘后滨《汉唐政治制度史中政务运行机制研究述评》,《史学月刊》2012年第8期。

刘后滨《唐代选官政务研究》,北京:社会科学文献出版社,2016年。

刘晓蒙《南朝石刻研究综述与文献整理》,吉林大学硕士学位论文,2018年。

楼劲《魏晋南北朝隋唐历法与法律体系:敕例、法典与唐法系源流》,北京:中国社会科学出版社,2014年。

陆帅《萧梁前期的晚渡北人:新刊梁〈普通二年墓志〉小考》,《魏晋南北朝隋唐史资料》第38辑,上海古籍出版社,2018年。

陆扬《从墓志的史料分析走向墓志的史学分析——以〈新出魏晋南北朝墓志疏证〉为中心》,收入陆扬《清流文化与唐帝国》,北京大学出版社,2016年。

逯耀东《魏晋史学的思想与社会基础》,北京:中华书局,2006年。

逯耀东《抑郁与超越:司马迁与汉武帝时代》,北京:生活·读书·新知三联书店,2008年。

罗亮《魏收与〈魏书〉案》,《珞珈史苑》2013年卷,武汉大学出版社,2013年。

罗新《王化与山险:中古边裔论集》,北京大学出版社,2019年。

罗新《一切史料都是史学》,收入罗新《有所不为的反叛者:批判、怀疑与想象力》,上海三联书店,2019年。

罗新《遗忘的竞争》,收入罗新《有所不为的反叛者:批判、怀疑与想象力》,上海三联书店,2019年。

罗运环《清华简〈系年〉体裁及相关问题新探》,《湖北社会科学》2015年第3期。

罗宗真《南京新出梁代墓志评述》,《文物》1981年第12期。

M N P Q

马立军《北朝墓志文体与北朝文化》,北京:中国社会科学出版社,2015年。

马晓娟《"略如汉氏故事"——〈三国志〉的西域撰述》,《史学史研究》2014年第2期。

满田剛《〈三国志〉魏书の典拠について(卷一～卷十)》,《創価大学人文論集》14,2002年。

蒙海亮《唐初修史的文献取舍——以〈周书〉列传的形成为例》,杜文玉主编《唐史论丛》第26辑,西安:三秦出版社,2018年。

蒙文通《中国史学史》,上海人民出版社,2005年。

孟彦弘《秦汉法典体系的演变》,《历史研究》2005年第3期。

孟彦弘《〈太平御览〉所引"唐书"的辑校与研究》,荣新江主编《唐研究》第16卷,2010年。

苗润博《〈辽史〉探源》,北京:中华书局,2020年。

牟发松《〈〈后汉书·班固传〉论〉平议》,《魏晋南北朝隋唐史资料》第17辑,武汉大学出版社,2000年。

内藤湖南著,马彪译《中国史学史》,上海古籍出版社,2008年。

内田吟風《魏書の成立について》,《東洋史研究》第2卷第6号,1937年。

牛润珍《北齐史馆考辨》,《南开学报》(哲学社会科学版)1995年第4期。

牛润珍《汉至唐初史官制度的演变》,石家庄:河北教育出版社,1999年。

牛润珍《北魏史官制度与国史纂修》,《史学史研究》2009年第2期。

牛润珍《东魏北齐史官制度与官修史书——再论史馆修史始于北齐》,《史学史研究》2011年第2期。

彭久松《我国古代编年史体及编年史籍发展分期问题》,《四川师范大学学报》1987年第3期。

乔治忠《中国官方史学与私家史学》,北京图书馆出版社,2008年。

邱锋《〈竹书纪年〉与晋唐间的史学》,《史学史研究》2013年第1期。

仇鹿鸣《略谈魏晋的杂传》,《史学史研究》2006年第1期。

邱敏《六朝史学》,南京出版社,2003年。

曲柄睿《刘向、扬雄对〈汉书〉合传的影响》,《史学理论与史学史学刊》第12卷,北京：社会科学文献出版社,2014年。

曲柄睿《范晔〈后汉书〉光武守业诸臣传的编纂》,《史学理论与史学史学刊》2016年第1期。

曲柄睿《传记形成与"处士"形象建构——从〈后汉书·周黄徐姜申屠列传〉谈起》,《古代文明》2017年第2期。

曲柄睿《〈三国志〉列传编纂的内在理路》,《魏晋南北朝隋唐史资料》第36辑,上海古籍出版社,2017年。

曲柄睿《第五伦形象建构与范晔对东汉、刘宋政治风格的认识》,《史学月刊》2017年第3期。

曲柄睿《〈三国志·魏书〉史论与人物合传》,《史学史研究》2018年第4期。

曲柄睿《谢承〈后汉书〉无〈风教传〉考》,《魏晋南北朝隋唐史资料》第39辑,上海古籍出版社,2019年。

瞿林东《中国史学史纲》,北京出版社,1999年。

R S T

饶宗颐《敦煌与吐鲁番写本孙盛〈晋春秋〉及其"传之外国"考》,收入《饶宗颐二十世纪学术文集》卷八上册,北京：中国人民大学出版社,2009年。

仁井田陞著,栗劲、霍存福、王占通、郭延德编译《唐令拾遗》,长春出版社,1989年。

邵磊《南齐王宝玉墓志考释——兼论南朝墓志的体例》,《文献》2003年第4期。

邵磊《南京灵山梁代萧子恪墓的发现与研究》,《南京晓庄学院学报》2012年第5期。

史睿《〈显庆礼〉所见唐代礼典与法典的关系》,收入高田时雄主编《唐代宗教文化与制度》,京都大学21世纪CEO"东亚世界人文信息学研究教育基地",2007年。

矢野主税《状の研究》,《史学雑誌》第76编第2号,1967年。

矢野主税《列伝の性格—魏志と宋書の場合》,《長崎大学教育学部社会科学論叢》第23号,1974年。

沈国光《汉魏六朝行状研究》,华东师范大学硕士学位论文,2016年。

施丁、廉敏编《〈史记〉研究》,瞿林东主编《20世纪二十四史研究》,北京：中国大百科全书出版社,2009年。

孙正军《中古良吏书写的两种模式》,《历史研究》2014年第3期。

唐雯《〈太平御览〉引〈唐书〉再检讨》,《史林》2010年第4期。

唐雯《盖棺论未定：唐代官员身后的形象制作》,《复旦学报》(社会科学版)2012年第1期。

唐雯《唐国史中的史实遮蔽与形象建构——以玄宗先天二年政变书写为中心》,《中国社会科学》2012年第3期。

唐雯《烈女还是义士？——从新出李侃夫妇墓志与李翱〈杨烈妇传〉看文本叙述之罗生门》,《中国中古史集刊》第5辑,北京：商务印书馆,2018年。

唐星《唐修〈晋书〉与唐代的"东晋正统论"》,北京大学博士学位论文,2016年。

唐燮军《两晋南北朝史体优劣论——兼评刘知幾的"二体并行论"》,《宁波大学学报》(人文科学版)2010年第4期。

唐燮军《史家行迹与史书构造：以魏晋南北朝佚史为中心的考察》,杭州：浙江大学出版社,2014年。

唐长孺《九品中正制度试释》,收入《魏晋南北朝史论丛》,北京：中华书局,2011年。

藤田胜久著,曹峰、广濑薰雄译《〈史记〉战国史料研究》,上海古籍出版社,2008年。

田天《如何解读过去——评李惠仪〈《左传》的书写与解读〉》,《中华文史论丛》2018年第4期。

田余庆《〈代歌〉〈代记〉与北魏国史——国史之狱的史学史考察》,收入田余庆《拓跋史探》,北京：生活·读书·新知三联书店,2011年。

田余庆《东晋门阀政治》,北京大学出版社,2012年。

町田隆吉《補修吐魯番出土「晋史」残卷》,《東京学芸大学附属高等学校大泉校舎研究紀要》第8卷,1984年。

W

魏斌《五条诏书小史》,《魏晋南北朝隋唐史资料》第25辑,武汉大学出版社,2010年。

魏斌《安世高的江南行迹——早期神僧事迹的叙事与传承》,《武汉大学学报》(人文科学版)2012年第4期。

魏斌《山岳记述的形成——以"南岳"衡山的早期文献为例》,收入魏斌《"山中"的六朝史》,北京：生活·读书·新知三联书店,2019年。

王明珂《反思史学与史学反思》,上海人民出版社,2016年。

王明珂《英雄祖先与弟兄民族：根基历史的文本与情境》,北京：中华书局,2009年。

王晴佳《欧亚"国史"之比较研究：帝国之后史学变迁一例》,收入王晴佳、李隆国主编《断裂与转型：帝国之后的欧亚历史与史学》，上海古籍出版社，2017年。
王树民《十八家晋书》，《文史》第17辑，1983年。
王素《梁元帝〈职贡图〉新探》，《文物》1992年第2期。
王素《吐鲁番所出〈晋阳秋〉残卷史实考证及拟补》，收入《汉唐历史与出土文献》，北京：紫禁城出版社，2011年。
王素《梁元帝〈职贡图〉"龟兹国使"题记疏证》，《龟兹学研究》第5辑，2012年。
王志刚《家国、夷夏与天人：十六国北朝史学探研》，北京师范大学出版社，2013年。
王志高《南京甘家巷"梁鄱阳王萧恢墓神道石刻"墓主身份辨正》，《中国国家博物馆馆刊》2015年第12期。
王志高《南京尧化门外北家边南朝陵墓神道石刻墓主身份新证》，《南京晓庄学院学报》2016年第3期。
王重民《中国目录学史论丛》，北京：中华书局，1984年。
尾崎康《魏书成立期の政局》，《史学》第34卷第3·4号，1962年。
吴丽娱《以法统礼：〈大唐开元礼〉的序例通则——以〈开元礼·序例〉中的令式制敕为中心》，《中国古代法律文献研究》第4辑，北京：法律出版社，2010年。
吴丽娱《终极之典：中古丧葬制度研究》，北京：中华书局，2012年。
吴丽娱《从唐代礼书的修订方式看礼的型制变迁》，《中国古代法律文献研究》第8辑，2014年。
武秀成《〈旧唐书〉辨证》，上海古籍出版社，2003年。

X

小南一郎《干寶『搜神記』の編纂（上）》，《東方学報》第69号，1997年。
谢保成《隋唐五代史学》，北京：商务印书馆，2007年。
谢贵安《中国已佚实录研究》，上海古籍出版社，2013年
熊明《汉魏六朝杂传研究》，北京：中华书局，2014年。
熊昕童《汉唐间官修列传取材机制的演变——以"状"与"行状"为中心》，"《文史哲》青年学者工作坊暨第十二届中国中古史青年学者联谊会"，山东大学，2019年8月。
邢义田《月令与西汉政治——从尹湾集簿中的"以春令成户"说起》，收入《治国安邦：法制、行政与军事》，北京：中华书局，2011年。
邢义田《月令与西汉政治——重读尹湾牍"春种树"和"以春令成户"》，收入《治国安邦：法制、行政与军事》，北京：中华书局，2011年。

邢义田《从"如故事"和"便宜从事"看汉代行政中的经常与权变》,收入《治国安邦:法制、行政与军事》,北京:中华书局,2011年。

邢义田《东汉光武帝与封禅》,收入《天下一家:皇帝、官僚与社会》,北京:中华书局,2011年。

徐冲《〈续汉书·百官志〉与汉晋间的官制撰述》,《中华文史论丛》2013年第4期。

徐冲《中古时代的历史书写与皇帝权力起源》,上海古籍出版社,2017年。

徐冲《〈献帝起居注〉与献帝朝廷的历史意义》,《华东师范大学学报》(哲学社会科学版)2018年第4期。

徐建委《战国秦汉间的"公共素材"与周秦汉文学史叙事》,《中山大学学报》(社会科学版)2012年第6期。

徐世虹《近年来〈二年律令〉与秦汉法律体系研究述评》,《中国古代法律文献研究》第3辑,中国政法大学出版社,2007年。

Y

岩本篤志《敦煌・吐魯番発見〈晋史〉写本残卷考》,《西北出土文献研究》第2号,2005年。

阎步克《史官主书主法之责与官僚政治之演生》,收入阎步克《乐师与史官:传统政治文化与政治制度论集》,北京:生活·读书·新知三联书店,2001年。

阎步克《品位与职位:秦汉魏晋南北朝官阶制度研究》,北京:中华书局,2002年。

阎步克《察举制度变迁史稿》,北京:中国人民大学出版社,2009年。

阎步克《中国古代官阶制度引论》,北京大学出版社,2010年。

阎步克《官阶与服等》,上海:复旦大学出版社,2010年。

严耕望《中国地方行政制度史:魏晋南北朝地方行政制度》,上海古籍出版社,2007年。

严耕望《论唐代尚书省之职权与地位》,收入《严耕望史学论文选集》,北京:中华书局,2006年。

严耕望《略论唐六典之性质与施行问题》,收入《严耕望史学论文选集》,北京:中华书局,2006年。

扬·阿斯曼著,金寿福、黄晓晨译《文化记忆:早期高级文化中的文字、回忆和政治身份》,北京大学出版社,2015年。

杨翼骧编著,乔治忠、朱洪斌订补《增订中国史学史资料编年·先秦至隋唐五代卷》,

北京：商务印书馆，2013年。
杨振红《出土法律文书与秦汉律二级分类构造》，收入《出土简牍与秦汉社会》，桂林：广西师范大学出版社，2009年。
姚名达《中国目录学史》，上海古籍出版社，2011年
尹达《中国史学发展史》，郑州：中州古籍出版社，1985年。
永田拓治《上计制度与"耆旧传"、"先贤传"的编纂》，《武汉大学学报》（人文科学版）2012年第4期。
永田拓治《魏晋期における校书事业と史书编纂》，《中国古代史論叢》第9集，2017年。
永田拓治《汉晋时期人物传的流行与"校书修史"体制的确立——分类与界域》，《中国中古史研究》第7卷，上海：中西书局，2019年。
永田拓治《東晋期における校书事业と晋史编纂》，九州大学文学部東洋史研究会《東洋史論集》第47号，2020年。
俞灏敏《西晋议〈晋书〉限断考辨》，《安徽史学》1996年第2期。
余嘉锡《目录学发微　古书通例》，北京：商务印书馆，2011年。
余太山《两汉魏晋南北朝正史西域传研究》，北京：商务印书馆，2013年。

Z

张大可《史记文献研究》，北京：民族出版社，1999年。
张大可、安平秋、俞樟华主编《史记研究集成》第十一卷，北京：华文出版社，2005年。
张庆民《干宝生平事迹新考》，《文学遗产》2009年第5期。
张小稳《魏晋南北朝时期地方官等级管理制度研究》，北京：九州出版社，2010年。
张涌泉《敦煌写本文献学》，兰州：甘肃教育出版社，2011年。
张雨《南朝宋皇太子监国有司仪注的文书学与制度史考察》，《中华文史论丛》2015年第2期。
张越编《〈后汉书〉、〈三国志〉研究》，瞿林东主编《20世纪二十四史研究》，北京：中国大百科全书出版社，2009年。
张忠炜《秦汉律令法系研究初编》，北京：社会科学文献出版社，2012年。
赵冰锋《〈晋纪〉编纂与庾、王之争》，《中国史研究》2018年第3期。
赵灿鹏《南朝梁元帝〈职贡图〉题记佚文的新发现》，《文史》2011年第1辑。
赵晶《〈天圣令〉与唐宋法典研究》，《中国古代法律文献研究》第5辑，北京：社会科学文献出版社，2012年。

赵生群《〈史记〉文献学丛稿》,南京:江苏古籍出版社,2000年。

纸屋正和著,朱海滨译《汉代郡县制的展开》,上海:复旦大学出版社,2016年。

中村圭爾《南朝における議について——宋斉代を中心に》,《大阪市立大学文学部人文研究》第40卷第10分册,1988年。

中村圭爾《魏晋南北朝における公文書と文書行政の研究》(研究成果報告書),大阪:株式会社共栄印刷所,2001年。

周佳《北宋中央日常政务运行研究》,北京:中华书局,2015年。

周文玖编《〈晋书〉、"八书"、"二史"研究》,瞿林东主编《20世纪二十四史研究》,北京:中国大百科全书出版社,2009年。

周文俊《中古制度文献的名与实——以〈晋官品令〉〈晋令〉〈晋官品〉为对象的文本考察》,《中国中古史研究》第7卷,上海:中西书局,2019年。

周一良《魏晋南北朝史札记》,北京:中华书局,1985年。

周一良《魏晋南北朝史论集》,北京大学出版社,1997年。

朱雷《跋敦煌所出〈唐景云二年张君义勋告〉——兼论"勋告"制度渊源》,收入《敦煌吐鲁番文书研究》,杭州:浙江大学出版社,2016年。

朱希祖《中国史学通论 史馆论议》,北京:中华书局,2012年。

祝总斌《两汉魏晋南北朝宰相制度研究》,北京:中国社会科学出版社,1990年。

佐川英治《東魏北斉革命と『魏書』の編纂》,《東洋史研究》第64卷第1号,2006年。

索 引

书名篇名索引

凡例

一、收录范围

1. 本索引只收录书中作为讨论对象的文献,不包括一般论证时引用的文献。
2. 佚书佚文所出之文献不列入索引;文集、碑刻集等中保存的单篇碑志辞章作为研究对象时,其所出之文献不列入索引。
3. 对《史记》以下"十七史",仅立篇章词条,泛言某史者不列入索引。

二、词条设置

1. 索引第一部分是"十七史",依照各史篇目顺序排序;第二部分是先秦文献,参考《汉书·艺文志》排序;第三部分是汉代以后典籍("十七史"除外),参考《隋书·经籍志》和《旧唐书·经籍志》排序;第四部分是单篇文献,依墓志、碑文、行状、哀策的顺序,内部依时代先后排序。
2. 无论正文实际书写方式如何,索引内典籍名、正史篇名、碑志行状哀策名一律加书名号。正史一卷无总题时,以卷数代替篇名。
3. 对于有必要说明作者以避免混淆的典籍,无论正文实际书写方式如何,索引内的词条格式一律为作者+书名。
4. 常见的简称别称,如《独行列传》省作《独行传》或《独行》,《五行志中》省作《五行志》,《东观汉记》省作《东观记》,《左传》称《左氏传》或《左氏》等,不特别注明。明显的异称如陆机《晋书》即陆机《晋纪》,孙盛《杂记》即《魏氏春秋异同杂语》等,在词条后加以括注。
5. 为便于查阅,对一小部分在上下文中有明确指向的"志""墓志""本传"等语也补全文献名称列入索引;表格内涉及的文献可能由于表格格式而未出全名,也补全文献名称列入索引。

一、"十七史"篇目

1.《史记》

卷数	篇名	页码
1	《五帝本纪》	24
2	《夏本纪》	19、24
3	《殷本纪》	19、24
4	《周本纪》	19、24、29
5	《秦本纪》	19、20、24、29
6	《秦始皇本纪》	24、29
7	《项羽本纪》	19—22、25
8	《高祖本纪》	25
9	《吕太后本纪》(《吕后本纪》)	19—22、25
10	《孝文本纪》	25、26
11	《孝景本纪》	25
12	《孝武本纪》	24、25
13	《三代世表》	6
15	《六国年表》	29
28	《封禅书》	24、25
43	《赵世家》	30
81	《廉颇蔺相如列传》	8
84	《屈原贾生列传》	8
86	《刺客列传》	8、242
96	《张丞相列传》	8
105	《扁鹊仓公列传》	8、242
107	《魏其武安侯列传》	8、242
109	《李将军列传》	8

续 表

卷数	篇 名	页 码
110	《匈奴列传》	8
111	《卫将军骠骑列传》	8
116	《西南夷列传》	8
117	《司马相如列传》	8
123	《大宛列传》	33—35
124	《游侠列传》	242
128	《龟策列传》	9
129	《货殖列传》	9

2.《汉书》

卷数	篇 名	页 码
1	《高帝纪》	25、28
2	《惠帝纪》	22、25
3	《高后纪》	22、25、28
4	《文帝纪》	26
6	《武帝纪》	25
9	《元帝纪》	26
10	《成帝纪》	26
11	《哀帝纪》	26
12	《平帝纪》	27
31	《陈胜项籍传》	10
36	《楚元王交传》	11
39	《萧何曹参传》	13
45	《蒯伍江息夫传》	10
51	《贾邹枚路传》	10
61	《张骞李广利传》	33
64	《严朱吾丘主父徐严终王贾传》	10

续表

卷数	篇　　名	页　　码
66	《刘屈氂传》	63
67	《杨胡朱梅云传》	11
72	《王贡两龚鲍传》(《王贡传》)	11、13、55
75	《眭两夏侯京翼李传》	11
96	《西域传》	32—43、45、51—53
97	《外戚传》	9
98	《元后传》	9
99	《王莽传》	9

3.《后汉书》

卷数	篇　　名	页　　码
10	《皇后纪》	22
14	《城阳恭王祉传》	59
14	《安成孝侯赐传》	57
20	《祭遵传》	58
24	《马援传》	59
25	《卓茂传》	59
25	《鲁恭传》	58
25	《魏霸传》	58
25	《刘宽传》	59
26	《伏侯宋蔡冯赵牟韦列传》	17
26	《韦彪传》	58
27	《宣秉传》	59
27	《承宫传》	59
27	《郑均传》	58
29	《郅恽传》	58
39	《刘赵淳于江刘周赵列传》	54、56—60、72

续表

卷数	篇　名	页　码
43	《朱乐何列传》	17
43	《朱晖传》	56
43	《乐恢传》	60
44	《邓张徐张胡列传》	17
45	《张酺传》	60
76	《循吏列传》	16、62
77	《酷吏列传》	16
78	《宦者列传》	16
79	《儒林列传》	16
80	《文苑列传》	16
81	《独行列传》	11、16、54、56—60、63、72
82	《方术列传》	16
83	《逸民列传》	16
84	《列女传》	16
88	《西域传》	37—39、41

4.《三国志》

《魏书》

卷数	篇　名	页　码
1	《武帝纪》	27
2	《文帝纪》	27、28
3	《明帝纪》	27、323
7	《吕布传》	242
11	《袁张凉国田王邴管传》	12
11	《管宁传》	242
13	卷一三	13
15	卷一五	13

续　表

卷数	篇　　名	页　码
16	卷一六	13
17	卷一七	13
18	《二李臧文吕许典二庞阎传》	16
22	卷二二	13
24	卷二四	13
27	卷二七	13
28	《毌丘俭传》	40、41
30	《乌丸鲜卑东夷传》	40
30	《乌丸鲜卑传》	40
30	《东夷传》	40—42、52

《蜀书》

卷数	篇　　名	页　码
39	《董允传》	242
42	《周群传》	242
45	《宗预传》	242

5.《晋书》

卷数	篇　　名	页　码
1	《宣帝纪》	270
2	《景帝纪》	270
2	《文帝纪》	270
4	《惠帝纪》	308、310、311、321、322、327、329
5	《怀帝纪》	229、230
6	《元帝纪》	229—231

续表

卷数	篇　名	页　码
8	《穆帝纪》	232—234
24	《职官志》	311
28	《五行志中》	308
31	《惠贾皇后传》	313、317、318、328
31	《谢夫人传》	318
36	《张华传》	317、320、322—324、329、334、336
40	《贾充传》	314、315、319、325
40	《贾谧传》	335
42	卷四二	219
48	卷四八	17
49	卷四九	17
51	卷五一	17
53	《愍怀太子传》	304、308、309、333
57	《赵诱传》	229、230
58	《周访传》	229—231
59	《赵王伦传》	304、305、312、313、315、318、321、322、327、333—335
60	《解系传》	319、320、326
61	卷六一	218
61	《华轶传》	229—231
64	卷六四	217
65	卷六五	218、221
66	卷六六	221
67	卷六七	221
68	卷六八	221
69	卷六九	221
70	卷七〇	221

续表

卷数	篇名	页码
71	卷七一	221
72	卷七二	221
73	卷七三	218
74	卷七四	218
75	卷七五	218、219
76	卷七六	218、219
76	《王彪之传》	234
77	卷七七	218、219
77	《殷浩传》	232、233
78	卷七八	218
79	卷七九	218
80	卷八〇	218
80	《王羲之传》	234
81	卷八一	218、219
82	卷八二	219
83	卷八三	219、220
84	卷八四	219、220
85	卷八五	218—220
85	《刘毅传》	223—227
85	《何无忌传》	223、224、227
88	《孝友传》	73
89	《忠义传》	73
93	《褚裒传》	232、233
96	《列女传》	254
98	《王敦传》	229—231
98	《桓温传》	232
99	《桓玄传》	223、224、226、227

6.《宋书》

卷数	篇 名	页 码
1—3	《武帝纪》	210、223、224
4	《少帝纪》	227、228
24	《天文志二》	329
43	《徐羡之传》	227、228
43	《傅亮传》	237
43	《檀道济传》	228
47	《刘怀肃传》	223、224、226
51	《临川烈武王道规传》(《刘道规传》)	223—225、237
51	《临川王义庆传》	237
61	《庐陵孝献王义真传》(《刘义真传》)	237、239
64	《何承天传》	237
66	《何尚之传》	238
67	《谢灵运传》	238
74	《鲁爽传》	238
79	《竟陵王诞传》(《刘诞传》)	239
84	《孔觊传》	239
91	《孝义传》	56—60、67、69、70、75
91	《龚颖传》	75
91	《贾恩传》	68
91	《卜天与传》	75
91	《何子平传》	75
94	《阮佃夫传》	239
95	《索虏传》	239
97	《夷蛮传》	43—45、52

7.《南齐书》

卷数	篇　名	页　码
23	《褚渊传》	110、119、125、158—163
24	《柳世隆传》	82
40	《竟陵王子良传》(《萧子良传》)	79—81、93
45	《安陆昭王缅传》(《萧缅传》)	111、165—167
55	《孝义传》	70
55	《崔怀慎传》	70
55	《华宝传》	70
55	《封延伯传》	70

8.《梁书》

卷数	篇　名	页　码
22	《萧秀传》	82
22	《始兴王憺传》(《萧憺传》)	113、172—177
23	《永阳嗣王伯游传》(萧敷本传)	179、180
23	《桂阳嗣王象传》(《萧象传》、萧融本传)	76、115、178
24	《萧景传》	100、111、168—171
35	《萧子恪传》	115
47	《孝行传》	70、71、75
54	《西北诸戎传》	45—47、52

9.《陈书》

卷数	篇　名	页　码
9	《吴明彻传》	104、105、141—144
11	《黄法氍传》	76、114、181—184
31	《萧摩诃传》	105、143、144
32	《孝行传》	70、71、75

10.《魏书》

卷数	篇　　名	页　　码
23	卷二三	287
32	卷三二	287
33	卷三三	287、288、290
34	卷三四	290
37	卷三七	287、288
38	卷三八	287—289
39	卷三九	288、289
40	卷四〇	288
41	卷四一	288、289
42	卷四二	288、289
43	卷四三	287—289
50	卷五〇	289
51	卷五一	289
52	卷五二	286、287、289、290
53	卷五三	289、290
60	卷六〇	286
61	卷六一	286、287、289、290
62	卷六二	286
64	卷六四	290
71	卷七一	287
86	《孝感传》	71
87	《节义传》	72
89	《酷吏传》	107
89	《羊祉传》	93、107
113	《官氏志》	275
114	《释老志》	275

11.《北齐书》

卷数	篇　名	页　码
18	《司马子如传》	99、100、108、148—152
21	《封子绘传》	108、154—157

12.《周书》

卷数	篇　名	页　码
27	《田弘传》	99、100、103、117、135—139
36	《司马裔传》	99、100、103、129—134
40	《尉迟运传》	100、106、107、119、145—147
40	《王轨传》	105、143、144
40	《宇文显和传》	76、127、128
46	《孝义传》	71、72

13.《隋书》

卷数	篇　名	页　码
71	《诚节传》	71—73
71	《皇甫诞传》	71
72	《孝义传》	71、73
83	《西域传》	45—47、52

14.《北史》

卷数	篇　名	页　码
84	《孝行传》	71
85	《节义传》	72

15.《旧唐书》

卷数	篇　名	页　码
187	《忠义传》	73
188	《孝友传》	73

二、先秦文献

文　献　名	页　码
《尚书》	6、29、344
《禹贡》	300
《诗》	29、344
《周礼》(《周官》)	300
《春秋》	2、6、29、194、196、244—246、276、277、301、344、345
《左传》	30、194、196、244—246、300、330、344
《国语》	330、344
《国策》	330
《梼杌》	29、344
《乘》	29、344
《竹书纪年》(汲冢《纪年》)	30、194
《秦记》	6
《禹本纪》	6
李悝《法经》	299
《五帝系谍》	6

三、汉代以后典籍

（一）史　部

1. 纪传

书　名	页　码
《东观汉记》《汉纪》）	2、12、16、23、28、37—39、41、42、52、55、56、58、61—63、67、195、250、345、346
谢承《后汉书》	55、62
司马彪《续汉书》	55、345
华峤《后汉书》（《汉后书》）	23、55、345、346
王沈《魏书》	12、15、16、18、27、28、41、42、339
鱼豢《魏略》	12、14—16、27、38、41、42、323
韦曜（即韦昭）《吴书》	340
张勃《吴录》	见杂史类
陆机《晋书》（陆机《晋纪》）	194、215、270
王隐《晋书》	195、196、214、215、217、222、223、231、308—310、329
虞预《晋书》	195、196、214
何法盛《晋中兴书》（何氏《中兴》）	214—217、220—223、231、234、235、292、342
谢灵运《晋书》	342—344、346
臧荣绪《晋书》	213、214、217、222、329
徐爰《宋书》	208、276

2. 编年体、起居注

书　名	页　码
荀悦《汉纪》	196、243、244、246、247
袁宏《后汉纪》	38、39、55
孙盛《魏氏春秋》	341、343
孙盛《魏氏春秋异同杂语》（《杂记》）	339—341
陆机《晋纪》	见纪传类陆机《晋书》
干宝《晋纪》	188、192—196、202、203、213、215、235、245、297
曹嘉之《晋纪》	213
孙盛《晋阳秋》	198—203、208、213、297、302
王韶之《晋纪》（《隆安纪》、《晋安帝阳秋》、《晋安帝纪》）	198、201、202、206、297、348
徐广《晋纪》	200—203、297
檀道鸾《续晋阳秋》	198、213、243
郭季产《续晋纪》	198
邓渊（即邓彦海）、崔浩《国记》（《代记》）	268、269、275、277、281
祖珽《黄初传天录》	118
陆元规《(北齐文宣)皇帝实录》	118
《资治通鉴》	41、298、305、325、328、329、341
《资治通鉴考异》	298、340、341
《续资治通鉴长编》	340
《三朝北盟会编》	340
《建炎以来系年要录》	340
《晋惠帝起居注》	304
《南燕起居注》	266
邢峦《(北魏)孝文起居注》	281、282、284、291
崔鸿、王遵业《(北魏)高祖世宗起居注》	283、284、291

3. 杂史

书　名	页　码
陆贾《楚汉春秋》	250
鱼豢《魏略》	见纪传类
鱼豢《典略》	12
王隐《蜀记》	343
张勃《吴录》	343
郭颁《世语》	339、340
束晳《七代通记》	215
宋显《年谱录》	214
孙盛《魏氏春秋异同杂语》	见编年类
《资治通鉴考异》	见编年类

4. 霸史

书　名	页　码
和苞《汉赵记》	249、253、254、256、269
《上党国记》	256—259、269
《大将军起居注》	256—258
《大单于志》	256—258
《邺都记》	257
田融《赵书》(《二石集》、《赵记》)	257—259、272、273
王度《二石传》	258
王度《二石伪治时事》	258
常宽《蜀后志》	251、252
杜袭《蜀后志》	251、252

续 表

书 名	页 码
常璩《汉书》(《汉之书》、《蜀李书》、《李蜀书》、《蜀汉书》)	251、252
常璩《华阳国志》	216、251、252、254
杜辅全《燕纪》	255、256
崔逞《燕记》	255
范亨《燕书》	265、272、273
张诠《南燕录》	272、273
王景晖《南燕录》	266、267、272、273
高闾《燕志》	272、274
车频《秦书》	260、262
裴景仁《秦记》(《秦纪》)	262、263
何仲熙(梁熙)《秦书》	263、264、272、273
姚和都《秦纪》	267、272、273
索绥《凉国春秋》	259、260、269
刘庆《凉记》	259、260
张谘《凉记》	272、273
刘昞(即刘景)《凉书》	272、273
喻归《西河记》	260、272、273
段龟龙《凉记》	267、272、273
宗钦《凉书》(《蒙逊记》)	267、272、274
高谦之(即高道让)《凉书》	267
《托跋凉录》	266、267
刘昞(即刘景)《敦煌实录》	216
崔鸿《十六国春秋》	248、252、266、269、271、273
段国《沙州记》	35

5. 旧事、职官

书　名	页　码
《晋朝杂事》	315—317
《唐六典》	299、300

6. 杂传

书　名	页　码
赵岐《三辅决录》	217
束皙《三魏士人传》	215
虞预《会稽典录》	216、217
刘昞（即刘景）《敦煌实录》	见霸史类
宋显《中朝多士传》	214
萧广济《孝子传》	75
宋躬《孝子传》	75
干宝《搜神记》	213
刘义庆《幽明录》	213

7. 地理

书　名	页　码
《邺都记》	见霸史类
常璩《华阳国志》	见霸史类
刘昞（即刘景）《敦煌实录》	见霸史类
段国《沙州记》	见霸史类
郦道元《水经注》	340、341
杨衒之《洛阳伽蓝记》	35、340
裴子野《方国使图》	46—48、50
萧绎（即梁元帝）《职贡图》	46—48、50

续 表

书 名	页 码
裴矩《西域图记》	46—48、50
王名远《西域图记》	49、51
许敬宗《西域图志》	48、49、51

8. 谱系

书 名	页 码
挚虞《族姓记》	217
元晖业《辨宗室录》	281
宋显《姓系谱录》	214

（二）子　部

书 名	页 码
陆贾《新语》	250
裴启《语林》	213
刘义庆《世说新语》	213、330、339、340
《四部要略》	348
《华林遍略》	347
《艺文类聚》	338

（三）集　部

书 名	页 码
《文选》	338、341

四、单篇文献

(一) 墓　志

文　献　名	页　码
《萧敷墓志》	109、114、116、179、180
《萧融墓志》	109、114、178
《羊祉墓志》	94、95、107
《元怿墓志》(《清河王怿墓志》)	123
《元熙墓志》(《中山王熙墓志》)	123
《梁普通二年墓志》	116
《萧昺墓志》	112、114—116
《慈庆墓志》	123
《韦彧墓志》	93
《胡昭仪（明相）墓志》	123
《萧子恪墓志》	115
《萧象墓志》	76、115
《司马子如墓志》(《司马遵业墓志》)	99、100、108、148—152
《宇文显和墓志》(《周车骑大将军赠小司空宇文显和墓志铭》)	76、96、101、127、128
《封子绘墓志》	108、154—157
《司马裔墓志》(《周大将军琅邪定公司马裔墓志铭》)	98—101、103、104、129—134
《田弘墓志》(《大周少师柱国大将军雁门襄公墓志铭》)	98—101、135—139
《黄法氍墓志》	76、109、114、116、123、181—184
《尉迟运墓志》(《大周使持节上柱国卢国公墓志》)	100、106、145—147
《吴明彻墓志》(《周大将军怀德公吴明彻墓志铭》)	105、106、141、142

（二）神道碑

文　献　名	页　　码
《褚渊碑》	109、110、158—163
《萧缅碑》（《齐故安陆昭王碑文》）	109、110、165—167
《萧憺碑》	97、109、113、114、116、172—177
《萧昺碑》（《郢州都督萧子昭碑铭》）	100、109、111、113、114、168—171
《征南将军和安碑铭》	97
《兖州都督胡延碑铭》	97
《司马裔碑》（《周大将军司马裔神道碑》）	98—101、103、104、129—134
《田弘碑》（《周柱国大将军纥干弘神道碑》）	98—100、104、117、135—139

（三）行　状

文　献　名	页　　码
《宋建平王太妃周氏行状》	78
《齐临川王（萧映）行状》	78
《齐司空柳世隆行状》（《柳世隆行状》）	78、81
《齐竟陵文宣王（萧子良）行状》（《萧子良行状》）	78—81、83、93
《齐司空曲江公（萧遥欣）行状》	78
《齐禅林寺尼净秀行状》	79
《梁司空安城康王（萧秀）行状》（《萧秀行状》）	79、82
《韩愈行状》	77

（四）哀　策

文　献　名	页　码
《文明王皇后哀策》	121
《武元杨皇后哀策》	121
刘务《西晋愍怀太子哀策》	123
《晋成帝哀策》	121
《晋康帝哀策》	121
《晋简文帝哀策》	122
王珣《晋孝武帝哀策》	122
颜延之《宋文帝元皇后哀策》	122
谢庄《(宋)皇太子妃哀策》	122
王俭《齐高帝哀策》	122
王融《(齐)皇太子哀策》	122
谢朓《(齐)明帝敬皇后哀策》	122
张缵《(梁)高祖丁贵嫔哀策》	122
任昉《(梁)王贵嫔哀策》	122

附：《史通》篇目索引

凡例

一、本索引包含本书正文、注释涉及《史通》之处。

二、文中仅称"《史通》"，未指明篇目者列于最前。

三、《史通》各篇目依原书顺序排序。无论文中篇名书写方式如何，索引词条皆为篇名加书名号。如文中"《烦省篇》""《史通·列传》"，见于索引"《烦省》""《列传》"下。

篇　　名	页　　码
《史通》	15、118、193、194、196、215、216、245、246、249、250、252、255、257—260、262—264、266、270、272、343、344
《二体》	193
《载言》	193、194、245、246
《本纪》	246、270
《列传》	22、240、241、245
《书志》	215、217
《序例》	55
《题目》	215
《曲笔》	250
《书事》	196
《烦省》	193
《杂述》	216
《史官建置》	15、118、249、250、253、260、267、344
《古今正史》	15、118、186、197、211、248—250、252、255、257、259、261、263、265—267、270
《申左》	196
《杂说上》	213、243

图书在版编目(CIP)数据

中古官修史体制的运作与演进 / 聂溦萌著. —上海：上海古籍出版社, 2021.4（2022.2重印）
（中古中国知识·信仰·制度研究书系）
ISBN 978-7-5325-9887-8

Ⅰ.①中… Ⅱ.①聂… Ⅲ.①史学史—研究—中国—汉代—魏晋南北朝时代 Ⅳ.①K092.34

中国版本图书馆CIP数据核字（2021）第042023号

中古中国知识·信仰·制度研究书系
中古官修史体制的运作与演进
聂溦萌　著
上海古籍出版社出版发行
（上海市闵行区号景路159弄1-5号A座5F　邮政编码201101）
（1）网址：www.guji.com.cn
（2）E-mail: guji1@guji.com.cn
（3）易文网网址：www.ewen.co
上海商务联西印刷有限公司印刷
开本635×965　1/16　印张25　插页2　字数360,000
2021年4月第1版　2022年2月第2次印刷
ISBN 978-7-5325-9887-8
K·2964　定价：108.00元
如有质量问题，请与承印公司联系